再建金本位制と国際金融体制

平岡賢司

日本経済評論社

はしがき

　1925年のイギリスの金本位制復帰を契機として金本位制が国際的に再建された．この再建金本位制は1929年に勃発した世界恐慌の過程のなかで，イギリス，アメリカの金本位制停止によって全面的に崩壊した．本書は短命に終わった再建金本位制はいかなる構造を持ち，どのように機能したのか，その内包する問題点，脆弱性にも留意しつつ分析することを目指した研究書である．
　本書は全8章によって構成される．
　第1章「国際通貨ポンドとロンドン・バランス」では，第一次世界大戦前の国際金本位制が円滑に機能したのは何故かを検討した．国際金本位制はイギリスの国民的通貨であるポンド・スターリングを国際通貨とし，ロンドンという世界的な信用・決済の中心地を持つ世界的な信用機構の内部で機能した点に着目した．その起点は，イギリスが「世界の工場」として，かつ世界の生産物＝商品市場の中心に位置していたというイギリスを基軸とする「世界的な物的再生産過程」の展開を基底に置き，さらにロンドン国際金融市場が引受信用，割引信用を供与したことによりロンドン・バランスが形成されて，ポンド・スターリングが国際通貨として圧倒的な役割を果たすことができた．国際金本位制が円滑に機能することができたのは，イギリスの国際収支に大幅かつ慢性的な不均衡が発生せず，イギリスの短期の対外債権・債務が比較的よくバランスが取れていたことに求められる．イングランド銀行は公定歩合政策によって国際収支調整を円滑に行うことができたのである．
　第2章「第一次世界大戦期のポンドとイギリスの公的為替操作」では，第一次大戦期においてポンドの脆弱化の最初の兆候が現われていく過程を追求している．第一次大戦が総力戦として展開されるなかで，アメリカ参戦前にはイギリスが連合国に対する「商品・資金の供給者」として中心的な役割を果たした．このことはイギリスの国際収支の大幅悪化，ポンドの対ドル相場の下落をもたらした．かかる事態に対してイギリスは政府対外借入，保有外国証券売却等に

よってドルを調達し,さらに対ドル相場の釘付け操作に乗り出した.アメリカ参戦後は,アメリカ政府による借款の供与が行われ,イギリスはこの手取金を釘付け操作の重要な資金源として活用した.本章では,ロンドン為替委員会によるこの釘付け操作の実態についての解明に努めた.かかる操作は再建金本位制期におけるイングランド銀行の公的為替操作の前史をなすものと位置づけられる.

第3章「アメリカの資本輸出とドル・バランスの形成」では,ドルの国際通貨化の進展をまず第一次大戦中の英仏等の連合国とアメリカとの関係の中から探っていく.英仏政府はJ.P.モルガン商会を物資購入代理人に指定し,さらに同商会をアメリカでの財務代理人に指定した.これによって英仏等政府の支払はニューヨークのJ.P.モルガン商会に置かれたドル建勘定を通じて処理されることになった.また,輸入代金決済に必要なドル資金を調達するため,英仏はアメリカ証券の売却,あるいはニューヨーク市場でのドル建外債の発行を行った.その結果としてニューヨーク市場は外債の流通市場,および発行市場として整備・拡充されることになった.そして連合国政府による外債発行手取金をニューヨークに置くことによって公的ドル・バランスが形成された.さらに,アメリカ参戦後はアメリカ財務省は自由公債の発行によって調達した資金を原資として連合国政府に対して借款を供与した.自由公債の発行は広汎な大衆を証券市場に組み込むことになり,巨大な戦後の証券市場の基礎が据えられた.戦後の1924年のドーズ公債発行および25年以降のニューヨークでの外債発行によって,ドイツ等にアメリカ資本が主として政府証券の形態を通じて大量に輸出され,ドル・バランスを形成していった過程を跡づけた.

第4章「再建金本位制期のイギリスの国際収支と対外短期ポジション」では,ポンドの脆弱性を折出していく.イギリスの綿工業,鉄鋼業,石炭産業等の主要輸出産業は国際競争力が大幅に低下し,貿易赤字拡大→経常収支黒字幅の縮小が生じて基礎収支赤字の拡大が進んだ.このため,諸外国の短資の大量取入によって総合収支のバランスをとらざるを得なくなった.その結果,対応する債権を形成しない一方的な債務の累積が生じて,イギリスの対外短期ポジションの大幅悪化に陥ち入ったことを明らかにした.

第5章「中央銀行間協力によるポンド支援とイングランド銀行のポンド防衛

策」では，イギリスの金本位復帰にともなうホットマネーの移動による投機的な為替相場の激変を防ぐ目的で，アメリカ側から安定信用の供与と金利協調という形で国際金融協力が行われたことをまず分析した．ニューヨーク連邦準備銀行がイングランド銀行に供与した安定信用とJ. P. モルガン商会からイギリス大蔵省に供与された安定信用の内容を検討し，特に前者は今日の中央銀行間スワップの端緒的形態と位置づけることができる．さらにアメリカの低金利政策の実施と英米間の金利協調によって両国間に国際的な利子率格差を作り出し，ロンドンに外国短資を引きつける枠組を構築したことを指摘した．次に1927年には米英独仏の中央銀行総裁会議が開催されて，ポンド危機に対処したことを跡づけた．次にイングランド銀行による外国為替市場への介入操作と資本輸出規制の展開を検討し，第一次大戦前の国際金本位制期とは大きく異なる，管理通貨制度的色彩の強いイングランド銀行の政策対応を明らかにしていった．

第6章「アメリカの国際収支構造」では，1920年代のアメリカを第一次大戦前と比較すると，貿易黒字の急増，投資収益収支の大幅黒字によるサービス収支の黒字転化で，経常収支が大幅な黒字となったことをまず確認した．1925-28年半ばまではこの経常収支黒字を新規外国証券発行と対外直接投資によってほぼ相殺し，基礎収支，総合収支において大幅な不均衡に陥ることはなかった．1928年半ば以降，ニューヨークの株価急騰のなかで金流出入に劇的な変化が生じて，ロンドンからニューヨークへの多額の短資・金移動が発生していったことを明らかにした．

第7章「短期資本の大量流出とマルク危機」では，1924年以降のドイツ再建金本位制が1931年以前の29，30年においてヨーロッパ金融恐慌の序曲ともいうべき危機的状況に見舞われた点に焦点を当てた．ドイツはヴェルサイユ体制下での賠償支払を履行するためには外国資本の大量取入れに依拠せざるをえず，外資流入の拡大によって賠償支払が可能となり，ドイツ経済の資本主義的再建も軌道に乗った．しかしそのことがドイツの対外ポジションを極度に悪化させ，「世界最大の債務国」という世界資本主義の最も弱い環にドイツを追いやることになった．1928年下期以降，ドイツへの長期資本流入が急減し，ドイツは外国短資依存の度合を一層強めることになった．29年に入り恐慌の進展にともない，同年4月，賠償改訂問題の紛争に端を発した金流出をともなう

短資の一挙的・激発的な流出，翌 30 年の財政危機への対応をめぐるヴァイマル大連合の瓦解→新政府と議会との対立→総選挙でのナチスの大躍進によって 29 年と同様の金流出をともなう短資の大量流出が生じた．かかる事態はベルリン大銀行に打撃を与え，ライヒスバンクの金・外貨準備を急減させ，同行の金準備率，発券準備率の急落をもたらしたことを明示した．

第 8 章「再建金本位制の崩壊」では，1931 年 5 月のオーストリア金融恐慌，7 月のドイツ金融恐慌の勃発が両国の金本位制を実質的に停止させ，為替管理の実施，対外短期債務の凍結に導いたことをまず確認した．特にドイツの金融恐慌の勃発はロンドン国際金融市場において手形の引受業務で中核的役割を果たしていたマーチャント・バンクの財務状況に大きな打撃を与えて，ポンド危機を促進・激化させる一因となった．この点を最新の研究成果に依拠しつつ明確化することに努めた．次に，アメリカの金本位制停止に至る過程をアメリカ国内の銀行恐慌の激化で全面的に説明する通説に対して，イギリスの金本位離脱を契機とする再建金本位制の実質的な崩壊過程のなかで生じたポンドの大幅な減価→為替差損の発生によって促進されたドル減価への懸念がヨーロッパ諸国によるアメリカからの金流出を促進した側面をも射程に入れて分析を進めている．その際，ニューヨーク連銀の金準備急減に着目して，同連銀からの金流出の実態を明らかにしようと努めた．

各章ごとにもとになっている既発表の論文を示すと次のようになっている．

第 1 章 「『スターリング為替本位制』とロンドン・バランス」九州大学大学院『経済論究』第 35 号，1975 年に加筆・修正

第 2 章 「政府間借款と公的為替操作―第一次大戦期のポンドの釘付け操作を中心として―」北海学園大学『経済論集』第 28 巻第 4 号，1981 年に加筆・修正

第 3 章 「第一次大戦期の戦費金融とドルの台頭」熊本学園大学『海外事情研究』第 37 巻第 1 号，2009 年および「アメリカの資本輸出と公的ドル・バランス」九州大学『経済学研究』第 43 巻第 4 号，1977 年に加筆・修正

第 4 章 「再建金本位制期のイギリスの国際収支と対外短期ポジション」

『熊本商大論集』第31巻第1・2合併号，1985年に加筆・修正

　第5章　「再建金本位制と『中央銀行間協力』」北海学園大学『経済論集』第26巻第4号，1979年に加筆・修正．他は新稿

　第6章　「経常収支の黒字累積と長期資本収支―1920年代のアメリカの基礎収支動向を中心として―」熊本商科大学『海外事情研究』第20巻第2号，1993年および「アメリカの短期資本収支と金移動，1919-1933年」『熊本学園大学経済論集』第1巻第3・4合併号，1995年に加筆・修正

　第7章　「短期資本移動と資本逃避―1928年後半から1930年までを中心として―」『熊本学園大学経済論集』第6巻第3・4合併号，2000年に加筆・修正

　第8章　新稿

　著者が両大戦間期の国際金融システムの研究に取り組むようになったのは，九州大学大学院経済学研究科に入学し，深町郁彌先生に御指導いただく過程のなかで，先生からW. A. Brown, Jr., の大著をぜひ読むようにと強くお勧めいただいたことが大きな切っ掛けとなっている．あまりにも貧しい成果ではあるが，先生の長年にわたる温かい御指導に深く感謝申し上げるとともに先生の御健康をお祈り申し上げたい．

　また，著者は，信用理論研究学会，日本金融学会，証券経済学会，国際銀行史研究会の先生方から，親切な御指導をいただくことができた．深く御礼申し上げたい．

　文献収集に際しては，熊本学園大学図書館のスタッフの方々に大変お世話になった．心より感謝を申し上げたい．

　学術書出版が厳しい状況にあるなか，日本経済評論社代表取締役栗原哲也氏，清達二氏，梶原千恵氏には本書の出版にあたって一方ならぬ御尽力を賜ったことに対して，心から御礼申し上げる次第である．特に梶原千恵氏には校正等で大変お世話になり，かつ適切な助言をいただいたことに対して重ねて御礼申し上げたい．

　なお，本書刊行にあたり，熊本学園大学出版会の助成を受けたことを付記して謝意に代える次第である．

最後に私事に属することであるが，学問の道に進むことを許してくれた亡き両親と長年にわたる研究生活を支えてくれた妻道子に感謝したい．

2016 年 1 月

平岡賢司

目　次

はしがき

第1章　国際通貨ポンドとロンドン・バランス …………………… 1

第1節　問題の呈示　　1
第2節　国際的取引の決済とロンドン・バランス　　3
　1　英米間貿易の決済例　3
　2　アメリカとブラジルとの貿易決済例　5
　3　国際通貨　6
第3節　ロンドン国際金融市場とロンドン・バランスの形成　　8
　1　「世界の工場」としてのイギリス，世界の生産物＝商品市場の中心としてのイギリス　8
　2　世界の「手形交換所」としてのロンドン金融市場　11
　3　国際的短期信用供与とロンドン・バランスの形成　15
第4節　イギリスの国際収支と対外短期ポジション　　18
　1　イギリスの国際収支　18
　2　イギリスの対外短期ポジション　19

第2章　第一次世界大戦期のポンドとイギリスの公的為替操作 ……… 33

第1節　問題の設定　　33
第2節　1914年の金融恐慌とその対応策　　34
　1　金融恐慌の勃発　34
　2　金融恐慌への対応策　36
第3節　イギリスの国際収支とポンド・ドル相場の推移　　39
　1　対ドル相場下落とイギリスの国際収支　39
　2　1917年7月の為替危機　43

第4節　ポンドの釘付け操作　　　　　　　　　　　　　　　　　48
　　　1　資金源泉　49
　　　2　操作の実態　59
　　第5節　公的為替操作の意義　　　　　　　　　　　　　　　　　66

第3章　アメリカの資本輸出とドル・バランスの形成 ……………… 79
　　第1節　課題の設定　　　　　　　　　　　　　　　　　　　　　79
　　第2節　J.P.モルガン商会の活動とニューヨーク証券市場の国際証券
　　　　　　市場化への基盤形成──アメリカ参戦前　　　　　　　　80
　　　1　J.P.モルガン商会の物資購入代理人としての活動　80
　　　2　財務代理人としての活動とドル決済　82
　　第3節　アメリカ財務省による借款供与と公的ドル・バランスの急増　85
　　　1　アメリカ財務省による借款供与　85
　　　2　巨大債権国としてのアメリカの台頭　88
　　　3　ドル・バランスの増大　91
　　第4節　賠償問題へのアメリカの介入とドーズ案成立　　　　　　94
　　　1　賠償問題　94
　　　2　賠償問題へのアメリカの介入の経済的根拠　99
　　　3　アメリカの介入の経過　101
　　　4　ドーズ案の成立とドーズ公債　103
　　第5節　ドル・バランスの形成とドルの国際通貨化　　　　　　　106
　　　1　投資の地理的分布　107
　　　2　投資証券の種類　109
　　　3　国際通貨ドルの成立　111

第4章　再建金本位制期のイギリスの国際収支と対外短期
　　　　ポジション ………………………………………………………127
　　第1節　再建金本位制の成立と国際通貨の分極化　　　　　　　127
　　　1　再建金本位制の成立　127
　　　2　国際通貨の分極化と国際金融市場の分裂　129

第2節　再建金本位制期のイギリスの国際収支　　132
　　　1　貿易収支の悪化　133
　　　2　貿易外収支　142
　　　3　長期資本収支　144
　　第3節　イギリスの対外短期ポジションの悪化　　148

第5章　中央銀行間協力によるポンド支援とイングランド銀行の
　　　　ポンド防衛策 ……………………………………………………　159

　　第1節　課題の設定　　159
　　第2節　中央銀行間協力の展開　　160
　　　1　イギリスの金本位制復帰と中央銀行間協力　160
　　　2　1927年のポンド危機と中央銀行総裁会議　172
　　第3節　イングランド銀行のポンド防衛策　　186
　　　1　金市場操作の実施　186
　　　2　外国為替市場への介入　189
　　　3　資本輸出の規制　193

第6章　アメリカの国際収支構造 ……………………………………　209

　　第1節　課題の設定　　209
　　第2節　第一次世界大戦中および大戦直後のアメリカの国際収支　　212
　　　1　巨額の貿易黒字と経常収支黒字累積　212
　　　2　巨大債権国への転化と金準備著増　215
　　第3節　1919-29年のアメリカの経常収支　　216
　　　1　貿易収支　216
　　　2　サービス収支と移転収支　222
　　第4節　経常収支黒字と長期資本収支　　224
　　　1　新規外国証券発行　225
　　　2　直接投資　231
　　　3　償還と返済　234
　　　4　既発行証券取引　235

5　基礎収支と国際収支調整　236
　第5節　短期資本収支と金移動　　　　　　　　　　　　　　　　　238
　　1　短期資本移動と金移動の独自性　238
　　2　短期資本収支　239
　　3　金移動　245

第7章　短期資本の大量流出とマルク危機　　　　　　　　　　　261

　第1節　外資依存体制の深化と巨額の対外債務の累積　　　　　　261
　　1　ドイツの国際収支構造　262
　　2　ドイツの対外ポジション　272
　　3　ライヒスバンクの金・法定外貨準備の推移——マルク安定以降1928年末まで　273
　第2節　激発性の短期資本移動　　　　　　　　　　　　　　　　284
　　1　賠償改訂問題の紛糾にともなう大量の外資流出　284
　　2　財政危機，政治体制危機にともなう外資流出　295

第8章　再建金本位制の崩壊　　　　　　　　　　　　　　　　　311

　第1節　オーストリア金融恐慌　　　　　　　　　　　　　　　　311
　　1　クレディット・アンシュタルトの破綻　311
　　2　国際借款の獲得　316
　　3　オーストリアの金本位制の実質的停止　316
　第2節　ドイツ金融恐慌　　　　　　　　　　　　　　　　　　　317
　　1　ベルリン大銀行からの預金流出　317
　　2　ライヒスバンクの金・外貨準備急減　317
　　3　国際借款の供与　320
　　4　金融恐慌激化とドイツの外国為替管理令施行　323
　第3節　ポンド危機とイギリスの金本位制停止　　　　　　　　　324
　　1　ポンドの構造的不安定要因　324
　　2　ドイツ金融恐慌とマーチャント・バンクの財務内容悪化　326
　　3　ポンド危機の進展とイギリスの金本位制停止　329

第4節　アメリカの金本位制停止　334
　1　ドル不安の発生と金の対外流出急増　334
　2　グラス・スティーガル法制定と連銀信用拡大　336
　3　銀行恐慌激化とアメリカの金本位制停止　340

索引　359

第1章
国際通貨ポンドとロンドン・バランス

第1節　問題の呈示

　1929年10月24日のニューヨーク証券取引所における株価の暴落によって，「永遠の繁栄」を謳歌していたアメリカ資本主義は大恐慌へ突入した．そしてこのアメリカの大恐慌は資本主義諸国に波及し，世界恐慌へと拡大していった．1931年5月12日にはオーストリアのクレディット・アンシュタルト（Credit-Anstalt）が破産し，これを発端としてヨーロッパ金融恐慌が勃発した．このクレディット・アンシュタルトの破産はドイツに飛び火し，同年7月13日にダナート銀行の瓦解に導いた．ヨーロッパ諸国を襲った金融恐慌はその深刻の度合いを一段と深めていった．当時ロンドン金融市場には世界各国の在外預金残高——これをロンドン・バランス（London Balances）またはポンド残高（Sterling Balances）という——が置かれていたが，この金融恐慌による信用不安・危機のため，フランスをはじめとするヨーロッパ諸国の銀行はロンドン金融市場から短期資金の大量引揚げを開始した．このロンドン・バランスの金兌換請求は，当然のことながら，イングランド銀行の金準備の大量喪失をもたらし，このためイギリスはついに1931年9月21日，金本位制停止に追い込まれたのである．このイギリスの金本位制離脱を契機に各国は相継いで金本位制を停止するに至った．ここにおいて，1925年4月のイギリスの金本位復帰を契機に成立した再建金本位制は実質的に崩壊したのである．

　この再建金本位制とは対照的に，第一次世界大戦前の国際金本位制は円滑に機能したといわれている[1]．では，この国際金本位制はいかなる構造を持ち，

いかにしてその安定性を保持し得たのであろうか．この点を明確にすることが本章の基本的な課題である．

第一次大戦前の国際金本位制は，その内実からすれば，イギリスの国民的通貨であるポンドを国際通貨とする国際的信用制度であったと言うことができる．この点を，W. A. ブラウン・ジュニアは比喩的な意味を込めて，第一次大戦前の「国際金本位制は，実質的にスターリング為替本位制（sterling exchange standard）であった．」[2]と位置付けた．そして「スターリング為替本位制」の具体的内容について次のように述べている．すなわち，「戦前（第一次大戦前のこと――引用者）には，国際金本位制はロンドンという一つの世界の信用および決済の中心地を持つ世界的な信用機構の内部で機能した」のであり，「世界中の資金の移動は，銀行の技術的な点から，究極的には，世界の中心地たるロンドンの銀行の帳簿上に貸借を記入することによって行われた．戦前には世界の外国為替機構にとっての鍵は，ロンドンに外国銀行のポンド残高を保有しておくことにあった．」[3]と．

また，S. B. ソウルは多角的貿易決済機構の発展に触れて次のように述べている．すなわち，「世界貿易の多角的決済，すなわち，第三の国々あるいはそれ以上の集団の国々を含む支払は，数世紀にわたって世界の経済的諸関係の主要な特徴になっていた．そのもっとも単純な形態においては，貴金属の移転が決済の機構となっていた．のちに，為替手形の使用はこれら貴金属の流れの規模を大幅に減じ，19世紀の後半を通じ，その制度はロンドンにおける外国銀行にもたれるポンド残高の規模の変動を通して，一層より簡単な方法でその機能をはたした．」[4]と．ここでも，貿易取引の決済がロンドン・バランスの振替によって行われるようになったことを指摘している．

これらの叙述を念頭に置きながら，われわれはまず，国際通貨ポンドが国際的取引の決済においていかなる役割と機能を果たしていたのかを具体的に明らかにしていく．その際，ロンドン国際金融市場による引受信用および割引信用の供与が諸外国の輸出入商に彼らの貿易金融をロンドンに依存させることになり，さらに諸外国の外国為替銀行がロンドンから短期資金の借入をスムーズに行わせることになったことに着目する．

次に，国際通貨ポンドの成立の諸条件を析出していく．ポンドが国際通貨と

しての機能を果たしていく起点は，19世紀中葉にイギリスが「世界の工場」として世界市場に圧倒的な生産力を保持し，かつ，世界の生産物＝商品市場の中心に位置していたという再生産的基盤にあったことを明らかにする．この基盤の上に，ロンドン国際金融市場による貿易金融の供与と手形決済メカニズムの存在および短期の国際的信用の供与がロンドン・バランスの形成をもたらすことになったことを展開していく[5]．

ポンドを国際通貨とする国際的信用制度が円滑に機能し得た根拠を究明するのが残された課題である．われわれはこの問題を究明する手がかりを当時のイギリスの国際収支構造と対外短期ポジションに求めて，分析を進めていく．

第2節　国際的取引の決済とロンドン・バランス

1　英米間貿易の決済例

この場合，イギリスの輸入商がアメリカの輸出商から綿花を購入するとしよう[6]．

①イギリスの輸入商はロンドンの引受商会（マーチャント・バンカー）(A)と取引関係にあるので，彼は(A)に商業信用状（commercial letter of credit; L/C）発行を依頼する．②引受商会(A)はアメリカの輸出商宛に商業信用状——振り出される手形の名宛人となるロンドンの引受商会の名前，手形の金額，手形の期限，購入される商品の品質，手形の銘柄，船積書類等の信用条件の保証書——を発行する．③アメリカの輸出商は綿花を輸出地へ積出す．④アメリカの輸出商は，L/C条件に従って引受商会(A)宛に一覧後60日あるいは90日払のポンド建為替手形を振り出し，船積書類（shipping documents）——これは船荷証券（bill of lading; B/L），保険証券（insurance policy; I/P），送り状（invoice）からなる——を添える．輸出商はその為替手形をニューヨークの銀行(B)に売却する．⑤(B)銀行はその手形を購入し，輸出商にその代金をドルで支払う．ここで対顧客相場（exchange quotation）が建つ．輸出商に関してはこれで取引は完了する．⑥(B)銀行はその手形に船積書類をつけて自行のロンドンのコルレス先銀行(C)に送る．⑦(C)銀行は，その手形を引受商会(A)に呈示して引受を求める．⑧引受商会(A)はその書類を審査して，手形の

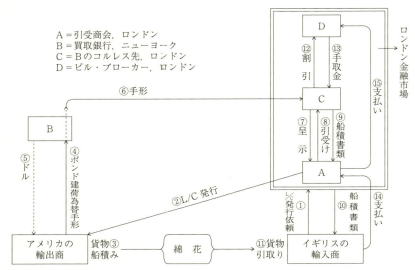

(出所) L. M. Jacobs, *Bank Acceptances*, National Monetary Commission, Senate Document, No. 569, 1910, pp. 10-1 より作成.

図1-1 英米間貿易の決済例

引受をし，手形を(C)銀行に返す．引受は手形の名宛人——この場合には引受商会(A)——が手形の券面に引受（accepted）という語を記入して自己の署名と日付をサインすることによって行われる．⑨手形の引受にもとづいて船積書類は引受商会(A)に渡される．⑩引受商会(A)は荷物貸渡し証（trust receipt; T/R）と引き換えに船積書類をイギリスの輸入商に引き渡す．ここでは引受渡し（documents against acceptance; D/A）の場合を想定している．⑪イギリスの輸入商は綿花を引き取る．⑫(C)銀行はロンドン割引市場で手形をビル・ブローカー(D)に割り引いてもらう．手形はここで有価証券化する．⑬(C)銀行はその手取金を(B)銀行名義の預金勘定に入金する．(B)銀行のロンドン・バランスは増加することになる．「国際通貨」現象はこれで終了する．あとはイギリス国内での手形決済の問題である．⑭輸入商は引き取った綿花を市場で売って，約束の期日に所要金額を引受商会(A)に支払う．⑮引受商会(A)は満期日に手形の所有者（(C)がそのまま手形を所有していれば(D)）に支払いをする．

2 アメリカとブラジルとの貿易決済例

次に，対イギリス以外の第三国間の貿易取引の決済においてもポンド建為替手形の利用を介して，最終的にはロンドン・バランスの振替によって処理された例をアメリカとブラジルとの貿易取引をもととしてとりあげてみよう．

①アメリカの輸入商はロンドンの引受商会（マーチャント・バンカー）（A）と取引関係にあるので，彼は(A)に商業信用状（L/C）の発行を依頼する．②引受商会(A)はブラジルの輸出商宛に商業信用状を発行する．③輸出商はコーヒーを輸出地へ積出す．④輸出商はL/C条件に従ってロンドンの引受商会

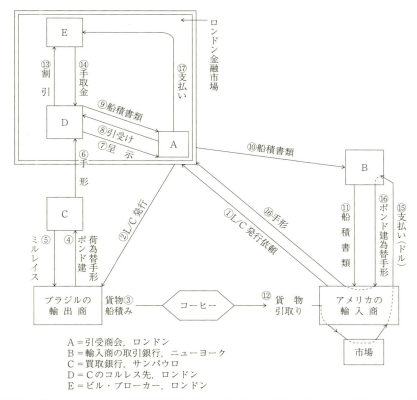

（出所） L. M. Jacobs, *op. cit*., pp. 12-3, P. M. Warburg, *The Discount Sysem in Europe*, National Monetary Commission, Senate Document, No. 402, 1910, pp. 7-9 より作成．

図1-2 アメリカとブラジルとの貿易決済例

(A)宛に一覧後60日あるいは90日払のポンド建為替手形を振り出し，船積書類を添える．輸出商はその荷為替手形をブラジルの銀行(C)に売却する．⑤(C)銀行はその手形を購入し，輸出商にその代金をミルレイスで支払う．ここで対顧客相場が建つ．輸出商に関してはこれで取引は完了する．⑥(C)銀行は自行のロンドンのコルレス先銀行(D)にその手形を船積書類と共に送付する．⑦(D)銀行は引受商会(A)にその手形を呈示し引受を求める．⑧引受商会(A)は引受をし，手形を(D)銀行に返す．⑨引受商会(A)の手形の引受にもとづいて，船積書類は引受商会(A)に渡される．⑩引受商会(A)は船積書類をニューヨークの銀行(B)に送付する．⑪(B)銀行は荷物貸渡し証（T/R）と引き換えに船積書類をアメリカの輸入商に引き渡す．⑫アメリカの輸入商はコーヒーを引き取る．⑬一方，(D)銀行はロンドン割引市場で手形をビル・ブローカー(E)に割り引いてもらう．ここで手形は有価証券化する．⑭(D)銀行はその手取金を(C)銀行名義の預金勘定に入金する．(C)銀行のロンドン・バランスは増加する．後はアメリカの輸入商による手形決済の問題が残されている．⑮輸入商は引き取ったコーヒーを市場で売って，ニューヨークの銀行(B)からポンド建為替手形を購入する．ここで対顧客相場が建つ．⑯輸入商は手形を引受商会(A)に送付する．⑰引受商会(A)は満期日に手形の所有者に支払をする．

以上の設例から明らかなように，対イギリス以外の第三国間の貿易取引の決済においてもロンドン・アクセプタンス方式によるポンド建為替手形が振出され，最終的にはロンドンのコルレス先銀行（あるいは外国銀行のロンドン支店）の帳簿上に貸借記入をし，ロンドン・バランスの増減によって資金移動が処理されていたことを示している[7]．

3 国際通貨

以上の二つの設例において，ロンドン宛のポンド建為替手形が振り出されたのではあるが，しかしこの手形を国際通貨とすることはできない．この点を再度，図1-1によって考察してみよう．

図1-3は，図1-1の設例にもとづいて債権債務関係を図示したものである．アメリカの輸出商はイギリスの輸入商に対して債権①を有するが，この債権にもとづいて取立為替（逆為替）形式による荷為替手形を振り出し，ニューヨー

第1章 国際通貨ポンドとロンドン・バランス 7

クの銀行に買い取ってもらう②．これによってニューヨークの銀行はアメリカの輸出商に対する債権③を獲得する．次にニューヨークの銀行はロンドンのコルレス先銀行にその手形を送付することによって③の債権債務関係はロンドンのコルレス先銀行のアメリカの輸出商に対する債権④に移転される．そしてイギリスの輸入商がコルレス先銀行に手形代金を払えば⑤，債権債務関係①と④が相殺され，したがって③も消滅する．アメリカの輸出商のイギリスの輸入商に対する債権債務関係①は，ニューヨークの銀行とロンドンのコルレス先銀行との債権債務関係⑥に転化される．図1-1の設例では，コルレス先銀行はこの手形を割引市場においてビル・ブローカーに割り引いてもらい，その手取金をニューヨークの銀行の預金勘定に入金した．これはロンドン・バランスの増加となってあらわれた．逆にイギリスがアメリカに輸出する場合に，その債権債務関係がいかなる展開をとげるかを図示したのが，図1-4である．この場合，イギリスの輸出商の振り出す手形は内国手形の形をとるほかは，図1-3と同様の経過をたどり，イギリスの輸出商のアメリカの輸入商に対する債権債務関係①は，ロンドンのコルレス先銀行のニューヨークの銀行に対する債権債務関係⑥に転化される[8]．これによってニューヨークの銀行とロンドンのコルレス先銀行との債権債務関係は相殺されることになる（図1-3の⑥と図1-4の⑥との相殺）．もちろん，図1-3においてニューヨークの銀行はロンドンのコルレス先銀行に置かれた預金にもとづいてロンドン宛小切手（check on London）を振り出してこれを売却することができる．図1-4のアメリカの輸入商は，これを買い取ってイギリスの輸出商に送付して輸入代金の決済を行うことも可能である．このようなロンドン・バランスの振替・増減を通じて銀行間の債権債務

図1-3　英米間の債権債務関係(a)　　図1-4　英米間の債権債務関係(b)

関係（図 1-3 の⑥と図 1-4 の⑥）が相殺され，銀行間の国際決済が行われることになる[9]．ポンドが国際通貨として機能したという意味は，商品輸出入者間の債権債務が銀行間の債権債務へと上向・転化されていくような論理段階において理解されるべきであった．ポンド建為替手形が国際通貨であると考えることは間違いであると言わざるを得ないのである．

第 3 節　ロンドン国際金融市場とロンドン・バランスの形成

英米間貿易取引およびアメリカとブラジルとの間の貿易取引の決済において，ロンドン宛の為替手形（Bill on London）が振り出されて，最終的にロンドン国際金融市場に置かれたポンド建の当座預金残高（ロンドン・バランス）の振替によって処理されていたことを確認したうえで，このロンドン・バランスがいかにして形成されたのかを究明し，国際通貨ポンドの成立の条件を析出していかなければならない．

1　「世界の工場」としてのイギリス，世界の生産物＝商品市場の中心としてのイギリス

貿易取引の決済において，ロンドン宛の為替手形が大量に振り出される再生産的基盤は，イギリスが「世界の工場」として世界市場において圧倒的な生産力を保持し，かつ，世界の生産物＝商品市場の中心に位置していたというイギリスを基軸とする「世界的な物的再生産過程[10]」の展開に起点を有している．そこでまず，19 世紀中葉の「世界の工場」としてのイギリスの地位から簡単に見ておくことにしよう．

1760 年代から 1830 年代にかけての産業革命によってイギリス資本主義はその基礎を確立した．イギリスにおいて資本主義的生産様式のもとで生産された商品は，当然その販路として外国市場を必要とするに至り，各国の旧来の生産様式は，このイギリス商品の流入によって次第に解体されていき，資本主義的世界市場が徐々に形成されてくる．資本の文明化作用がこれである．こうして 19 世紀中葉にはイギリスは「世界の工場」として世界市場において独占的な地位を確保し，他の諸国を原料・食糧供給国——農業国——とし，自らを工業

国として世界市場を編成していったのである[11]．当時の基幹産業は綿工業であり，1820年代以降，その発展にはめざましいものがあった．今，綿糸と綿布の生産量をみれば，1819-21年には綿糸の生産量は1億650万ポンドであったのに対して，1829-31年には2億1,650万ポンド，1844-46年には5億2,330万ポンド，1859-61年には9億1,000万ポンドと年平均で著しい増加を示している．綿布の生産量も年平均で，1819-21年には8,062万ポンドだったのが，29-31年は1億4,320万ポンド，44-46年には3億4,811万ポンド，59-61年には6億5,090万ポンドにまで増大している[12]．そしてイギリス綿製品は世界各地に輸出された．

今，イギリスの綿工業の世界における地位を見ると，1840-60年代にかけてイギリスは紡錘数の64～66％，労働者数の66～74％，綿花消費量の55～50％を占めていたのである[13]．さらに鉄鋼業，機械工業の発展とそれらの製品輸出の伸張がみられた．

このようにイギリスが「世界の工場」であり，また他の諸国からの大量の原料・食糧の輸入国であったことから，ロンドン，リヴァプール，マンチェスター等が世界の生産物＝商品市場の中心として発展してきた．

まず，ロンドンは穀物，嗜好品ないし熱帯植民地産品（コーヒーを除く）の商品市場であった．しかもロンドンはその輸入品のかなりの部分を同時に再輸出していた．例えば，砂糖で5～10％，コーヒーは20～40％，茶は5～10％，煙草は20～40％を再輸出したのである[14]．

一方，リヴァプールは綿花の商品市場としての地位を占めていた．前述したように綿工業は当時の基幹産業であり，最も重要な輸出産業であったが，その原料である綿花はリヴァプールに取引が集中された．1847年には，イギリスのアメリカ綿輸入の95％，イギリスの綿花総輸入の88％，世界の綿花総供給の約半分までがリヴァプールに荷揚げされていた．そして同時にイギリスは総輸入量の15％相当分を大陸綿工業に再輸出したのである[15]．

その結果，これら第一次産品の国際価格はポンドで建てられることになった．

そして綿製品の取引は，その大部分がマンチェスターに集中され，マンチェスターは綿製品の商品市場の中心となった．ランカシャー綿工業は世界の綿織物の4割近くを供給したが，マンチェスターはそのランカシャー綿工業からそ

の製品の主要部分を集荷し,同時に世界各地からの需要に応えたのであった[16].

当時の世界貿易に占めるイギリスの割合を見れば,1850年にはイギリスの貿易総額1億7,000万ポンド(再輸出を含めると1億8,600万ポンド)で,世界貿易の28%という3割近い比率を占めていたのである[17].

かくして,「1860年代には『世界の工場』たるイギリスを中心として,その周辺にヨーロッパ大陸および北アメリカの後進資本主義国が食糧・原料輸入市場,工業製品輸出市場として配置され,さらにその外縁を中南米,中近東とりわけインドをはじめとするアジアの後進的農業国および植民地が,食糧・原料の補完的輸入市場,工業製品の代替輸出市場として取り囲み,中心国イギリスはそれら諸国と放射線状に『双務的』bilateral な貿易関係を取り結ぶところの,古典的世界市場の同心円的構造が完成したのである[18].」このように,イギリスを中心として海外諸国,植民地等との間に放射線状に伸びる再生産的素材補填関係が形成されることによって,イギリスが「世界的な物的再生産過程」の中心に位置し,世界貿易がイギリスを中心として展開されていったことが,ロンドン宛手形を大量発生させる基礎的な条件を形成している.そしてイギリスが世界の生産物=商品市場の中心に位置することによって,第一次産品の国際価格はポンドで建てられることになるから,貿易取引において契約価格もポンド建で表示されることにより契約通貨(invoicing currency)としてポンドが使用されるに至るのである.

このようなロンドン宛手形の大量振出しに対応して,ロンドン金融市場においては引受商会(マーチャント・バンカー[19])によって手形に対する引受信用(acceptance credit)を供与されたこと,そしてマーチャント・バンカーによって引き受けられた手形はロンドン割引市場において割り引かれ,即座に現金化しえたことによって,ロンドン金融市場に手形の集中がもたらされた.同時にロンドン金融市場が国際金融市場であることから,そこでは低い利子率で短期資金を入手することが可能であった.このことからロンドンに各国の短期資本が集中され,ロンドン・バランスが形成されるようになる.この点を次に考察しなければならない.

2 世界の「手形交換所」としてのロンドン金融市場

　ロンドン金融市場が国際金融市場としての地位と機能を遂行するうえで，マーチャント・バンカーによる引受信用の供与と手形割引市場の存在はきわめて大きな役割を果たした．マーチャント・バンカーについてトリュティルは次のような適切な指摘を行っている．すなわち，「マーチャント・バンカーはグレート・ブリテンの金融的および商業的拡張において最も活動的な代理人である，そして彼らは，第一に，銀行引受（bank acceptance）の形態で商業への短期信用を供与することによって，第二に，短期債券の発行によって財政上の信用を準備することによって，最後に，彼らが外国産業，あるいは外国政府のためにさえ，ロンドンで取り計らう長期借款の発行によってこの拡張を大いに助けるのである[20]．」と．マーチャント・バンカーはその遂行する業務にちなんで引受商会（accepting house）あるいは発行商会（issue house）と呼ばれるが，ここでは，ポンド建為替手形に対する引受信用がマーチャント・バンカーによって供与され，世界貿易金融の主要な部分を構成していたことに注意せねばならない．例えばすでに述べたように，図1-2におけるアメリカとブラジルの貿易決済例では，ブラジルの輸出商がアメリカにコーヒーを輸出した際に，ブラジルの輸出商は直接，アメリカの輸入商に対して手形を振り出すのではなくて，ブラジルの輸出商はロンドンのマーチャント・バンカー宛に手形を振り出すのである．換言すれば，国際的に信用力の極めて高いマーチャント・バンカーが輸入商に代わって輸入代金の支払を引き受けて，輸出商が自分宛に手形を振り出すことを認めることによって，輸出商が輸入商宛に直接手形を振出す取立為替（逆為替）取引に内在する輸入商の将来における支払の確実性に対する不安が払拭されることになる．この手形には船積書類が添付されており，荷為替手形（documentary bill）の形態をとっている．手形の引受は，手形の名宛人（設例では引受商会（A））が手形の券面に「引受」（Accepted）という語を記入して自らの署名と日付を付け加えることによって行われる．このことによって手形の名宛人は手形の「引受人」になり，この手形は銀行引受手形となる[21]．マーチャント・バンカーはこの手形を引き受け，手数料を取得する．つまり「これらの商品はわが国〔イギリスのこと――引用者〕には入ってこないで，しかもロンドン宛手形で金融をつけられ，ロンドンは名前を貸すことについての支払

を受ける[22]」のである．すなわち，マーチャント・バンカーは手形の引受によって，手形の満期日における手形代金の支払に保証を与えることによって偶発債務を負うことになる．この偶発債務の形成にともなって，マーチャント・バンカーには手形の支払期限の前に万一生じるかもしれない債務の支払いに備えて，現金準備の拘束が生じることから引受手数料を請求する根拠が生じるのである．この手数料は年率1～1.5%位と推定される[23]．そして「引受業務の分野におけるマーチャント・バンカーの優位は，20世紀の初頭までロンドンの大株式銀行の挑戦を受けることはなかった[24]．」

　ところでこの引受信用は1840年代までにも委託荷見返前貸制度[25]と結びついてかなり普及していたが，キングによれば，「次の10年間には引受信用の制度は従来に増して大規模に行われ，それまで例外的にしか利用されていなかった商取引や地域にも拡大された．それはアメリカやスカンディナヴィア，中国および東洋諸国とのあらゆる種類の貿易や，植民地貿易において，特に重要であった[26]．」そしてこの引受信用の利用は1870年代以降，世界貿易の拡大，コスモポリタンな金融業者の到来と外国銀行のロンドン支店設置の急激な増加によって大いに促進されたのである[27]．

　このようにしてマーチャント・バンカーによって引き受けられた手形は一流手形としてイングランド銀行への再割引「適格」手形であったから，ロンドン金融市場においては即座に一流の短期金融資産に転化された．これを可能ならしめたのが割引市場の存在であった．この割引市場において手形を「商品」として売買を行う中心的存在がビル・ブローカーである．このビル・ブローカーには「貨幣を必要とする商人および産業人と余剰貨幣の投資口をもとめる個人銀行家および資本家との間に立って手数料に依存していた」単なる仲介人に過ぎないランニング・ブローカー (running broker) から，「銀行の資金を主として有価証券と手形を担保にして借り入れ，ついでそれをもって自己の計算において割引業務を行う」ビル・ディーラー (bill dealer)，さらには手形割引業務を行うのに必要な資本を銀行からの借入れだけでなく，預金の受入れによって入手する割引商会 (discount house) の3種類があるが，ここでは後の2者が主たる中心となっている[28]．

　ビル・ブローカーはイギリスの商業預金銀行，外国銀行，マーチャント・バ

ンカーおよび保険会社を含む雑多な金融機関集団からコール資金を入手する[29]. そして, ビル・ブローカーは為替手形の専門家で, 手形の発行人, 引受人, 裏書人の地位と資金力に関するあらゆる事柄——換言すれば, 手形の内在的な価値——を吟味し判断しうる[30]. そして, ビル・ブローカーのもとに「持参された手形を買取る——つまり割引く——こと」が彼らの仕事である.「彼らは, 額面価額から割引歩合を差引いたものを支払うのであるが, この割引歩合は, 一つには公定歩合と貨幣市場のその時々の様子, 一つには手形の引受人の地位, 一つには手形が満期になるまでの期間によって定まるのである[31].」

そして19世紀末には「海外の貿易金融のために振り出された手形は, 純然たる内国手形とは反対に手形市場および銀行の保有する有価証券のなかでますます重要な部分を占めるようになった」[32] のであり, したがって, 割引市場は19世紀末には,「すぐれて国際金融の装置となり, 国内金融の装置として副次的なものに過ぎなくなってしまった[33].」今, 西村閑也氏による為替手形の振出高の推定によれば, 内国手形年間平均振出額が手形振出総額に占める比率は, 1861-70年には6億7,100万ポンドで54%, 1893-1902年には5億800万ポンド, 42%に減少し, さらに1913年には6億5,100万ポンド, 35%へと推移した. 他方, 外国手形年間平均振出額が手形振出総額に占める比率は, 上記に対応する期間に, 4億6,100万ポンド, 46%→6億2,800万ポンド, 58%→12億300万ポンド, 65%へと着実に増大した[34]. その際留意すべきなのは外国手形の性格は金融手形の比重が高くなってきたことである. 1894年以降の外国手形の急増は主として金融手形の増大によるものであった[35].

このようなロンドン金融市場における手形の引受および割引によって, 各国の輸出商並びに輸入商はいかなるメリットを得ることができるかを図1-2の設例によって考えてみよう.

まず, ブラジルの輸出商はロンドン宛に振り出した手形を現地のブラジルの銀行(C)に売却する.(C)銀行は手形割引の形で輸出商に現金前貸を与える. ロンドン金融市場では一般的に利子率は低いので, (C)銀行はこの手形をロンドンのコルレス先銀行(D)に送付して, 引受商会(A)の引受け後, ロンドン割引市場で割り引いてもらう[36]. これによってブラジルの輸出商は現金形態を先取りすることが可能となり, G−W−G′の資本循環を円滑に続行していくこ

とができる．換言すれば，輸出商は彼の商品が最終的に価格実現をするまでの期間中（この設例では60日から90日間）に必要な追加的貨幣資本を節約することができる．そこで輸出商はこの節約された資本を新たな資本循環に投入（G-W）して，彼の利潤率を高める作用をもたらすことになるであろう[37]．しかもこの手形は商業信用状付きで，マーチャント・バンカーの引受=支払保証がある一流手形であり，イングランド銀行への再割引「適格」手形であるから，ロンドン金融市場で即座に一流の短期資産に転化されえた．商業預金銀行はこのような手形を第2線準備として保有し，一時的な余裕資金を利子生み資本として効率的に運用しうることになった．

他方，アメリカの輸入商は商業信用が供与されたのと同じようなメリットを受けることができる[38]．ブラジルの輸出商が一覧後60日あるいは90日払の手形を振り出すことによって，アメリカの輸入商はもし彼が信用を受けない場合に必要としたであろう購買・支払手段準備金としての貨幣資本が節約され，輸入商の資本循環が短縮・加速されるという効果をもたらすことになる．

このようにして，マーチャント・バンカーによる引受信用の供与と割引市場の機能は，各国の輸出入商に前述したようなメリットを与えることができるのであり，このことによってロンドン金融市場に手形が集中してくるようになる．そしてこの引受信用に対する返済資金は，手形が満期になる3日前に引受商会（マーチャント・バンカー）のもとに払い込まれることになっていた[39]．それとともに「通例の慣行によると引受信用の枠（Line of Credit for acceptance）を与えられた顧客は，利用額に応じて最低の現金残高を維持する必要があった．そのためロンドンには必然的に巨額のバランスが保有されていた[40]．」

もちろん，当時においても，マルク引受手形，フラン引受手形による貿易金融が行われなかったわけではないが，これらはいずれも世界の貿易金融の主流を占めるには至らなかった[41]．「1914年以前では他の諸国の外国貿易への手形引受金融は，イギリスで行われていた規模に達することは決してなかった．……ただドイツの場合にのみ，積極的な努力が国際的な手形引受業務のより大きな部分を獲得するためにはらわれた．かなりの程度の成功が第一次世界大戦の直前の数年間には収められたように思われるけれども，マルク手形引受は国際貿易金融の手段として決してポンド建手形の地位に達することはなかった．

この点ではフラン手形引受は一層重要性が小さく，フランスとその植民地間の貿易に主に資金供給するために用いられていたように思われる[42]．」また，アメリカにおいては国法銀行による手形引受は禁止されており，外国への支店設置も認められておらず，割引市場は未発達の状態であったから，貿易金融は当然，ロンドン金融市場に依存せざるを得なかったのである[43]．

なお，外国銀行のロンドン支店の設置が20世紀に入ってから促進されることになる．しかし，外国銀行のロンドン支店は一流の手形引受業務に従事することはできなかった．なぜなら，これらの銀行の引受手形は代理店手形（agency bill）と格付けされ，イングランド銀行による再割引や担保適格手形から排除されているからである．「外国銀行によって裏書された手形はどんなに有名なものでも，通常は一流の銀行手形よりは高利率で割引かれる[44]．」したがって「ロンドンにおける外国銀行の支店の数の増大とその重要性は――少なくとも商業にとって――ロンドンを回避し得ないということ，むしろ国際的な貨幣取引はますますロンドンに集中することを示している」のであって，ロンドン金融市場は国際金融市場としての地位と機能を十全にはたし得たのである[45]．

3　国際的短期信用供与とロンドン・バランスの形成

ロンドン金融市場は世界に対してロンドン宛手形の引受・割引を通じて信用を供与しただけではなく，各国の為替銀行による短期資金の調達の舞台としても利用され，このことを通じて各国の短期資金がロンドン金融市場に集中されてくる．その具体例として為替相場の季節的変動と利子率差にともなって振り出される金融手形（finance bill）を利用してのロンドン金融市場からの資金借入をみておこう．

第一次大戦前のアメリカは「農産物輸出が輸出総額の非常に大きな役割を形成し」ていた[46]．アメリカは1874年以降，貿易収支は基本的に黒字傾向が定着するが，農産物輸出が増加するのは秋季以降なので，輸出超過は夏よりも秋におけるほうがより高額であったので，イギリスとアメリカの為替相場は春と夏にはポンドが強くてドルが弱く，農産物が大量に輸出される秋にはドルが強くてポンドが弱くなるという一般的傾向があった．この為替相場の季節的変動

を利用して金融手形が振り出された。ケメラーは次のように言っている。すなわち「金融手形は穀物出廻の需要に先立つ2,3ヵ月間に相当量振り出される。そしてその時期には秋のより低い為替相場での穀物、および綿花手形によって裏付けられるというアメリカの銀行家の側の見込みによって為替は通常より高い状態にある。」[47]と。その手形の期限は一覧後30日、60日、90日払いであり、その担保とされたのはニューヨーク証券取引所に上場されていた株式や社債であった。さらには対人信用による振出しの場合もあった（預金が置かれている場合）[48]。この手形はロンドンの引受商会宛に振り出され、ロンドン割引市場において割り引かれたのである。この金融手形による借入れによってニューヨークの銀行はポンド資金を調達することが可能となる。そしてこの獲得したポンド資金に基づいて送金手形を売り出すことができる。この送金手形の売却によってドル資金の形成が可能となり、この形成されたドル資金でもって、輸出業者が振り出した取立手形を買い取ることができる[49]。あるいは、ニューヨークの金利がロンドンの金利よりも高い場合には、ニューヨークの銀行は入手したポンドをニューヨークでドルに転換して、それをニューヨーク金融市場で運用することができる。そしてポンドの低落する秋に返済した。かくして金融手形を振り出したニューヨークの銀行は為替差益を入手することになった。

なお、送金手形＝銀行手形の期限について述べると、一覧払手形の使用が急激に拡大するのは1860年以降であり、例えば、1866年の混乱期には送金はほとんど一覧払手形で行われたといわれる。この手形は金あるいは5年据置20年満期債券を担保として振り出されたものである。しかし、電信為替相場が『コマーシャル・アンド・フィナンシャルクロニクル』に定期的に掲載され始めたのは1879年11月からであり、1866年に大西洋横断海底電信線が敷設されてから13年もの年数を要している。一覧払手形の普及と電信為替の登場（特に後者）は参着相場を成立させ、裁定取引の発展を促すことになった[50]。

1903年の初めには、主としてイギリスとフランスで保有されているアメリカ振出しの金融手形の残高は3～5億ドルと推定され、1906年にはこの残高は4～5億ドルに達したといわれている[51]。そしてイギリスにおいては1913年に一流引受手形の量は3億5,000万ポンドであって、その約60％が金融手形からなっていたといわれる[52]。このように商品貿易取引に直接基づかない金融手

形の振出しによって借り入れられた資金はそのかなりの部分がロンドン金融市場に置かれ，ロンドン・バランスを形成することとなった．逆に秋と冬にはアメリカから大量の短期資本がイギリスに流出した．これは先に振り出した金融手形が，この時期に満期になるにともない，その返済が行われることによる短期資本輸出がアメリカによってなされたためである[53]．これはロンドン・バランスを増強せしめた．当時のアメリカには手形割引市場は未発達であったから，ニューヨークの銀行はそのポンド資金に余裕が生じた場合には，ロンドン割引市場において，短期の一流手形や証券を購入したり，コールで貸付けたりすることによって資金の効率的な運用をはかったのである．

そして，金融手形の振出による海外からの短期借入方式を通じて最大の借手は，アメリカと並んでドイツ，ロシアであった．もちろん，その振出先の大半はロンドン宛であった[54]．

このようにして形成されたロンドン・バランスは，さらにマーチャント・バンカーによる証券発行業務によって維持・拡大されることになる[55]．発行商会 (issue house) としてのマーチャント・バンカーは巨額の証券発行にたずさわったが，「証券発行やその他外国政府および民間企業の財務を処理するには，ロンドン預金を維持する必要があった」[56]．具体的には，投資家の資金は投下された資金の利子および減債基金の形で1ヵ月か6週間前に発行商会のもとに払い込まれ，その預金として残った[57]．また「戦前には，ロンドンの借手は通常，彼らの借入資金を，それらが必要となるまで発行商会のもとにおいていた[58]．」かかる慣行のもとにおいては「借手による利用を待つ，あるいは外国銀行と海外販売の代理人によって保有された借入資金をあらわす一定量のポンド預金は，常にロンドン市場に存在した．」[59]

今，表1-1で1913-14年における主要国の長期対外投資残高をみると，イギリス180億ドル，フランス90億ドル，ドイツ58億ドル，アメリカ35億ドルと推計されており，ロンドン国際金融市場は国際証券市場として圧倒的な存在と役割を果たしたことが如実に示されている．

このように長期証券発行業務が展開されてくるにつれて，これと有機的関連を持ちつつ金融手形が振り出されるようになってくる．例えばロンドン金融市場において，その金融情勢の故に長期債発行が延期されたり，一時的にその発

表 1-1　主要国の長期対外投資残高
1913-14 年
（単位：100 万米ドル）

投資国	
イギリス	18,000
フランス	9,000
ドイツ	5,800
アメリカ[1]	3,500
ベルギー・オランダ・スイス	5,500
その他諸国	2,200[2]
合　計	44,000

（原注1）　外国の対米投資は約 6,800 百万ドルに達したから，アメリカは差引き債務国であった．
　　　2）　概算，日本およびロシア（例えば中国への），ポルトガル（例えばブラジルへの），スウェーデン（例えばロシアへの）の投資を含む．

（出所）　United Nations, *International Capital Movements during the Inter-War Period*, Arno Press, New York, 1949 (reprint, 1979), p.2. 楊井克巳・中西直行訳『国際投資論』日本評論社，1970 年，384 頁．元の資料は League of Nations, *Course and Phases of the World Economic Depression*, 1931, p. 28. Royal Institute of International Affairs, *The Problem of International Investment*, 1937. を含む種々の資料から作成．

行が中止された等の場合に，長期債発行による手取金の入手を期待していた銀行業者等はロンドン宛の金融手形を振り出してこれをロンドン割引市場で割り引き，後日，長期債が発行された場合に，その手取金によってこの手形の支払いをするという操作がとられたのである．その担保としては株式や社債が要求された[60]．

第4節　イギリスの国際収支と対外短期ポジション

1　イギリスの国際収支

　前述のように第一次世界大戦前にはポンドは国際通貨として圧倒的な役割を果たしたのであるが，かかる国際通貨ポンドへの信認はイギリスの国際収支の安定によって強化されることになった[61]．第一次大戦前のイギリスの国際収支推計を示す表 1-2[62]から明らかなことは，第一には経常収支は貿易外収支の大幅な黒字によって，一貫して黒字を記録していることである．第二にはこの恒常的な経常収支黒字を相殺するほどの巨額の長期資本輸出が行われたことであ

表 1-2　イギリスの国際収支
1870-1913 年

(単位：100万ポンド)

年平均＼項目	貿易収支			貿易外収支			移転収支	経常収支	新規長期海外投資	基礎収支	金銀収支	短期資本収支
	輸出	輸入	計	海外投資収益	その他サービス	計						
1870-74	+293	-318	-25	+45	+60	+105	-2	+78	-71	+7	+5	-2
75-79	+258	-345	-87	+56	+62	+118	-1	+30	-32	-2	+3	+5
80-84	+303	-375	-72	+62	+67	+129	-2	+55	-62	-7	-1	+6
85-89	+290	-349	-59	+79	+62	+141	-2	+80	-90	-10	—	+10
90-94	+300	-385	-85	+94	+62	+156	-1	+70	-59	+11	+6	-5
95-99	+305	-417	-111	+98	+59	+157	-1	+44	-76	-32	+5	+37
1900-04	+358	-496	-138	+109	+68	+177	-4	+34	-72	-37	+4	+41
05-09	+463	-566	-102	+142	+96	+238	-3	+133	-131	+2	+3	+2
10-13	+583	-670	-87	+184	+111	+295	-4	+204	-196	+8	+8	—

(注)　経常収支＋新規長期海外投資＝基礎収支，金銀収支＝総合収支，金銀収支－基礎収支＝短期資本収支として算出．四捨五入のため個々の項目の総和は必ずしも「計」と一致していない．

(出所)　経常収支の各項目は，B.R.Mitchell, *British Historical Statistics*, Cambridge University Press, Cambridge, 1988, pp. 871-2 より作成．新規長期海外投資は，M. Simon, 'The Pattern of New British Portfolio Foreign Investment, 1865-1914', in A. R. Hall ed., *The Export of Capital from Britain 1870-1914*, Methuen, London, 1968, pp. 38-9 より作成．金銀収支は B. R. Mitchell, *ibid*., p. 870 より作成．

る．第三には経常収支黒字分を長期資本輸出によって相殺するという関係にあったことから，長期資本輸出が経常黒字分を大幅に上回った 1895-1904 年には基礎収支は連続して赤字になっているものの，それ以外には基礎収支には大幅な不均衡が発生していないことが理解できるであろう．第四には金銀収支には大幅な変動が見られず安定的に推移した（恐慌期を除く）ことからイギリスへの金集中という事態が生じなかったことである．第五にはこのような金銀収支の振幅が小幅なものにとどまったのは基礎収支に大幅な不均衡が生じなかったことに加えて短期資本移動によるところが大きかったと思われる．総合収支レベルにおいて大幅かつ慢性的な不均衡は発生しなかったのである[63]．

2　イギリスの対外短期ポジション

上述の如く，第一次大戦前のイギリスの国際収支には構造的な不均衡は発生しなかったと考えられるが，では同時期のイギリスの対外短期ポジションはどのような状態にあったのであろうか．まず，対外短期ポジション[64]とは，1国の対外短期資産（債権）保有高の総計と対外短期負債（債務）保有高の総計との関係を表すものである．イギリスの対外短期資産（債権）は主として次の四

つのものから成っていた．(1)「外国人に代わってロンドンの金融業者が引き受けた商業手形ならびに金融手形を表す外国人宛引受債権」，(2)「ロンドンの株式銀行や公衆によって保有された外国手形」，(3)「外国政府や企業によってロンドンで起債された短期証券のイギリス保有分」，(4) イギリスの「銀行の外国顧客への当座貸越や外国金融市場への貸付」等である．これに対してイギリスの対外短期負債（債務）に，(1) 外国人によるポンド建手形の保有，(2) 外国人によるロンドン割引市場に対する短期貸付，(3) 外国人によるロンドンの諸銀行への預金，という主として三つの形態をとっていた．

対外短期債権・債務の構成要素が上述の如くであった点を確認しておいて本題に進んでいくことにしよう．第一次大戦前のイギリスの対外短期ポジションに関する正確な数値は未だに把握されていない．従来の研究においては，1914年以前にはイギリスは短期勘定では大幅な純債権国であったと考えられ，また主張されてきた．例えば，『マクミラン委員会報告』(1931年) は，第一次大戦前には，「ロンドンが世界で群をぬいて最強力の金融中心地であり，世界の対ロンドン『一覧払』債権を大きく上回る対世界『一覧払』債権を有していた」と述べている[65]．さらに，E. V. モーガンは，「1913年にはロンドンに有利な大量の債権残高が存在した」と主張している[66]．また，A. K. ケアンクロスも，1870年には短期勘定で約5,000万ポンドのロンドンに対する債権残高があったのに，1913年には短期の債権・債務残高はロンドンにとって非常に有利となったと指摘している[67]．D. ウィリアムズはさらに具体的に，「1914年にはロンドンは恐らく1億3,000万ポンド程の短期勘定におけるほとんど揺るぎなき債権国になったようだ」と記述している[68] (表1-3参照)．

しかし，他方ではかかる見解に疑問が提起されている．J. M. ケインズは，『インドの通貨と金融』(1913年) ではイギリスが純短期債権国であると主張していたが，『貨幣論』(1930年) においては，「今日，国際的金融中心地は，ロンドンにしてもニューヨークにしても，世界の残りの国々に対して少なくとも債権者であるのと同じ程度において，（恐らくはそれ以上に）債務者である．私の想像では，19世紀においてさえ，この点についてのロンドンのポジションは，われわれが当時そう信じさせられてきたよりも，もっと貸借の見合ったものであり，そしてロンドンで運用されていた外国の短期資金は，イギリスと

表1-3 第一次大戦前のイギリスの対外短期債権・債務
推定

（単位：100万ポンド）

	1901	1902	1904	1906	1909	1913	1914
債権	…	…	…	80〜100	150〜200	230	…
債務	50	60	50〜100	…	…	…	…
差引	…	…	…	…	…	…	130

（出所） 1901, 02, 04年は，A. I. Bloomfield, *Short-term*, pp. 72-3. 前掲邦訳，161-2頁. 1906年はO.M.W. Sprague,1909年はH. Withers, 1913年はE. V. Morgan, 1914年はD. Williamsの推計. なお，A. G. Ford, *The Gold Standard 1880-1914; Britain and Argentina*, Garland, New York and London, 1962 (reprint 1983), p.32. 侘美光彦『国際通貨体制』東京大学出版会，1976年，66-8頁，注（31）をも参照されたい.

は特に関わりのない貿易に関連して振り出されるポンド建手形の保有を通じて，イギリス人が金融していた対外的取引の量を大して下回ってはいなかったと思われる」と述べている[69]．また，『マクミラン委員会報告』も別の箇所では前述の表現とニュアンスを異にして，「大戦前には，ロンドンの他国全体に対する短期ポジションはよくバランスしていた」と述べ，さらに，「大戦前にはわが国の流動的国際資産は，主としてイングランド銀行金準備と，外国人勘定でのわが国のポンド建引受手形から成り立っていた．これらは通常はわが国の短期国際債務に少なくとも等しく，時としてはそれを大幅に上回っているものと信じられていた」と指摘している[70]．続いてブルームフィールドははっきりと，「わたしは1880年から1914年にかけて，イギリスの対外短期資産が，その対外短期債務を絶えず上回ったということにまったく確信をもてない[71]」（傍点の強調は原文）と述べ，さらに別の著作では，「いっそうありそうなことは，イギリスの短期資産は規模においてその債務と著しく異なっていないから，ロンドンと外国の金融中心地間の金利格差における循環的変動，イギリスの経常勘定や長期資本勘定における国際収支上の揺れや，多種多様のその他の諸要因の衝撃によって，イギリスは純短期債権国のポジションに，そして逆のポジションに，交互に移動したかもしれない」と指摘している[72]．このようなブルームフィールドの見解はその後，P. M. オッペンハイマー[73]やP. H. リンダート[74]の支持を得た．また，西村閑也氏は，経常収支＋長期証券発行＝基礎収支とし，基礎収支と金銀収支の差額をもって短資収支とするという計算にもとづき第一次大戦前のイギリスの国際収支の推計を行われた結果，「1870-1913年の間の経常収支は計3,488百万ポンドの黒字であり，長期資本輸出は3,742百

万ポンドに達するので，基礎収支は254百万ポンドの赤字となる．金銀収支は147百万ポンドの流入超であり，したがって短資収支は400百万ポンドの累計黒字になる[75])」と主張されている．

　以上，これまでの研究成果を振り返るならば，第一次大戦前のイギリスが大幅な純短期債権国であったとする見解には大きな疑問を残さざるを得ないであろう．むしろ，イギリスは「短期借り・長期貸し」の状態にあったことが想定可能なのである．にもかかわらず，第一次大戦前にはポンドは国際通貨としてゆるぎない地位を占め，その安定性には疑問の余地はほとんど生じなかったのである．かかる「ポンド体制」の構造を解明していく作業はさまざまな視角から行われているが，ロンドン金融市場の構造と機能に則してみると，マーチャント・バンカー等による引受信用の供与とロンドン割引市場を通じての割引信用の獲得を通じて貿易金融の利便がロンドン国際金融市場から入手できるだけでなく，国際的短期信用の供与もロンドンを通じて行われ，さらに長期資本輸出も発行商会としての規定において現れるマーチャント・バンカーのアンダーライティング業務を通じて行われていた．このようにロンドン国際金融市場による国際的短期および長期信用の供与が国際通貨ポンドの安定的供給を可能にしたのである．しかも，ロンドン国際金融市場は精密な為替決済の相殺機構を内包している金融市場であるだけでなく，非居住者の資金の調達・運用に卓越した便宜を提供する市場でもある．換言すれば，豊富な資金量が存在するとともに，流動性の高い多種多様な豊富な金融資産が存在する市場であり，底の深い金融市場であるということによって，パリ，ベルリン等の金融市場に比較して国際的短期資本の吸引力が卓越していること——国際金融市場としてのロンドンの国際的短期資本吸引力の非対称性——が公定歩合（Bank Rate）政策の有効性に大きな寄与をしたものと考えられる[76])．

　ところで，上述の国際金融市場の機能と役割を「対外短期債務に対する対外債権の構成の有無，およびその質の問題[77])」に関連させて整理すれば，次のようになるであろう．

　まず，貿易金融の次元においては，ロンドン国際金融市場はマーチャント・バンカー等による引受信用の供与を行うが，この引受信用にもとづいて世界各地からポンド建の為替手形（bill on London）が振り出され，その引受手形を割

引等によって保有することによってロンドンは対外短期債権を持つことになる．他方，周辺国の銀行は当座預金の形態でポンドを預託する（＝ロンドン・バランスの形成）から，ロンドンは対外短期債務を負うことになる[78]．次に，短期国際金融の次元においては，海外振出しの金融手形のロンドン引受および割引等の短期信用供与が行われるが，その場合にも，金融手形の振出人は株式証券を担保に差し入れるか，預金を置くので，多くの場合，当座預金形態での対外債務の保有には十分短期債権が見合うという状態にあった[79]．ちなみに，W. A. ブラウン，Jr. は商業手形および金融手形の引受業務に関連しての預金形成を「預金強制力」と呼んで，ロンドン金融市場の強さ，安定性の証左としている[80]．第二に，長期資本輸出がロンドンを通じて行われる場合，その起債手取金額が発行商会（マーチャント・バンカー）等に預金の形態でとどめられることが慣行としてあった[81]が，この場合には対外短期債務には長期債権が対応することになる．これはいわゆる「短期借り・長期貸し」の状態の発生を意味するのであって，基礎収支の均衡が求められることになる．第三に，上述のような短期および長期信用の供与以外に，国際金融市場には諸外国の貸付可能な貨幣資本を利子生み資本として運用する場を諸外国の銀行，貨幣資本家に提供するという機能がある．この機能を有する国際金融市場において各国の銀行，貨幣資本家による有期性預金の保有，短期貨幣市場へのコール資金の供給や引受手形，割引手形の保有，株式，社債，大蔵省証券，国債等への証券投資が行われていくことになる．これらの短期債務あるいは流動的債務はこれらに対応する債権の形成をしないものである．W. A. ブラウン，Jr. は，これを「預金誘引力」と呼んで，これに対しては，金融市場は金利の引上げあるいは引下げのイニシアチブをとれないものと考えている[82]．

　以上のような「対外短期債務に対する対外債権の構成の有無，およびその質の問題」の整理を念頭において，第一次大戦前のイギリスの対外短期ポジションはいかなる状態にあったかを確認しておこう．イギリスの基礎収支，総合収支の各レベルにおいて，大幅かつ慢性的な不均衡が生じていないこと，および対外短期ポジションに関するブルームフィールド等の研究を踏まえると，第一次大戦前のイギリスの対外短期ポジションは比較的良くバランスがとれており，対外短期債務に対応する対外短期債権の形成が見られるという状態にあって，

両者は十分に見合っていたのであり，国際金融市場機能の自己流動的機能が保持されていたといえるであろう．

このように，イギリスの国際収支に大幅かつ慢性的な不均衡が発生せず，対外短期ポジションにおいて比較的バランスが良くとれているという状況の下で，イングランド銀行は公定歩合操作によって国際収支調整を円滑に行うことができた．すなわち，長期資本輸出の増大によってイギリスの基礎収支の赤字幅の拡大が生じた場合には，イングランド銀行は公定歩合を引上げることによって，資本収支——特に短期資本収支——に影響を与えて，イギリスからの金流出を阻止し，さらにイギリスへの金流入を図った．換言すれば，公定歩合の引上げはロンドン手形市場の金利上昇をもたらすことを通じて，金利に感応的なロンドン宛の金融手形の減少をもたらして，イギリスからの短期資本輸出を減少させ，逆に諸外国の短期資本のイギリスへの流入を促進することになる．また，公定歩合の引上げはロンドンにおける新規外国証券発行を延期させることになる．かくして，イギリスからの長期資本輸出の減少と，さらに重要な意味を持つ諸外国の短期資本の誘引による短期資本収支の改善と黒字増大を惹き起こすことによって，総合収支の好転と黒字をもたらしてイギリスからの金流出を阻止し，あるいは金流入を誘引することが可能となったのである[83]．さらに19世紀末から20世紀初頭にかけては，イングランド銀行は金地金の買入価格の引上げや外国金貨の買入価格および売却価格の引上げという，「金貨および金地金価格の取引条件を変更することによって」，「もっと直接的な金の移動自体に影響を及ぼす」ことを通じて「金準備を防衛しようとする」金市場への介入操作＝金市場操作（gold devices）を行った．

これは「公定歩合を補完するもの，時にはそれに代わるもの」であった[84]．この結果，イングランド銀行は比較的小額の金準備しか保有していなかった（表1-4参照）にもかかわらず，ポンドに対する信認は揺らがず，ポ

表1-4 イングランド銀行発券部
　　　　 金準備　1870-1913年
（単位：100万ポンド）

年平均	金準備
1870-74	21.6
1875-79	26.0
1880-84	22.9
1885-89	20.6
1890-94	25.0
1895-99	34.6
1900-04	32.7
1905-09	34.3
1910-13	36.6

(注)　四捨五入による．
(出所)　B. R. Mitchell, *op. cit.*, pp. 658-9 より作成．

ンドを国際通貨とする国際的信用制度は円滑に機能することができたのである．

注
1) 第一次大戦前の国際金本位制に関するわが国の研究としては，侘美光彦『国際通貨体制』東京大学出版会，1976 年，西村閑也『国際金本位制とロンドン金融市場』法政大学出版局，1980 年，吉岡昭彦『帝国主義と国際通貨体制』名古屋大学出版会，1999 年がある．
2) W. A. Brown, Jr., *The International Gold Standard Reinterpreted 1914-1934*, Vol. 2, AMS, New York, 1940（reprint 1970），p. 784. また *ibid.*, Vol. 1, p. 133 を参照のこと．
3) W. A. Brown, Jr., *op. cit.*, Vol. 1, pp. xiii-xvi.
4) S. B. *Saul, Studies in British Overseas Trade, 1870-1914*, Liverpool University Press, Liverpool, 1960（reprint 1967），p. 43. 掘晋作，西村閑也訳『世界貿易の構造とイギリス経済』法政大学出版局，1974 年，50 頁．
5) I. M. ドラモンドは，「世界貿易の大部分がポンド建で契約され，ロンドンでファイナンスされるという事実があるために」「多くの海外の銀行がロンドンに取引残高を保有し，必要なときはロンドンで短期信用を手に入れることができ，また支払いの大部分はロンドンで決済されたのである」と述べている（I. M. Drummond, *The Gold Standard and the International Monetary System 1900-1939*, Macmillan, London, 1987, p. 19. 田中生夫・山本栄治訳『金本位制と国際通貨システム 1900-1939』日本経済評論社，1989 年，35 頁）．
6) この図 1-1 の設例と逆の場合のイギリスからアメリカへの輸出の際にも，イギリスの輸出商はロンドンの引受商会（マーチャント・バンカー）宛に手形を振り出す．この場合にはイギリス輸出商の振り出した手形は「内国」手形（inland bill）となることに注意されたい．内国手形とは「(a) イギリス国内で振り出されかつ支払われること，あるいは (b) イギリス国内でイギリス国内の居住者宛に振り出されることを意図しており，一見してそう見える手形」をさす(W. F. Spalding, *The Finance of Foreign Trade*, 2nd ed., Pitman, London, 1935, p. 14)．なお，この貿易取引の決済については，徳永正二郎『為替と信用—国際決済制度の史的展開—』新評論，1976 年，259 頁，図 V-2 を参照されたい．
7) ロンドン金融市場を介して第三国間の貿易の決済がなされた具体例としては，侘美光彦『国際通貨体制』東京大学出版会，1976 年，38-9 頁，アメリカとイタリアの貿易決済例としては，鬼頭仁三郎『外国為替講義』東洋経済新報社，1950 年，第 5 章，第 4 節「ロンドン・アクセプタンス・クレジット」，156-64 頁を，イタリアと日本の貿易決済例としては，R. J. Truptil, *British Bank and the London Money Market*, Jonathan Cape, London, 1936, pp. 253-4 を参照のこと．またロンドン宛手形による貿易金融については，Gillett Bros. Discount Co. Ltd., *The Bill on London, 3rd ed.*, Chapman & Hall, London, 1964. 富士銀行外国部訳『ロンドンにおける手形取引』東洋経済新報社，1967 年を参照のこと．今日の貿易決済制度について

は，村野孝編『国際金融論講義』青林書院新社，1973 年，32 頁，1-3 図を参照のこと．なお，図 1-1，図 1-2 の作成およびその説明に関しては，鬼頭，前掲書を参考にしている．
8) 図 1-3，図 1-4 の作成については，木下悦二『国際経済の理論―その発展と体系化のために―』有斐閣，1979 年，130 頁，第 III-4b を参考にしている．
9) 図 1-2 の設例による債権債務関係も英米間の場合の図 1-3 と基本的に同じになると考えてよいが，この場合，ロンドン金融市場を介して取引の決済が行われるので，ブラジルの輸出商のアメリカ輸入商に対する債権債務関係は直接ブラジルの銀行のニューヨークの銀行に対する債権債務関係に転化されるのではなく，ブラジルの銀行は自行のコルレス先銀行に対して債権を有し，ニューヨークの銀行はブラジルの銀行のコルレス先銀行に対して債務を持つことになる．図 1-2 の設例とは逆の場合，すなわち，アメリカからブラジルに輸出がなされる場合には，ニューヨークの銀行は自行のロンドンのコルレス先銀行に債権を有し，ブラジルの銀行はニューヨークのコルレス先銀行に債務を有することになる．そしてこれらの銀行間の国際決済が行われることになるのは，前述と同様である．
10) 木下悦二，前掲書，204 頁．
11) 当時の世界経済およびイギリス経済とイギリスを中心とする世界市場編成に関しては，宇野弘蔵『経済政策論』宇野弘蔵著作集，第 7 巻所収，岩波書店，1974 年，第 2 編，川上忠雄『世界市場と恐慌』(上)，法政大学出版局，1971 年，J. D. Chambers, *The Workshop of the World*, Oxford University Press, London, 1961 (reprint 1971). 宮崎犀一・米川伸一訳『世界の工場』岩波書店，1966 年，吉岡昭彦編著『イギリス資本主義の確立』御茶の水書房，1968 年，河野健二・飯沼二郎編『世界資本主義の歴史構造』岩波書店，1970 年，第 1 部，第 3 章，藤瀬浩司『資本主義世界の成立』ミネルヴァ書房，1980 年，第 II 部，第 1 章，第 2 章，吉岡昭彦『近代イギリス経済史』岩波書店，1981 年，第 3 章，第 4 章を参照されたい．
12) T. Ellison, *The Cotton Trade of Great Britain*, Frank Cass, London, 1886 (reprint 1968), pp. 68-9.
13) 川上，前掲書，10 頁．T. Ellison, *op. cit.*, p. 66, 99.
14) 川上，前掲書，74-7 頁．
15) 川上，前掲書，55-6 頁．
16) 川上，前掲書，61-2 頁．
17) L. Levi, 'On Commercial Statistics', *Journal of the Statistical Society*, Vol. XV, 1852, p. 111.
18) 吉岡昭彦『近代イギリス経済史』前掲，100-1 頁．
19) 第一次大戦前のマーチャント・バンカーについての最近の注目すべき文献として，S. Chapman, *The Rise of Merchant Banking*, George Allen & Unwin, London, 1984. 布目真生・荻原登訳『マーチャント・バンキングの興隆』有斐閣，1987 年がある．
20) R. J. Truptil, *op. cit.*, p. 129.
21) O. R. Hobson, *How the City works*, 7th ed., The Daily News, London, 1962, p.

25. 渡辺佐平監修／西村閑也訳『国際金融市場入門』日本評論社，1964年，23-4頁．Jacobs, *op. cit.*, p. 3.

22) Committee on Finance and Industry, *Minutes of Evidence*, Vol. 1, His Majesty's Stationery Office, London, 1931, p. 70. Kindersley 証言, Q1137. 西村閑也訳『マクミラン委員会証言録抜粋』日本経済評論社，1985年，67頁．

23) *Ibid.*, p. 72, Kindersley 証言, Q1166. 同上邦訳, 69頁．

24) W. T. C. King, *History of the London Discount Market*, Frank, Cass, London, 1936 (reprint 1972), p. 280. 藤沢正也訳『ロンドン割引市場史』日本経済評論社，1978年，324頁．

25) 委託荷見返前貸制度については，徳永正二郎，前掲書，第4章「資本主義的世界市場創設と国際貿易決済機構」を参照されたい．

26) W. T. C. King, *op. cit.*, p. 177. 邦訳，203頁．
キングによれば，「1832年の初頭に，ネーサン・ロスチャイルド（Nathan Rothschild）は次のように述べていた．『この国〔イギリスのこと――引用者〕は一般的に全世界の銀行である．……インド，中国，ドイツおよび全世界における総ての取引はここで指揮され，そしてこの国を通じて決済されている』」(*op. cit.*, p. 264. 邦訳, 307頁) また「1858年には，『世界の貿易は，イギリスの信用が介入しなければほとんど営まれないだろう．……ボストンの商人は，マセソン商会やベアリング商会の信用が得られなくては，カントンの茶を一梱も仕入れることはできまい』といわれていた．」(*op. cit.*, p. 265. 邦訳, 308頁)．

27) W. T. C. King, *op. cit.*, p. 280. 邦訳，324頁．

28) E. Jaffe, *Das englische Bankwesen*, 2Aufl., Dunker & Humblot, Leiprig, 1910, S. 107-111. 三輪悌三訳『イギリスの銀行制度』日本評論社，1965年，114-8頁．

29) T. Balogh, *Studies in Financial Organization*, Garland, New York & London, 1950 (reprint 1983), p. 126. 西村閑也・藤沢正也訳『英国の金融機構』法政大学出版局，1969年，131-2頁．W. Bagehot, *Lombard Street*, John Murray, London, 1873 (reprint 1922), p. 268. 宇野弘蔵訳『ロンバート街』岩波文庫，263頁．

30) E. Jaffe, *a.a.O.*, S. 103-4. 邦訳，110頁．O. R. Hobson, *op. cit.*, pp. 30-1. 邦訳，32頁．W. Bagehot, *ibid.*, pp. 266-8. 邦訳，261-3頁．

31) O. R. Hobson, *op. cit.*, p. 31. 邦訳，32頁．

32) W. T. C. King, *op. cit.*, p. 177. 邦訳，203頁．

33) W. T. C. King, *op. cit.*, p. 271. 邦訳，314-5頁．

34) 西村閑也『国際金本位制とロンドン金融市場』法政大学出版局，1980年 156, 160-1頁．

35) 同上書，224-31頁．

36) (C)銀行がこの手形をそのまま満期まで保有しておくか，ロンドン割引市場に再割引に出すかは，ブラジルの短期利子率とロンドン割引市場の割引率の高低に依存していた．この点に関しては，C. A. E. Goodhart, *The New York Money Market*, Harvard University Press, Cambridge, Massachusetts, 1969, p. 55 を参照．

37) 手形割引の形態で銀行信用を供与されることによる個別資本の再生産にもたらさ

れる効果についての説明は，深町郁彌『所有と信用』日本評論社，1971年，第2編，第3章「銀行信用」に依拠している．
38) 商業信用を受ける個別資本の再生産に生じる効果についての説明は，深町郁彌，同上書，第2編，第2章「商業信用」に依拠している．
39) L. M. Jacobs, *op. cit.*, p. 4.
40) T. Balogh, *op. cit.*, pp. 233-4. 邦訳，246頁．
41) A. I. Bloomfield, *Short-term Capital Movements under the Pre-1914 Gold Standard*, Princeton Studies in International Finance, No. 11, 1963, p. 37. 小野一一郎・小林龍馬訳『金本位制と国際金融―1880-1914年―』日本評論社，1975年，120-1頁．第一次大戦前のドイツの貿易金融については，赤川元章『ドイツ金融資本と世界市場』慶應通信，1994年，第1部，第4章「ドイツ資本主義の対外発展とその金融的構造」，居城弘『ドイツ金融史研究―ドイツ型金融システムとライヒスバンク―』ミネルヴァ書房，2001年，第III編，第11章「ドイツの国際的信用制度の構造と動態」を参照されたい．
42) A. I. Bloomfield, *ibid.* 同上邦訳．
43) A. I. Bloomfield, *ibid.*, 同上邦訳，121頁．J. T. Madden and M. Nadler, *The International Money Markets*, Greenwood, New York, 1935（reprint 1968），p. 161, 210. L. M. Jacobs, *op. cit.*, pp. 4-5.
44) T. Balogh, *op. cit.*, p. 157. 邦訳，161頁．
45) E. Jaffe, *a. a. O.*, S. 98-9. 邦訳，105頁．
46) C. A. E. Goodhart, *op. cit.*, pp. 41-2.
47) E. W. Kemmerer, *Seasonal Variations in the Relative Demand for Money and Capital in the United States*, National Monetary Commission, Government Printing Office, Washington, 1910, Senate Document, No. 588, p. 141. また，A. H. Cole, 'Seasonal Variation in Sterling Exchange', *Journal of Economic and Business History*, Vol. 2, No. 1, November 1929 も参照されたい．
48) E. W. Kemmerer, *ibid.* A. W. Margraff, *International Exchange*, 3rd ed., Marshall-Jackson, Chicago, 1980, pp. 35-6. P. M. Warburg, *op. cit.*, pp. 12-3.
49) C. A. E. Goodhart, *op. cit.*, pp. 54-5.
50) A. E. Cole, 'Evolution of the Foreign-Exchange Market of the United States', *Journal of Economic and Business History*, Vol. I, No. 3, May 1929, pp. 414-16. L. E. Davis and J. R. T. Hughes, 'A Dollar-Sterling Exchange, 1803-1895', *Economic History Review*, Second Series, Vol. XIII, No. 1, August, 1960, pp. 59, 75-6. 電信為替の導入によって利子を含まない基準為替相場が確立したことにより，「対顧客取引から相対的に自立した銀行業者の金利裁定と持高調整のための為替取引が発展し，そして銀行間市場としての為替市場を確定させることになる．」「この段階に国際通貨の機能は完成に達するといわなければならない．」と深町郁彌氏は強調されている（深町郁彌「国際通貨」奥村茂次・村岡俊三編『マルクス経済学と世界経済』有斐閣，1983年，143，145頁）．
51) A. W. Margraff, *op. cit.*, pp. 34-5.

52) Committee on Finance and Industry, *Minutes of Evidence*, Vol. 1, p. 76, Kindersley 証言, Q1273. 前掲邦訳, 73-4 頁.
53) C. A. E. Goodhart, *op. cit.*, p. 70. グッドハートは, 英米間の金利差と両国の直物為替相場や予想される先物為替相場の差から, 初夏に直物ポンドを売って先物ポンドを買い, 秋と冬には低くなったポンドの直物を買い, ポンドの先物を売るというスワップ取引を行い, その結果として, 英米間で短期資本移動が生じたと述べている (C. A. E. Goodhart, *ibid.*, pp. 53, 58-9, 61-2, 70). しかし, 当時の先物相場の統計が現存していないという資料実証上の困難もあり, このようなスワップ取引による短資移動をどの程度まで一般化しうるかという問題は残されている. この点に関しては, 宮田美智也『ロンドン手形市場の国際金融構造』文眞堂, 1995 年, 309-16 頁を参照されたい.
54) A. I. Bloomfield, *op. cit.*, p. 40. 前掲邦訳, 124 頁. また, ドイツ, ロシアは金融手形の振出しと並んで, パンシオン (pension) と呼ばれる方式――借手銀行等が保有する内国手形を買戻し条件付で外国銀行で割り引いてもらうという信用状態――によって海外から短期資金を得た. この方式での資金供与を行ったのはフランスの銀行であった (A. I. Bloomfield, *ibid.*, p. 41. 同上邦訳, 124-5 頁).
55) マーチャント・バンカーによる外国証券引受発行業務については, 生川栄治『イギリス金融資本の成立』有斐閣, 1956 年, 第 5 章「海外投資の金融機構」, S. Chapman, *The Rise of Merchant Banking*, *op. cit.*, chaps 6, 9. 前掲邦訳, 第 6 章, 第 9 章を参照されたい.
56) T. Balogh, *op. cit.*, pp. 233-4. 邦訳, 246 頁.
57) W. A. Brown, Jr., *op. cit.*, Vol. 1, pp. 664-5.
58) W. A. Brown, Jr., *op. cit.*, Vol. 1, pp. 664.
59) *Ibid.*
60) W. A. Brown, Jr., *op. cit.*, Vol. 1, pp. 661-2.
61) 当該期のイギリスの国際収支構造と国際収支調整については, 西村閑也『国際金本位制とロンドン金融市場』前掲, 第 1 部, III「国際金本位制下の英国の国際収支調整」, 尾上修悟『イギリス資本輸出と帝国経済』ミネルヴァ書房, 1996 年, 第 1 部, 第 1 章「イギリスの国際収支構造と資本輸出」, 第 2 章「イギリスの資本輸出と国際収支調整過程」を参照されたい.
62) 表 1-2 は, 西村閑也『国際金本位制とロンドン金融市場』, 前掲, 63 頁の方法にならって算出している.
63) 西村閑也, 同上書, 64 頁.
64) 対外短期ポジションの規定と内容については, A. I. Bloomfield, *Short-term Capital Movements under the Pre-1914 Gold Standard*, *op. cit.*, pp. 71-2. 小野一一郎・小林龍馬訳『金本位制と国際金融――1880-1914 年』, 前掲, 160-1 頁によっている.
65) Committee on Finance and Industry, *Report*, His Majesty's Stationary Office, London, *op. cit.*, p. 125. 加藤三郎・西村閑也訳『マクミラン委員会報告書』日本経済評論社, 1985 年, 100 頁.
66) E. V. Morgan, *Studies in British Financial Policy 1914-1925*, Macmillan,

London, 1952, p. 332.
67) A. K. Cairncross, *Home and Foreign Investment 1870-1913*, Harvester Press, Sussex, 1953 (reprint 1975), p. 186. この指摘は Sykes, *Banking and Currency*, 7th ed., p. 255 を引用したものである.
68) D. Williams, 'London and the 1931 Financial Crisis', *The Economic History Review*, Second Series, Vol. XV, No. 3, April 1963, p. 515, n. 1.
69) J. M. Keynes, *A Treatise on Money: The Applied Theory of Money*, in *the Collected Writings* of *John Maynard Keynes*, Vol. VI, Macmillan, London, 1971, p. 282. 長澤惟恭訳『貨幣論』II,『ケインズ全集』第6巻, 東洋経済新報社, 1980年, 330頁.
70) Committee on Finance and Industry, *Report*, pp. 149-50. 前掲邦訳, 119-20頁.
71) A. I. Bloomfield, *Monetary Policy under the International Gold Standard 1880-1914*, Federal Reserve Bank of New York, 1959, p. 42, n. 73. 小野一一郎・小林龍馬共訳『金本位制と国際金融』前掲, 51頁注 (73).
72) A. I. Bloomfiel, *Short-term*, pp. 73-4. 前掲邦訳, 162頁.
73) P. M. Oppenheimer, 'Monetary Movements and the International Position of Sterling', *Scottish Journal of Political Economy*, Vol. XIII, February 1966, pp. 92-5.
74) P. H. Lindert, *Key Currencies and Gold 1900-1913*, Princeton Studies in International Finance. No. 24, 1969, pp. 56-7.
75) 西村閑也「国際金本位制とロンドン金融市場, 1870～1913」法政大学『経営志林』第18巻第3号, 1981年, 5頁および6頁の第一表. 同様な主張は, 同「イギリスの金本位制復帰と短資移動」玉野井昌夫・長幸男・西村閑也編『戦間期の通貨と金融』有斐閣, 1982年, 32-3頁にも述べられている.
76) P. H. Lindert, *op. cit.*, pp. 48-57. なお, リンダートが, ロンドン―パリ―ベルリンという国際金融市場としての短資吸引力に序列が成立することを主張している点は非常に興味深いものがある. しかし, 彼の場合, ロンドン, パリ, ベルリンの三金融市場の国際金融市場としての構造と機能に関する分析はほとんど行っていない.
77) この視角は, 深町郁彌『現代資本主義と国際通貨』岩波書店, 1981年, 第3章「アメリカと国際通貨ドル」3「国際通貨ドルの供給構造」五「国際金融市場の機能と資本収支」に負うものである.
78) T. Balogh, *op. cit.*, pp. 233-4. 前掲邦訳, 246頁.
79) P. M. Warburg, *op. cit.*, pp. 12-3.
80) W. A. Brown, Jr., *op. cit.*, Vol. I, p. 154.
81) T. Balogh, *op. cit.*, pp. 233-4. 前掲邦訳, 246頁. W. A. Brown, Jr., *op. cit.*, Vol. I, p. 664.
82) W. A. Brown, Jr., *op. cit.*, Vol. I, p. 154.
83) R. S. Sayers, *The Bank of England 1891-1944*, Vol. I, Cambridge University Press, London, 1976, pp. 29, 43. 西川元彦監訳『イングランド銀行―1891-1944年―』(上) 東洋経済新報社, 1979年, 38-9, 56-7頁. A. I. Bloomfield, *Monetary Pol-*

icy under the International Gold Standard, p. 42. 前掲邦訳, 48-9 頁. W. A. Brown, Jr., *op. cit.*, Vol. I, pp. 652-3, 662, 666-8. イングランド銀行は 1909 年にアメリカの全国通貨委員会 (National Monetary Commission) の質問に対して, 公定歩合引上げの目的は,「金のイギリスからの流出を阻止するか, 金のイギリスへの流入を誘引する」ことにあると述べている (National Monetary Commission, *Interviews on the Banking and Currency Systems of England, Scotland, Finance, Germany, Switzerland, and Italy*, Senate Document, No. 405, 1910, p. 26).

84) R. S. Sayers, *op. cit.*, Vol. I, p. 47. 前掲邦訳, (上), 61 頁, 該当期の金市場操作についての詳細は, R. S. Sayers, *Bank of England operations 1890-1914*, Greeenwood, Westport, 1936 (1970), chap. IV を参照されたい.

第2章
第一次世界大戦期のポンドとイギリスの公的為替操作

第1節　問題の設定

　前章で述べたイギリスのポンドを国際通貨とし，ロンドン金融市場を国際金融市場とする国際的信用制度は，第一次世界大戦の開始によって解体を余儀なくされることになった[1]．この第一次大戦は，文字通り史上初の「総力戦」として展開されることになったが，アメリカが参戦するまでは，イギリスが連合国に対する「商品・資金の供給者」として中心的な役割を果たすことになった．この役割の遂行はイギリスに過大な金融的負担を課すことになり，イギリスの国際収支の大幅な悪化を招来させ，ポンドの対ドル相場の下落をもたらした．ポンドの脆弱化の淵源はこの時点に発することになる．しかし，連合国に対する「商品・資金の供給者」としての役割をイギリスが円滑に遂行していくためには，ポンドの対ドル相場の安定は欠かすことのできない制度的枠組を成していたので，この為替相場安定をはかることがイギリスにとっても，また，他の連合国にとっても緊急の死活的課題として浮上することになった．
　本章においては，大戦勃発前後の国際的資金移動の激変による金融恐慌の発生とその収束から筆を起こし，次いで長期戦へと戦火が拡大する過程の中で，ポンド相場の悪化が進行していった過程を明らかにし，このポンドを防衛するために採られたポンドの対ドル相場の釘付け操作の実態を具体的に解明していくことにする．第一次大戦中に，ポンドの脆弱化の最初の兆候が現れることになるが，この事態の進行の裏面では，アメリカは未曾有の戦時ブームの出現で巨額の貿易黒字の獲得と生産力の飛躍的拡大を実現させ，かつ，ニューヨーク

市場が国際金融市場——特に国際証券市場としての——として台頭する基盤が形成されることになったことも照射していくことにしよう．

第2節　1914年の金融恐慌とその対応策

1914年7月28日にオーストリアによるセルビアに対する宣戦布告によって第一次世界大戦が始まるが，この大戦の勃発によってロンドン金融市場は麻痺状態に陥らざるを得なくなった．金融恐慌の発生である．そこでまず行論の順序としてこの金融恐慌の勃発とそれに対する救済策を最初に見ておくことにしよう．

1　金融恐慌の勃発

1914年の金融恐慌の過程において，ロンドン国際金融市場の中核的な担い手である引受商会（マーチャント・バンカー）の手形引受信用供与の停止と割引市場の機能停止が生じたのであるが，これは国際金融市場としてのロンドンの地位と機能に深くかかわりを持つものであった[2]．

すでに1914年晩春から初夏にかけて国際的な資金移動の正常な流れの上に，「中央諸市場への全く新しい返済資金の流れがつけ加えられることになった[3]．」5月から6月にかけて「アムステルダム，ベルリン，ミラノ，その他の中心地の為替はロンドン側に有利に動いたし，イギリスは全世界から金を回収し始めた[4]．」そしてセルビアに対するオーストリアの最後通牒の提示が行われる7月24日からオーストリアによるセルビアへの宣戦布告の前日の7月27日までの間に，ドイツ，オーストリア，イタリア，ロシア，アメリカ，スペイン，スウェーデンの為替はロンドン側に有利に動いた．これはポンドに対する圧倒的な需要が多くの市場で顕在化した時点で，「ロンドンの銀行と金融商会が海外の流動残高を回収したことによる」ものであったと言われる[5]．ここにおいて，「ポンドの信用の流れの停止とロンドンによる国際金融における仲介者としての機能の遂行の一時的な停止」[6]が生じるに至った．

かくして，「1914年7月末に，海外に長期的に投下されている資産や，通常海外市場で運転されている資産がロンドンに回収されたことによって，経常的

業務取引を遂行するためのポンド残高の通常的需要が突然増大した」[7]が、このようなポンド需要の激増に対してその供給ルートが途絶することになった。すなわち、第一に、イギリスへの送金に支障が生じるに至ったのである。つまり、「戦争の勃発は大陸からの、特にドイツからのロンドンへの直接的な送金を妨げたし、敵国の債務者が中立国を通じてポンドを獲得しようとするのを確実に困難にさせた」[8]からである。この海外の債務者からの送金が途絶えることは引受商会（acceptance house）にとってはその手形引受業務に重大な影響を及ぼさざるをえない。「手形の満期日における支払保証」を内実とする引受信用においては、手形の本来の債務者からの送金が満期日以前にスムーズに行われることが不可欠の条件をなしているからである。もし、送金が円滑に行われないことになれば、引受商会は自己資金で手形に対する支払いを行わざるを得ないことになってしまい、これは引受商会に甚大な損害を与え、その引受業務に支障が生じるからである。

第二には、割引市場に対する商業銀行の「コールおよび短期通知貸」の回収問題が生じた。つまり、商業銀行は自己の余裕資金の一部を割引市場に「コールおよび短期通知貸」の形で投資していたが（さらには証券取引所に対してコール貸付を行ったことは言うまでもないが）、この第二線準備の形で投資していた短期資金を回収し始めたのである。割引市場の中核的担い手であるビル・ブローカーは、この「コールおよび短期通知貸」によって得た資金を主たる運転資金として手形の選別・格付けをし、手形の転売を行っていたのであるから、たちまち行き詰まってしまった。「割引市場は新たな手形のためのはけ口として不具化したし、手形の流動的な需要を生み出す装置としては不具化した[9]。」かくしてこのような二重の打撃を受けて手形市場の機能は停止状態になり、7月27日にはロンドンの引受商会は新たな引受信用に応ずるのを拒否するに至った[10]。

残されたポンド資金入手の手段として証券取引所での証券売却が考えられるが、すでに商業銀行による証券取引所に対する「コールおよび短期通知貸」の回収によって、ストック・ブローカーの業務に支障が生じていた。さらに圧倒的な証券の売却に直面して証券価格の暴落が発生し、ついに7月31日の午前10時にロンドン証券取引所は閉鎖に追い込まれた[11]。

かくして，ロンドン金融市場における引受信用および割引信用供与の途絶は国際的信用制度を根底から崩壊させるに至り，各国は相継いでモラトリアムを発布したのである．まさに，「ロンドンを中心とする国際的信用機構の途切れない運営が，世界全体にとって圧倒的な重要性を持っていることを劇的に実証した」[12] のである．このようにしてロンドンを中心とする国際的信用機構の機能が停止したため，全世界的なポンド為替に対する deadlock が生み出された．例えば，ニューヨークにおいては，7月の最後の週に為替相場は1ポンド＝4.89ドルから6.35ドルに上昇し，8月初めには純粋に名目的なものになったと言われる[13]．

2 金融恐慌への対応策

かかる金融恐慌の発生に対してイギリスはいかなる対応策を採ったのであろうか．銀行休日の延長，公定歩合の引上げ，「最後の貸手」としてのイングランド銀行による多額の貸付，「ピール条例」の一時的停止，モラトリアムの発布等が打ち出されることになった．

まず，「8月2日は日曜日で8月3日が定例の銀行休業日（Bank Holiday）に当たっていたのを利用して，銀行休業日は定例の月曜日（8月3日）を越えて延長され，8月7日の金曜日まで銀行は営業を再開しなかった[14]．」この間を利用していろいろなプランが練られることになった．

上述の如く，商業銀行によるコール資金の回収によって資金繰りの苦しくなったビル・ブローカーは，当然，イングランド銀行の借入に頼らざるを得なくなった．イングランド銀行に対する再割引需要は次第に増加の一途をたどることになり，このため公定歩合は7月30日には3％から4％に，7月31日には4％から8％に，8月1日には8％から10％に引き上げられた．8月1日に先行する10日間にイングランド銀行は割引市場と証券取引所への多額の貸付をしたが，このことはイングランド銀行の3,170万ポンドにのぼる「その他証券」保有の激増にあらわれている．そしてついに8月1日には，「ピール条例」が停止されて，保証準備発行限度を超えて385万1,000ポンドの銀行券発行が認められた[15]．8月6日には「カレンシー・ノートおよび銀行券法」（Currency and Bank Notes Acts, 1914）が発布された．この法律は「1ポンドおよび

10 シリングの法貨たるカレンシー・ノート Currency Notes を大蔵省が発行することを認めたのである[16]。」

さらに一連のモラトリアムが発布された．まず第一段階として，8月2日に手形引受人に対して特別なモラトリアムが発布された．「特定の為替手形の支払猶予に関する 1914 年 8 月 2 日付布告」[17] (Proclamation of Sunday, 2nd August, 1914, for Postponing the Payment of certain Bills of Exchange) がこれである．その内容は，8月4日以前に引き受けたすべての引受手形の支払いについて，その満期日を1ヵ月間延長することを手形引受人に許すというものであった．さらに8月3日に，政府に対して全般的なモラトリアムを布告する権限を与える法律が議会を通過した．これが「為替手形およびその他の義務に基づく支払を布告をもって一時停止する権限を国王に付与する 8 月 3 日付の法律」[18] (An Act to authorize His Majesty by Proclamation to suspend temporarily the Payment of Bills of Exchange and Payments in pursuance of other Obligations [3rd August, 1914]) で，この法律によって 8 月 2 日の布告が追認されることになった．さらに進んで8月6日には全般的なモラトリアムが発布されることになった．「1914 年 8 月 2 日付布告をもって許可したる支払猶予を他の特定の支払に及ぼす 8 月 6 日付布告」[19] (Proclamation of 6th August 1914, for Extending the Postponement of Payments allowed to be made by the Proclamation of the 2nd August, 1914, to certain other Payments) がこれであり，この内容は，8月6日以前に満期となる，あるいは9月4日以前に満期となる一切の支払いは2ヵ月間支払が猶予されることになるというものであった（したがって10月3日が最終日となる）．このようなモラトリアムの発布は手形引受人に一時的な救済をもたらしたにすぎなかった．というのは，上述のモラトリアムは所詮，消極策に過ぎず，いわゆる凍結状態にある手形を資金化する重要な問題が残されていたからである[20]．また，注意すべき点としては，イギリスの対外債権の取り扱いである．支払期限の到来したイギリスの対外債権はこのモラトリアムの適用範囲外に置かれたため，例えばアメリカの債務者はロンドンに金を送金せねばならなくなり，これがアメリカの金融恐慌を激化させる要因になったのである[21]．

上述のモラトリアムの発布によっても金融市場の機能は停止し，混乱に陥っ

たままであったので，金融市場に対する具体的な再建策が要請されるに至った．そこでまず実施されたのが，政府保証の下にイングランド銀行が手形割引を積極的に行うというものであった．8月13日にイングランド銀行は損失に対する政府保証のもとで，8月4日以前に引き受けられた手形を公定歩合で割り引くことを認めた[22]．そして手形引受人に対しては公定歩合より2%高い利子率を課して満期手形の支払延期を認めた．ここで注目すべき点としては，この再割引の対象に従来同行が取り扱わなかった外国銀行引受手形を含めるとともに，London Name 2人の署名を必要とするという再割引適格手形の要件が削除されており，このことからも救済の範囲が一段と拡大されたのがわかるであろう．そしてこのような政府保証のもとでモラトリアム前の手形への総貸付額は1億2,000万ポンドに達したと言われる[23]．そして8月27には，政府が保証する損失の範囲を明確に規定した[24]．

しかし，上述の8月13日発表の措置は手形引受人に対して支払い延期が認められたにすぎなかったから，これを補強する意味で9月5日に，政府は手形引受人に対して期限の到来したモラトリアム前の手形支払いに必要な資金を公定歩合に2%高の利子で貸し付ける旨を発表した．そして手形引受人が彼らの顧客から回収し得なかった金額に対して，イングランド銀行は戦争終了後1年間はその支払いを要求しないことに同意した．さらに株式銀行はイングランド銀行および政府と協同して，手形引受人が支払期限の到来したモラトリアム後の引受手形に対する支払いをすることができるよう，必要に応じて，手形引受人に資金を貸し付けることを取り決めた．ただし，手形引受人は株式銀行またはイングランド銀行に対して取引の性格およびその取引先より資金を取り立てえなかった理由を充分に説明する義務が課された[25]．結局，手形引受人が期限の到来した債務の支払いに応じることができるように6,038万6,000ポンドが貸し付けられたと言われる[26]．このような一連の措置によってロンドン金融市場は次第に再建されるに至ったのである[27]．

第3節　イギリスの国際収支とポンド・ドル相場の推移

1　対ドル相場下落とイギリスの国際収支

　上述の如き救済策の実施によってロンドン金融市場は次第にその機能を回復するに至った．これにともなって各国の為替市場も1914年10月には機能を回復し，同年末にはニューヨークにおけるポンド相場はゆるやかな下降点をたどりながらもほぼ平価の水準にとどまり，比較的順調な推移を示した[28]．しかし，1915年に入るとポンドは急速に下落し始めることになった．例えば，1915年1月末には1ポンド＝$4.85\frac{3}{4}$ドルであったのが，2月末には$4.81\frac{1}{4}$ドル，3月末には$4.80\frac{1}{2}$ドルと下落し，以後その歩みを加速し，8月末には4.61ドルまで低下し，12月末には4.75ドルで平価をかなり下回っている有様であった．図2-1はこれを明瞭に示している．

　このようなポンドの急激な下落をもたらしたのはイギリスの国際収支の悪化が根本的な原因をなしている．特に，アメリカの参戦以前には，連合国に対する「商品・資金の供給者」としての役割を果たしたのはイギリスであった．今，1914-19年のイギリスの国際収支の推移を示したのが表2-1である．

　もちろん，大戦中の国際収支の正確な把握にはかなりの困難が伴うことは言うまでもないことである．特に表2-1の2の政府対外支出と7の外国証券売却の項目は厳密を期し難い面があったと言われるが，大体の推移はこの表によってつかむことができるであろう．

　表2-1から明らかな点は次のようなことである．

　第一に指摘せねばならないのは貿易収支の赤字の激増という点である．1911-13年の年平均では，1億3,430万ポンドの赤字であった（後掲表2-2）のが，1915年には3億6,800万ポンド，1918年には7億8,400万ポンドとその赤字幅を拡大させている．このような大幅な赤字増大をもたらした原因は輸入の激増と輸出の停滞ないし減少である．そして全体的な赤字の増大を基底に置きつつも，その仕向先にも大きな変化が生じている．

　表2-2は大幅な赤字となった14の地域を取り出し，その収支を表したものである．この表において最も注目すべき点はアメリカおよびカナダからの輸入

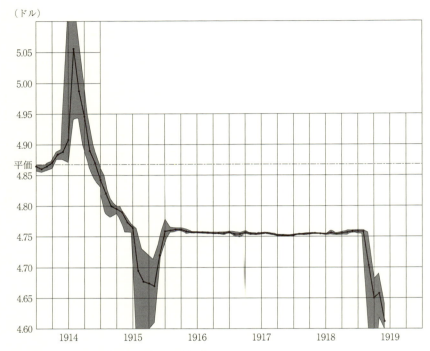

(注) 斜線部分は毎月の最高値と最安値の間の幅を表す．
(出所) C. J. Bullock, J. H. Williams, and R. S. Tucker, 'The Balance of The Trade of the United States,' *The Review of Economic Statistics*, July 1919, p. 257.

図 2-1　ポンド・ドル相場の推移　1914 年 1 月-1919 年 5 月

激増が生じたことである．特にアメリカからの輸入の激増が生じた．1918 年にはこの 14 の地域に対する貿易赤字は 8 億 5,610 万ポンドに達したが，このうち，半分以上の 4 億 8,760 万ポンドがアメリカに対する赤字であった．

　上記の如き貿易収支赤字の激増によって経常収支の黒字は大きく縮小を余儀なくされ，1915 年，1918 年，1919 年には赤字に転落するという危機的な状況が出現さえした点を第二に指摘せねばならない．このような経常収支の大幅な悪化はイギリスの民間資本輸出余力を大きく削ぐものとなった．それと同時に，資本輸出の禁止ないし統制が実施され，これは資本輸出（民間）の激減をもたらすことになった．しかし，イギリスは連合国に対する「資金の供給者」とし

表 2-1　イギリスの国際収支　1914-19 年

(単位：100 万ポンド)

項目	年	1914	1915	1916	1917	1918	1919	1914-19 合計
	輸出	526	484	604	597	532	963	3,706
	輸入	-696	-852	-949	-1,064	-1,316	-1,626	-6,503
1	貿易収支	-170	-368	-345	-467	-784	-663	-2,797
2	政府対外支出	-20	-50	-50	-80	—	—	-200
	海運収入	90	200	300	350	350	400	1,690
	対外投資利益	200	180	210	215	220	160	1,185
	短期利子・手数料等	25	15	10	10	10	45	115
3	貿易外収支	315	395	520	575	580	605	2,990
4	経常収支	125	-23	125	28	-204	-58	-7
	対連合国等政府貸付	—	-298	-530	-563	-297	-137	-1,825
	政府対外借入	—	53	319	532	381	57	1342
5	政府資本収支	—	-245	-211	-31	84	-80	-483
6	民間長期貸付	-144	-60	-6	-3	-10	-35	-258
7	外国証券売却	—	43	110	60	23	29	265
8	短期債権の縮小	70	274	-28	-57	116	152	527
9	金銀輸出入	-51	11	10	3	-9	-8	-44

(出所)　E. V. Morgan, *Studies in British Financial Policy 1914-25*, Macmillan, London, 1952, pp. 304, 316-7, 341 より作成.

ての役割を遂行するために連合国に対する貸付および政府対外支出を続行せざるを得なかった．これはアメリカの参戦まで特に明瞭にみられる点である．

　表2-3はイギリス帝国および連合国に対するイギリス政府の貸付残高を表したものである．同表によれば，大戦の初期には貸付は主として自治領に対するものであったが，1915年以降はフランス，ロシア，イタリアに対する貸付が急増することになった．

　このような赤字要因の顕著な台頭に対してイギリスは金現送，政府対外借入および外国証券売却によって積極的に対処することになった．この点については後に詳しく述べることにしよう．ただ，後論との関係で言えば，この海外での政府借入および外国証券売却の手取り金がポンドの釘付けの主要な資金源泉となったことを指摘しておかなければならない．

　表2-4はイギリスの対外債務残高を表したものである．同表によれば，

表 2-2 イギリス海外貿易の仕向先の変化
1911-19 年

（単位：100 万ポンド）

国	年	1911-13	1914	1915	1916	1917	1918	1919	1914-19 合計
1	スカンジナヴィア	−21.7	−25.8	−24.7	−23.8	−30.8	−38.6	+37.8	−105.9
2	スペイン	−6.4	−7.2	−12.0	−15.8	−16.6	−26.6	−23.9	−102.1
3	スイス	−5.8	−6.5	−11.6	−9.9	−4.4	−3.9	+0.3	−36.0
4	エジプト	−12.9	−9.1	−13.4	−15.2	−18.0	−32.8	−41.1	−129.6
5	日本	+9.2	+4.5	−4.2	−4.5	−9.5	−16.6	−9.2	−39.5
6	アメリカ	−72.9	−74.0	−181.3	−227.3	−316.2	−487.6	−476.1	−1,762.5
7	キューバ	+0.5	−1.9	−5.5	−10.2	−15.7	−20.6	−15.9	−69.8
8	チリ	+1.6	−1.3	−7.6	−8.0	−8.5	−12.9	−2.4	−40.7
9	アルゼンチン	−15.4	−22.1	−51.8	−36.9	−35.1	−45.3	−60.0	−251.2
10	オランダ	−3.1	−10.2	−1.2	+0.6	−5.0	+6.1	+16.8	+7.1
11	英領インド	+13.1	+20.5	−15.3	−18.0	−6.1	−38.9	−36.3	−94.1
12	オーストラリア	−0.8	+0.2	−13.3	+2.9	−40.3	−17.4	−83.6	−151.5
13	ニュージーランド	−8.3	−12.6	−20.3	−18.7	−21.7	−16.5	−42.8	−132.6
14	カナダ	−1.5	−11.0	−25.0	−36.9	−66.6	−104.5	−97.2	−341.2
15	1～14 の合計	−124.4	−156.5	−387.2	−421.7	−594.5	−856.1	−833.6	−3,249.6
16	全世界合計	−134.3	−170.4	−368	−344.6	−467.4	−783.8	−662.8	−2,797.0
17	15/16 （％）	92.6	91.8	105.2	122.4	127.2	109.2	125.8	116.2
18	6/16 （％）	54.3	43.4	49.3	66.0	67.7	62.2	71.8	63.0
19	14/16 （％）	1.1	6.5	6.8	10.7	14.2	13.3	14.7	12.2

（注） イギリスの赤字増大となった主要諸国を取り出した．数字の誤記は訂正した．
（出所） E. V. Morgan, *op. cit.*, p. 309.

1918-19 年の会計年度末にイギリスは 13 億 6,480 万ポンドの債務を負い，そのうちアメリカに対しては 10 億 2,730 万ポンドと全体の 75.3％ の債務を負うことになるのである．この表 2-3 と表 2-4 からみると明らかなように，イギリスはアメリカに対して巨額の債務を負い，他方，フランス，ロシア，イタリアなどに対して巨額の債権国となったが，これは不良債権的色彩の濃いものであった．モグリッジの表現を借りれば，イギリス政府のポジションはイギリスを「強国に対しては債務国に，弱体国に対しては債権国」[29]にしたのである．

なお，表 2-1 では 7 の外国証券売却を 1914-19 年で約 2 億 7,000 万ポンドと推定しているが，これは政府による売却分のみで民間による売却分は含まれていない．民間による売却分は政府による売却分とほぼ同額であろうと推測されている[30]．しかし，これらは上述のイギリス政府貸付，イギリス政府による海

表 2-3　イギリス帝国と連合国に対するイギリス政府の貸付残高
1914-15 年～1919-20 年

(各会計年度末，単位：100万ポンド)

国 ＼ 年	1914-15	1915-16	1916-17	1917-18	1918-19	1919-20
オーストラリア	6.3	29.8	49.1	48.6	49.1	51.6
カナダ	12.6	28.4	59.5	103.0	72.4	19.4
ニュージーランド	5.8	11.3	18.2	23.0	29.6	29.6
南アフリカ	11.7	17.9	17.7	16.7	16.6	15.8
植民地	3.1	3.8	2.3	3.1	3.2	3.2
合計―イギリス帝国	39.5	91.2	146.8	194.4	170.9	119.6
フランス	―	20.3	191.3	373.0	434.5	514.8
ロシア	―	174.2	400.6	571.2	568.0	568.0
イタリア	―	49.5	157.0	282.8	412.5	457.4
その他の連合国	14.2	44.5	78.1	106.2	152.8	180.8
合計―連合国	14.2	288.5	827.0	1,333.2	1,567.8	1,721.0
救済および再建のための貸付	―	―	0.9	2.3	2.5	11.6
総　　計	53.7	379.6	974.7	1,529.9	1,741.1	1,852.2

(出所)　E. V. Morgan, *op. cit.*, p. 317.

外での借入と相まってイギリスの資本ポジションの悪化をもたらすことになったのである．

このような国際収支の悪化に直面して，1915年8月にはポンド・ドル相場の管理にのり出し，ついにイギリスは1916年1月からポンドを 4.76$^{7}/_{16}$ ドルに明確に釘付けする政策を採用するに至ったのである[31]．

2　1917年7月の為替危機

かかる釘付け政策の実施によって為替相場は表面的には安定的に推移したかの如くにみえる（図 2-1 参照）が，このためのドル資金の調達には種々の困難がともなったのである．この点は後の展開に譲るとして，ここではアメリカ参戦後に生じたポンド危機について簡単に言及しておきたい．それは1917年7月に生じたものであるが，この際，J. M. ケインズが重要な役割を果たしたので，この点にも関説しておくことにしよう[32]．

ケインズは1915年1月にサー・ジョージ・ペイシュ（Sir George Paish）の助手として大蔵省に入った．ペイシュは当時の大蔵大臣ロイド・ジョージ

表 2-4　イギリスの対外債務残高　1915-16 年～1919-20 年

(各会計年度末，単位：100 万ポンド)

国＼年	1915-16	1916-17	1917-18	1918-19	1919-20
英仏共同公債	51.4	51.4	51.4	51.4	51.4
アメリカ政府	—	—	513.7	840.8	865.7
担保付公債	—	143.2	122.3	53.3	47.4
J. P. モルガンの貸付	—	73.0	26.5	14.9	—
ドル建大蔵省証券	—	2.9	21.2	22.1	9.3
ロンドン為替委員会の借款	10.3	10.3	—	—	—
その他	—	22.8	22.2	44.8	63.1
アメリカ——計	61.7	303.6	757.3	1,027.3	1,036.9
カナダ	9.2	59.8	139.9	135.4	73.4
日　本	—	10.2	18.4	29.0	17.2
オランダ	—	—	2.1	3.4	0.7
ノルウェー	—	7.2	11.7	12.6	—
アルゼンチン——政府	—	—	—	19.2	19.2
ウルグアイ——政府	—	—	—	4.6	6.0
スイス	—	—	—	3.3	—
スウェーデン	—	—	—	4.8	0.8
その他	—	2.4	5.8	11.6	11.1
金貸付	—	90.0	113.5	113.5	113.5
総　　計	70.9	473.3	1,048.7	1,364.8	1,278.7

(出所)　E. V. Morgan, *op. cit*., pp. 320-1.

(Lloyd George) の特別助言者であった．1915 年 5 月にレギナルド・マッケンナ (Reginald McKenna) が大蔵大臣になった時，ケインズは金融問題にたずさわる第一課の正規の職員に加えられた．間もなくケインズは連合国，特にフランス，ロシア，イタリアとの金融交渉に責任を負うことになった．1917 年 1 月には大蔵省はハードマン・レバー (Hardman Lever) を団長とする大蔵省の使節団を派遣することを決定した．その結果，ロンドンにおいては対外金融のすべての問題に対して責任を負う「A」課が設けられ，ケインズはその長に任命された．したがって今や，彼は連合国のみならずアメリカとの金融関係にも責任を負った．1917 年 4 月——この時アメリカは参戦したのであるが——以後，アメリカとの関係は彼の職務のなかで最も重要な役目となったのである[33]．

　アメリカが中立を守っていた間にイギリスは，①金の船積み，②イギリス保有の外国証券の売却，③ニューヨーク金融市場等での公債の発行，④イギリス

表 2-5 連合国によるドル調達方法 1914年8月-17年4月

(単位:100万ドル)

	連合国[1]	イギリス
(1) アメリカからの商品輸入	7,000	…
(2) アメリカへの商品輸出と貿易外収支の黒字	1,600	…
(3) = (1) - (2)	5,400	…
(4) (3) の支払のためのドル調達方法		
① 金売却	1,100	926
② アメリカの対外短期債務の清算	500	…(500弱)[a]
③ アメリカ証券・その他資産の売却	1,400[2]	835(1,503)[b]
④ 借入	2,400	1,480
㋑ 担保付借入	1,400	
㋺ 無担保借入	1,000	
合 計	5,400	3,241(4,409)

(注) 1 連合国にはイギリス、フランス、ロシア、イタリアを含む。
 2 連合国の主要な担保付借入にはイギリスの8億ドルの借入 (担保10億ドル)、フランスの2億ドルの借入 (担保2億4,000万ドル) が含まれる。

(出所) 連合国は The Statement by J.P. Morgan & Co., in U.S. Special Committee Investigating the Munitions Industry, *Hearing*, Part 29, 1936, Exhibit No. 2791. p. 9228-9.
 イギリスは The War Debts, *Supplement to the Economist*, November 12, 1932, p. 1.
 ただし、( ) のaは E.V. Morgan, *op. cit.*, p. 332 および b は C. Lewis, *America's Stake in International Investments*, The Institute of Ecanomics of the Brookings Institution, Washington, D.C., 1938, p. 546 のデータに基づく平田喜彦氏の推計。平田喜彦「第一次大戦期のアメリカ対外金融関係」(一) 前掲、56頁を参照。

政府の物資調達機関 (purchasing agency) および財務代理人 (financial agent) である J.P. モルガン商会での当座貸越しによって自国の軍需品および生活必需品の購入をまかない、かつ連合国に対する資金供与を行った。連合国によるドル調達方法を表す表2-5では、イギリスによるドル調達が連合国の中で圧倒的なシェアを占めていた (32億4,100万ドルから44億900万ドル) ことを示している。アメリカ参戦前には連合国はイギリスからの政府貸付とアメリカ市場での借入に依存してドル資金を調達していたのである。しかし、これだけでは必要なドルを十分に入手することは不可能であり、1916年12月には重大な取り付けが生じたのである[34]。

イギリスは1917年4月6日のアメリカの参戦直後にドル資金の貸付を要求したのであるが、アメリカがその要求された金額を削減せんとしたため、イギリスは危機的な状況に追い込まれることになった。この際、アメリカがイギリスの要求に応えるのをしぶったのには次のような背景があったと言われてい

る[35]．第一に，ドルをポンドに代わる国際通貨として機能させ，ニューヨークがロンドン国際金融市場に取って代わることを期待していたのである．すでに1913年の「連邦準備法」の成立によって，国際金融市場成立の不可欠な構成要素をなすドル建銀行引受手形市場・割引市場が創設されることになり，さらに国法銀行に海外支店設置が認可されることになり，ニューヨーク金融市場が国際金融市場として台頭する際の法的な面での整備が行われていたのである．この過程を積極的に推進せんとする意図の表れとみることができよう[36]．第二に，国務長官マカドゥー（William Gibbs McAdoo）とウィルソン大統領は連合国，特にイギリスに対してアメリカの金融的統制力を行使し，戦時中のみならず戦後においても連合国の対外政策の方向決定に直接的な影響力を発揮しようとしたためであるといわれる[37]．

このようなアメリカの態度に対してイギリス大蔵省は，アメリカからの資金供与の必要性を納得させるための努力をせざるをえないことになった．そのための作業はケインズの手に委ねられたのである．マカドゥーは，アメリカの金融政策はドイツに対して協同で戦う諸国と最大限の協力ができるような方向に進むようもっていきたいが，「アメリカの協力はアメリカが戦費金融の全責任を引き受けることができるということを意味するものではない」[38]と主張したのである．これに対してケインズの起草した電文は次のように述べている．マカドゥーの前述の指摘に対して，アメリカに実際に要求されている資金援助はマカドゥーが考えているよりもはるかに小さいものであり，1917年4月1日から7月14日までの期間中にイギリスは連合国に約1億9,400万ポンドを供与しているのに対して，アメリカは連合国（イギリスを除く）に9,000万ポンドを供与したに過ぎず，イギリスの負担分の半分に過ぎないことをまずケインズは指摘している．もちろん，イギリスがこの間アメリカから1億4,500万ポンドの貸付を受けたことに対して感謝の意を表しつつも，イギリスが連合国に与えた援助は，イギリスがアメリカから受け取った援助をはるかに凌いでいるという事実に注目すべきであるとケインズは主張する[39]．

さらにケインズは次のように述べた．すなわち1914年7月に始まり現在までの間にイギリスはこの戦争に50億ポンド以上を支出したことを指摘し，そのための資金調達は各種公債発行をはじめとする資金動員によってなされたこ

とを資料にもとづき説明を加え，次のように結論を提示した．すなわち，「要するに，アメリカにおける支払いのために利用しうる資金源は使い果たされている．アメリカ政府が為替を含めてアメリカにおける我々の支出を十分にまかないきれなければ，連合国の全金融構造は崩壊するであろう[40]．」このように事態の緊急性を訴えた電報は望ましい効果を表すことになり，1917年7月25日に8月分の貸付として1億8,500万ドルが，8月末には9月分の貸付として4億ドルが供与される旨の発表がアメリカから行われた[41]．

しかしながら，マカドウーはポンド為替相場を維持するためにアメリカの貸付資金を使用することに疑問を持っていたので，イギリス大蔵省はこの疑問に答えねばならなかった．かかる疑問に答える覚書きはケインズによって起草され，内閣の承認を得た．その中でケインズは次のように述べている．1917年5月から7月までの間に為替相場を維持するための費用は1週に平均4,000万ドルに達したとまず述べ，このような為替相場の変動が生じるのは主としてロンドンへの，あるいはロンドンからのアメリカの銀行資金の移動――ロンドン・バランスの増減――と連合国の小麦購入の費用のためであった．為替の将来の費用はおそらく1週に2,500万ドル以下にはならないであろうとケインズは言う．そしてアメリカ政府がポンド為替相場支持のためのドル資金の供与を停止するならば，「ニューヨーク宛の連合国の為替相場だけではなく，すべての中立国宛の連合国の為替相場の崩壊が予想される．……為替相場は激しく下落するだけでなく，名目的なものになるであろう――つまり，ここしばらくの間はいかなる価格でも売りに出す為替はないであろうし，取引は停止となるであろう[42]．」

ケインズは続いてこのような事態は次のような二つの効果をもたらすであろうと述べた．実質的な面では，アメリカからイギリス，その他の連合国，オーストラリア，インド，南アフリカへの輸出業者はロンドン宛のポンド手形を売却することはできなくなるであろうし，新規取引は中断されるであろう．このような事態はアメリカにとってはアメリカ輸出貿易機構の崩壊，商業の麻痺等をもたらすことになるし，これに対する救済策がとられなければ為替の崩壊によって生じる混乱は連合国に対する商品供給を中断させ，世界的な購買力の喪失は当面の為替相場を維持するのに毎月必要とされる1億ドルをはるかに超え

たものとなるであろうとケインズは主張している[43]。

ついでケインズは心理的な結果として,「為替相場の崩壊によって連合国は6ヵ月以上持ちこたえることはできないだろう」。そして「ドイツの為替の減価とわれわれ自身の為替の安定を指摘することは,世界のあらゆる地域において宣伝の有利な形であった」と述べ,ポンド為替相場の崩壊はドイツ側に巨大な希望を与えることになるであろうと言っている[44]。

以上,簡単に為替相場支持の重要性をアメリカに説明せんとしたケインズの考え方を見てきた。そこではケインズはポンド・ドル為替相場の維持は単にイギリス一国の利害に関するものではなく,連合国全体の為替相場体系をもゆるがすものであり,戦争遂行を危うくするものであることを力説していたのである。この背後にはポンドが国際通貨としての機能を依然として果たしているという事実が存在するが,そのポンドの通貨価値を安定させるためにも公的介入操作が要求され,それを資金面で支えるためにアメリカ政府借款を求めたのであると言えるであろう。そしてこのようなケインズの提案は望ましい効果をもたらし,1917年8月には5,000万ドルの追加貸付をすることをアメリカ財務省は約束し,ポンド為替相場を維持することの重要性を理解したと言われる。ただし,議会対策上の考慮からマカドゥーは「為替を維持するために資金を保証することはできない」と言いつつも,「もし連合国政府が借款の申込みを調整するならば,必要な金融的支援を与える可能性は非常に増大するであろう」と述べたのである。ここにおいて,アメリカはポンド・ドル為替相場に対する支援を事実上約束するに至ったのである。その結果,ポンド・ドル為替相場は大戦中,4.76ドルの範囲内に収まったのである[45]。

第4節　ポンドの釘付け操作

前述した如く,1916年1月からイギリスはポンドの対ドル相場の釘付け操作に乗り出すことになったのであるが,その具体的解明を行う必要がある。ところでわれわれが釘付けの対象として対ドル相場を念頭において考えるのは,ドルの重要性を考慮してのうえである。つまり,「イギリス政府の見解からすれば,ドル為替はその問題の鍵であった。なぜなら,イギリス自身とイギリス

の連合国のための食糧,原料,軍需品の全体的な莫大な購入計画は,合理的な価格でのドルの適切な供給の維持に依存していたからである[46].」また,1916年11月にイギリス外務省によって内閣に提出された覚書きは,イギリスが例えば軍需品,金属,石油,綿花,穀物,食料品に対してアメリカにほぼ全面的に依存していることを示した.そしてケインズ自身が「大蔵省が戦争の遂行のために日常手に入れなければならない500万ポンドのうち,約200万ポンドは北アメリカで入手されねばならない」と大蔵省に補足的説明を加えている[47].以上のような事実はイギリスがアメリカに商品供給面で圧倒的に依存せざるを得ないことを物語るとともに,その決済にはドルが必要とされるに至ったことを示していると言えよう.ドルの重要性をこのように確認しておいて釘付け操作の内容を見ていくことにしよう.まず,資金源泉から考察していかねばならない.

1 資金源泉

釘付け操作に必要なドル資金をイギリスはいかにして調達したのであろうか.それは大きく分けて,次の三つの源泉から入手したのである[48].第一に,イギリス人保有の外国証券を動員してドル資金を調達した.第二に,ニューヨーク金融市場等での借入によってドルを獲得した(しかもこの方法は第一の方法と有機的な関連を有している).第三に,1917年4月のアメリカ参戦後はアメリカ政府借款の供与によってドルの獲得が可能となったのである.

(1) 外国証券の動員

そこでまず,イギリス大蔵省による外国証券の動員について見ておくことにしよう.イギリス大蔵省は1915年7月にイギリス人保有の外国証券を組織的に動員して,それを同省に売却あるいは預託することを奨励した.この実行機関として1916年1月には「アメリカ・ドル証券委員会」[49](American Dollar Securities Committee)が設置され,具体的な動員計画が作成されるに至った.周知の如く第一次大戦前にはイギリスは世界最大の資本輸出国であり,ペイシュによれば,1913年のイギリスの対外投資残高は約40億ポンドと推定されている.もちろん,これらの証券のすべてがただちに海外で売却されて現金化さ

れうるものではなかったが，その中にはアメリカの株式・社債が大量に含まれており，これらはドルに転換可能であった[50]．そこで1915年7月に大蔵省はイングランド銀行にドル証券を購入して，それを売却のためにニューヨークに送付するように指示した．そして1915年末までに2億3,300万ドルの証券がこのような方法で獲得されたと言われる[51]．

　ついで1915年12月13日には大蔵大臣が下院で「A計画」(Scheme A) を発表し，積極的な動員計画を展開することになった．その内容は大要次の如くであった．①大蔵省はイギリス人保有のドル証券（および一部のカナダ証券）を市場相場で買い上げ，その買上代金は現金か1920年12月1日償還の5分利付5年物国庫債券 (Exchequer Bond) で払い渡される．②上述の指定証券を大蔵省が借入れる場合にはその借入期間を2ヵ年とし，証券保有者に対して実際に得られる利子を超えて $1/2\%$ を支払うことにした．③大蔵省はこの借入証券を売却する権利を有し，売却の場合には証券所有者に対して現金化された価格代金プラス $2^1/_2\%$ を支払うのである．そして適格証券を大蔵省に提供しない場合にはその収入に対して懲罰税が賦課されることになった．この借入計画は1916年3月12日より実施され1916年8月12日まで続けられ，1916年12月16日に次の「B計画」(Scheme B) に併合された[52]．

　「A計画」に続いてさらに新たなる動員計画として「B計画」が1916年8月12日に発表された．その内容は次の如くであった．①指定証券がドル証券だけでなく，非ドル証券（特定のアルゼンチン国債および鉄道債，ブラジル整理債券〔1898年〕，各種のカナダ政府証券および鉄道証券，エジプト，スカンジナヴィア，日本，オランダ，スイスの特定の国債および地方債）にも拡大し，これらの証券の預託＝借入を大蔵省は8月14日以後受けることにした．その預託期間は1917年3月31日から5年間で，1919年3月31日以降3ヵ月間の予告にもとづいて返還するというものであった．②利子は「A計画」と同一基準で支払われる．③上記預託証券を売却した場合には，預託者に対して返還指定までの利子を支払う．④返還指定日には，大蔵省は当初の預託したのと同種同額面の証券を返還するか，証券の預託価格に5分の割増金と経過利子を加算した額を支払う．この「B計画」は1918年3月まで続いた[53]．

　このような大蔵省への証券の提供は当初は自発的な形をとっていたが，次第

に強制的な徴発の方向に進んでいき，「証券徴発計画」(Scheme for Conscription) が実施されることになった．イギリス政府は「国防法」にもとづいて 1914 年 8 月 12 日に「国土防衛規則」(The Defence of the Realm Regulation, 1914) を公布し，1914 年 11 月 28 日にこれを改正して The Defence of the Realm (Consolidation) Regulation, 1914 を公布したが，1917 年 1 月 25 日に，大蔵省はイギリスの財政を強化するために便宜であると認めた場合には特定の種類の証券に対して「国土防衛規則」を適用することができるようになった．大蔵省はこれによってイギリスと海外の両方から特定の種類の証券の保有者に対して証券を徴発することを強制できる権限を与えられた．徴発された証券に対する補償は自発的に大蔵省に売却される証券の価格を決定するのと同一条件──つまり「A 計画」の条件──が適用されることになった．つまり，所有権の全面的移転の場合にはその証券の市場価格にもとづいて資本価格が支払われ，証券の一時的な借入＝預託の場合には額面価格に対して 1 年に 1/2% の割合で報酬が支払われた．一時的な借入＝預託の形で徴発された証券がその後，全面的な所有権の移転が要求された場合には最初の徴発の時点の，あるいは所有権移転の時点での高いほうの資本価格が報酬として支払われる．しかし，「B 計画」のような割増金は支払われなかった．もちろん，「B 計画」にもとづく証券の預託は依然として行われていたが，それらの預託証券が「大蔵省令」(Treasury Order) にもとづく徴発に組み入れられたならば，それらの証券はすでにこれまで預託されてきたという事実を考慮に入れないで，「大蔵省令」にもとづいて取り扱われることになる．「国土防衛規則」の適用範囲内にある証券は，それを売却する時点で「大蔵省令」に含まれず，しかも特定の売却条件を遵守した場合に売却してもよいとされた．この「大蔵省令」は計 4 回出され，1917 年 5 月 7 日付のものが最後のものとなった[54]．

　大蔵省による証券の借入，つまり証券保有者からの証券の預託はイギリス政府による債券発行の担保として利用されるわけである．そこで以上の如き「証券動員計画」は 1917 年 4 月にアメリカが参戦に踏み切り，同年 4 月 25 日からアメリカ政府によって連合国に対する借款の供与がなされるに至って，従来なされてきたようなイギリス政府がアメリカでの債券発行のための担保として証券預託を行う必要がなくなっていた．そこで 1917 年 5 月中旬には大蔵省が

表 2-6 アメリカ・ドル証券委員会の証券動員実績

(単位：100万ドル)

証券の種類別 債務国別	ドル債券 売却	ドル債券 合計	ドル株式 売却	ドル株式 合計	ポンド債券 売却	ポンド債券 合計	記名証券（ポンド）売却	記名証券（ポンド）合計	その他通貨建発行証券 売却	その他通貨建発行証券 合計	証券総額 売却	証券総額 合計
アルゼンチン	—	—	—	—	25.7	149.2	—	240.0	—	—	25.7	389.2
ブラジル	—	—	—	—	—	3.0	—	—	—	—	—	3.0
カナダ	28.3	39.8	6.4	133.5	3.0	87.4	20.6	640.0	—	—	58.3	900.7
チリ	—	0.6	—	—	—	102.5	—	—	—	—	—	103.1
中国	—	—	—	—	0.3	0.8	—	—	—	—	0.3	0.8
キューバ	11.8	24.6	0.7	3.0	0.3	0.3	—	—	—	—	12.8	27.9
デンマーク	—	—	—	—	—	18.4	—	—	—	2.2	—	20.6
ドミニカ	0.2	0.2	—	—	—	—	—	—	—	—	0.2	0.2
エジプト	—	—	—	—	—	66.2	—	—	—	—	—	66.2
日本	—	—	—	—	0.2	122.8	—	—	—	—	0.2	122.8
ネーデルランド	—	—	—	—	—	—	—	—	—	3.9	—	3.9
ノルウェー	—	—	—	—	—	13.7	—	—	—	—	—	13.7
フィリピン	0.4	2.5	—	—	—	—	—	—	—	—	0.4	2.5
スウェーデン	—	—	—	—	—	11.3	—	—	—	—	—	11.3
スイス	—	—	—	—	—	—	—	—	—	1.7	—	1.7
ウルグアイ	—	—	—	—	—	10.6	—	—	—	—	—	10.6
アメリカを除く外国	40.7	67.7	7.1	136.5	29.5	586.2	20.6	880.0	—	7.8	97.9	1,678.2
アメリカ	639.3	810.2	234.2	408.2	109.5	128.9	—	—	—	—	983.0	1,347.3
外国計	680.0	877.9	241.3	544.7	139.0	715.1	20.6	880.0	—	7.8	1,080.9	3,025.5
イギリス国内鉄道社債	—	—	—	—	—	—	—	87.5	—	—	—	87.5
総合計	680.0	877.9	241.3	544.7	139.0	715.1	20.6	967.5	—	7.8	1,080.9	3,113.0

（出所） C. Lewis, *op. cit.*, pp. 540-1.

 10％の特別所得税を課せられる証券で，「国土防衛規則」にもとづく徴発令が発せられていない証券を除いて，「B計画」にもとづく証券預託は受け付けないとの声明を出した．このように証券預託が撤廃されたにもかかわらず，大蔵省はなおアメリカでの売却に適したアメリカおよびカナダのドル証券の買入を希望していた[55]．

 ところで「B計画」は1918年3月1日に撤廃された．しかし1ポンドに対して2シリング（つまり10％）の特別所得税を課せられる証券で徴発令の適用範囲外の証券は「A計画」と同様の条件下で——つまり大蔵省が3ヵ月の予告をした時点で返還されるという条件の下で——1922年3月31日までの期限で預託を認められた．1ポンドに対して2シリングの特別所得税は1919年4月6日に撤廃され，大蔵省による預託証券の買入は1919年4月28日に廃止された[56]．

そこでこのような外国証券動員の実績はいかなるものであったかを簡単に見ておくことにしよう．表2-6によれば買入か借入＝預託によって大蔵省に集められた証券総額は31億1,300万ドルにのぼり，そのうち売却された分は10億8,090万ドルに達している．しかもそのうちアメリカ証券の占める割合は全動員証券の43.3%，売却証券の90.9%にのぼっている[57]．

しかしこれらの数字は，アメリカ・ドル証券委員会の設立以前に始まり，1917年1月まで続いた民間による売却を考慮に入れていない．この点はイギリスの国際収支分析の箇所で触れておいたところである．C. ルイスによれば，1914年7月1日と1919年12月31日におけるイギリス海外投資額を比較すると，前者が42億5,000万ドルであったのに対して後者は15億9,500万ドルと26億5,500万ドル（5億5,000万ポンド）以上のイギリス投資の減少を示していることから，民間売却は公的売却と同じ位大きなものであったと推定している[58]．民間売却まで考慮に入れれば外国証券，特にアメリカ証券の売却額は一層巨額なものになることは疑い得ない．かくして「証券の売却は1917年4月までにポンド・ドル為替相場維持のバック・ボーンになり，アメリカ合衆国を債権国に転化させる要因の一つとなった」のである[59]．

(2) ニューヨーク金融市場での借入

連合国の「商品・資金の供給者」としての役割を遂行していくためにも，また，ポンドの対ドル相場を維持していくためにも，イギリスは上述の外国証券の動員にもとづく証券売却だけでは当然不十分なものであり，アメリカでの起債を実施せざるを得なくなった．その際，動員された外国証券が担保として利用されることになったのである．

ニューヨーク金融市場での借入の嚆矢のものとして5億ドル（約1億ポンド）の「英仏共同公債」（Joint Anglo-French Loan）の発行があげられる．同公債は1915年8月に取り決められ，同年9月に署名，同年10月に発行されたものである．この公債は英仏両国の租税免除の特典を与えられ，5%の利付債券の形式をとり，その手取金を英仏両国で等しく折半するというものである．同公債は英仏両国によって共同で保証され，担保証券は要求されなかった．国家を担保とする公信用の出動である．本公債の償還期間は5ヵ年であるが，所

有者の選択によって本公債の日付から5ヵ年以上25年以下の償還期限のイギリス政府およびフランス政府の$4^1/_2$% 利付公債に交換することができるとした．本公債は98の価格でアメリカの大衆に売り出され，その利回りは5ポンド9シリング3ペンスとなる．ただし，引受シンジケート団の引受価格は96であったから，英仏両国政府にとって公債経費は1年につき5ポンド18シリング10ペンスとなった[60]．

この共同公債を引き受けたのはJ. P. モルガン商会である．J. P. モルガン商会は引受シンジケートを結成したが，その「引受グループにはニューヨーク市の商業銀行，信託会社，投資商会61行が含まれており，分売組織は全国各地の1,570のメンバーから成っていた[61]．」ところでこの「1915年の英仏公債の重要な目的の一つは，外国為替相場を正常な水準に戻し，安定させることにあった．公債によって使えるようになった『莫大な』資金のおかげで為替市場は開戦以来はじめて安定を取り戻した[62]．」換言すれば，国際収支の逆調によって対ドル相場の下落に苦しめられたイギリスは公信用を梃子にしてドル資金導入によって為替市場への介入資金を調達し，ドル売り，ポンド買いによって対ドル相場下落を防がんとしたのである．

次に前述のイギリス人保有の外国証券——特にアメリカ証券——の動員によるニューヨーク市場での借入について見ておくことにしよう．以下の3種類の公債発行が主要なものである．

第一に，1916年9月1日付の公債発行．本公債は発行額が2億5,000万ドル（約5,000万ポンド）で，利率が5%，期限が2ヵ年（1918年9月1日満期），免税の特典を与えられ，引受価格は98，公募価格は99，カナダ証券，アメリカ証券およびその他の外国証券を担保とするもので1916年8月にアメリカで発行された．なお，イギリス政府は30日の予告期間をもって1917年8月31日以前には名目価格の101と経過利子を，1917年8月31日以降1918年8月31日までは名目価格の$100^1/_2$と経過利子を支払うことによって，何時でも全部または一部の償還を行うことができるとされた[63]．

第二に，1916年11月1日付公債の発行．本公債は総額3億ドル（約6,000万ポンド）で，そのうちの半分は5%利付で3ヵ年期限（1919年11月1日満期）の証券形式で$99^1/_4$の発行価格で売り出され，残りは$5^1/_2$%利付で5ヵ年

期限(1921年11月1日満期)の証券形式で発行価格は $98^1/_2$ であった.それらはいずれも免税の特典を付与された.また担保にはカナダ証券,アメリカ証券,イギリス植民地証券その他の外国証券(ただし,これらのうちにはイギリス鉄道債券も含まれていた)があてられ,1916年10月末にアメリカで発行された.なお,イギリス政府は期限到来前の残存期間の各年あるいは一部に対し,1%のプレミアムをつけて全部または一部を償還することができるとされた.シンジケート団の引受価格は発行価格よりも $1^1/_2$ % 低いところに定められた[64].

第三に,1917年2月1日付公債の発行.1917年1月18日にアメリカにおいて $5^1/_2$ % 利付の2億5,000万ドル(約5,000万ポンド)のイギリス新規公債が発行されるとの発表がなされた.本公債は $5^1/_2$ % 利付でカナダ証券,アメリカ証券,その他の植民地証券および外国証券(小額のイギリス鉄道証券を含む)を担保とするものであった.本公債は2種に分かれ,一方は1ヵ年期限(1918年2月1日満期)のもので,総額1億ドルの証券で,発行価格は99.52であった.他方は2ヵ年期限(1919年2月1日満期)のもので,総額1億5,000万ドルの証券で発行価格は99.07であった.これらはいずれも1917年1月24日から31日まで売り出され,免税の特典を与えられた.本公債の所持者は期限前のいかなる時にも1937年2月1日償還(これは期限前償還はなし)の20ヵ年期限の $5^1/_2$ % のイギリス国債に乗り換えることができる.イギリス政府は30日前の予告によって次のような条件でその全部または一部を償還することができる.すなわち,1ヵ年期限の証券は101プラス経過利子を,2ヵ年期限の証券は1918年2月1日までは102プラス経過利子を,1918年2月1日から1919年2月1日までは101プラス経過利子を支払って償還することができるというのである[65].

以上の如くアメリカ参戦(1917年4月)前までのアメリカにおけるイギリス政府の起債額(長期のみ)を表にすれば表2-7のようになる.総額で10億5,000万ドルに達している.表2-7を見てただちに気がつく点は,最初の「英仏共同公債」以外はすべて担保として外国証券が差し入れられていることである.しかもかなりのマージンが認められている.これは「イギリス政府の信用が大西洋のもう一つの側では非常に低かった」ためであるとE. V. モーガンは説明している[66].なお,ドル表示のイギリス大蔵省証券のニューヨークでの発

表 2-7 アメリカ参戦前にアメリカにおいて発行されたイギリス政府公債

公債の種類	発行額(ドル)	発行日付	利率(%)	発行価格	償還期限	担保
英仏共同公債	2億5,000万	1915年10月15日	5	98(引受価格96)	1920年10月15日(5ヵ年)	なし
担保付2ヵ年期限証券	2億5,000万	1916年9月1日	5	99(引受価格98)	1918年9月1日(2ヵ年)	担保証券3億ドル(時価)
担保付3ヵ年期限証券	1億5,000万	1916年11月1日	5½	99¼(引受価格97¾)	1919年11月1日(3ヵ年)	担保証券3億6,000万ドル(時価)
担保付5ヵ年期限証券	1億5,000万	1916年11月1日	5½	98½(引受価格97)	1921年11月1日(5ヵ年)	
担保付1ヵ年期限証券	1億	1917年2月1日	5½	99.52	1918年2月1日(1ヵ年)	担保証券3億ドル(時価)
担保付2ヵ年期限証券	1億5,000万	1917年2月1日	5½	99.07	1919年2月1日(2ヵ年)	

(出所) A. W. Kirkardy ed., *op.cit.*, p. 180. H. F. Grady, *British War Finance 1914-1919*, AMS, New York, 1927 (reprint 1968), p. 135. 大蔵省理財局『英国の国債に関する調査』1926年, 250-2頁より作成.

行がJ. P. モルガン商会の示唆を得て行われたが, 1916年11月に連邦準備局はアメリカの銀行にこのような証券を購入しないよう警告を与えた. 1917年3月になってかかる見解を修正する新たな通達が出され, その後はドル表示のイギリス大蔵省証券がかなりの規模にわたって発行されるようになった[67].

もちろん, アメリカでの起債以外にも他の諸国での起債がなされている (表2-4参照). 例えば, 1916年12月の日本での起債があげられる. 当時, 日本はアメリカにおいて多額のドル・バランスを保有していたので, イギリスは1,000万ポンドに相当する6%利付の3ヵ年期限の公債を日本で発行し, それを為替操作によってその手取金を日本の勘定でアメリカに保有しているドルの買入に当てた. その額は約5,000万ドルである[68] (この点後述).

ところでこのようなニューヨーク金融市場での起債を可能にしたのはアメリカにおける「過剰資金」の形成であった. アメリカが中立を維持していた期間中に, 連合国に対する大量の商品輸出による貿易収支の大幅な出超によってアメリカには巨額の金流入が生じた. かかる輸出ブームによる大量の金流入から

生じる「過剰資金」創出を基底に置きつつ,さらに「連邦準備法」の制定による連邦準備制度の発足によって加盟銀行の必要準備率の引下げに起因する新たな「過剰資金」の形成によって国内経済の膨張による信用拡大と連合国政府によるニューヨーク金融市場での借入れに対処することができたのである.この外債発行の引受に携わったのがJ. P. モルガン商会を中心とする投資銀行であり,ここにおいて投資銀行が外債発行に関与するという新たな事態が出現したのである.この点については第3章で詳しく展開する.

(3) アメリカ財務省からの借款

1917年4月6日にアメリカが参戦に踏み切ると,アメリカ財務省から連合国政府に対して借款が供与されることになった.いわゆる政府間借款の供与という新たな段階に入ることになったのである.この連合国政府に対する借款供与に必要な資金をアメリカ財務省は「自由公債」(Liberty Loan)によって調達したのである.

1917年4月24日に下院は70億ドルのための「戦時財政法」(War Finance Act)――「第一次自由公債法」――を通過させた.そのうちの50億ドルは長期債券の形式で発行すべきものであった.その50億ドルのうちの30億ドルが連合国政府に対する借款に使用することができた.アメリカの「自由公債」の第一回目の発行は1917年5月14日に行われた.発行額は20億ドルで,$3^1/_2$%の利率で期限3ヵ年であり,租税は免除された[69].

当初,応募ははかばかしくなかったが,強力な全国的販売活動の展開により,ついに募集額を1.5倍も上回る30億3,522万6,850ドルもの応募があった.「戦時財政法」は対連合国政府借款に対して何らの正確な返済期限を規定していないが,同借款は必要な資金を調達するために発行されるアメリカ債券と同一の利子率を負担し,同一条件を付するべきであると規定した.したがって今後は,連合国は以前の金融市場を通じての借入の場合に主として見られたような借款に対して種々の担保証券を差し入れる必要はなくなった.連合国はアメリカ財務省に自国政府債券を預託すればよいことになったのである[70].この「自由公債」はその後,1917年9月24日,1918年4月4日,1918年7月9日の「自由公債法」によって3回発行されることになり,さらに1919年3月の

表 2-8　自由公債および戦勝公債実績　1917-19 年

(単位：100 万ドル)

公債の種類	認可額	募集額	応募額	発行額	利率(%)	償還期限(年)
第 1 回自由公債	5,000	2,000	3,035.2	2,000	$3^1/_2$	15-30
第 2 回自由公債	4,500	3,000	4,617.5	3,808.8	4	10-25
第 3 回自由公債	2,500	3,000	4,176.5	4,176.5	$4^1/_4$	10
第 4 回自由公債	8,000	6,000	6,992.9	6,964.5	$4^1/_4$	15-20
戦勝公債	7,000	4,500	5,249.9	4,498.3	$4^3/_4$ と $3^3/_4$	3-4
総　　計	27,000	18,500	24,072.1	21,448.1		

(出所)　C. Gilbert, *American Financing of Wold War I*, Greenwood, Westport, 1970, p. 139. P. Studenski and H. E. Kross, *Financial History of the United States*, 2nd ed., McGrow-hill, New York., 1963, p. 291.

「戦勝公債」（Victory Loan）に引き継がれた．表 2-8 はその実績を表したものである．

　上述の如く，「戦勝公債」を含めて計 5 回に及ぶ戦時公債の発行が行われ，214 億 4,810 万ドルにも達する巨額の戦時公債の消化がなされ，何百万人というアメリカの大衆がこの公債に応募するという証券市場自体のすそ野の広がりをももたらしたのである[71]．

　この公債発行をスムーズに行わせるために連銀信用の拡大が要請されたが，この連銀信用の拡大を可能ならしめるために，①アメリカからの金輸出の禁止ないし制限，②連銀への金集中政策の採用，③「連邦準備法」改正による加盟銀行の必要準備率の再引下げ等の措置が採られた．さらに戦時公債の買入れ促進には 1917 年の「公金特別預託法」（Special Deposit of Public Money Act）にもとづく「戦時公債勘定」（War Loan Deposit Account）という政府預金勘定の設定が利用された．つまり，商業銀行はまず国庫金預入機関の指定を受け，ついで自行ないし顧客勘定で政府債を購入する．ところがその購入した政府債の手取金は連邦政府に即座に納入する必要はなく，しばらくの間は戦時公債勘定に貸記するだけでよく，かくして連邦政府がこの預金を引き出すまでは手元には何らの現金準備なしで商業銀行は政府債を購入しえたのである．しかも連銀は政府債担保の借入れを優遇したので，加盟銀行はかかる借入を利用した資金で政府債を購入し利益をあげることができたのである．これらの諸点に関しては，次章において詳述する．

　この戦時公債の発行によって調達した資金を源泉として 100 億ドルを超えな

第2章　第一次世界大戦期のポンドとイギリスの公的為替操作　　　　59

表 2-9 連合国政府に対するアメリカ財務省の貸付総額と財務省によって
報告された支出額　1917年4月6日-20年11月1日

(単位：100万ドル)

	イギリス	フランス	イタリア	その他	合計
アメリカ財務省による貸付					
純現金貸付	4,197	2,966	1,631	672	9,466
報告された支出額					
軍需品	1,536	827	259	77	2,699
為替と綿花購入	1,682	807	88	68	2,645
その他の商品とサービス	2,908	767	347	97	4,120
利子	388	269	58	16	731
満期返済	354	290	…	5	648
銀	262	6	…	…	268
その他	70	184	116	386	757
償還	19	1,046	784	24	1,873
報告された支出総額	7,219	4,196	1,652	673	13,741
控除					
アメリカ政府貸付からの連合国の償還	1,854	19	…	…	1,873
アメリカ政府による外貨購入のためのドル支出	449	1,025	14	1	1,491
インドからのルピー貸付と金の受取り	81	…	…	…	81
控除総額	2,384	1,044	14	1	3,445
純支出額	4,835	3,151	1,638	672	10,296

(注)　四捨五入のためここの項目の総計は必ずしも「合計」と一致していない場合がある．
(出所)　*Annual Report of the Secretary of the Treasury on the State of the Finances 1920*, Goverment Printing Office, Washington, 1921, Exhibit 26, pp. 338-9 より作成．

い額が連合国に貸付可能となったが，今，イギリス政府がアメリカ財務省から供与された借款の額は1917年が18億6,000万ドル，1918年が21億2,200万ドル，1919年が2億8,700万ドルで合計42億7,000万ドルに及んでいる[72]．イギリス政府はこの手取金を持ってアメリカから軍需品等の戦争遂行に必要な物資を購入したのみならず，それでもって対ドル為替相場の釘付けの重要な資金源としたのである．表2-9はこれをはっきりと表している．

2　操作の実態

以上，資金源泉を明らかにした後は釘付け操作の実態に光を当てなければならない．まず，釘付け操作の実施以前の模様について簡単に見ておこう．この際にはイングランド銀行がポンド買支えを行っており，その主要な資金源はJ.

P. モルガン商会からの借款——当座貸越——であったことに注意されたい.

(I) 釘付け操作前史——イングランド銀行によるポンドの買支え

すでに述べたように，1914年8月に1ポンドにつき7ドル（平価は4.86ドル）となった対ドル相場は同年9月末には5.025ドルにまで低下し，その後1914年の最後の3ヵ月間はほぼ正常裏に推移したといわれる．しかし，その間にもイギリス政府はドル資金入手の必要から1914年11月には最初のドル買入を行っている[73]．そして1915年1月15日の協定によって陸軍省と海軍本部はJ. P. モルガン商会を「商業代理人」(Commercial Agent) に指定した[74]．

ところで，1915年初めにはポンドの対ドル相場の下落が生じ（図2-1），それに対処するため15年2月18日にイングランド銀行は売りに出されている1,000万ドルのポンド手形——数日後にはそれは2,500万ドルに増大した——を買い入れるようにモルガン商会に依頼した．この買支えのドル資金はモルガン商会からの借款であった．モルガン商会はファースト・ナショナル銀行およびニューヨーク・ナショナル・シティ銀行と協力してこの借款を組織し，為替市場で操作を始めた．この借款のおかげでポンド為替相場はほぼ4.81ドル以下に低下するのは食い止められた．しかし5月にはこの2,500万ドルの借款限度は突破されたが，モルガン商会はなおもポンドの買支えを続けたし，イングランド銀行はこのモルガン商会に対する負債を減らすために金を売却し始めた[75]．6月23日にはイングランド銀行総裁のカンリフ（Lord Cunliffe）は政府がこれらの借入債務を直ちに引き継ぐように大蔵大臣のマッケンナと打ち合わせをしたが，細部の点についての意見の相違によって協定成立は延期となった．結局，8月末にイングランド銀行はこれまでの取引の全責任を引き受けたが，これ以上，ポンド・ドル相場の支持を行わないだろうと宣言した．イングランド銀行はモルガン商会にそのことを通知し，それまでイングランド銀行名義のままになっていたモルガン商会からの当座貸越を返済するために1,200万ドルの金をオタワから船積みし，合計で約2,500万ドルの金の船積みを行った．イングランド銀行と大蔵省との前述の交渉が行われている間に，イングランド銀行はモルガン商会から1,000万ポンド相当のドル貸付を受けた．これはその後すぐにイギリス保有のアメリカ証券の売却によって返済された[76]．

第2章　第一次世界大戦期のポンドとイギリスの公的為替操作　　　　　　　61

　このようなイングランド銀行によるポンド買支えの中止の結果，対ドル相場は激しく下落し，8月末には4.61ドルにまで低下した（図2-1）．しかし，9月初めに大蔵省にかわってイングランド銀行による大量のアメリカ証券の動員と10月の5億ドルにのぼる英仏共同公債の発行とによって為替相場の回復がもたらされた．だが，これは一時的な救済に過ぎなかった[77]．「アメリカからの軍需品購入のための資金調達——その重要性を過小評価するものはもはやいなかったが——をもっと組織的に，しかも先をよりよく見通して処理していかなければならないことを，当局も遅ればせながら理解するに至った．このため蔵相は，後にロンドン為替委員会（London Exchange Committee）として知られるようになった委員会を1915年11月18日に大急ぎで任命することになった[78]．」

(2) 釘付け操作の展開——ロンドン為替委員会の設置

　ロンドン為替委員会は当初，「アメリカ為替委員会」（The American Exchange Committee）と名付けられた[79]．同委員会は「外国為替相場の規制のための委員会としての務めを果たす」機関である[80]．同委員会は1915年11月18日付の大蔵大臣からの書簡によって非常に広範な権限を与えられたのであるが，まず，この点を見ておくことにしよう．以下の権限を付与された．第一に，以下の運用を委ねられた．すなわち，①現在，政府が所有している，あるいは同委員会の活動期間中に政府所有に帰するすべての金，②アメリカでの最近の借款や将来の借款による外貨手取金および前期の期間中海外市場で政府によって，あるいは政府のための証券売却によって入手される外貨手取金のすべて，③為替操作のために前記の期間中政府によって，あるいは政府のために購入されるか，借り入れられるか，さもなければ獲得されるアメリカ，植民地およびその他諸外国の証券の運用はすべて同委員会の手中に置かれた．そして同委員会は政府にとって必要なすべての為替操作を引き受け，実行することができる．また，同委員会は政府によってあるいは政府のために海外で契約されたすべての債務の支払い，あるいは海外の居住者に対して支払期日の到来したすべての債務の支払いに応じることができる．政府は同委員会および為替操作に関する同委員会の代理人によってもたらされる現金支払に必要なすべての費用

を弁済する．その際，同委員会はいかなる報酬も受け取らないし，同委員会の操作から生じる利得はすべて政府に帰するものとする．また，政府は同委員会が行う操作によって被るすべての損害および費用等に対する補償をするというものである[81]．

次に為替委員会のメンバーについて述べてみよう．当初の為替委員会のメンバーはイングランド銀行総裁カンリフ，同副総裁ブライエン・コカイン (Brien Cokayne)，サー・エドワード・ホールデン (Sir Edward Holden) とサー・フェリックス・シュスター (Sir Felix Schuster) という二人の手形交換所加盟銀行家であった．ホールデンはまもなく活動的なメンバーから引き下がり，彼の地位はマーチャント・バンカーであるベアリング商会のガスパード・ファーラー (Gaspard Farrer) に取って代わられた．1917年には大蔵省からスタンレイ・ボールドウィン (Stanley Baldwin) と外務省の代表者が委員会に参加した．そしてこれ以後，1919年12月31日の委員会の解散までは委員会の構成には何の変化もなかった[82]．このようなメンバーによって構成された為替委員会であったが，発足後少なくとも1年または2年のうちは，ロンドン為替委員会はカンリフの手中にあり，「同委員会が活動していた期間のほとんどはカンリフが委員会の議長の地位にあり，イングランド銀行の幹部（マホン〔Mahon〕）が終始事務局長を務めた．」「このため委員会は実質的には諮問機関と化し，名目上委員会の権限の一つとされた細かな業務はマホンと共に行動していた大蔵省の役人（とくにチャルマーズとケインズ）の手に移ってしまった[83]．」この指摘からもうかがえるように，実質的に為替操作を担当したのはイングランド銀行と大蔵省であったといえよう．そして為替委員会はドル為替を最も主要な対象として操作を行ったのである．「為替委員会はその設立から戦争終結までの3年間，原則として外国為替の全領域にわたって関与した．」しかし「日常業務の中で最も重要な関心事となったのはほとんど米ドル為替である．この点については，為替委員会は内閣の明白な決定にもとづいて行動したのであり，アメリカから軍需品調達に対する支払いがポンドの為替相場維持と常に矛盾することなく確実に行われるようにすることがその課題であった[84]．」そして委員会は1916年1月から対ドル相場を $4.76^{7/16}$ に明確に釘付けし，これは1919年3月18日まで維持された．このための資金源としては前述

第2章　第一次世界大戦期のポンドとイギリスの公的為替操作　　　　　　63

の如く，イギリス人保有外国証券——特にアメリカ証券——を大蔵省が買入ないし借入してこれをニューヨーク金融市場で売却して獲得したドル資金，さらには預託証券を担保にしての外債発行によって調達したドル資金がアメリカ参戦前には主要なものであったが，アメリカ参戦後にはアメリカ財務省による借款が最も重要なものである．もちろん，毎日の限界的な必要資金は J. P. モルガン商会による当座貸越によって与えられたと言われる．ではニューヨークに置かれた為替委員会勘定の名義はどのようになっていたのであろうか．当初の2年近くの間，ニューヨークに置かれた為替委員会勘定はイングランド銀行名義になっており，この間に為替市場における操作総額は3億ポンドをはるかに超えたといわれる．そしてアメリカ参戦後，正式な協定が改められ，1917年8月からはニューヨークに置かれた為替委員会勘定は大蔵省自体の名義に変更された[85]．

　ところでロンドン為替委員会の活動で注意しておくべき点としては，そのメンバー構成との点で次のような事実がある．すなわち，設立されたこの為替委員会の最初の活動は5,000万ドルの借款をニューヨークとロンドンの銀行家グループと取り決めることであった．この場合，借入金利は$4^1/_2$％，期間は当初6ヵ月であった．この交渉には為替委員会のメンバーであった2人の商業銀行家が主として当たった．これはロンドンの主要な手形交換所加盟銀行8行がアメリカ銀行家委員会（Committee of American Bankers）から5,000万ドルを借入れ，それを為替委員会に引き渡す形をとっていた．その際の担保としては$4^1/_2$％の軍事公債（War Loan Stock）をイングランド銀行に預託し，イングランド銀行はこれをアメリカ銀行家委員会のために保有しておくことになった．その金額は上記の借款を供与された8行が690万ポンド，それ以外の銀行が310万ポンド，総額1,000万ポンドの軍事公債を預託することになったのである．この借入は商業銀行家が為替委員会で指導権を発揮しようとした例であるが，このような操作は2度と行われなかった．以後はカンリフと大蔵省によって為替委員会が指導されていったからである[86]．

　もう一つの点は，大蔵省借入を補う形でのイングランド銀行による信用供与と同行による保証の問題である．前述した如く，ニューヨーク金融市場において1916年9月1日，1916年11月1日，1917年2月1日にイギリスの公債発

表 2-10 ニューヨークにおけるイギリス大蔵省勘定主要項目

(1915-16～1918-19 会計年度,単位:100万ドル)

受　取		支　払	
外国為替	579	買付	5,932
金	1,180	連合国への貸付	637
証券	1,096	外国為替	2,021
借入(純額)	5,151		
連合国による返済	1,849		
合　計	9,855	合　計	8,590

(出所) E. V. Morgan, *op. cit.*, p. 356.

行が行われたが,かかる借入によっても必要なドル資金を十分にまかないきれるものではなかった.この間,やむなく1916年12月6日に大蔵省の要求と保証のもとにイングランド銀行はアメリカ銀行グループのためにロンドンで2,000万ポンドのクレジットを開設し,同銀行グループは同額のドルをJ.P.モルガン商会の大蔵省勘定に払い込むことに同意した[87].将来の需要にはオタワに預託された金を引き出すことによって対処しなければならなかった.新しい年になればアメリカに委員会を派遣しようという話があった.そして1917年1月26日には前述した如く,政府に証券を徴発できる権限を与える勅令が公布された.しかし事態は新たな展開をとげ始め,同年2月3日にはアメリカはドイツと断交し,1917年4月6日にはついにドイツに対する宣戦を布告したのである[88].これ以降は一時英米間での対立・抗争はあったものの,アメリカ財務省による借款がイギリス大蔵省に供与されることになり,この資金の一部が為替操作に利用されることになったのである.

そこでイングランド銀行と大蔵省によって指導されたロンドン為替委員会勘定を次に見ていかなければならない.当初,為替委員会勘定はイングランド銀行名義であり,後に大蔵省の名義となったことは前述した通りである.しかも,ニューヨークにおける為替操作に従事したのはJ.P.モルガン商会であったから,ニューヨークに置かれた大蔵省勘定の主要項目を検討することによって為替操作の規模を知る手がかりを得ることができるであろう.表2-10はニューヨークに置かれたイギリス大蔵省勘定の主要項目を示したものである.

まず受取側の項目から見ていくことにしよう.最初の「外国為替」の項目は

主として裁定取引の性格を持つ種々の取引によって市場で買い入れられたドルを表している．この取引の一例としては，イギリスが日本で1916年12月に1,000万ポンドの国庫債券（Exchequer Bonds）を，1918年1月に800万ポンドの大蔵省証券を発行し，その手取金は有利なポンド・円・ドル相場を利用してドルに転換されたことがあげられる．具体的には1916年12月の場合には日本での英米クロス・レートは1ポンド＝4.85ドルであり，一方，対ドルの釘付け相場は1ポンド＝$4.76^{7}/_{16}$ドルであったから，まず円表示の国庫債券を発行し，これによって得た円資金をドルに転換すれば1ポンド当たり$8^{9}/_{16}$セントの裁定利益が得られることになった．ちなみにこの取引では1,020万ポンドで4,950万ドルを獲得できたと言われる[89]．

第二番目の金，証券，借入の項目は，言うまでもなく，金の輸出や証券売却の手取金およびニューヨーク金融市場での借入さらにはアメリカ政府からの借款の手取金が払い込まれたものである．その際，借入による資金の獲得が受取項目の98億5,500万ドルのうち，52.3％の51億5,100万ドルにのぼることは注目されてよい．特にアメリカ財務省による借款は圧倒的に重要な役割を果たしたと見てよいであろう．

受取側の最後の項目である「連合国による返済」は，イギリスが連合国のためにアメリカで買い入れた軍需品の代金を連合国がドル建の償還計画の下で返済したものである[90]．

次に支払側の項目に目を転じてみよう．最初の「買付」は「総力戦」遂行のために必要な物資の購入分を表している．第2番目の「連合国への貸付」はアメリカ参戦以前にイギリスによって供与された連合国に対するドル貸付を表している．最後の「外国為替」の項目は対ドル為替相場を釘付けするためにドルと引き換えに買い入れられたポンドを表している．支払側の総額が85億9,000万ドルで，そのうち公的為替操作に関連しての支出額は20億2,100万ドルで全体の23.5％という大きな割合を占めているのが注目される[91]．

以上，簡単に大蔵省勘定の主要項目について見てきたのであるが，上述の如く為替裁定取引によって獲得したドルや金現送，アメリカ・ドル証券を中心とした外国証券の動員とその売却，ニューヨーク市場での各種公債の発行，アメリカ財務省からの借款によって入手したドル資金をアメリカでの物資購入や連

合国への貸付に使用するとともに，ポンドが弱くなればドルを売ってポンドを買い，対ドル為替相場の釘付けにも利用していたのである．この大蔵省勘定はJ. P. モルガン商会のもとに置かれ，モルガン商会はニューヨークにおけるイギリス大蔵省の代理機関の役割を果たした．モルガン商会が1915年から1919年までの期間中に購入したポンドは約8億4,000万ポンドにのぼると言われている[92]．このような大規模な公的為替操作によってポンド・ドル為替相場は，1916年の初めには1ポンド＝$4.77^3/_8$ドルに上昇した．そしてその後の若干の小幅な変動を経て，1916年末から大戦末までの間，1ポンド＝$4.76^7/_{16}$ドルに安定させられたのである[93]（図2-1）．

第5節　公的為替操作の意義

このようなイギリスによる公的為替操作の出現はまさに新たな段階の出現と言うことができるであろう．たしかに第一次大戦前も公的為替操作が行われていたことは歴史の教えるところである．しかし，この場合にはかかる操作を行ったのはオーストリア，ハンガリー，ロシア，ベルギー，オランダ，スウェーデン，フィンランド，イタリア，日本などのイギリス以外の周辺国の中央銀行であった．当時の国際通貨はポンドであったから，ロンドンに公的ポンド残高を保有して為替操作を行ったのである．ブルームフィールドが指摘するように，周辺国の「中央銀行の大部分は，外国手形および他の対外残高の形態で，その準備の大部分をもっていた．このような外国為替の保有は所得を生み出す（金と異なって）だけでなく，行き過ぎた，そして浮動的な為替相場の変動を金現送点内に平準化し，そして，特に民間の裁定による金流出が有利となる金輸出点まで相場の動くことを阻止することが望まれる場合，当該中央銀行が直接に為替相場に介入することを可能にした．外国為替は通常，金輸出点近くで売却され，金輸入点近くで買われたので，これらの操作は中央銀行に為替そのものを保有することによる収益以上の利益を与えた[94]．」例えば，日本の在外正貨制度においては，日露戦争後，日銀は日本国内で兌換を求める外国銀行の日本支店に対して金輸出点より少し円高の相場でポンド為替を振り出した．これによって円金貨の流出を防ぐとともに，ポンド為替の市中相場をも金輸出点近く

に安定させられることになった．これは日本の輸出貿易に有利に作用したし，ポンド為替相場の安定は日本の外債発行にとって有利な条件となったのである．このポンド為替は日銀がロンドンに保有している在外正貨を引当てに振り出されたものであり，その在外正貨は主として定期預金と大蔵省証券の形で保有されていたのである[95]．しかし，今や国際通貨国イギリスが公的為替操作に乗り出したのである．

　もちろん，その操作の目的は基本的には同一のものと考えてよいであろう．ブルームフィールドは別の論文で次のように述べている．公的為替操作は「為替相場の季節的な，または不安定な変動を円滑化するためであり，民間の裁定による金の積出しが有利となる金現送点（とくに金輸出点）に為替相場が移動するのを阻止するためであった．公的な為替操作はそれが行われた場合，短期間に発生する交互の金移動の必要性を除去し，金の裁定機構にもっぱら依存するよりも，為替相場により確かな影響を及ぼすことを可能にし，そして金輸出を阻止するか，あるいはそれを最低限にとどめた[96]．」この指摘から考えれば，第一次大戦前の公的為替操作の目的は為替相場の不安定な変動を除去し，金流出を阻止ないし最低限にとどめることにあったと見られる．第一次大戦中の釘付け操作自体に則して考えれば，すでに民間の金輸出は事実上抑制されていたので，セイヤーズの言葉にあるように「アメリカからの軍需品調達に対する支払がポンドの為替相場維持と常に矛盾することなく確実に行われるようにすること」を第一義的目標として挙げられたのである．換言すれば，「総力戦」遂行の一方の中心的役割を担ったイギリスは連合国に対する「商品・資金の供給者」としての地位のために国際収支の逆調傾向に陥らざるを得なくなり，これはポンド相場の下落を招いたのである．しかしこのような事態はアメリカからの軍需品購入にとって重大な支障となる．そこでポンドの対ドル相場維持に乗り出すことになったのである．この際，アメリカからの信用供与はきわめて大きな意義を有したと考えられる．アメリカの信用供与，特に政府借款の供与は「交戦国が外国為替に何らかの有害なはね返りなしに戦争遂行の手段を購入することができるように」[97]させたのである．アメリカ参戦前にはイギリスの公信用を挺子とするニューヨーク金融市場での借入，参戦後は政府借款の供与が行われ，この手取金の一部が介入の資金源となったのである．もちろん，これ

らの貸付以外にもイギリス人保有の外国証券の動員が行われたことはすでに述べたところである．かくして「アメリカ財務省貸付が中核となったこの巨大な公的私的信用の体系」[98]が展開されることになったのである．この場合，公信用とは資本の再生産過程の外部にある国家が債権債務関係の一方の当事者として登場することであり，また，公信用は租税ないし租税徴収権を基礎とした信用形態であると言うことができる[99]．政府間借款の場合には一方の貸手であるアメリカ財務省はその借款の資金源を国内での公債の発行によって調達し，これを元にしてイギリス大蔵省に対する大規模な貸付を行ったのであり，公信用が国際的に一層展開された例と考えられる．同時にこれは戦後に戦債問題をも生み出すことになった．

第一次大戦の過程を通じてアメリカは巨大な債権国として世界経済に登場することになり，かつ，ニューヨーク金融市場が国際証券市場としての基盤を形成することをも促すことになった．次章においては，国際証券市場としてのニューヨークの成立過程からドルの国際通貨としての台頭を解明していくことにしよう．

注

1) 第一次大戦中の国際通貨制度に関する最近の邦語文献としては，侘美光彦「第一次大戦期の国際通貨体制」東京大学『経済学論集』第41巻第4号，1976年が最も詳細なものである．アメリカの対外金融については，平田喜彦「第一次大戦期のアメリカ対外金融関係」（一）法政大学『経済志林』第45巻第3号，1977年がある．参照されたい．

2) 1914年の金融恐慌に関する最近の邦語文献としては，侘美光彦『国際通貨体制―ポンド体制の展開と崩壊―』東京大学出版会，1976年，第4章「崩壊」を参照されたい．

3) W. A. Brown, Jr., *The International Gold Standard Reinterpreted 1914-1934*, Vol. I, 1940 (reprint 1970), *op. cit.*, p. 7.

4) W. A. Brown, Jr., *op. cit.*, Vol. I, p. 7.
なお，フランスがドイツ，アメリカ，ロシアからその債権を引き出し，その残高をロンドンに預託したこともポンド相場有利に寄与したとも言える（W. A. Brown, Jr., *op. cit.*, Vol. I, p. 8).

5) W. A. Brown, Jr., *op. cit.*, Vol. I, pp. 8-9.
6) W. A. Brown, Jr., *op. cit.*, Vol. I, p. 10.
7) W. A. Brown, Jr., *op. cit.*, Vol. I, p. 10.

8) W. A. Brown, Jr., *op. cit.*, Vol. I, p. 11.
9) W. A. Brown, Jr., *op. cit.*, Vol. I, pp. 11-2.
　なお，クラパムによれば，ロンドン手形交換所加盟銀行は不当なまでにこれらの短期資金をビル・ブローカーから回収したと述べている（R. S. Sayers, *The Bank of England 1891-1944*, Appendixes, Cambridge University Press, London, 1976, p. 33）．この金融恐慌の際に手形交換所加盟銀行は，上述のように大量の短期資金の意図的な回収を行ったばかりではなく，金融恐慌が緊迫した段階にあった7月31日と8月1日の両日に顧客に対する1ポンド金貨の支払いを拒否しイングランド銀行券で渡したため，イングランド銀行に金兌換要求が殺到し，イングランド銀行金準備を激減させることになった．ちなみに，イングランド銀行の金準備は1914年7月27日には3,810万ポンドであったが，8月1日の夕方には1,100万ポンドに減少した．またイングランド銀行は8月1日までの5日間にビル・ブローカーに対して2,700万ポンド以上の貸付を行った（R. S. Sayers, *The Bank of England 1891-1944, op. cit.*, Vol. I, 1976, pp. 71-2. 西川元彦監訳『イングランド銀行—1891-1944年—』（上），前掲，95-6頁．R. S. Sayers, *op. cit.*, Appendixes, p. 33）．また，ドゥ・チェッコによれば，株式銀行によるこのような行動は，株式銀行が国際金融業務においてイングランド銀行，マーチャント・バンカー，割引商会を中心とするシティの伝統的な支配勢力に取って代わろうとして行った挑戦である（M. de Cecco, *Money and Empire: The International Gold Standard, 1890-1914*, Basil Blackwell, Oxford, 1974, ch. 7. 山本有造訳『国際金本位制と大英帝国 1890-1914年』三嶺書房，2000年，第7章）．なお，ケインズは株式銀行のこのような近視眼的措置が恐慌を悪化させたと非難した（J. M. Keynes, 'War and Financial System, August 1914', 'The City of London and the Bank of England August 1914', 'The Prospects of Money, November 1914', in *The Collected Writings of John Maynard Keynes*, Vol. XI, Macmillan, London, 1983, pp. 238-71, 278-98, 299-328. 1914年の金融恐慌についてのケインズの見解については，岩本武和『ケインズと世界経済』岩波書店，1999年，第2章「1914年の金融恐慌とシティのインナー・サークル」を参照されたい）．しかし，この金準備減少は単に手形交換所加盟銀行の顧客に対する1ポンド金貨支払拒否による影響ばかりでなく，注3）で指摘したフランス資金のロンドン預託分の引出しによるパリに対するロンドンからの金流出によるところもかなり大きく，かつ，ニューヨークからの金流入には多くの日時を要したという特殊事情も作用したといわれる（R. S. Sayers, *op. cit.*, Vol. I, p. 71. 前掲邦訳，（上），95頁）．
10) O. M. W. Sprague, 'The Crisis of 1914 in the United States', *The American Economic Review*, Vol. V, No. 3, Sept, 1915, p. 503.
11) W. A. Brown, Jr., *op. cit.*, Vol. I, p. 13. なお，ニューヨーク証券取引所も同日閉鎖のやむなきに至った（W. A. Brown, Jr., *op. cit.*, Vol. I, p. 17. V. P. Carosso, *Investment Banking in America: A History*, Harvard University Press, Cambridge, 1970, pp. 193-4. 日本証券経済研究所訳『アメリカの投資銀行』（上）『証券研究』第55巻，1978年，301-3頁．M. G. Myers, *A Financial History of the United States*, Columbia University Press, New York, 1970, p. 271. 吹春寛一訳『アメリカ金融史』

日本図書センター, 1979 年, 318 頁参照).

12) W. A. Brown, Jr., *op. cit.*, Vol. I, p. 13.

13) W. A. Brown, Jr., *op. cit.*, Vol. I, p. 14.

14) R. S. Sayers, *op. cit.*, Vol. I, p. 74. 前掲邦訳, (上), 99 頁.

15) W. A. Brown, Jr., *op. cit.*, Vol. I, p. 1. R. G. Hawtrey, *A Century of Bank Rate*, 2nd ed., Frank Cass, London, 1962, pp. 123-4. 英国金融史研究会訳『金利政策の百年』東洋経済新報社, 1977 年, 121-2 頁. R. S. Sayers, *op. cit.*, Appendixes, pp. 31, 33-4. なお, 市中銀行が営業を再開した 8 月 7 日には公定歩合を 6％ に引き下げることが決定され, その翌日の 8 月 8 日には 5％ に引き下げられた (R. G. Hawtrey, *op. cit.*, p. 127. 前掲邦訳, 125 頁).

16) R. G. Hawtrey, *op. cit.*, p. 126. 前掲邦訳, 124 頁. なお, この法律の原文は, T. E. Gregory ed., *Select Statutes Documents and Reports relating to British Banking 1832-1928*, Frank Cass, London, 1929 (reprint 1964), Vol. II, pp. 320-2. 邦訳は, 日本銀行調査局『各国発券銀行及通貨関係法規』(其二 英国ノ部) 1926 年, 43-5 頁に, 8 月 28 日付の同法の改正法は, T. E. Gregory ed., *op. cit.*, Vol. II, p. 322. 日本銀行調査局, 前掲書, 47 頁に収録されている. 同法によれば, 大蔵省は 1 ポンドおよび 10 シリングのカレンシー・ノートを発行することができる. このカレンシー・ノートは法貨であり, イングランド銀行において金貨に兌換しうることが規定されている. カレンシー・ノートは現実には大蔵省によって発行されるが, その配分はイングランド銀行を通じてなされ, 要求あり次第同行で金によって支払われたのである. しかし, カレンシー・ノートの券面には兌換しうる旨の記載はなかったし, 多くの大衆は兌換されうるということを知ってはいなかったようである. 発行の方法には, 8 月 6 日付と 8 月 20 日付の「大蔵省覚書」(Treasury Minute) によって次の二つがある. 第一は, 市中銀行預金債務の 20％ を最高限度としてイングランド銀行を通じて貸付の形で行われる方法で, その際には公定歩合と同じ利子率が課されることになった. この方法は市中銀行では一般的にとられなかった. 第二は, イングランド銀行における市中銀行の預金残高の一部をカレンシー・ノート償却勘定 (Currency Notes Redemption Account) の貸方に振り替えることによって, カレンシー・ノートで引き出す方法である. 政府はその後, 同勘定の貸方に振り替えられた現金残高を政府証券で代替してその残高を借り入れる. 要するに市中銀行は上述の如き方法によって増加したイングランド銀行における彼らの預金残高を, 戦前の制度の下で行っていたようにイングランド銀行に銀行部の準備金から銀行券を引き出して同行の過度の信用拡張に対する正常な防衛策を採用せざるを得なくさせることなしに法貨に転換することができるのである. このようにして新しい法貨が以前のように金を引当てにすることなく, 政府証券を引当てにしてたえず発行されることになる (Committee on Currency and Foreign Exchanges after the War, *First Interim Report*, 1918, para. 9, 11. T. E. Gregory ed., *op. cit.*, Vol. II, pp. 338, 340-1. W. A. Brown, Jr., *op. cit.*, Vol. I, p. 113-4. E. V. Morgan, *Studies in British Financial Policy 1914-25*, Macmillan, London, 1952, pp. 167-9). また, セイヤーズによれば, 「当初の貸出計画に基づいて実際に発行されたその金額は 1,300 万ポン

ドにとどまり（許容最高発行限度は市中銀行債務の20％に相当する2億2,500万ポンドで，その一部），その大部分はすぐに返済された．そして8月20日以後は，「市中銀行は顧客の必要に応ずるため（イングランド銀行にある自行の勘定から）『現金』を引き出す場合，金の代わりにカレンシー・ノートを受け取りはじめ，間もなく顧客も金貨の代わりにカレンシー・ノートを喜んで使うようになり，この新しいノートの発行残高は1914年末までに3,800万ポンドに達した．」(R. S. Sayers, *op. cit.*, Vol. I, p. 76. 前掲邦訳，（上），102頁．なお，R. S. Sayers, *op. cit.*, Appendixes, pp. 37-8 をも参照のこと）

17) この布告の原文は，H. Withers, *The War and Lombard Street*, Smith, Elder, London, 1915, Appendix II, A, pp. 148-9. A. W. Kirkardy ed., *British Finance during and after the War 1914-21*, Pitman, London, 1921, Appendix II, A, p. 410. 邦訳は大蔵省理財局『調査月報』第4巻第10号，1914年，120頁，大蔵大臣官房財政経済調査課編著『大戦中の英国財政及当初の経済政策』千倉書房，1937年，「後篇　大戦当初に於ける英国経済政策」付録，97頁に収録されている．

18) 同法律の原文は，H. Withers, *op. cit.*, Appendix I, A, pp. 133-4. A. W. Kirkardy ed., *op. cit.*, Appendix I, A, p. 405. 邦訳は大蔵省理財局『調査月報』同上号，120-1頁，大蔵大臣官房財政経済調査課編著，前掲書，後篇，付録，98頁に収録されている．

19) 同布告の原文は，H. Withers, *op. cit.*, Appendix I, B, pp. 134-38. A. W. Kirkardy ed., *op. cit.*, Appendix I, B, pp. 405-6. 邦訳は，大蔵省理財局『調査月報』同上号，121-4頁，大蔵大臣官房財政経済調査課編著，前掲書，後篇，付録，99-101頁に収録されている．さらにモラトリアムの期間は9月1日付布告および9月3日付布告によって1ヵ月，9月30日付布告によってさらに1ヵ月間延長されて，全般的なモラトリアムの最終期限は11月4日になった．9月1日付布告については，大蔵省理財局『調査月報』同上号，124-5頁，大蔵大臣官房財政経済調査課編著，前掲書，後篇，付録，102頁，9月3日付布告については，H. Withers, *op. cit.*, Appendix I, D, pp. 140-3. A. W. Kirkardy ed., *op. cit.*, Appendix I, D, pp. 407-8. 大蔵省理財局『調査月報』同上号，125-6頁，大蔵大臣官房財政経済調査課編著，前掲書，後篇，付録，103頁，9月30日布告については，H. Withers, *op. cit.*, Appendix I, E, pp. 143-7. A. W. Kirkardy ed., *op. cit.*, Appendix I, E, pp. 408-9. 大蔵省理財局『調査月報』第4巻第11号，1914年，100-3頁，大蔵大臣官房財政経済調査課編著，前掲書，後篇，付録，104-6頁に収録されている．

20) セイヤーズの言葉を借りれば，「1914年8月の前半に，不必要な一連の倒産を回避するという点であのモラトリアムが役立ったかどうかはともかくとして，モラトリアムによって手形市場が新しい取引を開始し得るほど十分に保護されなかったことは確かである．というのは，恐慌前に振り出された手形が最終的に決済されるかどうかは，モラトリアムによりどれほど長く決済が引き延ばされようと手形振出人からの送金を引受人が受領するかどうかによって決まったはずだからである．ところが，手形の振出人は敵国をも含む世界各地の貿易商やその取引銀行家であったから，1914年8月半ばの時点では一体誰が最終的に手形の支払いをするのか明らかで

なく，また，適当な速さでどれほどの金額が送金されてくるかは一層不確かであった．したがって，何らかの保護措置がそれ以上に用意されるまでは保証のない手形を新たに引き受けるという危険を冒すような引受人はなかったであろう．」(R. S. Sayers, *op. cit.*, Vol. I, p. 77. 前掲邦訳，(上)，103-4 頁).

21) W. A. Brown, Jr., *op. cit.*, Vol. I, p. 22.

22) イングランド銀行の手形割引に関する 8 月 12 日付書簡は，H. Withers, *op. cit.*, Appendix I, B, pp. 149-51. A. W. Kirkardy ed., *op. cit.*, Appendix II, B, pp. 410-1. 大蔵省理財局『調査月報』第 4 巻第 10 号，127-9 頁に収録されている．

23) W. A. Brown, Jr., *op. cit.*, Vol. I, p. 23. E. V. Morgan, *op. cit.*, pp. 15-6. なお，3 億ポンドから 3 億 5,000 万ポンドと見積もられるポンド引受手形のうち，「少なくとも 3 分の 2 は為替の崩壊にもかかわらず正規の方法で支払われた」と言われる (W. A. Brown, Jr., *ibid.*).

24) この書簡は，大蔵省理財局『調査月報』第 4 巻第 10 号，129-32 頁に収録されている．それによれば，損失に対する政府の保証額は，「イングランド銀行において公定歩合によって割り引かれ，支払いの猶予を与えられた承認手形の総額」から「イングランド銀行が支払いを受けた額」と「承認手形の総額から公定歩合に 2% を加えた利息から公定歩合より 1% 低い利息および $1/2$% の諸費用を差し引いた額」とを控除した残額と定められた．

25) この取り決めは，H. Withers, *op. cit.*, Appendix II, C, p. 411. 大蔵省理財局『調査月報』第 4 巻第 10 号，126-7 頁に収録されている．

26) W. A. Brown, Jr., *op. cit.*, Vol. I, p. 23. R. G. Hawtrey, *op. cit.*, pp. 127-8. 前掲邦訳，125-6 頁．

27) なお，証券取引所は 1915 年 1 月 4 日に再開された (A. W. Kirkardy ed., *op. cit.*, p. 8.「英国株式取引所の再開に関する規則 (1914 年 12 月 23 日)」大蔵省理財局『調査月報』第 5 巻第 3 号，1915 年，173-7 頁，大蔵大臣官房財政経済調査課編著，前掲書，後篇，付録，118-21 頁参照) が，この間の事情に簡単に言及しておこう．モラトリアム廃止期限の 11 月 3 日がせまってきたため，政府は次のような救済策を発表した．まず，債権者のうち政府よりカレンシー・ノート交付の便宜を有する銀行の場合には，証券取引所への貸付に関しては戦後 1 年後まではその返済または増担保を要求しえないこととした．次に，その他の債権者に対して，その担保の保有有価証券の 7 月 29 日決済相場による価格の 60% をイングランド銀行が公定歩合より 1% 高，最低利息 5% で貸付け，戦後 1 年後までこれの返済または増担保を要求しえないことにした．取引所に対する救済については，「英国株式市場の救済に関する政策 (1914 年 10 月 27 日大蔵省発表)」大蔵省理財局『調査月報』第 4 巻第 12 号，1914 年，101-3 頁，大蔵大臣官房財政経済調査課編著，前掲書，後篇，付録，112-6 頁を見よ．

28) W. A. Brown, Jr., *op. cit.*, Vol. I, p. 50.

29) D. E. Moggridge, *British Monetary Policy 1924-31: The Norman Conquest of $4.86*, Cambridge University Press, London, 1972, p. 31.

30) E. V. Morgan, *op. cit.*, p. 331.
31) W. A. Brown, Jr., *op. cit.*, Vol. I, p. 61.1 ポンド＝ 4.76$^{7}/_{16}$ ドルのレートでは金を輸出しても利益とはならないレートである（S. E. Harris, *Monetary Problems of the British Empire*, The Macmillan Company, New York, 1931, pp. 247-8）。なお，ケインズは次のように述べている。「1916 年 1 月 13 日から 1919 年 3 月 19 日まで，ポンドは合衆国ドルで表してほぼ 4.76$^{1}/_{2}$ ドルの価値に保たれていたが，それは J. P. モルガン商会がイギリス大蔵省の代理人として活動し，ニューヨーク外国為替市場でこの相場で売りに出されるポンドをどれだけでも買い，あるいはこれと逆に 4.77 の相場をもってポンドでドルを買う用意を常にもっていたからである。」「為替調整は 1915 年 8 月に始まったが，しかし為替は 1916 年 1 月 13 日までは『釘付け』にはされず，その日以降，相場は 4.76$^{1}/_{2}$ と 4.77 との間に安定的に保たれていた．1916 年 5 月以後は，変動は 4.76$^{7}/_{16}$ と 4.76$^{9}/_{16}$ との間に保たれた．」（J. M. Keynes, *A Treatise on Money* I, in *The Collected Writings of John Maynard Keynes*, Vol. V. Macmillan, London, 1971, p. 17. 小泉明・長澤惟恭訳『貨幣論』I，『ケインズ全集』第 5 巻，東洋経済新報社，1979 年，20 頁）．
32) この点に論究した最近の文献として，K. Burk, 'J. M. Keynes and the Exchange Rate Crisis of July 1917', *The Economic History Review*, second series, Vol. XXXII, No. 3, August 1979 がある．
33) K. Burk, *op. cit.*, p. 406. R. F. Harrod, *The Life of John Maynard Keynes*, Macmillan, London, 1951, pp. 201-3. 塩野谷九十九訳『ケインズ伝』上巻，改訳版，東洋経済新報社，1967 年，232, 234 頁，M. Keynes, ed., *Essays on John Maynard Keynes*, Cambridge University Press, London, 1975, pp. 143, 153. 佐伯彰一，早坂忠訳『ケインズ 人・学問・活動』東洋経済新報社，1978 年，195, 205 頁．R. Skidersky, *John Maynard Keynes: Hopes Betrayed 1883-1920*, Macmillan, London, 1983, pp. 297, 337. 宮崎義一監訳，古屋隆訳『ジョン・メイナード・ケインズ II 裏切られた期待 1883〜1920 年』東洋経済新報社，1992 年，485, 550 頁．1915 年から 1921 年にかけてのイギリス大蔵省の四半期ごとのドル調達の内訳については，U. S. Special Committee Investigating the Munitions Industry, *Hearings*, Part 29, 1936, Exhibit, No. 2792, 2793, pp. 9231-3. 侘美光彦『世界大恐慌』御茶の水書房，1994 年，141 頁を参照されたい．
34) この取付けについてケインズは後年，次のように述べている．「わたしは特に 1916 年末の恐ろしい取付けを思い出す，そのときには毎日の需要は（私の記憶が正しければ）しばらくの間 500 万ドルを超えていた，その当時われわれはそれをまったく恐ろしいとしか考えなかった．チャーマーズとブラッドベリーは，窮状が現実にわが国を襲った時その程度がどれほどのものであるかということを閣僚に完全には告白しなかった．もちろん彼らは幾月か前に苦境がやって来るであろうということを閣僚に十分警告したのであるが，手の打ちようがなかったのである．それは彼らが，もし彼らが実際の状態を強調したならば釘付け政策が放棄されることになるだろうということを恐れたからであって，彼らはそんなことになれば大変だと考え

ていた．彼らは，取付けの際には金準備を最後の一文(もん)まで払い出さなければならないという教義のうちに育った人たちであった．私はその当時，あの状況の中では彼らは正しかったと思っていたが，今でもそう思っている．釘付け政策を放棄してしまうことはわが国の信用を破壊し，実業界に混乱をもたらすことになったであろう．しかも何らの実益をももたらさなかったであろう．」(*The Collected Writings of John Maynard Keynes*, Vol. XVI, *Activities 1914-1919: The Treasury and Versailles*, Macmillan, London, 1971, p. 211. 以下, *Writings*, Vol. XVI として引用)

35) K. Burk, *op. cit*., p. 409.

36) 取引通貨としてのドルの台頭については，山本栄治「国際通貨ドルの形成過程」福岡大学『商学論集』第24巻第2・3号，1979年，拙稿「国際金融市場の分裂とドル・バランスの形成」九州大学大学院『経済論究』第38号，1976年を参照されたい．

37) マカドウーは1917年4月30日にウィルソン大統領宛に次のように書いた．すなわち，「大統領の認可によって財務省に外国政府の債券を買上げる権限を与えるいわゆる『債券法案』は………財務省が……『かかる信用を設けるために必要となるかもしれない取り決めに入って』もよいと規定している．私は本政府がかかる信用の使用の際にわれわれに潜在的な意思表示を与えることになるであろう条件を借入国に課すことができるためにこの文句を挿入した」と．ウィルソン大統領自身も1917年7月21日にハウス宛に次のように書いている．すなわち，「イギリスとフランスは平和に関しては決してわれわれと同じような見解をもっていない．戦争が終われば，われわれは彼らにわれわれの考え方を強制することができる．なぜなら，そのときまでに彼らは……最終的にはわれわれの手中にいるだろうからである．」(K. Burk, *op. cit*., p. 409, note 4)

38) K. Burk, *op. cit*., p. 410.

39) *Writings*, Vol. XVI, pp. 245-7.

40) *Writings*, Vol. XVI, pp. 248-51.

41) K. Burk, *op. cit*., p. 411, note 1.

42) *Writings*, Vol. XVI, pp. 255-9.

43) *Writings*, Vol. XVI, pp. 259-61.

44) *Writings*, Vol. XVI, p. 261.

45) K. Burk, *op. cit*., p. 414. なお，バークはこの過程を通じてケインズが彼の為替相場論を変化させてきたという注目すべき見解を述べているが，ここはそれを論ずる場ではないのでその点に触れることは避けた．この点に関しては，K. Burk, *op. cit*., pp. 412-5. 岩本武和，前掲書，110-2頁を参照されたい．

46) E. V. Morgan, *op. cit*., pp. 344-56.

47) K. Burk, *op. cit*., p. 406.

48) 以下にあげる3つの源泉以外に金現送があげられる（表2-10参照）．イギリスは大戦中に自国内において金を集中・蓄積する方策を取った．金の集中策としては，①国内流通からの金の引き上げ，②大戦初期にオタワにあるイングランド銀行勘定で金を受取り，この預託分の中からアメリカに金を現送したこと，③イギリス帝国

内の産金国から新産金を購入したこと，④連合国からの金輸入，⑤連合国，特にフランス，ロシア，イタリア等への借款供与の際，その担保として金をイギリスに現送させた，いわゆる金貸付（gold loan）をあげることができよう（E. V. Morgan, *op. cit.*, pp. 334-35）．そして大戦の勃発から 1917 年 7 月中旬までの間に，イギリスは 3 億 500 万ポンド（15 億ドルを下らない）の金をアメリカに輸出したとケインズは述べている（*Writings*, Vol. XVI, p. 249）．しかし，これはイギリスの信用に重大な脅威を与えるものであり，アメリカ政府借款の供与をイギリスは強く要請するに至ったのである．

49) なお，アメリカ・ドル証券委員会とイングランド銀行の業務関連に簡単に触れておくことにしよう．イングランド銀行は後に述べるように，1915 年末までアメリカ・ドル証券の買入を行った．アメリカ・ドル証券委員会が設立された後も，「ニューヨークのモルガンに引き渡すために証券の各束を梱包し，次便の巡洋艦または定期船で運ぶまでの仕事――非常に大変な仕事であった――は引き続きイングランド銀行で行われた．」（R. S. Sayers, *op. cit.*, Vol. I, p. 91. 前掲邦訳，（上），124 頁）

50) E. V. Morgan, *op. cit.*, pp. 326-7.

51) E. V. Morgan, *op. cit.*, p. 327. A. W. Kirkardy ed., *op. cit.*, p. 189. R. S. Sayers, *op. cit.*, Vol. I, p. 92. 前掲邦訳，（上），124 頁.

52) A. W. Kirkardy ed., *op. cit.*, pp. 184, 189-92. E. V. Morgan, *op. cit.*, p. 327.「米国証券買上計画覚書」大蔵省理財局『調査月報』第 6 巻第 4 号，1916 年，165-8 頁，「米国証券買上に関する個人への勧誘状」同『調査月報』同上号，169-71 頁，「英国の証券動員計画の改正」同『調査月報』第 7 巻第 2 号，1917 年，207-8 頁．

53) A. W. Kirkardy ed., *op. cit.*, pp. 186-7, 192-3. E. V. Morgan, *op. cit.*, pp. 327-9.「英国政府の証券動員に関する B 計画」大蔵省理財局『調査月報』第 6 巻第 10 号，1916 年，105-8 頁．

54) A. W. Kirkardy ed., *op. cit.*, pp. 186-7. E. V. Morgan, *op. cit.*, p. 329.「外国証券強制徴発令」大蔵省理財局『調査月報』第 7 巻第 5 号，1917 年，115-7 頁，「外国証券強制徴発に関する英国の第一回大蔵省令」同『調査月報』同上号，117-20 頁，「外国証券強制徴発に関する英国の第二回大蔵省令」同『調査月報』同上号，120-2 頁，「外国証券強制徴発に関する英国の第三回大蔵省令」同『調査月報』第 7 巻第 8 号，1917 年，93 頁，「外国証券強制徴発に関する英国の第四回大蔵省令」同『調査月報』同上号，94 頁，「改正（証券）令」同『調査月報』同上号，95-6 頁．

55) A. W. Kirkardy ed., *op. cit.*, pp. 187, 193-4.

56) A. W. Kirkardy ed., *op. cit.*, pp. 187-8.

57) なお，ブラウンによれば，アメリカ・ドル証券委員会が 1919 年 12 月 3 日に発表した数字では購入された全証券は 2 億 1,600 万ポンドで，借入の証券は 4 億 600 万ポンドで合計 6 億 2,200 万ポンドに達し，そのうち，購入によるアメリカ証券は 1 億 7,800 万ポンド，借入のアメリカ証券は 7,300 万ポンドとなっている（W. A. Brown, Jr., *op. cit.*, Vol. I, p. 60）．なお，E. V. モーガンによれば，アメリカ・ドル証券委員会による証券売却額を約 2 億 6,700 万ポンドと推定している（E. V. Morgan, *op. cit.*, p. 330）．

58) C. Lewis, *op. cit*., p. 546.
59) W. A. Brown, Jr., *op. cit*., Vol. I, p. 60.
60) W. A. Brown, Jr., *op. cit*., Vol. I, p. 60. A. W. Kirkardy ed., *op. cit*., p. 176. E. L. Hargreaves, The National Debt, Frank Cass, London, 1930 (reprint 1966), pp. 244-5. 一ノ瀬篤・斉藤忠雄・西野宗雄訳『イギリス国債史』新評論，1987年，248頁．'Statement in Explanation of Purpose of Anglo-French Credit', *The Commercial and Financial Chronicle*, October 23, 1915, p. 1328.「米国に於ける英仏の募債」大蔵省理財局『調査月報』第5巻第12号，1915年，109-18頁．
61) V. P. Carosso, *Investment Banking in America*, *op. cit*., p. 205. 日本証券経済研究所訳『アメリカの投資銀行』（上）『証券研究』第55巻，前掲，318頁．
62) V. P. Carosso, *op. cit*., p. 206. 前掲邦訳，（上），319頁．
63) A. W. Kirkardy ed., *op. cit*., p. 177.
64) A. W. Kirkardy ed., *op. cit*., pp. 177-8.
65) A. W. Kirkardy ed., *op. cit*., pp. 179-80.
66) E. V. Morgan, *op. cit*., p. 324.
67) R. S. Sayers, *op. cit*., Vol. I, p. 92. 前掲邦訳，（上），125頁．
68) A. W. Kirkardy ed., *op. cit*., p. 179. なお，これはアメリカの参戦以後のことになるが，1918年1月12日にイギリスとフランスに対する4,000万ポンドのアルゼンチンのクレジットの協定が成立したとの発表がなされた（A. W. Kirkardy ed., *op. cit*., p. 182）．
69) A. W. Kirkardy ed., *op. cit*., p. 181. C. Gilbert, *American Financing of World War I*, Greenwood, Westport, 1970, pp. 121-2. 戦時公債法——第一次自由公債——については，*The Commercial and Financial Chronicle*, Vol. 104, Apr. 28, 1917, pp. 1650-1.「米国50億ドル公債法」大蔵省理財局『調査月報』第7巻第7号，1917年，119-23頁を参照のこと．戦勝（勝利）公債法については，*The Commercial and Financial Chronicle*, Vol. 108, Mar. 8, 1919, pp. 919-20.「戦勝自由公債法」大蔵省理財局『調査月報』第9巻第6号，1919年，85-91頁を参照のこと．
70) A. W. Kirkardy ed., *op. cit*., p. 181.
71) カロッソによれば，「第1回の自由公債の応募者は400万人を超えた．それ以後ははるかに多くなって，第2回は940万人，第3回は1,840万人，第4回は2,280万人，第5回は1,180万人の応募があった．」(V. P. Carosso, *op. cit*., p. 226. 前掲邦訳，（上），353頁）なお，第一次大戦中の公債問題に関しては，加藤栄一「戦費金融の遺したもの」東北大学『経済学』第30巻第1号，1968年，森恒夫『現代アメリカ財政論』日本評論社，1979年，66-72頁参照．
72) C. Lewis, *op. cit*., p. 362. もちろん，これ以外にもイギリス政府は1917年8月24日以降，ニューヨーク金融市場で90日期限の大蔵省証券を毎週1,500万ドル売り出している．その発行残高は1919年9月30日現在で9,800万5,000ドルにのぼった（A. W. Kirkardy ed., *op. cit*., p. 183）．
73) R. S. Sayers, *op. cit*., Vol. I, pp. 87-8. 前掲邦訳，（上），118-9頁．
74) R. S. Sayers, *op. cit*., Vol. I, p. 86. 前掲邦訳，（上），116頁．

75) Sir H. Clay, *Lord Norman,* Macmillan, London, 1957, p. 94. R. S. Sayers, *op. cit.,* Vol. I, p. 88. 前掲邦訳，（上），119 頁．
76) Sir H. Clay, *op. cit.,* p. 94.
77) Sir H. Clay, *op. cit.,* pp. 94-5. R. S. Sayers, *op. cit.,* Vol. I, p. 89. 前掲邦訳，（上），120-1 頁．
78) R. S. Sayers, *op. cit.,* Vol. I, p. 89. 前掲邦訳，（上），121 頁．
79) *Ibid.* 同上．
80) R. S. Sayers, *The Bank of England 1891-1944,* Appendixes, *op. cit.,* p. 49.
81) R. S. Sayers, *op. cit.,* Appendixes, pp. 49-50.
82) Sir H. Clay, *op. cit.,* pp. 95-6.
83) R. S. Sayers, *op. cit.,* Vol. I, p. 90. 前掲邦訳，（上），122 頁．
84) R. S. Sayers, *op. cit.,* Vol. I, p. 90. 前掲邦訳，（上），122-3 頁．
85) R. S. Sayers, *op. cit.,* Vol. I, pp. 90-1. 前掲邦訳，（上），123 頁．
86) R. S. Sayers, *op. cit.,* Vol. I, p. 91. 前掲邦訳，（上），123 頁．R. S. Sayers, *op. cit.,* Appendixes, pp. 46-9. なお，この借入は 1917 年 6 月に金で返済された（Sir H. Clay, *op. cit.,* p. 96）．
87) Sir H. Clay, *op. cit.,* p. 98.「ロンドン為替委員会によれば，これらがニューヨークで借入することのできる条件であった．」（*Ibid.*）なお，イングランド銀行は 1916 年 11 月 1 日のアメリカ証券を担保としての第二回目の借款に関連して 1 億ドルの短期借入について大蔵省のために借手となった．しかし，カンリフによればこれはアメリカでの政府の資金調達を継続するために避けられないものであった．これに対して政府は担保を与えた．イングランド銀行の常務委員会（Committee of Treasury）は同行の名前がかかることに使われることを嫌がったが，結局これを是認した．1 週間後に同委員会はオランダ，日本での起債証券がイングランド銀行によって保証されていたことを知った（Sir H. Clay, *op. cit.,* p. 98-9）．
88) Sir H. Clay, *op. cit.,* p. 99.
89) E. V. Morgan, *op. cit.,* p. 357. なお，為替裁定取引については，安東盛人『外国為替概論』有斐閣，1957 年，241-57 頁，木下悦二『国際経済の理論―その発展と体系化のために―』前掲，165-6 頁を参照されたい．
90) E. V. Morgan, *op. cit.,* p. 357.
91) *Ibid.*
92) W. A. Brown, Jr., *op. cit.,* Vol. I, p. 62.
93) E. V. Morgan, *op. cit.,* p. 357.
94) A. I. Bloomfield, *Monetary Policy under the International Gold Standard 1880-1914, op. cit.,* p. 55. 小野一一郎・小林龍馬共訳『金本位制と国際金融―1880-1914 年―』前掲邦訳，66-7 頁．
95) 以上の点についての詳細は，小島仁『日本の金本位制時代（1897-1917 年）』日本経済評論社，1981 年，第 2 章「在外正貨」，Toshio Suzuki, *Japanese Government Loan Issues on the London Capital Market 1870-1913,* The Athlone Press, London, 1994, Chapters, 7, 9. 齋藤壽彦『近代日本の金・外貨政策』慶應義塾大学出

版会，2015 年を参照されたい．

96) A. I. Bloomfield, *Short-term Capital Movements under the Pre—1914 Gold Standard*, 1963, pp. 21-2.『金本位制と国際金融―1880-1914 年―』前掲邦訳，100 頁．
97) W. A. Brown, Jr., *op. cit.*, Vol. I, p. 75.
98) W. A. Brown, Jr., *op. cit.*, Vol. I, p. 68.
99) 公信用の規定については，「公信用」（深町郁彌氏稿）大阪市立大学経済研究所編『経済学辞典』第 2 版，岩波書店，1979 年，373-4 頁を参照されたい．

第3章
アメリカの資本輸出とドル・バランスの形成

第1節　課題の設定

　前章において，第一次世界大戦の過程を通じてポンドは弱体化の兆しを呈し始め，イギリスはポンドの対ドル相場の釘付け操作を実施するに至ったことを叙述した．この事態をアメリカ側に視座を移して考察するならば，第一次大戦は「ポンドの世界的支配を破壊[1]」することになり，この大戦を契機にアメリカは未曾有の戦時ブームによって生産力を飛躍的に拡大させ，かつ参戦後は，イギリスに代わって連合国に対する「商品・資金の供給者」としての役割を果たすことによって金融力を格段に強化・拡充するに至ったのである．経常収支の厖大な黒字累積がアメリカからの巨額の資本輸出を可能ならしめ，ニューヨーク金融市場が国際金融市場――特に国際証券市場としてのウェイトを強めながら――として台頭する基盤を形成することになった[2]．本章の第一の課題は，第一次大戦の過程の中でドルの国際通貨化の進展を，まず，英仏等連合国の軍需物資のアメリカからの購入に起点を求め，その購入資金調達の具体的態様を明らかにすることを通じてニューヨーク証券市場の機能と役割，さらにはアメリカからの公信用の国際的伸張・展開を基軸に据えて究明していくことにある．

　従来の研究においては，第一次世界大戦の結果，アメリカの経常収支黒字の累積→アメリカによる資本輸出急増→アメリカの対外純債権国への転化→アメリカの巨大債権国化についての解明が行われてきた．しかし，ドルの国際通貨化については国際通貨概念の不明確さのために十分な展開がなされてこなかったと思われる．われわれはドル・バランス――特に公的ドル・バランス――の

形成が国際通貨ドルの成立にとって最も重要な契機・要因になるとの視角から，国際通貨としてのドルの台頭を第一次世界大戦の過程の中から析出していく作業を進めて行くことにする．

次に，第一次大戦後，1924年にドイツ賠償問題に対するアメリカの介入によってドーズ案が成立して賠償問題が一時的に「解決」することになる．ドーズ案の成立を契機にアメリカからの資本輸出が急増し，世界資本主義は「相対的安定期」に入る．アメリカは資本輸出を通じて自国通貨ドルの国際通貨としての地位を確保するに至ることになる．この点の分析に論を進めていくことが本章の第二の課題をなす．このような作業を通じて国際通貨ドルの成立過程がポンドのそれとは異なる過程を辿ることになったことを確認することができるであろう．

ところで，本章で論じる資本輸出は，政府借款以外は対外証券投資，特に，ニューヨーク金融市場における新規外国証券発行を重点的に取り上げる．1920年代におけるアメリカの対外証券投資に関してはすでにいくつかの優れた研究成果が発表されている．それらは1929年10月に勃発した世界恐慌との関連に着目しての分析[3]，あるいは，1982年夏の中南米の累積債務問題との類似性を射程に入れての研究[4]等として呈示されている．われわれは国際通貨ドルの成立過程をアメリカの資本輸出の展開過程との関連で究明していく[5]が，これは国際金融市場の構成部分として証券市場を包摂し，その役割を重視する視点を打ち出すためである．

第2節　J. P. モルガン商会の活動とニューヨーク証券市場の国際証券市場化への基盤形成——アメリカ参戦前

1　J. P. モルガン商会の物資購入代理人としての活動

1914年7月28日に始まった第一次世界大戦は当初の予想と異なって，1915年から本格化し，長期化の様相を呈するに至った．これにともなって，アメリカに対するヨーロッパ諸国，特に英仏等の連合国からの食料，原材料，軍需物資の買入需要が急増した．イギリスにおいては，イギリスの国内企業では必要な戦時物資のすべてを供給することはできなかった．1914年10月末までには，

第3章　アメリカの資本輸出とドル・バランスの形成

「アメリカでの物資購入に責任を負う一人の代理人」を置く必要を認識した駐米イギリス大使のセシル・スプリング-ライス卿（Sir Cecil Spring Rice）は，その代理人としてJ. P. モルガン商会（J. P. Morgan&Co.）がふさわしいと提案した．この提案はアスキス首相とロイド-ジョージ蔵相の支持を得て，最終的に1915年1月にJ. P. モルガン商会（ニューヨーク），モルガン・グレンフェル商会（Morgan Grenfell&Co.）とイギリス陸軍省・海軍省との間で商業代理店協定（Commercial Agency Agreement）を締結した．さらに同年5月，J. P. モルガン商会はモルガン・ハージェス商会（Morgan Harjes et Cie.）を通じてフランス政府とも同様の調停に調印した[6]．そしてこれとほぼ同一時期にイギリス政府はJ. P. モルガン商会をアメリカでの財務代理人（Financial Agent）に指定した．フランス政府は既に前年の1914年8月にアメリカでの財務代理人としてJ. P. モルガン商会を指定していた[7]．かくして，J. P. モルガン商会はパートナーシップ関係にあるロンドンのモルガン・グレンフェル商会，パリのモルガン・ハージェス商会を通じて英仏連合国政府のためにアメリカでの軍事物資調達に携わることになった．モルガンのニューヨーク-ロンドン，ニューヨーク-パリのネットワークが活用されることになったのである．

　この物資購入取引を処理するためにJ. P. モルガン商会はニューヨークに輸出部（Export Department）を設置し，E. R. ステッティニアス（E. R. Stettinius）がこれを率いた．ロンドン側ではモルガン・グレンフェル商会のC. F. ウィッグハム（C. F. Whigham）がニューヨークとの連絡・交渉に当たり，かつイギリス政府との連絡・折衝に携わった．すなわち，ウィグハムは朝方，ニューヨークからの電信の解読・読了を行い，午後はイギリス政府の陸軍省などを訪れて，ニューヨークのモルガンからの返答を伝え，さらに同省からの情報や注文等を収集した．そしてニューヨーク宛の電信の作成をしてモルガンに送付したのである．イギリス政府のための物資購入代理人（Purchasing Agent）としての活動をJ. P. モルガン商会は1917年8月まで続けた[8]．

　前述した商業代理店協定においては，イギリスはJ. P. モルガン商会に，①イギリスの物資調達のために最良の条件を獲得すること，②必要な際にはアメリカ側で生産の拡大を図ること，を義務付けた．これに対してJ. P. モルガン商会は1,000万ポンドまでは調達物資の価格の2%を，1,000万ポンドを超え

る場合には1％の手数料を受け取ることになっていた[9]．因みにイギリスの物資調達額は最終的に総額30億ドルに達して，第一次大戦中にアメリカから連合国全体に輸出された物資の約半分を占めた．そしてJ. P. モルガン商会は3,000万ドルを物資購入手数料（当座貸越利子も含む）として獲得したのである[10]．

2　財務代理人としての活動とドル決済

　イギリスは自国のみならず連合国のためにも戦時物資購入をアメリカから行ったため，多額のドル資金を必要とすることになった．しかし，イギリスはアメリカへの商品輸出および貿易外収支黒字によって必要なドル資金を調達することはほとんど不可能であったので，①金の売却，②対米短期債権の清算，③アメリカ証券などの売却，④アメリカでの借入，という方法でドルの調達を行わざるを得なかった（前掲表2-5参照）．さらにはJ. P. モルガン商会から当座貸越を受けた．ここでわれわれはアメリカからの商品購入がドル決済によって行われたことに注目する必要がある．第一次大戦前には，イギリスによるアメリカからの綿花輸入は自国通貨ポンドによって決済されていた（図1-1参照）のとは劇的な変化が生じることになったのである．1913年の「連邦準備法」（Federal Reserve Act）の成立によって，アメリカは貿易取引の決済において，ドル建為替手形の振出しを介して，ニューヨーク金融市場でドルによる決済が行えるようになったからである[11]．さらに，イギリス政府のアメリカにおける物資調達をJ. P. モルガン商会が一手に引き受け，かつ，同商会はイギリス政府の財務代理人としての役割を果たしたことから，イギリス政府の支払いはニューヨークのJ. P. モルガン商会に置かれたイギリス政府の勘定を通じて処理されることになった（フランス政府の支払いも同様の処理がなされた）．

　J. P. モルガン商会の物資購入代理人としての役割・業務が貿易取引にドルが使用される契機を見い出してきたが，さらにこの輸入代金決済に必要なドル資金は上述の金売却，対米短期債権の清算によっては充分調達できなかった．このためイギリス政府はイギリス人保有の外国証券，特にアメリカ・ドル証券の売却，さらにはアメリカでの借入に依存せざるを得なくなった．これらの点の詳細は前章においてすでに展開されたとおりであるが，ここでは，これらが

国際証券市場としてのニューヨークの台頭，ニューヨーク外債市場の成立にどのように寄与することになったのかを簡潔に見ておくことにしよう．

　まず，イギリス政府による外国証券売却について振り返っておこう．イギリス大蔵省は1915年7月にイギリス人保有の外国証券の組織的動員に乗り出して，同省への外国証券の売却あるいは預託を奨励した．その実行機関として1916年1月「アメリカ・ドル証券委員会」が設置され，具体的な動員計画が作成されるに至った．動員された証券はJ. P. モルガン商会に送付され，同商会がニューヨーク市場で売却するか，外債発行の際の担保として利用された．同委員会に買入あるいは預託された証券総額は31億1,300万ドルにのぼり，そのうち売却額は10億8,090万ドル，アメリカ証券がそれに占める割合は全動員証券の43.3％，売却証券の90.9％にのぼったのである（前掲表2-6および同表により算出）．これに加えてイギリス民間人自身によるアメリカ証券の売却も行われた．

　このようなイギリスさらにフランス等によるアメリカ証券の売却はアメリカ側からすれば，アメリカの対外負債の減少をもたらすことになる．第一次大戦前にはアメリカは資本の純輸入国，つまり純債務国であったから，この国際投資ポジション，つまり対外資産・負債残高に変化が生じて債権国への転化過程の第一歩を踏み出すことになった．しかもかかるアメリカ証券のニューヨーク市場への還流によって，ニューヨーク証券市場，特に流通市場の整備・拡充がもたらされたことも看過できない[12]．連合国政府によるアメリカの物資購入の増大→輸出ブームの発生・拡大→アメリカ企業の利潤増大が進む状況下で，アメリカ企業の社債や株式の価格は上昇を続けたから，還流してきた証券はスムーズに市場に吸収された．具体的にはイギリス，フランス，オランダによる対米証券投資残高は1914年7月1日時点では45億1,500万ドルであったのが，1919年12月31日時点では14億5,500万ドルで30億6,000万ドルの減少となっており，この減少分がニューヨーク市場で売却されたと推測しうるのである[13]．

　次に，ニューヨーク市場で連合国政府を中心にして多額の外債発行が行われたことがニューヨーク証券市場における外債発行市場の成立をもたらすことになった．表3-1に示される如く，新規外国証券発行は1915年に入って急増し，

表 3-1　アメリカにおける新規外国証券発行額

(単位：100万ドル)

年	発行件数	金額	年	発行件数	金額
1900-13 年平均	18	78	1924	120	1,217
1914	26	45	1925	164	1,316
1915	80	818	1926	230	1,288
1916	102	1,160	1927	265	1,577
1917	65	720	1928	221	1,489
1918	28	23	1929	148	706
1919	65	771	1930	122	1,088
1920	104	603	1931	41	285
1921	116	692	1915-18 年平均	69	680
1922	152	863	1919-24　〃	106	774
1923	76	498	1925-29　〃	206	1,275

(出所)　1900-29 年は R. A. Young, *Handbook on American Underwriting of Foreign Securities*, U. S. Department of Commerce, *Trade Promotion Series*, No. 104, 1930, pp. 10-1. 1930 年は U. S. Department of Commerce, *American Underwriting of Foreign Securities in 1930*, Trade Information Bulletin, No. 746, 1931, p. 9. 1931 年は U. S. Department of Commerce, *American Underwriting of Foreign Securities in 1931*, Trade Information Bulletin, No. 802, 1932, p. 8 より作成．

　1915 年には前年の 4,500 万ドルから 8 億 1,800 万ドルへと前年比 18.2 倍と激増した．1916 年に入っても，前年比 41.8% 増の 11 億 6,000 万ドルに達した．この傾向はアメリカ参戦まで持続していくことになった．1914 年夏から 1917 年 4 月までの期間中にアメリカで発行された外債は 30 億ドルにのぼり，そのうち，イギリスが 12 億 5,000 万ドル，フランスが 6 億 4,000 万ドルと，連合国政府で 21 億 2,400 万ドル，全体に占める役割は約 71% に達した[14]．

　このような巨額の外国政府債を引き受けたのは J. P. モルガン商会を主幹事とする引受シンジケート団であった．1915 年 10 月発行の 5 年物，5 億ドルの英仏共同公債の場合には担保証券は要求されず，J. P. モルガン商会を主幹事とし，61 の金融機関を組み込んだ引受シンジケートと 1,570 のメンバーから成る分売組織によって売り出された．すでに述べたところである．この英仏共同公債の発行手取金はナショナル・シティ・バンク (National City Bank, New York) に置かれた「英仏両国政府中央共同公債勘定」(British and French Governments central joint loan account) にまず預託され (預託金額 4 億 7,272 万ドル)，次いで J. P. モルガン商会のイギリス大蔵省勘定 (British Government Treasury Account) およびフランス共和国商業代理店勘定 (French Republic Commercial Agency Account) にそれぞれ 2 億 6,240 万ドル，2 億 2,004 万ドル

支払われた[15].

続いて1916年に2回，1917年に1回イギリス公債が発行されたが，これらにはすべて担保証券が要求された．この担保として差し出されたのはイギリス大蔵省に預託された外国証券であったのは既述したところであり，これらの外債はいずれもJ. P. モルガン商会の率いるシンジケート団によって引き受けられ，これらの外債発行の過程を通じて引受，買取シンジケートと販売・分売シンジケートの成立・発展が促されて発行市場の整備・拡充が図られた．そして連合国政府による外債発行手取金をドル預金としてニューヨークに置くことによる公的ドル・バランスが形成されることになった．かくして，大戦勃発からアメリカ参戦以前の中立期の期間中，「アメリカの大手投資銀行は連合国と中立国の資金需要に応えることにほぼ専念していた．1914年7月から1917年4月までの間，投資銀行は，ヨーロッパで保有されていたアメリカ証券30億ドル以上の転売を取りまとめ，約22億ドルの連合国公債を売捌いた．こうした取引やその他の関連取引を円滑に済ませるために投資銀行の演じた働きは，合衆国を債務国から債権国に変貌させ，世界の金融資本をロンドンからニューヨークに移動させる上で決定的な役割を果たしたのであった[16]．」

アメリカは連合国の戦時物資調達，戦時金融に深く関与したことから，1917年4月6日，連合国の一員として参戦することになった．これ以降，連合国に対する「商品・資金の供給者」の役割は全面的にアメリカによって担われることになった．

第3節　アメリカ財務省による借款供与と公的ドル・バランスの急増

1　アメリカ財務省による借款供与

1917年4月6日のアメリカの参戦以降，アメリカ財務省から連合国政府に対して借款が供与されることになった．公信用の国際的伸張が見られたことに留意されたい．この借款供与に必要な資金をアメリカ財務省は自由公債の発行によって調達（＝公信用の発動）した．それは4回にわたって発行され，総額170億ドルにのぼるものであり，1919年発行の戦勝公債（Victory Loan）を含めると214億4,800万ドル強に達した（前掲表2-8）．すでに指摘したところで

表 3-2 自由公債法下でのアメリカ政府による貸付額
1917-22 年

(単位:100万ドル)

借入国 \ 年	1917 (①)	1918 (②)	1919 (③)	小計 (①+②+③)	1920～22 (④)	合計 (①+②+③+④)
ベルギー	75.4	141.6	121.7	338.7	8.5	347.2
キューバ	—	10.0	—	10.0	-2.3	7.7
チェコスロヴァキア	—	5.0	49.3	54.3	7.7	62.0
フランス	1,130.0	966.4	801.0	2,897.4	35.9	2,933.3
イギリス	1,860.7	2,122.0	287.4	4,270.1	-133.6	4,136.5
ギリシア	—	—	5.0	5.0	10.0	15.0
イタリア	400.0	776.0	444.9	1,620.9	27.1	1,648.0
ルーマニア	—	—	25.0	25.0	-1.8	23.2
ロシア	187.7	—	—	187.7		187.7
セルヴィア	3.0	7.8	16.0	26.8	-0.7	26.1
合計	3,656.8	4,028.8	1,750.3	9,435.9	-49.2	9,386.7

(出所) C. Lewis, *America's Stake in International Investments*, The Brookings Institution, Washington, D. C., 1938, p. 362 より作成.

ある．この戦時公債の発行によって調達した資金を源泉として，イギリスへ43億ドル，フランスへ29億ドル，イタリアへ16億ドルなど合計94億ドルを連合国に供与した（表3-2参照）．

この公債発行をスムーズに行わせるため連銀信用拡大→商業銀行信用拡大→公債買入れ促進が図られ，さらに「戦時公債勘定」の利用によって公債買入が促進された[17]．

戦時公債は12の連邦準備銀行を通じて行われ，各地区に設けられた売出機関（販売グループ）によって販売された．販売グループは商業銀行，投資銀行，信託銀行，保険会社，ブローカーなど多くの金融機関を組み込み，強力な全国的販売活動が展開されることになった[18]．

まず，連銀信用の拡大を図るために第一に1917年9月に防諜法（Espionage Act）によって，さらに同年10月の「対敵通商法」（Trading with the Enemy Act），1918年4月のピットマン法（Pitman Act）によってアメリカからの金輸出を禁止ないし制限しようとした[19]．

第二に，連銀への金集中政策がとられた．具体的には1917年6月の連邦準備法の改正によって①加盟銀行が自行の金庫内に保有する現金準備は法定準備としては認めないことにし，加盟銀行の現金準備を連銀に全額預託させるよう

にはかり，連銀への準備集中を意図した．②非加盟州法銀行の連邦準備制度への加盟を促進するために，加盟条件を緩和した．③連銀は直接金を担保にして連邦準備券を発行できるようにし，これによって金の流通界への流出を防ぐとともに，流通界にある金を連銀に吸収することを企図した[20]．このような連銀の金準備の増大を通じて利子率の高騰を防ぎつつ，連銀は再割引額を急増させることによってその信用の拡大を行っていったのである．

さらに，1917年6月の連邦準備法改正による加盟銀行の必要準備率の再引下げによって，要求払預金の準備率は中央準備市では18→13％，準備市では15→10％，地方では12→7％に，有期性預金は5→3％になった[21]．これらの措置によって商業銀行の信用膨張が可能となり，信用拡大によって創出された資金は公債に買い向かうことになった．

戦時公債の買入促進には1917年の「公金特別預託法」(Special Deposit of Public Money Act) にもとづく「戦時公債勘定」(War Loan Deposit Account) という政府預金勘定の設定が活用された[22]．この制度を利用しての政府債購入のメカニズムは簡略化すれば次のようになるであろう．商業銀行はまず，国庫金預入機関の指定を受ける．ついで自行ないしは顧客勘定で政府債を購入する．購入した政府債の代り金は連邦政府に即座に現金で納入する必要はなく，しばらくの間は戦時公債勘定に貸記するだけでよかったのである．したがってこのような制度によって商業銀行は連邦政府がこの預金を引き出すまでは手元には何らの現金準備を保有せずとも政府債を購入しえたのである[23]（顧客勘定での政府債購入の場合には，顧客の預金勘定から戦時公債勘定への振替が行われるだけでメカニズムは自行勘定による政府債購入の場合と同様である）．この勘定の利子は当時，年2％という非常な低率であった[24]．しかも連銀は政府債担保の借入に対しては，通常の商業手形再割引率よりも低い優遇割引率を適用した．この優遇割引率は政府債の利回りより0.25～0.5％程低かったので，加盟銀行は政府債を担保にして連銀から借り入れた資金で政府債を購入することで利益を得ることができたし，また加盟銀行は自行の顧客に対して政府債担保にこれと同率で貸付け，この顧客の手形を連銀に再割引に出すことによっても利益を収めることができたのである[25]．自由公債は第一回目以外は最低額面が50ドルという小額であり[26]（第一回自由公債の最低額面は100ドル），第1回

の自由公債応募者は400万人超，第2回は940万人，第3回は1,840万人，第4回は2,280万人，第5回（戦勝公債）は1,180万人となり，応募者は延べ6,500万人を超えたのである[27]．ここにおいて広汎な大衆が公債の買入という形で証券市場に組み込まれることになったのである．因みに214億ドルの戦時公債のうち，約70億ドル（33％強）を年所得2,000ドル以下の個人が購入，100億ドル強（47％弱）を年所得2,000ドル超の個人が購入，44億ドル（20％強）を企業法人（含む銀行）が購入したことからも分かるように，戦時公債の約8割が個人資金によって購入された[28]．かくして，「膨大な新しい投資家層が合衆国全土に出現し」「巨大な戦後の証券市場の基礎がすえられた[29]．」

2 巨大債権国としてのアメリカの台頭

これまで述べてきたことから明らかなように，第一次大戦の過程を通じてアメリカは巨大な債権国に転化した．アメリカは巨額の貿易黒字による経常収支の黒字累積の下で，諸外国政府の発行する外債をモルガン等を中心とする投資銀行が引き受け・売り捌くことによって諸外国（特に連合国）に長期資本を大量に輸出した．貿易黒字は1900-13年の年平均5億8,300万ドルから15-19年の年平均33億2,500万ドルへと5.7倍増に達し，経常収支黒字も1900-13年の年平均1億3,400万ドルから15-19年の年平均で27億7,200万ドルへと20.7倍増となった（表3-3，3-4，3-5を参照）．その結果として，1915年からアメリカ参戦前の期間中に大量の金がアメリカに流入した（図3-1参照）．

長期資本輸出の急増によって表3-6の如く，アメリカは1914年6月末で22億ドルの純債務国であったのが，19年末には64億ドルの純債権国へと劇的な転換をとげた．それと並んで，アメリカの公的準備保有高も1913年末の12億9,000万ドルから，19年末には25億1,800万ドルへと1.95倍も激増した（表3-7）．さらにアメリカは巨額の対連合国政府債権＝戦債を保有することになった．

表3-8から明らかなように，アメリカは休戦時（1918年11月11日）に約71億ドルの債権を有している．ところがイギリスはアメリカに対して37億ドルもの多額の戦債を負わざるを得なくなり，しかもイギリスの債権の多くはロシア，イタリア，フランス等に対する債権から構成されており，回収の困難を

第3章 アメリカの資本輸出とドル・バランスの形成　　89

**表 3-3　アメリカの貿易収支　1900-19 年
（各年次および年平均）**

(単位：100 万ドル)

項目 年次, 年平均	輸出	輸入	貿易収支
1900	+1,623	−869	+754
1901	+1,585	−912	+673
1902	+1,473	−996	+477
1903	+1,575	−1,019	+556
1904	+1,563	−1,062	+501
1905	+1,751	−1,215	+536
1906	+1,921	−1,365	+556
1907	+2,051	−1,469	+582
1908	+1,880	−1,159	+721
1909	+1,857	−1,522	+335
1910	+1,995	−1,609	+386
1911	+2,228	−1,576	+652
1912	+2,532	−1,866	+666
1913	+2,600	−1,829	+771
1900-13 年平均	+1,902	−1,319	+583
1914	+2,230	−1,815	+415
1915	+3,686	−1,813	+1,873
1916	+5,560	−2,423	+3,137
1917	+6,398	−3,006	+3,392
1918	+6,432	−3,103	+3,329
1919	+8,891	−3,995	+4,896
1915-19 年平均	+6,193	−2,868	+3,325

（出所）U. S. Department of Commerce, *Historical Statistics of the United States, Colonial Times to 1970*, Part 2, U. S. Government Printing Office, Washington, D. C., 1975, Series U1-25, p. 864 より作成.

**表 3-4　アメリカのサービス収支，移転収支，経常収支
1900-19 年**

(単位：100 万ドル)

項目 年平均	サービス収支						移転収支	経常収支
	運輸収支	旅行収支	軍事収支*	投資収益収支	その他	計		
1900-1913	−39	−176	…	−74	…	−289	−160	+134
1914-1919	−27	−107	−297	+222	−14	−223	−327	+2,291
1915-1919	−19	−82	−355	+277	−17	−196	−358	+2,772

（注）*直接軍事支出を表す.
（出所）U. S. Department of Commerce, *Historical Statistics of the United States, Colonial Times to 1970*, op. cit., Part 2, U1-25, pp. 864, 867 より作成.

表 3-5 アメリカの国際収支

項目 年	商品・サービス収支					商品・サービス収支計	移転収支	経常収支計	政府資本
	貿易収支	運輸収支	旅行収支	投資収益収支	その他				
1914	+415	−71	−233	−55	—	+56	−170	−114	—
1915	+1,873	−53	−136	+64	—	+1,748	−150	+1,598	—
1916	+3,137	−66	−101	+132	—	+3,102	−150	+2,952	—
1917	+3,392	−101	−66	+250	—	+3,475	−180	+3,295	−3,656
1918	+3,329	−164	−39	+350	−1,018	+2,458	−268	+2,190	−4,028
1919	+4,896	+291	−67	+589	−841	+4,868	−1,044	+3,824	−2,328

(出所) U. S. Department of Commerce, *Historical Statistics of the United States, Colonial Times to 1970, op. cit.*,

表 3-6 アメリカの国際投資ポジション 1914-35 年

(単位：10 億ドル)

項目 年[1]	アメリカの対外投資残高					政府[2]	合計 (A)	外国資本の対米投資残高					合計 (B)	差引 (A−B) (−は純債務)
	民間							民間						
	長期			短期	計			長期			短期			
	直接投資	その他	計					直接投資	その他	計				
1914[1]	2.7	0.8	3.5	…	3.5	1.5	5.0	1.3	5.4	6.7	0.5	7.2		−2.2 (−3.7)[3]
1919	3.9	2.6	6.5	0.5	7.0	2.7	9.7	0.9	1.6	2.5	0.8	3.3		6.4 (3.7)[3]
1924	5.4	4.6	10.0	0.8	10.9	4.2	15.1	1.0	1.9	2.9	1.0	3.9		11.2 (7.0)[3]
1927	6.6	5.9	12.5	1.3	13.8	4.1	17.9	…	…	3.7	2.9	6.6		11.3 (7.2)[3]
1930	8.0	7.2	15.2	2.0	17.2	4.3	21.5	1.4[4]	4.3[4]	5.7[4]	2.7	8.4		13.1 (8.8)[3]
1931	8.1	6.5	14.6	1.3	15.9	4.2	20.1	…	…	2.3	1.5	3.8		16.3 (12.1)[3]
1935	7.8	4.8	12.6	0.9	13.5	10.1	23.6	1.6	3.5	5.1	1.2	6.4		17.2 (7.1)[3]

(注) 1 1914 年は 6 月末現在，それ以外は年末．
2 アメリカの貨幣用金ストックを含む．
3 （　）内は民間部門のみの数字．
4 1929 年の数値．

(出所) U. S. Department of Commerce, *Historical Statistics of the United States, Colonial Times to 1970, op. cit.*, Part 2, Series U. 26-39, p. 869 より作成．

第3章 アメリカの資本輸出とドル・バランスの形成　　　　　　　　　91

1914-19年
(単位：100万ドル)

アメリカ資本				外国資本			資本収支計	公的準備資産増減（増加—）	誤差脱漏
民間資本			計	民間長期	短期	計			
直接投資	その他長期	短期							
−76	−14	—	−90	−432	+450	+18	−72	+100	+86
—	−790	—	−790	−789	+450	−339	−1,129	−499	+30
—	−1,064	—	−1,064	−391	−900	−1,291	−2,355	−531	−66
—	−594	—	−4,250	−36	+400	+364	−3,886	−312	+928
—	−396	—	−4,424	—	+422	+422	−4,002	−5	+1,817
−94	−75	—	−2,497	−215	—	−215	−2,712	+166	−1,278

Part 2, U1-25, pp. 864, 867 より作成．

表3-7　主要国の中央銀行および政府の金準備高の推移

(単位：100万ドル　（　）内は％)

国別　年末	アメリカ	イギリス	フランス	ドイツ	世界合計
1913	1,290.4 (26.6)	164.9 (3.4)	678.9 (14.0)	278.7 (5.7)	4,859.0 (100)
1919	2,517.7 (37.0)	578.1 (8.5)	694.8 (10.2)	259.5 (3.8)	6,805.4 (100)
1925	3,985.4 (44.3)	694.8 (7.7)	711.0 (7.9)	287.8 (3.2)	8,997.6 (100)
1926	4,083.4 (44.2)	729.3 (7.9)	711.1 (7.7)	436.2 (4.7)	9,234.0 (100)
1927	3,977.2 (41.5)	737.1 (7.7)	954.0 (9.9)	444.2 (4.6)	9,593.4 (100)
1928	3,746.1 (37.2)	748.4 (7.4)	1,253.5 (12.5)	650.1 (6.5)	10,058.0 (100)
1929	3,900.2 (37.7)	709.8 (6.9)	1,633.4 (15.8)	543.8 (5.3)	10,336.2 (100)
1930	4,225.1 (38.9)	718.4 (6.6)	2,100.2 (19.2)	527.8 (4.8)	10,944.7 (100)
1931	4,051.5 (35.8)	587.6 (5.2)	2,699.4 (23.8)	234.4 (2.1)	11,324.3 (100)
1932	4,044.5 (33.9)	582.9 (4.9)	3,254.2 (27.3)	192.0 (1.6)	11,933.6 (100)
1933	4,011.9 (33.4)	928.2 (7.7)	3,022.2 (25.2)	92.0 (0.8)	12,004.8 (100)

(注)　金1オンス=20.67ドルで計算．
(出所)　Board of Governnors of the Federal Reserve System, *Banking and Monetary Statistics. 1914-1941*, Washington, D. C., 1943 (Second printing 1976), pp. 544-5, 550-1 より作成．

ともなうものであった．フランスは純債務国に転落し，11億ドルもの純債務を負うことになった．

3　ドル・バランスの増大

　上述の如く，私的，公的な資本輸出によって供与されたドルのうち未利用分はアメリカの銀行にドル預金の形態で保有されることになった．ドル・バラン

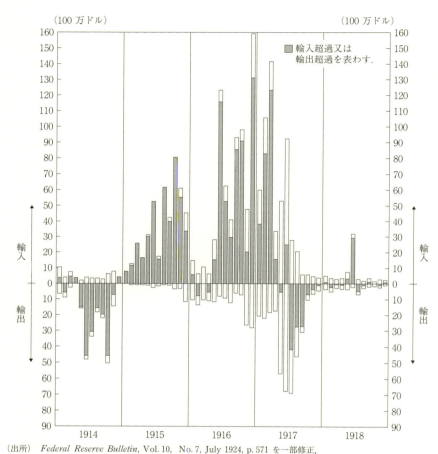

(出所) *Federal Reserve Bulletin*, Vol. 10, No. 7, July 1924, p. 571 を一部修正.

図 3-1 アメリカの月別金輸出入額 1914-18 年

スの形成である．表 3-9 によれば，1918 年 2 月 27 日時点でドル・バランス（＝アメリカの対外短期債務）は約 10 億ドルであったが，その後 18 年 8 月まで一貫して増大を続け，同年 8 月 28 日時点までは 13 億 5,000 万ドル弱に達した．その後はほぼ基本的に減少していった．第一次大戦の休戦時に最も近い 18 年 11 月 13 日時点で 12 億 8,000 万ドル，為替管理の撤廃された 19 年 6 月 25 日時点で 10 億 4,900 万ドルとなっている．

第3章　アメリカの資本輸出とドル・バランスの形成

表3-8　連合国間の債権債務関係

(休戦時，単位：100万ドル)

債務国＼債権国	アメリカ	イギリス	フランス	合計
イギリス	3,696.0	—	—	3,789.4
ロシア	187.7	2,471.8	955.2	3,614.7
イタリア	1,031.0	1,855.0	75.0	2,961.0
フランス	1,970.0	1,682.8	—	3,652.8
ベルギー	171.8	422.3	534.6	1,128.7
その他	20.6	582.6	672.8	1,276.0
合計	7,077.1	7,014.5	2237.6	16,422.6
貸借純計	(＋)7,077.1	(＋)3,225.1	(−)1,145.2	

(出所)　H. G. Moulton and L. Pasvolsky, *War Debts and World Prosperity*, Vol. 2, Kennikat Press, Port Washington, 1932 (reprint 1971), p. 426.

表3-9　アメリカの対外短期債権債務
1918年2月-19年6月

(単位：1万ドル)

	1918年2月27日 現在	1918年8月28日 現在	1918年11月13日 現在	1918年12月31日 現在	1919年6月25日 現在
I　対外短期債権	22,323	31,194	35,431	33,227	40,602
イギリス	9,723	954	4,127	2,935	2,404
フランス	2,147	2,346	2,720	2,576	3,042
その他のヨーロッパ連合国	1,691	3,340	3,332	3,197	2,795
ヨーロッパ中立国	137	88	490	754	1,769
日本	1,857	2,694	4,831	5,804	12,418
カナダ	917	6,117	4,949	3,593	3,161
アルゼンチン	1,234	1,931	1,622	1,065	1,381
II　対外短期債務	99,711	134,899	128,176	121,440	104,907
イギリス	18,993	18,475	20,130	17,136	12,940
フランス	16,315	23,469	22,241	16,988	9,927
その他のヨーロッパ連合国	15,384	20,176	19,035	16,695	13,995
ヨーロッパ中立国	26,398	28,152	30,286	32,469	27,729
日本	3,941	18,294	12,945	15,786	12,221
カナダ	8,035	7,874	6,534	6,531	8,705
アルゼンチン	4,101	8,751	8,273	8,794	7,641
差引 (I−II)	−77,388	−103,705	−92,745	−88,213	−64,305

(出所)　1918, 19年は 'Foreign Exchange Operations, 1918-1919', *Federal Reserve Bulletin*, Vol. 7, No. 12, December 1921, pp. 1409-10 より作成。

ドル・バランスの保有国としてはイギリス，フランスを中心とするヨーロッパ連合国が全体の2分の1前後という最大のシェアを占めているが，これはアメリカ政府による連合国政府に対する巨額の信用供与がドル・バランス形成の最大の要因となったことを物語るものである[30]．ヨーロッパ中立国，日本，カナダ，アルゼンチン等によるドル・バランスの保有は主として，第一次大戦中これらの国々がアメリカおよびヨーロッパ連合国に対して供与した商品・サービスに対して獲得したドルを表していた[31]．

第4節　賠償問題へのアメリカの介入とドーズ案成立

　第一次世界大戦の結果，連合国政府間に戦争にともなう債務＝戦債問題を発生させることになった．前述した如く，アメリカは連合国に対して巨額の債権を保有することになった．他方，イギリスは対外投資の25％を喪失する[32]とともに，アメリカに対して多額の戦債を負うことになった．さらにフランスは対外投資の55％を喪失した[33]だけでなく，戦債に関して純債務国に転落した．このような状況下で，アメリカはかかる政治的債権を商業的債権として回収していく方針を基本的に貫徹していくことになる[34]．したがって，アメリカ以外の連合国――特にフランス――にとってはドイツからの賠償取立による自国経済の再建は不可避的な急務であり，ここに賠償問題の発生・紛糾をみるに至るのである．アメリカの介入によるドーズ案の成立によって賠償問題は一時的な「解決」をみることになる．

1　賠償問題

　賠償問題の歴史的経過に関してはすでに詳細な事実関係が明らかにされている[35]ので，ここではその歴史的展開過程についての叙述は簡潔に行いたい．
　1919年6月28日に締結されたヴェルサイユ条約[36]は戦勝国が敗戦国から賠償を取り立てることを決定したが，賠償総額を決定することはできなかった．英仏の要求した金額とアメリカの主張した金額があまりにかけ離れすぎていたためである．
　まず，同条約はその第231条において，「ドイツおよびその同盟諸国の侵略

によって課された戦争の結果，連合国政府，およびその国民が蒙ったすべての損失および損害を生じさせた原因が，ドイツおよびその同盟諸国にあることを，連合国政府は確認し，またドイツはそれを受け入れる[37]」と規定し，戦争責任がドイツ側にあること，さらにドイツは一切の賠償責任を負うことを規定した．続いて第232条において，「連合国政府は，それら諸国のそれぞれが連合国としてドイツと交戦していた期間中に，陸・海・空からの侵略によって連合国の民間人ならびにその財産に対して加えられたいっさいの損害に対して，また一般に本部への第一付属文書中に規定されるすべての損害に対してドイツが保証を行うことを要求し，またドイツはそれを引き受ける[38]」と規定し，第一付属文書においてその内容を明らかにしている．注意すべきことは，この付属文書において，「戦時中連合国政府が応召者の家族に支給した別居手当やそれに類する諸手当の総額，ならびに戦闘員の死傷に関して連合国政府によって現在ならびに将来において支払われるべき恩給や保証金の総額に対する支払要求を主張している[39]」ことである．ここに過大な賠償請求がなされる土壌が条約面でも形成された．しかも同条約は賠償総額を明記していないが，同条約235条および第二付属文書12条Cにおける規定において，賠償総額は1,000億金マルク以下の決定になることはありえないことを示唆していた[40]．そして賠償の詳細な額を決定するために賠償委員会が設置された（同，233条）．そしてこれ以降，1920年4月19-26日のサン・レモ会議をはじめとして1924年8月のロンドン協定に至るまでの5ヵ年間に，各種の会議が幾度となく続いたのである．

　まず，サン・レモ会議（1920年4月19-26日）ではロイド・ジョージの提案により，ドイツ代表をスパー会議に招待するという決定をしたにすぎなかった[41]．その後，ハイズ会議（1920年5月15日および6月19日）では，「ドイツが毎年，定められた最低金額に，その支払い能力に応じた追加金額を支払う場合の方式を検討する準備を整えるため，専門家委員会が任命された[42]」．そして翌月開かれたブーローニュ会議（1920年6月21-23日）では，「連合国は，ドイツの経済的復興に応じて増額可能な最低年賦額という原則に明白に同意するにいた[43]」り，42年間で総計2,690億金マルクの賠償案が決議された[44]．ついで1920年7月5-16日のスパー会議で連合国間における賠償受取額の配分を

決定した．それによるとフランスは52%，イギリス帝国は22%，イタリアは10%，ベルギーは8%，日本とポルトガルは各4分の3%，セルビア人・クロアチア人・スロヴェニア人王国（ユーゴスラヴィア），ギリシャ，ルーマニアおよびスパー協定の調印国でないその他の連合国は6.5%と決定された[45]．その後，1920年2月16-22日にかけてブリュッセルで専門家会議が開かれたが，「ブリュッセルにおける専門家の仕事は，その直後にパリで開かれた政治家の会議によって大部分が無視されかつ覆された[46]」．

その翌年の1921年1月24-30日にパリ会議が開かれ，「パリ決議」が成立した．これによると賠償金総額は2,260億金マルクで，これを42年間で支払うことになっている（1921-23年に毎年20億金マルク，1923-26年に毎年30億金マルク，1926-29年に毎年40億金マルク，1929-32年に毎年50億金マルク，1932-63年に毎年60億金マルクの年次金の支払いとなる）．さらにドイツは42年間に輸出額の12%を支払わねばならなかった[47]．これに対して1921年3月1-7日の第1回ロンドン会議で，ドイツ外相シモンズは対案を提示した．これによると，パリ決議の2,260億金マルクは承諾する．しかしこれを8%の利子率でその現在価値を求めると約500億金マルクとなる．ついでこの金額からそれまでドイツが引渡したものの申立て額の約200億金マルクを差引くと約300億金マルクが残る．これを国際的に公債の発行によって調達しようというものである．この提案に連合国は激怒し，3月7日までにドイツがパリ決議を受け入れるか，それともドイツの債務を別の仕方で等しく満足に履行しうる提案をしない限り，①ライン右岸の3都市を占領し，②ドイツより連合国が輸入した商品の支払代金を一部保留し，③ドイツ内の占領地域と非占領地域との間に関税壁を設置し，占領地のドイツ関税を没収するという第1回ロンドン最後通牒をつきつけた[48]．

しかしこの受諾をドイツは拒否するところとなり，3月8日フランスはライン右岸の3都市を占領し，上記の最後通牒の③を実施した．同時にイギリスは「ドイツ賠償回収法」（German Reparation Recovery Act）を発布して，ドイツからの輸入商品の価格の50%——後にそれは26%に軽減——を賠償の一部として納付するよう強制した．その後2ヵ月間は混乱が続き，この制裁はドイツ経済を悪化させたので，3月末になってドイツはアメリカに調停を求め，アメ

リカを通じて5割方譲歩した提案を出したが，アメリカ政府はこれを公式に伝達することを差し控えた．1921年5月1日が近づいたが，賠償問題の具体的解決はほとんど進展しなかった[49]．

　賠償委員会は1921年4月27日，ドイツの賠償総額を1,320億金マルクと確定した．連合国は1921年4月29-5月5日の第2回ロンドン会議で賠償委員会案を採用し，これをドイツに通告した．これが第2回ロンドン最後通牒である．6日以内のうちにこのロンドン支払計画をドイツが無条件に承認しないときは，ルール占領などの軍事的措置をとるという威嚇を加えた．ドイツは結局この支払計画を承諾した．その概要は次の如くであった．①賠償総額1,320億金マルクの支払いは，A債券（総額120億金マルクで，1921年7月1日までに交付し，毎年額面の5%の利子と1%の減債基金とを支払う），B債券（総額380億金マルクで，1921年11月1日までに交付し，5%の利子と1%の減債基金とを支払う），C債券（総額820億金マルクで，B債券と同じく11月1日までに交付）を賠償委員会に交付する．ただし，C債券は賠償委員会においてドイツが本協定に従って負担する支払金額が本債券の利子（5%）および減債基金（1%）の支払いに十分足ると認められた時，同委員会が発行する．②ドイツは以上の支払いをするために，(a) 毎年20億金マルクの年次金と，(b) 輸出額の26%相当金額を支払う．③本協定の実行とドイツ財政を監督するため，保証委員会を設置し，支払担保を設定する．④1921年度は特別規定により20億金マルクの支払いに代え，1921年5月31日までに10億金マルクを金貨，外国手形，3ヵ月後払のドイツ大蔵省証券で支払うこととし，輸出額の26%相当金額の支払開始は1921年11月15日と定められた[50]．

　そこでドイツは1921年度の支払分の10億金マルクに対して，5月には1億5,000万金マルクの外国為替手形と8億5,000万金マルクの大蔵省証券とで支払った．満期の8月末には大蔵省証券の償還を4億5,000万金マルクの外国為替手形とニューヨークおよびアムステルダムで受けた信用で，残る不足分はライヒスバンクからの金現送で支払いを完了した．また11月15日には輸出額の26%相当分の金額3億金マルクを支払った．この結果，マルク相場は一層下落せざるを得なかった．そこでついに1921年12月14日に，ドイツは1922年1月15日および2月15日満期の支払総額（前者は5億金マルク，後者は2億

5,000万金マルク）の支払いのモラトリアムを求めた．これが第1回モラトリアムである[51]．

これに対して賠償委員会は，1922年1月13日に，1月15日および2月15日満期の現金支払に対する仮モラトリアムを承認し，その代わりに，ドイツはモラトリアムの期間中，10日毎に3,100万金マルクを支払うこと等を要求した．そして3月21日に賠償委員会は，①ドイツは1922年中に，(a)現金7億2,000万金マルク，(b)実物14億5,000万金マルクを支払うこと，②約1,600億紙幣マルク増税の実施，③賠償委員会および保証委員会にドイツ財政の監督をさせる等の「モラトリアム決議」を行った[52]．

これに対してドイツ政府はこの決議の受諾を拒否したが，外債委員会の失敗によって外債募集計画も失敗に帰し，5月28日にドイツは前述のモラトリアム決議を承認するに至った．かくてマルク相場は一段と下落し，ついに1922年7月12日，ドイツは1922年度分の残りと1923-24年度の支払いのモラトリアムを求めて第2回モラトリアムを請求した[53]．

この第2回モラトリアムをめぐって英仏の対立は激化した．フランスはドイツのモラトリアム請求を拒否し，ドイツに対してルール地方における国有炭坑の直接的管理，占領地における関税の直接的徴収を意図した生産的担保を要求した．これに対してイギリスは1922末までの一切の現金支払に対して完全なモラトリアムを認め，それに対して何らの担保も要求しないというものであった．このイギリスの提案はフランスが拒否したため，ロンドン会議はなんらの成果をあげることなく，8月14日に決裂した[54]．

そこで翌年の1923年1月2日から開かれたパリ会議において，イギリスは賠償総額を500億金マルクと確定し，新債券は最初の4年間は全利子を猶予し，さらに最初の4年間は支払いを猶予する（ただし実物賠償の一部を除く）という提案を行った．これに対するフランスの提案は事実上最初から15億金マルクの支払いと厳格な担保を要求したものであった．ここに両国の対立は頂点に達し，パリ会議は1月4日に決裂する[55]に至り，1月11日には，フランス，ベルギー両軍がルール占領を行い，ドイツ経済は実質的に解体され，超インフレが現出した．また，フランス，ベルギー両軍もドイツ側の抵抗——受動的抵抗——に遭い十分な成果を得るには至らず，かつ連合国の支持も失った．

ここにおいて 1923 年 12 月 27 日に賠償委員会は次の二つの専門委員会を任命した．第一委員会は，ドイツの予算を均衡させ，通貨を安定させ，新しい実行可能な年賠償の水準を考察するものであって，アメリカ代表チャールズ・G. ドーズを委員長とするものである．これがいわゆるドーズ委員会であり，同委員会によってまとめられたのがドーズ案で，このドーズ案の成立は賠償問題にとって新たな局面を開くことになった．他方，第二委員会は，国外に逃避したドイツ資本の額と，これをドイツに復帰させる方法を研究するもので，委員長の R. マッケンナ（イギリス代表）の名によってマッケンナ委員会として知られるものであるが，あまり重要性は持たない[56]．

2 賠償問題へのアメリカの介入の経済的根拠

前述したように賠償問題の展開において英仏の対立は頂点に達し，容易に収拾できず，最終的にはアメリカの介入によって一時的な「解決」がはかられることになった．そこでまず，アメリカはいかなる経済的根拠から賠償問題へ介入することになったかを見ておくことにしよう．

第一に考えられる要因としては国際証券市場としてのニューヨークの台頭である．すでに述べたようにイギリスはアメリカからの輸入代金をまかなうためにアメリカ・ドル証券委員会を設立してドル証券を売却した．ニューヨーク証券市場はこれを十分に消化したのみならず，英仏等を中心とする連合国政府債の発行引受に投資銀行が直接的に関与していった（J. P. モルガン商会は英仏両国政府のアメリカにおける財務代理人であった）．これを契機として投資銀行が外債発行に携わるようになり，海外証券投資の主体的な担い手が形成されることになった．さらに自由公債の発行に対して広汎な大衆が応募した事態に見られるように証券市場自体の裾野の拡がりも軽視し得ない現象といえよう．換言すれば，アメリカは空前の輸出ブームによる経常収支黒字の累積に基づく金流入による「過剰資金」の創出と連銀の信用拡大による新たな「過剰資金」の形成によって可能となった連合国への資金供給の過程を通じて，従来の債務国から世界最大の債権国へ転化し，対外資本輸出能力を構築してきたということである．かかる「過剰資金形成」の圧力は当然資本輸出展開の動因たりうるものであろう．しかしながら，当時の世界経済，特にヨーロッパ経済の状況は

賠償問題の紛糾にも見られる如く，ドイツ経済の疲弊はその極に達し，ヨーロッパ各国の経済的不安定ははなはだしきものがあった．しかもドイツ自体が，賠償支払いのためには外資導入が不可欠であると考えていたし，賠償問題の解決こそがヨーロッパ経済ひいては世界資本主義再建の鍵を握っていた．一方アメリカにとっては，その資本輸出の展開にはドイツの安定・復興および賠償問題の解決が先決条件となっていた．逆に言えば，賠償問題が未解決であれば，たとえアメリカから資本輸出を行ったとしても，マルクの不安定性は投下資本の価値保全に悪影響を及ぼさざるを得ないからである．ここにアメリカの経済介入によって賠償問題の解決をはかるべき根拠の一因があったと考えられる．

　さらに第二には次のような要因が考えられよう．1919年中および1920年前半には，アメリカからの金流出が生じたが，1920年後半から，特に1921年からは持続的なアメリカへの金流入が生じた（図3-2参照）．これは主としてアメリカの貿易収支の黒字によるものであるが，ヨーロッパ諸国の通貨不安による資本逃避分も少なからざるものがあった[57]．このため，銀行の過剰準備形成→信用供与能力拡大による「インフレ」進行の危険が生じ，しかもこの流入した金も，ヨーロッパ経済が再建されればかなりの額がアメリカから流出していくことになると考えられており，むしろこのような金流入は一時的な不安定要因としてアメリカの金融当局者には見られていたようである[58]．このためにも，ドイツ賠償問題の解決，ヨーロッパ経済の再建――これはイギリスの金本位復帰を不可欠とするが――が必然的に要請された．

　以上では，ニューヨーク証券市場の台頭および「過剰貨幣資本」形成圧力の面を中心にアメリカの経済的介入の必然性を述べておいたのであるが，アメリカの介入の経済的根拠としては他に，①対戦中に膨張した巨大な生産力が1920-21年戦後恐慌によって現実資本の過剰として露呈されたこと，②アメリカの世界市場へのかかわりが大戦の過程を通じて拡大したこと，③過剰農産物のはけ口として世界市場を指向したこと，等が考えられる[59]．

　以上，アメリカの介入の経済的根拠について簡単にみてきたが，次にその具体的介入についてみておくことにしよう．

第3章 アメリカの資本輸出とドル・バランスの形成　　　　101

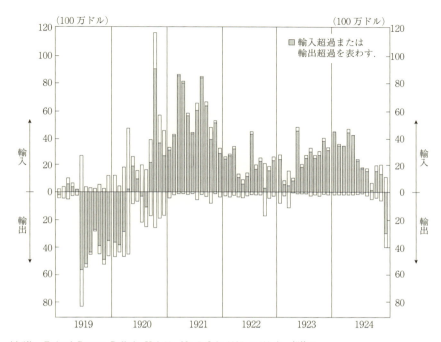

（出所）　*Federal Reserve Bulletin*, Vol. 11, No. 7, July 1925, p. 482 を一部修正．

図 3-2　アメリカの月別金輸出入額　1919-24 年

3　アメリカの介入の経過

　アメリカはヴェルサイユ条約を批准せず，国際連盟へも加入していなかったし，賠償委員会の正式メンバーでもなかった．わずかに同委員会にオブザーバーを派遣していたにすぎない．しかし，第1回モラトリアムの請求をめぐって賠償委員会とドイツとの対立が激化しつつあった 1922 年 4 月 4 日に賠償委員会は外債委員会を設置して，賠償の部分的な支払いに当てるためにドイツ政府が外債発行をなしうる条件を考察させた[60]．同委員会はベルギーのデラクロアを委員長とし，イギリスからキンダースレー，アメリカから J. P. モルガン，フランスからセルジャン，オランダからヴィセリング，イタリアからはダメリオ，ドイツからはベルクマンが代表として出席し，1922 年 5 月 24 日にパリで開かれた．俗に国際銀行家会議とも言う．しかし，会議の進行途中で委員会の

権限をめぐってフランス委員とその他の委員との間で対立が生じた．フランス側は同委員会は賠償問題について論ずる権限は有していないと主張したが，多数派は同年 6 月 10 日の報告において，①ドイツの信用回復にとって必要な条件が実現されれば，巨額の公債が世界の主要市場において成功裏に発行されうるということ，②ドイツの債務が政府間の債務から私的な商業的債務に漸次転換されるならば，全世界の経済回復にとって測り知れない助けとなるということ，③諸国間の正常な貿易関係の回復と為替相場の安定とは，賠償支払およびその他の対外的な国家債務の究局的な解決がなされなければ不可能であるということを主張したのである[61]．ここにおいて銀行家のレベルで賠償問題の商業的ベースでの解決をはかることを企図し，ドイツに対する対外信用供与のためのドイツの信用回復の必要性を強調したのである．当時このような対外信用を供与しうる最大の国はアメリカであったことを想起すれば，このような主張──特に①と②──はアメリカの利害にも合致するものであったことは明らかである．特にモルガンがドイツに対して 5 年間のモラトリアムを与え，アメリカ市場においてドイツ公債の全額もしくはその大部分の起債に応じ，その額を 50 億金マルクと見込んでいた点からもこのことは窺えるであろう[62]．

ついで本格的な介入は，1922 年 12 月 29 日のニュー・ヘイヴンにおけるヒューズ国務長官の演説にみられる．その演説は次の 3 点に要約できるであろう．①アメリカはイギリスのバルフォア・ノート[63]にみられるような賠償問題と対米戦債問題とを結びつけるやり方には反対するし，賠償問題に対して直接的裁定者の役割を引き受けるつもりはない，②ヨーロッパの切迫した情況の根本的な原因は賠償問題が未解決のままになっていることにある．ドイツはその支払能力の範囲内の賠償を負担すべきである．ドイツの経済的復興なくしてはヨーロッパの経済的繁栄は考えられず，したがってヨーロッパの平和も達成されない．ドイツに対して暴力的制裁を加えることは賠償の取立を保障する代わりに，ドイツの経済的基盤を破壊するだけであろうし，その上測り知れない政治的な危機を引き起こすであろう．③賠償問題の唯一の打開策は高い名声を持つ国際的専門家の委員会を召集し，そこにおいて政治的な配慮から自由に，ドイツの支払能力のみを考慮して，賠償金額と支払方法を決定することである．アメリカの専門家はかかる委員会に出席し，協力する用意がある[64]．

この演説に見られるような観点を基底に置きながら，アメリカは戦債問題と賠償問題を別個のものとしながら，戦債を長期債で回収する方針をとり[65]，他方，賠償問題解決に進んで乗り出すことになったのである．ドーズ委員会はアメリカの意思が基本的に貫徹したものとなっている．

4 ドーズ案の成立とドーズ公債

前述したように，1923年11月に賠償委員会の任命によってドーズ委員会が成立したが，この委員会には委員長のチャールズ・G.ドーズのほかに，オーウェン・D.ヤングがアメリカ側委員として参加した．彼ら二人は共にモルガン系の人間である．

まず，ドーズ委員会報告[66]――ドーズ案――の内容を簡単に確認しておくことにしよう．第一に，ドーズ案の最大の意義は賠償支払をドイツの支払能力を基準として決定しようとしたということにある．そのうえでまず，賠償債務総額を決定せず，ドイツ国内で調達すべき財源を，①予算，②鉄道債券，鉄道会社優先株売却代金および運輸税，③工業債券に指定し，これから支払いを行うべきであるとした．したがってその支払計画は表3-10のようになる．第1―第2年度は予算上のモラトリアムの期間であり，次の第3―第4年度は過渡期として取扱うこととし，標準年度は第5年度以降とし，年次金は25億金マルクとしたことである．第6年度以降の支払は繁栄指数（prosperity index）を考慮して決定せらるべきものとした[67]．

第二に，ドイツ国内でのマルクによる調達と外貨での引渡しを分離したことである．ドイツは国内で調達された財源をマルクでライヒスバンクに支払えば，その義務を履行したものとみなされ，この賠償支払金を外貨で引渡すのは引渡委員会（Transfer Committee）の責任である[68]．従来，賠償支払は外貨で行われねばならず，ドイツ通貨を外貨に転換する義務はドイツ側にあったのと比較すると賠償問題解決にとって飛躍的な前進であった．引渡委員会は6名で構成され，その委員長が賠償支払総代理人（Agent General for Reparation Payments）である．同委員会は「実物引渡の実行および賠償回収法にもとづく支払いを調節し，もって外国為替に付き発生すべき困難を予防しなければならない」．さらに「同委員会は外国為替の買入により連合国に対する送金を管理し，

表 3-10　ドーズ案による支払計画

(単位：100万金マルク)

年度 \ 支払財源	予算	運輸税	鉄道債券	鉄道会社優先株売却代金	工業債券	外債	合計
第1年度(1924.9.1～1925.8.31)	—	—	200	—	—	800	1,000
第2年度(1925.9.1～1926.8.31)	—	250	595	250	125	—	1,220
第3年度(1926.9.1～1927.8.31)	410*	290	550	—	250	—	1,500*
第4年度(1927.9.1～1928.8.31)	500	290	660	—	300	—	1,750
第5年度(1928.9.1～1929.8.31)	1,250	290	660	—	300	—	2,500

(注)　＊第3年度および第4年度における支払いは関税および消費税収入の実績によって2億5,000万マルクの範囲内で増減されることとなり，第3年度の数字は1926年9月に改定されたものである．当初第3年度の支払いは12億金マルクであった（上表との相違は予算上の支払いが1億1,000万金マルクであったことにある）．
(出所)　R.E. Lüke, *Von der Stabilisierung zur Krise*, Polygraphischer Verlag, Lürich, 1958, S. 80-1. 有沢・阿部，前掲書，237頁．

かつ通貨の不安定をきたさざる程度において，一般的に最大限の送金を確保するよう努力しなければならない」．これが引渡委員会の任務であった[69]．

第三に，マルクの安定と新発券銀行の創設に関してである[70]．ドーズ委員会は50年間にわたり紙幣発行の非他的権利を有する新発券銀行の設立，またはライヒスバンクの改組の必要性を主張した．この新銀行の銀行券は「$33\frac{1}{2}$％に相当する通常法定準備，およびその他の流動資産によって保証される．準備の大部分は外国銀行における預金の形式をもって保有される．本計画は永続的方針としては右銀行券が金と兌換されるべきものと考える．しかしながら，委員会は銀行設立の当初においては一時，この兌換規定の適用を許さないであろうと考える．したがって，委員会は金に対して安定を維持し，かつ事情が許す限りすみやかに兌換の基礎が置かれるような通貨を創設すべきであると提議する[71]」．見られるように，一方で金本位制復帰を主張しながら，他方で金兌換の一時的猶予の規定がもり込まれている．

これは新ライヒスバンクの制度[72]の中にも明瞭にもり込まれている．第一に，法定準備率は$33\frac{1}{3}$％から40％に引き上げられた反面，法定準備のうち4分の3は金で残りの4分の1までは外国為替——これは金本位国の外国為替でなくてもよい——で保有することを認めている点がそれである（1924年新銀行法28条）．この準備として適格な外国為替は，外国発券銀行発行の兌換銀行券，商取引にもとづく満期14日以内の外国為替手形，および主要金融市場所在の著名な銀行宛要求払債権がこれに相当する．したがってこの外国為替での保有

は，当時の国際金融の中心地であったロンドン，ニューヨークにおいてポンドあるいはドルで保有されるということを実質的には意味したのである．しかも第二に，ライヒスバンクは兌換義務を有する（31条）が，この兌換義務はライヒスバンク理事会と評議委員会の一致した決議のあるまでは猶予されることになったのである（52条）．

　第四に，ドーズ案の意義として重要なのは外債の発行を提案したことである．この公債はドイツの国有財産と歳入に対して第一の先取特権を有することを規定していた．いわばドイツ国家を担保とした外債の発行である．これを強力に主張したのはアメリカであり，逆にドイツは公信用を梃子にして外資の導入をはかることが可能となったのである．このドーズ公債（Dawes Loan）の発行は重要な意義を有するものといえよう．それは第一に，その発行額の半分以上はアメリカが引き受けたことからも明らかなように（表3-11参照），その後に展開されるアメリカからの資本輸出の先駆的役割を果たしたという点で看過できない重要性を有する．第二に，ドーズ公債はその後のヨーロッパ各国の安定借款の先駆けをなしたという点でも重要である．ドーズ公債の場合には公信用が全面的に展開されたわけであるが，中央ヨーロッパ諸国——オーストリア，ハンガリー等——に対しては国際連盟公債[73]の形で安定借款が供与されたのである．もちろん公信用がここにおいても全面化しており，危機に瀕した資本主義各国では，私的資本にかわって国家を担保とする公信用の出動が要請されざるを得なくなってくるのである．公信用を梃子にしての外資導入によって賠償の支払いを容易ならしめ，マルクの安定を促進し，かくして政府予算の均衡をもたらし，政府の借入金を減少させることにも役立つのである．また，中央銀行の金準備を強化し，中央銀行の信用供与能力を高めることにもなるであろう．このようにして，外債は「ドイツ経済の復興を促進する触媒[74]」として役立つことを期待されたのである．この過程の中で長期的にはドイツが経済復興を成し遂げ，自らの力で賠償支払の義務を履行することになるであろうことをドーズ委員会は期待したのである[75]．ドーズ公債の発行情況は表3-11で明らかにされている．それによれば，その発行価格は92，利子率は年7％，25年満期で，最終的な償還はヨーロッパ応募分は額面で，アメリカ応募分は105で，1949年10月15日の予定となっていた．同公債はニューヨークでは87，ヨー

表 3-11　ドーズ公債の発行
(単位：100万)

市　場	通　貨	額　面	純手取額	
			外貨	金マルク
アメリカ	ドル	110.0	95.6	400.6
イギリス	ポンド	12.0	10.3	192.9
ベルギー	ポンド	1.5	1.3	24.4
オランダ	ポンド	2.5	2.2	40.6
フランス	ポンド	3.0	2.6	48.2
イタリア	リラ	100.0	86.3	15.7
スウェーデン	クローネ	25.2	21.8	24.3
スイス	ポンド	2.36	2.1	38.9
	スイスフラン	15.0	11.9	9.5
ドイツ	ポンド	0.36	0.3	5.9
合　計				801.0

(出所)　S. V. O. Clarke, op. cit., p. 70.

ロッパでは 87.5 で引き受けられた[76]．

第5節　ドル・バランスの形成とドルの国際通貨化

　前述した如く，アメリカは第一次世界大戦中の中立期にイギリス，フランスなどの公債発行を引き受け，さらに参戦後は財務省による対連合国貸付を大規模に展開したのである．この過程を通じて J. P. モルガン商会を中心とする投資銀行が外債発行にたずさわる契機をつかみ，かつ自由公債のキャンペーンを通じて広汎な大衆的証券市場がアメリカに構築されるようになり，「過剰資金」の存在によってアメリカの資本輸出能力は増大した．

　戦後もしばらくの間，1919年の戦勝公債の発行による救済融資，復興融資の形でアメリカからの資本輸出は一定程度なされた．これは，①ヨーロッパ諸国は必要な輸入資金の手当てとしてドル資金を必要としたことと，②ヨーロッパ以外の債務国は，イギリスなどのヨーロッパ諸国の証券市場が資本輸出を禁止ないし制限していたため，アメリカからの資本輸出に頼らざるを得なかったことによる[77]．ところが賠償問題の紛糾にみられる如く，世界経済の不安定のために1922年の後半から24年の前半はアメリカの資本輸出は減少せざるを得なかった[78]．

しかし，ドーズ案の成立による賠償問題の「解決」を通じたヨーロッパ経済の再建，イギリスの金本位復帰を起点とする国際金本位制の再建によって資本主義世界経済はいわゆる「相対的安定期」に入ったのである．そしてドーズ公債の半分以上はアメリカによって引き受けられたことからも明らかなように，この時期以降，アメリカの資本輸出は1928年まで増大をとげることになった．この資本輸出の担い手となったのは投資銀行で，彼らは引受シンジケートを組織して外債発行に乗り出していったのである．そこでこの資本輸出[79]――ここでは証券投資のみを扱い，直接投資は対象からはずしている――はいかなる地域に対して行われたかをまずみておこう．

1 投資の地理的分布

「アメリカ投資が最大にして最重要であったのはヨーロッパにおいてであり，この点に戦後国際金融の基本的パラドックスが存する[80]」と言われるように，戦後アメリカの資本輸出の特徴はヨーロッパ向けの増大にあったと言えよう．

表3-12から明らかなように，ヨーロッパは戦後初期に救済および復興目的の信用供与をアメリカから受けたので，これが1919-20年の数字に表れている．しかし，21-23年には前述の如き事情によって著しく減少した．21年初期から24年末までに対ヨーロッパ資本輸出の約62%は，イギリス，フランス，ベルギー，スウェーデン，オランダおよびスイス向けのものであった．しかし，マルク安定とドーズ公債発行以降，ドイツ向けの資本輸出が増大していくことになり，逆に前述の6ヵ国向けは25-28年には以前の62%から11%に低下したのである[81]．これは表3-13からも明らかである．

1925年にはドイツ向けは2億200万ドルとなり，26年にもさらに増加して2億5,600万ドルに達し，27年には一時減少したが，28年には2億5,000万ドルに増加し，ヨーロッパ投資分の半分をドイツ一国で占めることになったのである．そこで1929年12月現在でアメリカの外国証券投資残高をみれば，合計で78億3,400万ドルであり，そのうちドイツ向けは11億7,700万ドルで，全体に占める割合は15%となっている[82]．

以上述べた点から，アメリカの外国証券投資の主要な投資先はヨーロッパ，そのうち特にドイツであった点が明らかになったであろう[83]．

表 3-12 アメリカにおける地域別新規外国証券発行の割合
（借換発行分を除く）1919-33 年

(単位：%)

地域別 年	合計	ヨーロッパ	カナダ	ラテン・アメリカ	極東	その他
1919	100	58.2	29.3	8.6	0.2	3.7
20	100	49.7	37.0	9.9	—	3.4
21	100	25.1	31.0	36.8	2.5	4.6
22	100	27.7	22.0	29.3	14.7	6.3
23	100	25.7	28.5	27.2	16.8	1.8
24	100	54.3	15.7	19.3	9.9	0.8
25	100	58.5	12.7	14.7	13.2	0.9
26	100	43.0	20.1	32.7	2.8	1.4
27	100	43.2	17.7	25.4	11.3	2.4
28	100	47.8	14.8	26.4	10.5	0.5
29	100	21.1	43.1	26.1	7.7	2.0
30	100	31.6	35.2	19.0	14.2	
31	100	25.2	74.8	—	—	
32	100	—	100	—	—	
33						

(出所) 1919-29 年は R. A. Young, *Handbook on American Underwriting of Foreign Securities*, 1930, p. 20. 1930-33 年は C. Lewis, *op. cit.*, pp. 628-9 より作成.

表 3-13 アメリカにおける地域別新規外国証券発行額
1919-33 年

(単位：100 万ドル)

地域別 年	全ヨーロッパ	うちドイツ分	カナダ・ニューファンドランド	南アメリカ	その他ラテン・アメリカ	その他	全世界
1919[1]	427.3	—	188.3	23.5	—	—	639.1
20	285.7	—	129.5	0.7	—	6.0	421.9
21	197.8	—	165.5	138.5	1.0	23.5	526.3
22	140.8	—	282.1	108.9	32.7	151.7	716.2
23	70.0	—	124.8	2.1	60.5	72.2	329.6
24	549.1	110.0	116.4	99.6	2.5	141.1	908.7
25	572.2	202.4	95.6	129.3	2.7	118.4	918.2
26	391.0	255.7	174.5	281.6	17.1	20.0	884.2
27	558.5	181.3	193.8	319.5	17.3	149.9	1,239.0
28	506.7	250.4	150.1	326.6	25.4	156.5	1,165.3
29	84.8	37.0	217.7	57.1	10.0	3.2	372.8
30	239.6	149.4	266.7	70.9	72.6	107.4[2]	757.2
31	50.0	—	148.8	—	—	—	198.8
32	—	—	0.7	—	—	—	0.7
33							—

(注) 1 借換発行を含む.
　　 2 国際機関の発行分を含む.
(出所) C. Lewis, *op. cit.*, pp. 620, 628-9 より作成.

第3章 アメリカの資本輸出とドル・バランスの形成 109

表 3-14 ドイツへの資本流入額
1924-30 年

(単位：100 万ライヒスマルク)

年 \ 項目	長期資本	短期資本	その他	分類不能	合 計
1924	+1,000	+506	+1,000	+413	+2,919
1925	+1,124	+107	+200	+1,704	+3,135
1926	+1,376	+147	—	−916	+607
1927	+1,765	+1,779	−62	+310	+3,792
1928	+1,698	+1,335	+90	+1,000	+4,123
1929	+414	+765	+246	+879	+2,304
1930	+805	+117	+314	−746	+490
1924-30年合計	+8,182	+4,756	+1,788	+2,644	+17,370

(出所) Deutsche Bundesbank (Hrsg.), *Deutsche Geld-und Bankwesen in Zahlen 1876-1975*, Fritz Knapp, Frankfurt am Main, 1976, S.322, 328 より作成.

　そこでドイツの長期外債の債権国別構成を見ると，アメリカが全体の6割近いシェアを占めている（後掲表7-3）．しかも，1928年の後半から長期資本の流入が停滞するが，かわって短期資本の流入が増加している（分類不明のものはほとんど短資と考えて差しつかえないもの）．このドイツへの資本流入額を表したのが表3-14である．しかも後掲表7-7からも明らかなように，短期資本の輸出においても，アメリカは1931年7月末で31億4,300万ライヒスマルクで，世界全体の119億6,900万ライヒスマルクに対して26.3％を占めることになったのである．

2 投資証券の種類

　次に投資された証券の種類をみておくことにしよう．この場合，第一に注目しなければならない点は，アメリカによる外国証券投資のうち，1919-29年の合計で約7割が外国政府証券[84]によって占められていたという点である．これは表3-15によって明らかである．例えば，全外国証券発行額のうち外国証券の占める割合は，24年に85.4％，25年に65.6％，26年に55.6％，27年に68.2％，28年に60.7％となっており，1919-29年の合計では70.1％となっている（もちろん，20年代の後半に次第に民間発行証券分が増大しているが）．そこで今，アメリカの対ヨーロッパ証券投資の発行者別内訳をみると表3-16

表 3-15 アメリカにおける外国証券投資の種類 1919-29 年

(単位：100万ドル)

年	全外国証券		外国政府証券		外国政府証券の占める割合 $\frac{(2)}{(1)} \times 100$
	発行数	発行額(1)	発行数	発行額(2)	
1919	65	771	32	691	83.7%
20	104	603	70	462	72.9
21	116	692	78	554	80.9
22	152	863	99	712	81.9
23	76	498	45	377	73.2
24	120	1,217	85	1,035	85.4
25	164	1,316	91	940	65.6
26	230	1,288	118	715	55.6
27	265	1,577	144	1,075	68.2
28	221	1,489	99	900	60.7
29	148	706	51	262	35.5
合計	1,661	11,020	912	7,723	70.1

(出所) R. A. Young, *Handbook on American Underwriting of Foreign Securities, op. cit.*, pp. 11-2.

表 3-16 アメリカの対ヨーロッパ証券投資の発行者別内訳 (借換を除く) 1919-29 年

(単位：100万ドル)

年	総計	ヨーロッパ			
		合計(1)	政府(2)	民間	$\frac{(2)}{(1)} \times 100$
1919	392	228	208	20	93.7%
20	497	248	206	42	83.1
21	623	156	155	1	99.4
22	764	212	178	34	84.0
23	421	108	81	27	75.0
24	969	527	514	13	97.5
25	1,076	629	458	171	72.8
26	1,125	484	248	236	51.2
27	1,337	577	387	190	67.1
28	1,251	597	367	230	61.5
29	671	142	26	116	18.3
合計	9,126	3,908	2,828	1,080	72.3

(出所) R. A. Young, *op. cit.*, p. 21.

のようになる．ここにおいても政府証券の割合が高いという同様の傾向を見てとれるであろう．24年で97.5%，25年に72.8%，26年には少し低下して51.2%，27年には67.1%，28年には61.5%で，19-29年合計では72.3%となっている（これは借換分を除いた数字）．

前述の如く，アメリカの投資先はヨーロッパが最大で，特にドイツ向けが大きな役割を占めていたのであるから，そこで今度はドイツ長期外債の債務者別構成を見ると，1924-31年までの期間に公共団体，公企業による起債分（これが外国政府証券に該当する）は47.2%となっており（後掲表7-4），ドーズ公債，ヤング公債の発行分を含めた別の推計では62.4%の割合を占めた[85]．これらの公共団体による借入資金は，公共的諸施設建設や民間施設投資および住宅建築の不足を補完するためにも利用され，国際収支の一時的改善，失業救済にも役立ったといわれる[86]．

3 国際通貨ドルの成立

以上，簡単にではあるがアメリカの資本輸出＝海外証券投資の地理的分布および投資証券の種類についてみてきた．そこにおいて明らかになった点は，①投資の地理的分布としてはヨーロッパ，特にドイツに対する投資が最も重要な投資先の一つであったこと，②しかも，その投資証券は半数以上の7，8割方まで政府証券であったことである．

ところで，1924年のドーズ案の成立によるマルクの安定，それに一定程度促迫されての1925年5月のイギリスの旧平価での金本位復帰によって国際金本位制は再建される．いわゆる再建金本位制の成立である．同時にこの再建金本位制は制度面からみれば，ヨーロッパにおける金為替本位制の成立である．すでに述べたように，ドイツにおいてはライヒスバンクの法定準備のうち4分の1までは外貨で保有することを認めていた．ドイツのこの貨幣制度が金為替本位制か金地金本位制かという問題は残るにしても，ここで注目すべき点は外貨保有を制度的に取り入れている点である．この点とアメリカの資本輸出との関連をいかにとらえるべきかがここでの課題である．

戦後の敗戦国ドイツが過大な賠償金を背負わされ，かつ疲弊し，破壊された生産力を資本主義的に再建するためには外資導入は必然的な要請であった[87]．

一方，ドイツ国内における国債発行はインフレ抑止という政策上の観点からも金融市場の状況からも実現不可能であったであろう．しかもこの当時の危機的経済情勢下においては，外国資本としてもドイツの民間の私的企業に信用を供与することには大いに躊躇せざるを得なかったであろう（もちろん，一部の独占的大企業においては内外債の発行によって資金を調達することは可能であったかもしれない）．

他方，アメリカ金融資本としても前述した形態での国内の「過剰資金」を抱えており，その資本輸出能力はすでに存在していた．この矛盾——ドイツの私的企業の信用力の脆弱化とアメリカにおける海外投資余力の存在と過剰資本処理を必然的に求めざるを得ないこととの矛盾——を克服したのが公信用の登場である．その端的な例がドーズ公債であって，その担保はドイツの国有財産，歳入であった．ドーズ公債を大半において引き受けたのはアメリカであり，J. P. モルガン商会が引受シンジケートを組織してニューヨーク金融市場で売りさばいた．J. P. モルガン商会が主幹事となり，オリジナル・グループ 10 社，インターメディエイト・グループ 146 社，分配シンジケート 1,094 社を引受シンジケートに組み込んだ[88]．ニューヨーク市場では 1 億 1,000 万ドルのドーズ公債の募集額に対して申込額は 7 億 5,000 万ドルに達した[89]．ドーズ公債成立の際に，モルガンはその担保として賠償その他すべての支払いに先んじて，ドイツの国有財産，歳入に対する先取特権を強く主張したのである[90]．

このドーズ公債の発行を契機に外国資本，特にアメリカ資本が 1925 年以降，ドイツに流入した．しかもその大半が政府証券であり，かかる公信用を梃子にしての外国，特にアメリカ資本の導入がドイツ経済再建に一定程度寄与した面も見逃せないであろう．もちろん，ここではそれが経済再建にいかなる役割を演じたかを論述する余裕もないし，ここでの課題でもない[91]．この資本輸出の手取金が問題なのである．

政府による外債発行の手取金は，それが未利用の期間中は一国の外貨準備を形成することになる．しかもドイツの場合には，外貨保有が制度的に容認されており，そのうえ，ドイツは準備外の外貨をも保有する政策をもとったのである．ところで，R. ヌルクセは，外貨準備形成の源泉の一つとして，かかる借款の手取金の一部が外貨準備となったことを指摘している．すなわち，「多数

第3章 アメリカの資本輸出とドル・バランスの形成　　　　113

の国は主としてアメリカおよびイギリスから，安定借款ないしは復興借款を受けたが，この手取額の少なくとも一部は中央銀行の手中に渡った．例えばオーストリアやハンガリーは，国際連盟の主唱のもとに前記のような借款（それぞれ約1億ドルと，4,500万ドルにのぼる）を取得することができた．ドイツはドーズ案のもとで2億ドルの安定公債を取得し，ベルギーは1億ドル，ポーランドは5,000万ドルの借款をそれぞれ取得した．イタリアはイングランド銀行並びにニューヨーク連邦準備銀行にひきいられた中央銀行団から，1億2,500万ドルの安定信用を供与された[92]」．

　上述のヌルクセの指摘はわれわれに有益な示唆を与えてくれる．ドイツの場合には国際収支上，経常収支は1924-30年の期間中に大幅な赤字になっていたから，経常収支黒字による外貨保有増のケースはあてはまらないであろう．したがってドイツの場合には，外債発行手取金，あるいは短資流入によって外貨準備の増大が可能となったであろうと考えられるのである．そしてこの保有外貨をもとにライヒスバンクによる外国為替市場に対する介入操作が行われ，マルク相場の安定がはかられることになった．例えば，1924年10月11日以降，1926年8月23日まで，ドルに対して4.20ライヒスマルクの固定価格で外国為替を売買し，対ドル相場を釘付けしたのである．しかも釘付けの停止後も，「ライヒスバンクはある程度まで市場の変動によって決定された価格で売買した．しかし，ライヒスバンクはこれらの変動の限度を決定する十分な統制力を保持した[93]」．

　以上，簡単にではあるがアメリカのドイツに対する資本輸出の意義をみてきた．そこでは，ドイツの公信用によるアメリカ資本の導入によって，この外債手取金が準備通貨として保有されることになる．この保有外貨をもってライヒスバンクによる外国為替市場への介入が可能となり，マルク相場安定がはかられた．また，この外資流入によってドイツの国際収支の一時的改善も可能となり，マルクの安定も部分的には達成され得たであろう．

　ところで，この時期には，アメリカの外国証券投資の新規発行はイギリスのそれを圧倒していた．それは表3-17から明らかである．1924-28年の期間中には年平均で，アメリカは11億4,200万ドルの長期の新規外国証券発行を引き受け，イギリスの5億8,700万ドルを大きく上回っている．しかし，証券投

表 3-17　英米両国の外国人勘定の新規証券発行
　　　　　　（借換を除く）

(年平均，単位：100万ドル)

	1919-23	1924-28	1929-31
アメリカ	531	1,142	595
イギリス	416	587	399

（出所）United Nations, *International Capital Movements during the Inter-war Period*, Arno Press, New York, 1949 (reprint 1978), p. 25. 前掲邦訳，『国際投資論』400頁．

　資残高において1929年の数字ではイギリスは89億ドルで，アメリカの71億ドルを上回っている[94]．

　かくして1927年6月には，外国中央銀行保有のドル・バランスは約10億ドルになったといわれる[95]．1913年の連邦準備法の成立によって，自行宛に振り出されたドル建手形を国法銀行が引受ける権限を与えられ，この銀行引受手形は連邦準備銀行における再割引適格手形とされたので，公的ドル・バランスの形成に伴い，連邦準備銀行がそのコルレス先である外国中央銀行のためにドル建銀行引受手形を購入してドル・バランスの運用に便宜を与えた．表3-18にみられるように，外国中央銀行勘定で連銀によって購入された引受手形の額は1920年12月30日現在では1,600万ドルにすぎなかったが，1925年12月30日現在で6,500万ドル，27年12月28日現在で2億2,700万ドル，28年12月26日現在で3億2,700万ドル，29年末には5億4,800万ドルへと増大をとげた．したがって，銀行引受手形残高に占める外国中央銀行保有の銀行引受手形残高の割合も，1925年12月30日現在の8.1％から27年12月28日現在の21.0％，28年12月26日現在の25.5％，29年末の31.6％へとそれぞれ増大していったのである．

　しかしながら，ドルはポンドに取って代わることはできなかった．国際通貨としての機能はまず国際間の取引の決済に利用される取引通貨・決済通貨としての機能が第一次的であると考えるならば，ドルが決済通貨としてポンドを凌いだとは考えられないからである．これは，①世界貿易が依然としてイギリスを中心として編成されていたこと，②時差の存在，③世界貿易金融におけるロンドン金融市場の伝統的な強さ，④戦後台頭したニューヨーク金融市場が長期証券市場を中心に編成され，ドル建手形引受・割引市場はいまだ十全には成熟

第3章 アメリカの資本輸出とドル・バランスの形成   115

表 3-18　連邦準備銀行の銀行引受手形購入額

(単位：100万ドル)

	外国のコルレス先のための手形購入による連銀全体の偶発債務 (1)	自行勘定での連銀全体の手形保有高	手形残高合計 (2)（年末）	$\dfrac{(1)}{(2)} \times 100$
1920 年 12 月 30 日	16	256	1,000	1.6%
21 年 12 月 28 日	32	114	600	5.3
22 年 12 月 27 日	34	246	600	5.7
23 年 12 月 26 日	18	336	650	2.8
24 年 12 月 31 日	43	387	821	5.2
25 年 12 月 30 日	65	363	774	8.1
26 年 12 月 29 日	56	379	755	7.4
27 年 12 月 28 日	227	386	1,081	21.0
28 年 12 月 26 日	327	486	1,284	25.5
29 年 12 月 31 日	548	392	1,732	31.6
30 年 12 月 31 日	439	364	1,556	28.2
31 年 12 月 31 日	251	339	974	25.8

（出所）　B. H. Beckhart, ed., *The New York Money Market*, Vol. III, AMS, New York, 1932（reprint 1972), p. 428 より作成.

していなかったこと等が主要な原因としてあげられるであろう．特に最後に指摘した点から逆に考えるならば，ニューヨーク金融市場が国際証券市場としての役割に大きなウェイトを持っていたため，長期海外証券投資が大量に行われ，この証券投資の手取金が外国において外貨準備＝準備通貨として保有され，このことを通じてドルが国際通貨として台頭することになったと考えられるわけである．ドルはアメリカの輸出入取引の決済においては大部分使用されたし，ラテン・アメリカ，アジアの一部においても決済通貨として使用されたであろうが，それ以外の第三国間の取引の決済通貨としてポンドを凌いだとはいえないであろう．したがって取引通貨・決済通貨として使用されれば，介入通貨として用いられ，また介入のためには外貨準備＝準備通貨として保有されるという関係にあると考えるならば，ドルの準備通貨としての保有も限定されたものにならざるを得ない．取引通貨がポンドであれば，介入通貨もポンドが使用される．そのためにはポンドが準備通貨として保有されることになるからである．もちろん，アメリカは戦後まもなく1919年に金貨本位制で金本位制に復帰し，かつアメリカの国際収支も堅実であった点から考えれば，ドルの価値はむしろ

ポンドのそれを凌いで安定性を有していたといえるであろう．しかしながら，アメリカの世界市場に占める地位と機能はポンドを押しのけてドルに真の国際通貨としての役割を遂行させるまでにはいたらなかった．準備通貨を軸としてのドルの台頭がみられるのであり，ここにドル・バランス形成の特徴がみいだされるであろう．

注

1) W. A. Brown, Jr., *The International Gold Standard Reinterpreted 1914-34*, *op. cit.*, Vol. I, p. 138. この文章に続いて，ブラウンは「ドルをポンドに置き換えはしなかった．それは真実のドル為替本位制の見通しさえつくり出さなかった．それは分解した情況をもたらした」(*ibid*.) と述べている．
2) われわれとは異なる視角から第一次世界大戦期におけるアメリカの対外金融関係について分析した邦語文献として，平田喜彦「第一次大戦期のアメリカ対外金融関係（一）」法政大学『経済志林』第45巻第3号，1977年，侘美光彦「第一次大戦期の国際通貨体制」東京大学『経済学論集』第41巻第4号，1976年，同『世界大恐慌』第4章「第一次世界大戦の経済的諸結果」御茶の水書房，1994年，がある．
3) 安保哲夫『戦間期アメリカの対外投資』東京大学出版会，1984年，が代表的な研究結果としてある．また，半田正樹「1920年代におけるアメリカの資本輸出」(上)(下)，東北大学『経済学』第41巻第1号，同第2号，1979年がある．
4) 最近の成果として，山本栄治「1920年代米国の対ラテンアメリカ証券投資―戦間期の国際資本移動とラテンアメリカ債務危機（上）―」『甲南経済学論集』第41巻第1号，2000年，山本栄治『国際通貨と国際資金循環』日本経済評論社，2002年，第7章所収がある．なお，直接投資を中心とした研究として，土井修『米国資本のラテンアメリカ進出（1897-1932年）』御茶の水書房，1999年がある．
5) われわれと共通の視角からドルの国際通貨化を跡付けた研究として，山本栄治『基軸通貨の交替とドル』有斐閣，1988年，第1編第1章「二つのドル国際化路線」がある．同書において山本氏はRevisionistのパリーニ (C. P. Parrini) の *Heir to Empire: United States Economic Diplomacy, 1916-1923*, University of Pittsburgh Press, 1969 等の研究成果を踏まえ，第一次世界大戦期中のナショナル・シティ・バンク・グループの自立化路線による貿易金融面からのドル国際化路線と対英協力路線に基づくモルガン商会グループの資本輸出面からのドル国際化路線との相剋を詳細に明らかにされている．さらに，ニューヨーク外債市場の形成についての最近の研究として，中塚晴雄「ニューヨーク外債市場の形成過程―英仏第一次大戦債を契機として―」『証券経済研究』第11号，1998年があり，また，1920年代におけるアメリカの外国証券引受に関しての研究として，土井修「1920年代における米国の対外証券投資」『証券研究』第60巻，1980年があり，同「1920年代米国における証券引受活動の展開」『証券経済研究』第12号，1998年においても外国証券の引受発行

第3章　アメリカの資本輸出とドル・バランスの形成　　　117

について論究されている．
6) K. Burk, 'A Merchant Bank at War: The House of Morgan 1914-1918' in P. L. Cottrell and D. E. Moggridge ed., *Money and Power*, Macmillan, London, 1988, pp. 157-8（本論文は以後，K. Burk, 'A Merchant Bank' と略記する）．Ron Chernow, *The House of Morgan*, Atlantic Monthly Press, New York, 1990, pp.187-8. 青木榮一訳『モルガン家』上，日本経済新聞社，1993年，241頁．A. Rochester, *Rulers of America*, International Publishers, New York, 1936, p. 38. 立井海洋訳『アメリカの支配者』（上），三一書房，1953年，59頁．
7) K. Burk, 'A Merchant Bank', pp. 155-6. V. P. Carosso, *Investment Banking in America, A History*, Harvard University Press, Cambridge, 1970, p. 206. 日本証券経済研究所訳『アメリカ投資銀行』（上）『証券研究』第55巻，1978年，320頁．
8) K. Burk, 'A Merchant Bank', pp. 160-1. 当初，J. P. モルガン商会はステッティニアスと委託取り決め（brokerage arrangement）を結んで手数料を支払った．1916年1月に彼がJ. P. モルガン商会のパートナーになった時点で，輸出部は同商会に吸収された（K. Burk, *ibid.*）．輸出部のスタッフは1917年春までには175名に達した（K. Burk, *Britain, America and the Sinews of War 1914-1918*, George Allen & Unwin, Boston 1985, p. 23. 以下，本書は *Sinews of War* と略記する）．
9) K. Burk, *Sinews of War*, p. 22.
10) Ron Chernow, *op. cit.*, p. 188. 前掲邦訳，上，241頁．United States Senate, 74th Congress, 2nd Session, Special Committee on Investigation of the Munitions Industry, *Munitions Industry, Report*, No. 944, Part 5, p. 75.
11) この点に関しては，拙稿「国際金融市場の分裂とドル・バランスの形成」九州大学大学院『経済論究』第38号，1976年，127-34頁を参照されたい．
12) この点を強調されているのが，山本栄治，前掲書，41-3頁である．
13) C. Lewis, *op. cit.*, p. 546.
14) V. P. Carosso, *op. cit.*, p. 212, Exhibit 3. 前掲邦訳，（上），327頁．
15) 'First Installment of Anglo-French Loan Called for', *Commercial and Financial Chronicle*, October 30, 1915, p. 1420. United States, *Munitions Industry, Hearings before the Special Committee Investigating the Munitions Industry*, United States Senate, 74 Congress, 2nd Session, 1937, Part 33, 'Exhibit No. 4199. British French Governments Central joint loan account' pp. 10799-800. 中塚晴雄「ニューヨーク外債市場の形成過程」前掲，117頁．
16) V. P. Carrosso, *op. cit.*, p. 216. 前掲邦訳，（上），333-4頁．一部訳文を変更している．
17) 第一世界次大戦中のアメリカの金融政策についての邦語文献として，加藤正秀「第一次大戦期におけるアメリカの通貨金融政策」立正大学『経済学季報』第16巻第1号，1966年，平田喜彦「第一次大戦と連邦準備制度」立正大学『経済学季報』第18巻第1号，1968年，侘美光彦「第一次大戦期の国際通貨体制」東京大学『経済学論集』第41巻第4号，1976年がある．また戦費金融については，加藤栄一「戦費金融の遺したもの」東北大学『経済学』第30巻第1号，1968年がある．参照

されたい.
18) E. L. Bogart, *War Costs and Their Financing*, Jerome S. Ozer, 1921 (reprint 1974), pp.206-7. 岡野鑑記訳『戦費金融』日本評論社, 1939 年, 207-08 頁. V. P. Carosso, *op. cit*., p. 226. 前掲邦訳, (上), 352 頁.
19) 平田喜彦, 前掲論文, W. A. Brown Jr., *op. cit*., Vol. I, pp. 34, 43.
20) 平田喜彦, 前掲論文, W. A. Brown Jr., *op. cit*., Vol. I, 43.
21) W. R. Burgess, *The Reserve Bank and the Money Market*, revised edtion, Harper, New York, 1936, pp. 29-30. 東京銀行集会所訳『準備銀行と金融市場』東京銀行集会所, 1929 年 (これは 1927 年の初版の訳), 36-7 頁.
22) 戦時公債勘定については,「米国の国庫金市中預託制度と国庫制度について」三井銀行『調査月報』1957 年 4 月号, および鈴木武雄「近代財政と近代銀行体制」『武蔵大学論集』第 5 巻第 1 号, 1958 年, 7-8 頁を参照のこと. 以下のメカニズムの説明においても上記の二論文を参照した.
23) 同上.
24) 前掲論文,『調査月報』34 頁.
25) W. A. Brown, Jr., *op. cit*., Vol. I, pp. 121-4. L. V. Chandler, *Benjamin Strong*, Arno Press, New York, 1958 (reprint 1978), p. 117.
26) E. L. Bogart, *op. cit*., p. 207. 前掲邦訳, 208 頁.
27) V. P. Carosso, *op. cit*., p. 226. 前掲邦訳, (上), 353 頁.
28) J. M. Clark, *The Cost of the World War to the American People*, A. M. Kelley, New York, 1931 (reprint 1970), p. 137.
29) V. P. Carosso, *op. cit*., pp. 238-39. 前掲邦訳, (上), 370 頁.
30) 'Foreign Exchange Operations, 1918-1919', *Federal Reserve Bulletin*, Vol. 7, No. 12, December 1921, p. 1401.
31) H. B. Lary and Associates, *The United States in the World Economy*, Greenwood, Westport, 1942 (reprint 1975), p. 111.
32) Royal Institute of International Affairs (以下, R. I. I. A. と略記), *The Problem of International Investment*, Frank Cass, London, 1937 (reprint 1965), p. 131. 楊井克巳・中西直行共訳『国際投資論』日本評論社, 1970 年, 141 頁.
33) *Ibid*. 同上邦訳.
34) 共和党政権の戦債に対する政策については, M. Leffler, 'The Origins of Republican War Debt Policy, 1921-1923: A Case Study in the Applicability of the Open Door Interpretation', *Journal of American History*, Vol. 59, No. 3, December 1972 を参照されたい. 戦債問題全般については, H. G. Moulton and L. Pasvolsky, *World War Debt Settlements*, Johnson Reprint, New York, 1926 (reprint 1972), H. G. Moulton and L. Pasvolsky, *War Debts and World Prosperity*, Kennikat Press, Port Washington, 1932 (reprint 1971), 2 vols がある.

対米戦債整理問題の展開に関する邦語文献としては, 横浜正金銀行調査課『調査報告』第 65 号「米国戦時対外債権整理問題」1926 年, 有沢広巳・安部勇『世界恐慌と国際政治の危機』(『経済学全集 別巻』) 改造社, 1931 年, 第 6 章, 岡野鑑記

第3章　アメリカの資本輸出とドル・バランスの形成　　　　　119

『賠償及戦債問題』森山書店，1932 年，第 9・10 章がある．
35)　「ドーズ案」成立までのドイツ賠償問題の経緯の詳細に関しては，J. M. Keynes, *A Revision of the Treaty—being a Sequel to the Economic Consequences of the Peace*, 1st ed., 1922 in *The Collected Writings of John Maynard Keynes*, Vol. III. Macmillan, London, 1971. 千田純一訳『条約の改正』(『ケインズ全集』第 3 巻)，東洋経済新報社，1977 年，C. Bergman, *The History of Reparations*, Ernest Benn, London, 1927. S. A. Schuker, *The End of French Predominance in Europe*, The University of North Carolia Press, Chapel Hill, 1976. M. Trachtenberg, *Reparations in World Politics: France and European Economic Diplomacy 1916-1923*, Columbia University Press, New York, 1980. B. Kent, *The Spoils of War: The Politics, Economics, and Diplomacy of Reparations 1918-1932*, Clarendon Press, Oxford, 1989. 有沢・阿部，前掲書，岡野，前掲書，日本銀行調査局『ドイツインフレーションと財政金融策』実業之日本社，1946 年，第二部第五章，楊井克巳編『世界経済論』第一編第二章「賠償問題」(加藤栄一稿)，加藤栄一・馬場宏二・渡辺寛・中山弘正『世界経済』(宇野弘蔵監修『講座帝国主義の研究 2』)，青木書店，1975 年，第一章「賠償・戦債問題」(加藤栄一稿)，高橋進『ドイツ賠償問題の史的展開』岩波書店，1983 年を参照されたい．
36)　ヴェルサイユ条約については，J. M. Keynes, *The Economic Consequences of the Peace*, 1st ed., 1919, in *The Collected Writings of John Maynard Keynes*, Vol. II, Macmillan, London, 1971. 早坂忠訳『平和の経済的帰結』(『ケインズ全集』第 2 巻) 東洋経済新報社，1977 年，M. F. Boemeke, G. D. Feldman, and E. Glaser edited *The Treaty of Versailles*, Cambridge University Press, Cambridge, 1998. 有沢・阿部，同上書，第二章，岡野，同上書，第一章を参照されたい．
37)　J. M. Keynes, *Writings*, Vol. II, p. 95.『全集』第 2 巻，121 頁．
38)　*Ibid*. p. 96.『全集』第 2 巻，121-2 頁．
39)　J. M. Keynes, *Writings*, Vol. II, p. 97.『全集』第 2 巻，123 頁．
40)　ドイツは賠償総額の確定される 1921 年 5 月 1 日までに，200 億金マルクを支払わねばならず，さらにドイツは自己の金銭債務の保証およびその承認として 600 億金マルクの債券を賠償委員会に交付することを要求された．このうち 200 億金マルクの債券分は無利子で 1921 年 5 月 1 日償還で，前述の 200 億金マルクの金銭債券の第 1 回割賦分であり，400 億金マルクの債券は 1921 年より 1926 年までは 2.5%，それ以降は 5% の利子を付け，さらに同年より開始される償還のため，発行総額に対して 1% の償却を行うこととした．さらにドイツがこの利子支払や償却を履行しうると賠償委員会が確認すれば，ただちにまた 400 億金マルクの 5 分利付債券の発行が強制された (J. M. Keynes, *Writings*, Vol. II, pp. 101-5.『全集』第 2 巻，128-32 頁．)．
41)　J. M. Keynes, *Writings*, Vol. III, pp. 10-11.『全集』第 3 巻，12-3 頁．
42)　J. M. Keynes, *Writings*, Vol. III, p. 11.『全集』第 3 巻，13 頁．
43)　*Ibid*. 同上．
44)　C. Bergmann, *op. cit*., pp. 33-4.

45) スパー会議での連合国間における受取額の配分については J. M. Keynes, *Writings*, Vol. III, pp. 88-92.『全集』第3巻, 102-6頁を参照のこと.
46) J. M. Keynes, *Writings*, Vol. III, p. 13.『全集』第3巻, 15頁.
47) J. M. Keynes, *Writings*, Vol. III, pp. 15-6, 134-5.『全集』第3巻, 18, 157-9頁.
48) J. M. Keynes, *Writings*, Vol. III, pp. 18-9, 138-9.『全集』第3巻, 20-2, 165-7頁.
49) J. M. Keynes, *Writings*, Vol. III, pp. 20-4, 139-41.『全集』第3巻, 23-7, 167-9頁. C. Bergmann, *op. cit*., p. 68.
50) *Documents on British Foreign Policy*, 1919-1939, First Series, Vol. XV, Her Majesty's Stationery Office, London, 1967, pp. 566-9, 579-80. J. M. Keynes, *Writings*, Vol. III, pp. 41-67, 142-7.『全集』第3巻, 46-76, 170-7頁.
　なおその後のヴィルト政府の履行策を取扱った文献として, 荻田誠一「『履行政策』にみるドイツ『国民経済』再編課題の性格―ヴィルト政権の経済政策の一研究視角―」大阪市立大学『経済学雑誌』第75巻第6号, 1976年, 高橋進, 前掲書, 22-38頁がある.
51) C. Bergmann, *op. cit*., pp. 99-103. 有沢・阿部, 前掲書, 129-33頁, 岡野, 前掲書, 52-5頁.
52) C. Bergmann, *op. cit*., pp. 113-23. 有沢・阿部, 前掲書, 133-7頁, 岡野, 前掲書, 55-6頁.
53) C. Bergmann, *op. cit*., pp. 139-40. 有沢・阿部, 前掲書, 144-5頁, 岡野, 前掲書, 60頁.
54) C. Bergmann, *op. cit*., pp. 140-45. 有沢・阿部, 前掲書, 145-7頁, 岡野, 前掲書, 60-2頁.
55) C. Bergmann, *op. cit*., pp. 163-9. 有沢・阿部, 前掲書, 154-60頁, 岡野, 前掲書, 64-5頁. なお英仏の対立がこのように激化したことの背景には戦償, 戦後の再建・復興費および世界市場における両国の地位の相違が背景にあったといえよう. すなわち, フランスは戦費の大部分を公債および中央銀行貸付金でまかなったが, 戦後この公債の償却費および戦後の復興費を捻出せねばならなかった. しかもフランスは戦後純債務国に転落したから, 復興費捻出のためドイツからの賠償の取立を引きあてにした回収可能予算を立て, これを復興費に充当したのであり, 公債の増大によってドイツからの賠償取立はフランス資本主義再建にとって不可欠な急務であった. 同時に賠償の取立によってドイツの経済力を弱体化させることをも意図したのである. これらの点がフランスの苛酷な賠償請求を必然化させたのである. 他方, イギリスとしてもドイツから多額の賠償を取立てることにそれ自体としては異存はなかったものの, ドイツ資本主義の再建がヨーロッパ経済再建の要をなし, このヨーロッパの再建を通じてイギリスの世界市場での優位を保持したいと考えた. 同時にヨーロッパ大陸においてフランスが強大になることを警戒し, ドイツの一定程度の回復によってドイツがフランス牽制の役割を果たすことをも望んだのである. したがって, ドイツの支払能力を無視したフランスの賠償要求には反対せざるを得なかった. フランスの如き破滅的な賠償請求は, まずイギリスの対ドイツ輸出を減少

第3章　アメリカの資本輸出とドル・バランスの形成　　　　　　　　　　121

させることになり，また，ドイツをしてますます為替ダンピングによる輸出ドライブに傾斜させ，イギリスを中心とするヨーロッパ再建を挫折させる危険が大であった．また，戦債に関してはイギリスはアメリカに対して巨額の債務を負っており，しかもイギリスの保有する他の連合国債権はロシアをはじめとする不良債権がかなりあった．そこでイギリスは戦債と賠償を帳消しにする方向をバルフォア・ノートで明確に打ち出したのであり，このような点にもイギリスが賠償問題に対して一定程度寛大な態度をとることになった根拠があったといえよう（この点については，楊井編，前掲書，96-104頁および加藤・馬場・渡辺・中山，前掲書，26-35頁をも参照のこと）．

56) ドーズ委員会の中に設置された二つの小委員会のうち，財政に関する小委員会の委員長にはイギリス代表J. スタンプが就任し，マルク安定に関する小委員会の委員長にはアメリカ代表オーエン. D. ヤングが就任した．ドーズはシカゴの銀行家で，ヤングはゼネラル・エレクトリック社会長であり，共にJ. P. モルガン商会と親密な関係（特にヤングの場合）にあった（W. Link, *Die amerikanische Stablisierungspolitik in Deutschland 1921-32*, Droste Verlag, Düsseldorb, 1970, S. 215-6. Ron Chernow, *op. cit*., p.249，前掲邦訳，（上），309頁）．

57) H.B. Lary and Associates, *op. cit.*, pp. 129-30.

58) 'Gold Movements into and out of the United States, 1914 to 1929 and the Effects' by G. E. Roberts, in League of Nations, *Selected Documents on the Distribution of Gold Submitted to the Gold Delegation of the Financial Committee,* Geneva, 1931, p. 47. 国際連盟事務局東京支局訳『英米独仏における金移動問題』1931年，103頁．

59) この点に関しては，加藤栄一『ワイマル体制の経済構造』東京大学出版会，1973年，127-37頁を参照のこと．なお，アメリカの介入の政治的条件に関しては同上書，137-9頁を見よ．また，F. Costigliola, 'The United States and the Reconstruction of Germany in the 1920s', *Business History Review*, Vol. L, No. 4, Winter 1976 も参照されたい．

60) C. Bergmann, *op. cit*., p. 125. 外債委員会の任務は次の3点を考察することにあった．すなわち，①外債を募集しうる条件および近い将来において特に次の2年間の各年において獲得されうると予想される額，②将来の賠償利益を不当に害することなく，外債債権者に提供される保証，③外債の利払に当てられる収入とその資産が管理され，監督されるべき方法，およびドイツ政府，外債債権者と賠償委員会との間に確立されるべき関係について考察することにあった（*ibid.*）．

61) C. Bergmann, *op. cit*., p.137. 荻田誠一氏はこの外債委員会の報告について，②はアメリカの意思であり，③は戦債・賠償問題を結合させて解決しようとしたイギリスの意思の表出であり，同報告が矛盾した主張をしていると述べられておられる（前掲，荻田誠一「『履行政策』にみるドイツ『国民経済』再編課題の性格」71頁．）．本稿では外債委員会を通じてアメリカが賠償問題への介入の端緒を開いた点を重視している．

62) W. Link, *a. a. O*., S. 131.

63) これは1922年8月1日にイギリスの外務大臣のバルフォアによって主張された．

そこではイギリスは戦債の帳消しを唱えている．それはアメリカが戦債の回収を主張している限り，イギリスとしても債権を回収せざるを得ない．しかし，イギリスはアメリカに負っている債務の範囲内でそれを回収するであろうというものであった（C. P. Kindleberger, *The World in Depression 1929-1939*, revised and enlarged edition, University of California Press, Berkeley, 1986, p. 25. 石崎昭彦・木村一朗訳『大不況下の世界 1929-1939』改訂増補版，岩波書店，2009 年，26 頁．H. G. Moulton and L. Pasvolsky, *op. cit.*, pp. 111-3.）．なお，バルフォア・ノートの全文は，*Documents on British Foreign Policy 1919-1939*, First Series, Vol. XX, Her Majesty's Stationery Office, London, 1976, pp. 99-101 に収録されている．

64) ヒューズの演説は，*Papers Relating to the Foreign Relations of the United States 1922*, Vol. II, Kraus, New York, 1938（reprint 1971）, pp. 199-202 に収録されている．その骨子については，E. Wandel, *Die Bedeutung der Vereinigten Staaten von Amerika für das deutsche Reparationsproblem 1924-1929*, J. C. B. Mohr, Tübingen, 1971, S. 9-10 の整理を参照されたい．

65) アメリカは 1922 年 2 月 9 日に「戦時対外債権整理委員会」（World War Foreign Debts Funding Commission）を設置し，対外債権の整理に乗り出した．そして 1923 年 6 月 19 日にイギリスとの間で戦債整理の交渉が成立して償還期限を 62 年とし，最初の 10 年間は 3% の利子で，それ以降 3½% 利子で支払いを行うこととした（C. P. Kindleberger, *op. cit.*, pp. 25-6. 前掲邦訳，27-8 頁．）．なお対米戦債の解決リストは，H. G. Moulton and L. Pasvolsky, *War Debts and World Prosperity, op. cit.*, p. 82 に載っている．

66) 同報告は，Committees of Experts, *Report to the Reparation Commission, Federal Reserve Bulletin*, May 1924, Vol. 10, No. 5, pp. 351-417 に収録されている．以下，*Experts' Report* として引用する．訳文は，日本銀行調査局『ドウズ案ニ依ル独逸ノ賠償支払付録，（倫敦協定並ドウズ案全文）』1928 年による．ただし，一部仮名遣いを改めた．また同報告の内容に関連した邦語文献として，日本銀行調査局『ドウズ案ニ依ル独逸ノ賠償支払』1928 年，横浜正金銀行調査課「『ドーズ』案から『ヤング』案まで」『調査報告』第 73 号，1927 年，第一編，有沢・阿部，前掲書，222-46 頁，岡野，前掲書，163-88 頁，楊井編，前掲書，104-7 頁，加藤・馬場・渡辺・中山，前掲書，54-8 頁がある．簡単には W. A. Brown, jr., *op. cit.*, Vol. I, pp. 365-68, 466-67. S. V. O. Clarke, *Central Bank Cooperation 1924-31*, Federal Reserve Bank of New York, 1967, pp. 48-50 をも参照のこと．

67) *Experts' Report*, pp. 359, 361-5. 前掲邦訳，49, 54-66 頁．

68) 「賠償勘定のための一切の支払は金マルクまたはドイツ国通貨のこれに相当するものをもって発券銀行に払込まれ，『賠償支払総代理人』の貸方に記帳される．この支払は本計画にもとづきドイツ政府がその債務を履行するための最終的行為とする．」（*Experts' Report*, p. 366. 邦訳，69 頁．）

69) *Ibid*.

70) この点に関する邦語文献として，栗原優「ドイツ工業全国連盟とドーズ案の成立」『歴史学研究』第 332 号，1968 年 1 月，加藤栄一，前掲，『ワイマル体制の経済構

第3章　アメリカの資本輸出とドル・バランスの形成　　　123

造』140-54頁，荻田誠一「マルク安定構想の背景と実現過程」大阪市立大学『経済学雑誌』第73巻第4号，1975年，奥田宏司『両大戦間期のポンドとドル』法律文化社，1997年，第1章「ライヒスマルクをめぐるドルとスターリングの角逐」がある．また，S. V. O. Clarke, *op. cit.*, pp. 58-67 をも参照のこと．

71) *Experts' Report*, p. 357. 前掲邦訳，42-3頁．この法定準備金は，「銀行において金塊または金貨にて保有されるか，または預託当時の平価にて金またはこれに相当するものでもって支払われる外国金融中心地にある一流銀行の要求払預金の形式で保有される」と第一付属書では規定している（*Experts' Report*, p. 386. 前掲邦訳，122頁．）．

72) 1924年8月の新銀行法の条文は，W. Hofmann (Hrsg.), *Handbuch des gesamten Kreditwesens*, Fritz Knapp, Frankfurt am Main, 1937, S. 401-21 に収録されている．邦訳は，日本銀行調査局『独逸国家銀行 (Reichsbank) 法—附同行定款案』1924年がある．また新旧ライヒスバンクの比較に関しては，楠見一正・島本融『独逸金融組織論』有斐閣，1935年，231-50頁を参照のこと．

　なお，新通貨制度をめぐる英米の対立，抗争について簡単にふれておこう．

　ドイツにおいては1923年11月の「レンテンマルクの奇蹟」によって一時的な通貨安定が達成された．しかし，これはあくまで一時的なものに過ぎず，恒常的な通貨安定が必要であった．シャハトは「ライン金発券銀行」の設立に対抗して「金割引銀行」を設立しようとした．この金割引銀行は実質的にポンドにリンクした発券銀行として発足する予定であり，イングランド銀行総裁ノーマンの支持を獲得した．他方，アメリカの意図はドイツを金本位制に即時復帰させることにあった．当時，世界の主要な金本位国はアメリカのみであったから，ドイツが金をベースにすることは間接的にドルとの関係を有することになり，マルクがポンドをベースにして通貨安定をはかることを阻止したかったのである．だが，このシャハト・ノーマン構想は事実上挫折し，金割引銀行はライヒスバンクに吸収されることになった．しかしながら他方，ドーズ案の意図した新発券銀行の創設は阻止され，金兌換義務の一時的猶予が新銀行法にも規定されたことから考えれば，金本位への即時復帰に反対するというノーマン・シャハトの意図は部分的に達成されたと考えてよいであろう（以上の点について詳しくは前述の注70）の文献を参照されたい）．

73) 国際連盟公債については，R. I. I. A., *op. cit.*, pp. 231-4. 前掲邦訳，247-50頁を参照のこと．

74) S. V. O. Clarke, *op. cit.*, p. 49.

75) *Experts' Report*, p. 368. 前掲邦訳，74-5頁．

76) S. V. O. Clarke, *op. cit.*, p. 69.

77) H. B. Lary and Associates, *op. cit.*, p.94.

78) H. B. Lary and Associates, *op. cit.*, p. 95.

79) 両大戦間期のアメリカの資本輸出についての最近の邦語文献として前掲の注3），4），5）の文献を参照のこと．

80) R. I. I. A., *op. cit.*, p.180. 前掲邦訳，193頁．

81) R. I. I. A., *op. cit.*, pp.181-2. 前掲邦訳，195頁．

82) League of Nations, *Balance of Payments*, Geneva 1930, p. 179.
83) アメリカの海外証券投資の主要な投資先としてヨーロッパ以外にはラテン・アメリカとカナダがあった．南米に対しては公債投資が大部分を占め，南米諸国はこの公債発行によって調達した資金を産業基盤整備のための公共投資に向け，これに先導されてアメリカからの直接投資が行われるという関係がかなり展開された．また中米への投資は大部分直接投資であった．次にカナダへのアメリカ投資はアメリカ国内投資の外延的性格が強かった（詳細は鎌田正三・森昊・中村通義『アメリカ資本主義』（宇野弘蔵監修『講座帝国主義の研究3』）青木書店124-38頁を参照のこと）．
84) この外国政府証券の中には，国家や地方政府，地方公共団体の公債とともに政府保証債や政府が統制している会社の社債も含まれている．
85) 'Reparations and War Debts', *Supplement to the Economist*, January 23, 1932, p. 16 より算出．ただし，この推計は1924年から1931年6月末までの期間を対象としている．
86) 加藤栄一，前掲書，180-2頁を参照のこと．
87) マッドン，ナドラーはドイツが外国資本の導入を必要とした背景として，①大戦およびインフレーションに起因する貧困，②賠償金の支払い，③国内における資本蓄積速度のはなはだしい弛緩，④巨額の産業再建のための資本の必要性をあげている（J. T. Madden and M. Nadler, *The International Money Markets*, Greenwood, New York, 1935（reprint 1968）p. 365.）．
88) United States Senate, *Sale of Foreign Bonds or Securities in the United States*, Hearings before the Committee on Finance, United States Senate, Seventy-Second Congress, First Session pursuant to S. Res. 19, Part 1, December 18, 19, and 21, 1931, Gozando Books, Tokyo, 1931 (reprint 1984), p. 160. 中塚晴雄「投資銀行の引受審査―1920年代前半のニューヨーク外債市場におけるデュー・ディリジェンス―」『福岡大学商学論叢』第45巻第2号，2000年，10頁．
89) K. Burk, *Morgan Grenfell 1838-1988, op.cit.*, p. 143.
90) S. V. O. Clarke, *op. cit.*, pp. 68-9. United States Senate, *Sale of Foreign Bonds or Securities in the United States*, Hearings before the Committee on Finance, United States Senate, *op. cit.*, Part 1, 1931, pp. 29-30.
91) 外資の役割については，生川栄治『現代銀行論』日本評論新社，1960年，62-75頁，加藤栄一，前掲書，175-84頁，安保哲夫「資本輸出論ノート」（二）『社会労働研究』第17巻第3・4号，1971年および安保哲夫『戦間期アメリカの対外投資』前掲，160-6頁を参照されたい．
92) League of Nations (R. Nurkse), *International Currency Experience*, 1944, p. 32. 小島清，村野孝訳『国際通貨』東洋経済新報社，1953年，42頁．ヌルクセは，外貨準備形成の源泉として他に次の2点をあげている．すなわち，①経常収支改善による対外資産獲得の努力がなされたこと，②フランスの例のように，1926年12月にフランが事実上の安定以前には民間資本が外国に逃避していたが，フランの事実上の安定にともない，民間資本は外国からフランス本国に引揚げを開始した．その際

第3章　アメリカの資本輸出とドル・バランスの形成　　125

フランス銀行は，1926年12月に確立された水準以上にフランの価値が騰貴するのを防ぐため，民間資本が売却した巨額の金および対外資産を買い入れる措置をとった．つまり，外国為替市場への介入操作の結果——フランを売って，外貨のポンドやドルを買う操作——，巨額のポンドおよびドルがフランス銀行に保有されることになったことの2点である (League of Nations ［R. Nurkse］, *ibid*., pp. 32-3. 前掲邦訳，42-3頁．)．後者の点については，拙稿「フランスの金蓄積とポンドへの重圧——1928年から1930年までを中心に——」『熊本学園大学経済論集』第7巻第1・2・3・4合併号，2001年3月，232-233, 238-241頁を参照されたい．なお，H. B. Lary はドル・バランスの形成について，①ドル引受手形の利用にともなう working balance の形成，②アメリカの資本輸出の手取金の預入れ，③貨幣用公的準備をあげている (H. B. Lary and Associates, *op. cit*., pp. 114-5)．

93)　W. A. Brown, Jr., *op. cit*., Vol. I, pp. 469-70. この釘付けが停止されたのは，対米為替相場が一定していたため銀行は為替リスクをともなうことなく外貨を低利で借りてその外貨手形をライヒスバンクに売り，資金の必要がなくなった時にこれを買い戻すという方法をとった．これは短資流入を増大させたが，この短資流入を抑制するために釘付けが停止された (M. B. Northrop, *Control Policies of the Reichsbank 1924-1933*, AMS, New York, 1938 (reprint 1968), pp. 309-13. J. T. Madden and M. Nadler, *op. cit*., pp. 381-2)．

94)　United Nations, *op. cit*., p. 29. 前掲邦訳，404頁．
95)　*Federal Reserve Bulletin*, Vol. 13, No. 6, June 1927, p. 392.

第4章
再建金本位制期のイギリスの国際収支と対外短期ポジション

第1節 再建金本位制の成立と国際通貨の分極化

1 再建金本位制の成立

　第一次世界大戦の終結する10ヵ月前の1918年1月に，イギリス大蔵省および復興省は「復興期間中に通貨および外国為替との関連で生じる様々な問題を考察し，適当な時に正常な状態の回復をもたらすのに必要とされる措置について報告するために[1]」，イングランド銀行総裁のカンリフ卿（Lord Cunliff）を委員長として「戦後の通貨および外国為替に関する委員会」（Committee on Currency and Foreign Exchanges after the War），いわゆるカンリフ委員会を任命した．カンリフ委員会は同年8月に第一次中間報告を発表し，その中で，「有効な金本位制度の維持に必要な条件を戦後遅滞なく回復することが最も重要であると考える．貿易収支逆調と過大な信用拡張に対する唯一の有効な救済策であることを長い経験が明らかにした機構が再度その役割を果たさない限り，紙幣発行の兌換性を脅かし，そしてわが国の国際貿易の地位を危うくするような金の対外流出を結果する累積的な信用拡張の重大な危険が生じる[2]」と述べ，金本位制への早期復帰を勧告した．

　第一次大戦後の1919年3月21日に，大戦中に実施されていたポンドの対ドル相場の釘付け操作は公式に撤回された．その結果，ポンド相場は下落し始め，その下落は1920年2月に3.40ドルに達するまで続いた[3]（図4-1）．そこで予想される金流出を防ぐため，19年3月31日に「緊急勅令」（Order in Council）によって金鋳貨および金地金の輸出が禁止された[4]．

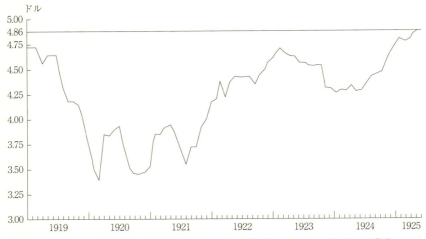

（出所） E. V. Morgan, *Studies in British Financial Policy 1914-25, op. cit.*, pp. 349-55 より作成.

図 4-1 ポンド・ドル相場（電信為替） 1919-25 年 5 月

　他方，ポンド相場の下落に伴って，19年9月12日には戦時の取り決めに基づくイングランド銀行による金1オンス＝3ポンド17シリング9ペンスでの南アフリカ新産金の買上げが停止されて，ロンドンに輸入された南アフリカの新産金の輸出を許可制により解禁した[5]．ここにおいてロンドン金市場が再開されることになった．そして前述の金輸出禁止は1920年の「金銀（輸出統制等）法」（Gold and Silver [Export Control, etc] Act of 1920）によってさらに5年間継続された[6]．換言すれば，1925年12月末には同法は失効することになっていたので，1925年に金本位復帰を行うか否かが焦点として浮かび上がってきたのである．

　20年2月に3.40ドルの底値に落ちたポンド相場は21年7月までの18ヵ月間に乱高下を繰り返しながら，21年8月から23年2月（対米戦債問題の解決）にかけて上昇傾向に転じたが，その後再度下落に転じた[7]．1924年に入って，4月のドーズ委員会報告書の提出さらには8月のドーズ案の成立，10月のドーズ公債募集の成功によってポンド相場の回復傾向が定着した[8]（図4-1）．翌25年2月5日には，「カレンシー・ノートおよびイングランド銀行券発行に

関する委員会」(Committee on the Currency and Bank of England Note Issues)──チェンバレン-ブラッドベリー委員会──がチャーチル蔵相に旧平価で金本位に復帰すべきことを勧告した[9]. チャーチルは25年4月28日の下院における予算演説の一部として, 旧平価, すなわち1ポンド=4.866ドルでのイギリスの金本位復帰の声明を発表した[10]. 続いて同年5月13日に, 「1925年金本位法」(Gold Standard Act of 1925) が成立した[11]. かくして再建金本位制がスタートすることになった.

　この再建金本位制下では, イングランド銀行は同行銀行券の金貨兌換の義務は免除されたが, イングランド銀行券は依然として法貨とされた. イングランド銀行はその本店において標準金1オンス=3ポンド17シリング10ペンス半の割合でイングランド銀行券を金塊に兌換した. 兌換の最低限は純金400オンス=1,699ポンド11シリング8ペンスとされたことから, 一般国民は金兌換の便宜を享受することができなくなった[12]. このように国内の金貨流通を停止し, 中央銀行であるイングランド銀行への金準備の集中を図る金地金本位制 (Gold Bullion Standard) が採用され, イングランド銀行の金準備は国際的支払手段準備金の機能に限定されることになった.

　1925年のイギリスの金本位復帰を契機として諸外国は相次いで金本位制に復帰して国際金本位制は再建された. しかし, 再建金本位制は「ニューヨークとロンドンの二分化された清算所」をもつ国際金融システムのもとで機能することになったのである[13]. 換言すれば, 国際通貨のポンドとドルへの分極化と国際金融市場のロンドンとニューヨークへの分裂が生じたのである.

2　国際通貨の分極化と国際金融市場の分裂

　ではポンドとドルは国際通貨としての機能をどの程度果たしたのかを簡単にみておこう.

　第一に契約通貨・決済通貨としての機能に関わる引受信用の分野においては, 銀行引受手形残高においてニューヨーク金融市場が急成長を遂げて, 1929年にはロンドン金融市場と肩を並べるに至ったことが表4-1から確認できる. しかし第三国間の貿易金融の分野においては, 表4-2にみられる如く, 1928年まではロンドンがニューヨークを大きく引き離していたが, 29年にはニュー

表 4-1 ロンドン，ニューヨーク両金融市場における銀行引受手形残高

(年末，単位100万ドル)

金融市場	1927	1928	1929	1930
ロンドン	1,002	1,594	1,429	1,254
ニューヨーク	864	1,095	1,426	1,244

(出所) A. S. J. Baster, 'International Acceptance Market', *The American Economic Review*, Vol. XXVII, No. 2, June, 1937, p. 297 より 1 ポンド＝4.86 ドルで算出.

表 4-2 外国勘定で引き受けられた手形残高

年末	外国の勘定で引き受けられた英ポンド建手形	外国の勘定で引き受けられたドル建手形
	(ポンド)	(ポンド)
1927	140,000,000	83,000,000
1928	201,000,000	104,000,000
1929	176,000,000	171,000,000
1930	161,000,000	168,000,000

(出所) Committee on Finance & Industry, *Report*, His Majesty's Stationery Office, London, 1931, pp. 112-3. 加藤三郎・西村閑也訳『マクミラン委員会報告書』日本経済評論社, 1985 年, 90-1頁.

ヨークでの引受が急増している．29 年までの時点ではポンドはドルに対して優位を保持したといえよう．これは，「基礎的原材料の世界市場はロンドンとリヴァプールに集中され続けた[14]」ことの反映であった．

　第二に，長期海外資本発行では 1924-28 年平均でアメリカは 11 億 4,200 万ドルと，イギリスの 5 億 8,700 万ドルの約 2 倍の発行額を記録してイギリスを圧倒している（前掲表 3-17）．「ニューヨークは証券の国際的取引市場として急速に重要性を増しつつあった[15]」ことを表している．

　第三に，諸外国の通貨当局が保有する準備通貨では 1927 年時点でポンドで約 15 億ドル，ドルで 10 億ドル保有されていたと推測される[16]．

　第四に，1930 年末時点でポンド残高は 34 億 2,630 万ドル（後掲表 4-21 をドルに換算），ドル残高は 27 億 3,700 万ドル（後掲表 6-17）と推測される．

　以上の概観からも明らかなように，貿易金融の分野，準備通貨としての保有，金融市場に置かれた諸外国の残高においてポンドはドルを上回っており，ポンド優位の体制であった．しかしながら，国際通貨の分極化と国際金融市場の分裂は国際決済機能の低下と決済の複雑化をもたらす[17]だけでなく，各国の為替

銀行にロンドン，ニューヨークに国際決済のためのワーキング・バランスを置かざるを得なくさせる．さらに金為替本位制の普及により各国の外貨準備がロンドン，ニューヨークに置かれることになる．ちなみに，第一次大戦前の1913年末で外国の通貨当局が保有する外貨準備は11億3,200万ドルとなっている[18]．ところが1927年では世界の中央銀行の外貨準備（英米を除く）は25億5,000万ドルに増加している[19]．加えて諸外国の浮動短期貨幣資本による主要国金融市場間――ロンドン，ニューヨーク，パリ，ベルリン，アムステルダム等――での活発な，時には激烈な移動が生じることになる．

　このような不安定な構造を内包する再建金本位制期には，国際通貨国イギリスの国際収支と対外短期ポジションに構造的な問題が露呈し，ポンドの脆弱性がクローズ・アップされることになる．この再建金本位制期のイギリスの国際収支構造上の問題点としては，従来，「短期借り・長期貸し」という形で指摘されてきた．例えば王立国際問題研究所は1920-30年の時期について，「経常勘定の通常の状態は，20-30年期には商品入超は『貿易外』項目の受取額により相殺されて余りがあり，26年を除き各年とも差額はプラスであった．このプラスの差額は初めの数年は非常に大きかったので新規海外発行は利用しうる外国為替のすべてを吸収するに至らず，イギリスは他の形態でも資本を輸出しつつあった．しかし24-27年期には長期資本輸出が普通多額にのぼったので，これを均衡させるため外国通貨が借り入れられた．イギリスは『長期貸し，短期借り』であったのはこの時期であったが，この過程は無限に続けることのできないものである上に，イギリスの全金融構造にとり潜在的危険となる巨額の外国残高をロンドンに作り出したのである[20]」と指摘している．しかし，「短期借り・長期貸し」は必ずしも再建金本位制期のみの特徴ではなく，第一次大戦前のいわゆる国際金本位制期にも行われていたとの近年の研究[21]を踏まえるならば，われわれは国際収支のフロー面だけに視野を限定せずに，イギリスの対外短期ポジションの問題をも視野に収めつつ，国際通貨ポンドの国際流動性ポジション分析を進めていく必要があると考える[22]．換言すれば，第一に，基礎収支が均衡しているか否かの問題（これは構造的・基底的な問題に関連する）と，第二に，対外純短期債務国イギリスの実態（これは再建金本位制崩壊の直接的要因となる）把握の究明に努めていきたい．以上のような視座からの

接近によってポンドの脆弱性を解明していくことにしよう．

第2節 再建金本位制期のイギリスの国際収支

まず，この時期におけるイギリス国際収支の動向を示したのが表4-3である．

表4-3 イギリスの国際収支 1900-13年，1925-31年

(単位：100万ポンド)

	1900/13年平均	1925	1926	1927	1928	1929	1930	1931	1925/29年平均
貿易取引									
輸入 (f.o.b.)	−570	−1,208	−1,140	−1,115	−1,095	−1,117	−953	−768	−1,135
輸出 (f.o.b.)	+460	+943	+794	+845	+858	+854	+670	+464	+859
貿易収支	−110	−265	−346	−270	−237	−263	−283	−322	−276
貿易外取引									
政府サービス・移転（純）		+8	+10	+15	+15	+14	+19	+10	+12
その他の貿易外取引									
民間サービス・移転	+86	+53	+57	+91	+82	+78	+60	+31	+72
利子・利潤・配当									
民間部門	+142	+254	+254	+251	+251	+250	+220	+169	+252
公共部門		−19	−14	−9	−7	−3	−1	−2	−10
貿易外収支	+228	+296	+307	+348	+341	+339	+298	+208	+326
経常収支	+118	+31	−39	+78	+104	+76	+15	−114	+50
長期資本									
公的長期資本(純)		−5	−4	−6	−3	−5	−2	−1	−5
新規対外投資	−129	−88	−112	−166	−143	−96	−98	−41	−121
減債基金・償還		+15	+27	+34	+35	+49	+39	+27	+32
その他									
長期資本収支	−129	−78	−89	−138	−111	−52	−61	−5	−94
基礎収支	−11	−47	−128	−60	−7	+24	−46	−119	−44
短期債務（純）の変化					+136	−84	−26	−293	
イギリス政府証券									
外国人勘定での手形引受額					−61	+25	+15	+41	
資本収支（確認分）		−78	−89	−138	−36	−111	−72	−257	
調整項目[1]		+45	+151	+78	−86	+27	+64	+337	
総合収支		−2	+23	+18	−18	−8	+7	−34[2]	+3
公的準備の変化（増加−）		+2	−23	−18	+18	+8	−7	−48	−3
公的援助の変化								+82	

(注) 1 1928年以前は短期債務（純）の変化と外国人勘定での手形引受額を含む．
　　 2 公的援助の変化を含まず，これを含めると 4,800万ポンドの黒字となる．
(出所) 1900/13年の年平均は表1-2より算出．1925/31年は R. S. Sayers, *The Bank of England 1891-1944*, *op. cit.*, Appendixes, 'The Balance of Payments in the Inter-War Period', pp. 312-3 より作成．

この表を一瞥してまず気が付く点は，基礎収支の不均衡ないしは大幅赤字の激増である．1925-29年平均で1900-13年平均の4倍の4,400万ポンドの赤字を計上した．特に，1925-27年はそれが顕著である．この基礎収支の赤字激増の原因を明らかにすることから論を進めていくことにしよう．

1 貿易収支の悪化

上述の基礎収支赤字激増の主要原因は，経常収支の黒字幅縮小あるいは年によっては赤字への転落であり，経常収支黒字は1925-29年平均で1900-13年平均の42%にまで急減した．このような経常収支悪化をもたらした主要原因としては，貿易収支の赤字激増を第一に挙げることができるであろう[23]．1925-29年平均で1900-13年平均の2.5倍に赤字が急増している．かかる貿易収支の赤字増大をもたらしたのは，輸入の増大と輸出の停滞である．1925年以後の時期を通じてイギリスの輸出が他の主要国と比較して伸び悩みの傾向にあるのが，表4-4から理解できるであろう．1925年から1929年の時期には，世界貿易は拡大傾向にあったにもかかわらず，イギリスの輸出量は微増傾向を示したに過ぎず，1929年のその輸出量は，表4-4によれば，1924年を100とすれば109に過ぎず，これは西ヨーロッパ各国が恐慌の真っただ中の1931年に到達

表4-4 イギリスの輸出入量と主要国の輸出量

	1924	1925	1926	1927	1928	1929	1930	1931
イギリスの輸出	100	100	90	102	106	109	90	68
イギリスの輸入	100	103	107	110	107	113	112	115
輸出								
世界[1]	100	108	111	120	126	132	123	113
西ヨーロッパ[1]	100	106	109	121	128	134	122	107
ドイツ	100	83	98	101	115	128	122	111
フランス	100	104	113	123	124	124	111	94
ベルギー[2]	—	100	105	133	148	147	127	130
スウェーデン	100	105	107	131	130	152	140	114
オランダ	100	107	113	126	133	135	128	120
アメリカ	100	106	113	122	126	130	107	91

(注) 1 イギリスを含む．
2 1925年=100．
(出所) D. E. Moggridge, *British Monetary Policy 1924-1931*, Cambridge University Press, Cambridge, 1972, p. 121, table 10.

表 4-5　イギリスと世界の輸出入

年度	イギリスの数量指数		世界に占めるイギリスの割合	
	純輸出	純輸入	輸出	輸入
1913	100.0	100.0	13.11	15.24
1924	80.0	106.4	12.94	17.62
1927	81.8	118.3	11.10	15.92
1929	86.6	121.3	10.86	15.40

(出所)　A. E. Kahn, *Great Britain in the World Economy,* Johnson, New York, 1946 (reprint 1968), p. 132, table 18.

した水準の107をわずかに上回ったに過ぎなかったのである.

しかも表4-5によれば，1913年を100とすれば，1924年の純輸出量は80.0に過ぎず，1929年のそれも86.6と戦前水準にすら達しない有様であった．他方，輸入の方は量的には1924年が106.4と戦前水準を超え，その後も漸増傾向を示しており，1924年を100とすれば，1929年には113に，1913年を100とすれば，1929年には121.3へと推移している．

では，このようなイギリスの商品輸出の不振はどこにその原因があるのであろうか．この点を明らかにするために，イギリスの主要輸出品がその数量，価額においていかに推移したかを確認しておくことにしよう．

まず，数量からみると，表4-6から明らかなように，綿製品，鉄鋼，石炭等の主要輸出品においては戦前の1913年の水準を下回っている．これは，「イギ

表 4-6　イギリスの主要輸出品の数量推移

年	綿製品		鉄鋼 (1,000 トン)			石炭 (1,000 トン)
	綿糸 (100万封度)	綿布 (100万ヤード)	銑鉄	鋼	計	
1913	230.7	7,075	1,124	3,845	4,969	73,400
1924	181.1	4,585	600	3,251	3,851	61,651
1925	208.4	4,637	560	3,171	3,731	50,817
1926	188.0	3,923	313	2,675	2,988	20,596
1927	218.2	4,189	331	4,865	4,196	51,149
1928	187.5	3,968	455	3,806	4,261	50,051
1929	185.1	3,765	545	3,844	4,389	60,267
1930	153.1	2,491	317	2,843	3,160	54,874
1931	147.6	1,790	202	1,777	1,979	42,750

(出所)　B. R. Mitchell, *British Historical Statistics, op. cit.*, pp. 257, 301, 356-7.

第4章 再建金本位制期のイギリスの国際収支と対外短期ポジション

表 4-7　イギリスの主要輸出品価額推移

(単位：100 ポンド)

年 \ 品目	綿製品	鉄鋼	石炭	機械	羊毛製品	化学製品	輸出総額
1913	(24.2)	(10.5)	(10.2)	(7.0)	(6.1)	(4.1)	(100)
	127.2	55.4	53.7	37.0	31.8	22.0	525.2
1924	(24.9)	(9.3)	(9.8)	(5.9)	(8.1)	(3.2)	(100)
	199.2	74.5	78.3	47.4	64.6	25.5	801.0
1925	(25.8)	(8.8)	(7.0)	(6.8)	(7.4)	(3.1)	(100)
	199.4	68.2	54.3	52.3	57.1	23.6	773.4
1926	(23.6)	(8.4)	(3.1)	(7.5)	(7.7)	(3.3)	(100)
	154.3	55.1	20.5	49.1	50.2	21.7	653.0
1927	(21.0)	(9.8)	(6.9)	(7.4)	(7.5)	(3.3)	(100)
	148.8	69.4	49.2	52.8	53.5	23.4	709.1
1928	(20.1)	(9.2)	(5.9)	(8.1)	(7.5)	(3.5)	(100)
	145.3	66.8	42.7	58.4	54.1	25.4	723.6
1929	(18.6)	(9.3)	(7.3)	(8.2)	(6.9)	(3.6)	(100)
	135.4	68.0	52.9	59.6	50.5	26.6	729.3
1930	(15.3)	(9.0)	(8.6)	(9.1)	(6.2)	(4.1)	(100)
	87.6	51.3	49.2	52.0	35.5	23.4	570.8
1931	(14.5)	(7.8)	(9.6)	(9.0)	(6.1)	(4.7)	(100)
	56.6	30.4	37.6	35.1	24.0	18.2	390.6

(注)　(　)内は％
(出所)　B. R. Michell, *op. cit.*, pp. 453, 483-4.

リスの輸出が絶対的にも減退し，1925年後，世界貿易は戦前水準を超えたけれども，イギリスの輸出は戦前以下にとどまっていた[24]」ことを意味するものである．

　表4-7に明らかな如く，戦前において輸出価額における最大の輸出品であった綿製品においては，綿糸・綿布ともにその輸出数量では戦前水準を大幅に下回る有様であった．綿糸では1928年には戦前水準の81.3％，1929年には戦前水準の80.2％であった．また綿布では1913年の水準と比較すれば，1928年には56.1％，1929年には53.2％で，綿布の落ち込みには激しいものがある（表4-6参照）．しかし，「綿糸の輸出の減退は織物類の貿易に比べるとはるかに重要性の少ないものであり，その輸出総価額も非常に少ないものであるから，それが1913年に比べて量のうえで21％の減退を示していることを注意するだけで充分であろう．……綿糸輸出は主としてヨーロッパ向けのものであり，大部分はエジプト綿から作った細糸であった[25]．」したがって綿布輸出の激減が大

表 4-8　インドの工場による綿製品生産高と輸入高

年度	綿糸（100万封度）		綿布（100万ヤード）	
	インド工場生産量	輸　入　量	インド工場生産量	輸　入　量
戦前平均	647	42	1,105	2,632
戦時平均	666	34	1,444	1,841
1919-20年	636	15	1,640	1,081
20-21年	660	47	1,581	1,510
21-22年	693	57	1,732	1,090
22-23年	706	59	1,725	1,593
23-24年	617	45	1,702	1,486
24-25年	719	56	1,970	1,823
25-26年	686	52	1,954	1,564
26-27年	807	49	2,259	1,788
27-28年	809	52	2,357	1,973
28-29年	648	44	1,893	1,937
29-30年	834	44	2,419	1,919
30-31年	867	29	2,561	890
31-32年	—	32		776

（出所）　A. R. Burnett-Hurst, 'Lancashire and the Indian Market', *The Journal of the Royal Statistical Society*, Part III, 1932 Vol. XCV, p. 411. 寺本雄造訳『ランカシャーと印度市場』日本綿業倶楽部調査部綿業調査資料第18輯，1932年，24頁．

きな重要性を持つことになる．イギリスの綿布輸出の急減をもたらしたのは，①インド等における綿工業の発展，②イギリスにとって最大の輸出市場であるアジア——特にインド——における日本との競争の激化，③イギリス綿工業の資本蓄積の停滞（旧式の機械の使用，労働生産性の低さ），④世界的な農業不況による綿布需要の減退に求められるであろう．

インドにおける綿工業の発展が，綿製品，特に綿布の輸入量の減少をもたらしたことは表4-8より明らかである．この表には手織の綿布の生産量[26]が含まれていないが，工場による綿布生産量は，1927-28年では戦前平均の2.13倍に激増している．

これに対して綿布の輸出量は最盛期の1927-28年ですら，戦前平均の75％へと減少を見せている．ではこの減少しつつあるインド市場へのイギリス，日本の綿布輸出はいかに推移したのであろうか．

表4-9がこの趨勢を示している．「土着工場の綿布生産は現在戦前の2倍であるが，インド全土における機械綿製品の消費総量はおおむね戦前と同じ[27]」

表 4-9 インドの綿布輸入量に占める日英の数量と割合

(単位：数量，100 万ヤード，割合，%)

		戦前平均	1919-20	1920-21	1921-22	1922-23	1923-24	1924-25	1925-26	1926-27	1927-28	1928-29	1929-30
イギリス	数量	2,808.6	976.1	1,291.8	955.1	1,453.4	1,318.8	1,613.9	1,286.7	1,466.8	1,453.0	1,456.0	1,247.0
	割合	97.3	90.0	85.5	87.9	91.2	88.8	88.5	82.3	82.3	78.2	75.1	65.5
日本	数量	5.1	76.0	170.3	90.3	107.8	122.7	155.3	216.8	243.5	323.0	357.3	562.0
	割合	0.2	7.0	11.3	8.1	6.8	8.3	8.5	13.9	13.6	16.4	18.4	29.8
合計	数量	2,885.8	1,080.7	1,509.7	1,089.8	1,593.3	1,485.8	1,823.2	1,563.7	1,788.0	1,973.0	1,937.0	1919.0
	割合	100	100	100	100	100	100	100	100	100	100	100	100

(出所) F. Utley, *Lancashire and the Far East*, George Allen & Unwin, London, 1931, pp. 258-9. 中野忠夫・石田靖二訳『極東に於ける綿業』叢文閣，1936 年，346-7 頁．

であることから綿製品純輸入量の急減がもたらされたが，その減少しつつある輸入量の中で日本製品の占める割合が急増しつつあることが注目される．イギリス製品は戦前ではインド輸入綿布の 97% という圧倒的なシェアを占めていたが，1927 年以降は 80% を下回り衰退傾向を示している．これに反して日本は戦前には全く取るに足らない存在であったのが，1925-26 年には戦前の 40 倍以上の増加を示し，その後も上昇傾向は衰えず，インドの輸入量に占める割合においても，1928-29 年には 18%，1929-30 年には 30% 近くのシェアを占めるに至っている．日本企業の優越性は最新鋭機械の導入，職工の一人当たりの織機の受持台数の多さという労働密度の濃さ，生産性の高さ，低賃金・長時間労働という労働コストの低さ等によってイギリス企業に対する価格面での優位性に表れている．表 4-10 はこの点をはっきりと示しており，綿糸，綿布とも日本企業の製品の方が廉価である．

したがって世界の綿布輸出価額に占めるイギリスの割合は次第に低下傾向にあり，日本の進出が顕著である．表 4-11 を一見すれば明瞭であろう．イギリスは 1924 年には 54.6% のシェアを占めていたのが，1929 年には 44.2% へと大幅な減少となり，それ以降も減少傾向に歯止めがかからない．これに対して日本は 1924 年の 10.8% のシェアが 29 年には 17.5% に急増し，それ以降も増

表 4-10 イギリスと日本の綿糸および綿布生産費比較　1930 年

A　綿糸の製造コスト比較（1 封度当り）

(単位：ペンス)

	38 番手（精紡工程終了まで）		日　本[1]	42 番手 ミュール糸 イギリス[2]	40 番手 リング糸 日　本[3]
	イギリス				
	第一例	第二例			
労　　賃	2.25	2.25	1.20	2.365	1.27
その他	2.50	1.62	1.51	1.894[3]	1.65
合　　計	4.75	3.87	2.71	4.259	2.92

(注) 1　1 円を 2 シリングとして換算．
　　 2　1925 年工場主発表の数字．
　　 3　利子および償却費（2,000 ペンス）を含まず．
(出所) F. Utley, *op. cit.*, pp. 209-10. 前掲邦訳，276-7 頁．三菱経済研究所『世界経済の現勢』三菱経済研究所，1934 年，111 頁．

B　綿布の原価比較（1 反当り）

(単位：ペンス)

	龍 C 格		軍 人 格		鷲 鳥 格		竹 虎 格	
	イギリス	日　本	イギリス	日　本	イギリス	日　本	イギリス	日　本
原　綿	63.5	63.5	72.0	72.0	56.0	56.0	42.5	42.5
労　賃	27.9	9.9	35.2	14.4	25.5	9.2	23.0	9.8
その他	25.0	22.5	29.2	26.7	25.5	21.8	19.9	18.8
合　計	116.4	65.9	136.4	113.1	107.0	87.0	85.4	71.1

(注) 1　1 円を 2 シリングとして換算．
　　 2　イギリスの賃金は織機 1 人 6 台持制による．
(出所) 三菱経済研究所，前掲書，115 頁．

表 4-11　世界の織布輸出価額に占めるイギリスと日本の割合

(単位：%)

	1924	1928	1929	1930	1931
イギリス	54.6	46.9	44.2	40.0	35.3
日　本	10.8	14.7	17.5	18.0	23.4

(出所) 'The Position of Lancashire-I' *The Economist*, July 30, 1932, p. 215.

大傾向が続いている．

　次に鉄鋼輸出に目を転じてみよう．表 4-6 から明らかなように，銑鉄の輸出量は 1928 年には戦前の 40.4%，1929 年には 48.5% と戦前の半分以下であり，鋼製品の輸出量では 1927 年——戦後最高の輸出の年——に戦前水準の 26.5% 増となっている他は，いずれも戦前水準を下回る推移を示している．そこで表 4-12 によって他の主要国鉄鋼輸出量と比較してみよう．ヨーロッパ大陸にお

表 4-12　主要国の鉄鋼輸出量

(単位：1,000 トン)

年＼国	イギリス	ドイツ	ベルギー ルクセンブルク	フランス[3]	アメリカ	合計	ヨーロッパ大陸
1913	4,934	6,401[1]	1,479[2]	751	2,907	16,472	8,631
1920	3,251	1,700	921	871	4,709	11,452	3,492
1921	1,697	1,602	912	1,602	2,172	7,985	4,116
1922	3,397	2,518	1,727	2,937	1,931	12,510	7,182
1923	4,318	1,308	2,496	2,184	1,944	12,250	5,988
1924	3,853	1,535	3,261	2,776	1,711	13,136	7,572
1925	3,731	3,214	3,065	3,949	1,678	15,637	10,228
1926	2,988	4,828	3,708	4,128	2,063	17,715	12,664
1927	4,196	4,322	4,600	5,591	1,943	20,652	14,513
1928	4,260	4,648	4,493	4,975	2,356	20,732	14,116
1929	4,380	5,492	4,521	4,213	2,487	21,093	14,226
1930	3,160	4,472	3,857	4,015	1,629	17,133	12,344
1931	1,979	3,954	3,300	3,546	840	13,619	10,800

(注) 1　ルクセンブルクとザールを含む．
　　 2　ルクセンブルクを除く．
　　 3　1925 年以降はザールを含む．
(出所) D. Burn, *Economic History of Steelmaking 1867-1939*, Cambridge University Press, Cambridge, 1940 (reprint 1961), p. 394, table XXIX.

いては第一次大戦の結果，ドイツ領土の割譲によって新たな国境線が引かれたので戦前との厳密な比較は不可能であるが，ヨーロッパ大陸全体で考えれば，1925 年には初めて戦前の水準を超えて拡大基調に入っている[28]．「1924-25 年以降世界鉄鋼生産は順調な上向過程に入ったにもかかわらず，イギリスはこの回復の波に乗ることができず，20 年代を通じていわゆる『暗黒の 10 年間』をかこつことになる[29]」のである．イギリスはブリキや亜鉛薄板等の輸出においてのみ優位を維持したにすぎない．そしてオーストラレイシアを除けば，イギリスが優位を保った市場はほとんどなかった[30]．イギリス帝国内諸国における鉄鋼業の発展[31]，ヨーロッパ大陸諸国における鉄鋼業の復興（表 4-12 参照）等によってイギリスは輸出市場において衰退を余儀なくされることになった．輸出市場別内訳をみると，戦前の 1913 年に総輸出量 496 万 9,200 トンのうち 52％の 259 万 6,800 トンが外国向け，48％の 237 万 2,400 トンがイギリス帝国内向けという内訳になっていたのが，1928 年では総輸出量 426 万 500 トンのうち，47％の 200 万 7,800 トンが外国向け（1913 年に対して 23％の減少），53％の 225 万 2,700 トンがイギリス帝国内向け（1913 年に対して 5％の減少），

表 4-13　銑鉄1トン当りのコスト比較 1926年

(単位：シリング [s], ペンス [d])

	アメリカ			イギリス		ベルギー	フランス		ドイツ	
	湖岸港	ピッツバーグ	大西洋岸港	輸入鉱	国内鉱		ローレン鉱	ルクセンブルク鉱	スウェーデン鉱	ローレン鉱
	s.d.	s.d.	s.d.	s.d.	s.d.	s.d.	s.d.	s.d.	s.d.	s.d.
鉱石1トン当りのコスト＋高炉までの運賃	17　8	22　4	種々	20　5	4　2	6　3	4　10	3　2	22　10	10　7
鉄含入量 (%)	51.5	51.5	種々	50	27	32	32	30	60	32
銑鉄1トン当りの鉱石コスト	32　8	41　3	39　7	38　10	14　8	25　0	14　4	10　0	36　2	31　7
銑鉄1トン当りのコークスコスト	28　1	16　8	33　3	24　0	33　2	33　3	37　6	25　0	19　2	25　0
溶剤コスト	2　1	2　6	2　6	2　6	0　10	—	—	—	—	—
総コスト	63　0	60　6	75　6	65　5	48　10	58　8	51　8	45　0	52　3	51　9

(出所) T. H. Burnham and G. O. Hoskins, *Iron and Steel in Britain 1870-1930*, George Allen & Unwin, London, 1943, p. 132, table 34.

という結果になっており，イギリス帝国内向けの比重が高まっている[32]．しかし，アルゼンチン，ポルトガル領東アフリカ，海峡植民地，エジプト，イギリス領東および西アフリカ向けの輸出等に増大がみられたに過ぎず，スカンジナビア諸国，ヨーロッパ大陸諸国（ベルギーは例外），日本，チリ，ブラジル，アメリカ等への輸出は激減している[33]．イギリス鉄鋼業の国際的競争力の低下は，そのコスト比較のうちに如実にみてとれるであろう．

表4-13ではイギリスの国内鉱を使用した場合の炉前鉱石コストが低廉となっているが，イギリスは戦後，低廉な国内鉱よりも割高な輸入鉱依存の体制を続けたため，輸入鉱使用の銑鉄がイギリス銑鉄を代表するようになっていたとみてよい．その上，生産工程における原燃料節約的技術の発展は他の諸国に対して遅れをとっていたため，一層のコスト高を余儀なくされてきたのである[34]．鋼製品においても一部の品種を除き，かなりのコスト高になってイギリスの輸出競争力の劣位は覆い難いものとなったのである[35]．

続いて石炭輸出を簡単にみておくことにしよう．石炭輸出もストライキの年である1926年を除いても，その輸出量は戦前水準をかなり下回っているのは表4-6から明らかである．戦後における最大の輸出量を記録した1929年においても，1913年水準の82.1％に過ぎず，1,300万トン余りも少ない数量となっている．このような石炭輸出の不振の原因はどこにあるのであろうか．石炭輸出量の減少はイギリスのみに限定されるものではなくて，アメリカ，ベルギー，

表 4-14　イギリスの石炭輸出量仕向先別推移

(単位：100万トン)

年 \ 国	ロシア(ソ連)	スウェーデン	ノルウェー	デンマーク	ドイツ	オランダ	ベルギー	フランス	イタリア	南米	合計
1913	6.0	4.6	2.3	3.0	9.0	2.0	2.0	12.8	9.6	6.9	73.4
1924	1.2	3.5	1.8	3.6	6.8	2.7	3.3	14.5	6.7	4.4	61.7
1925	0.9	2.7	1.7	2.8	4.2	1.5	2.5	10.2	6.8	4.2	50.8
1926	0.2	0.7	0.8	1.1	1.5	0.6	0.8	3.8	3.1	1.9	20.6
1927	0.8	2.2	1.6	2.1	4.2	2.3	2.2	9.3	6.8	4.8	51.1
1928	0.5	1.5	1.1	1.7	5.4	2.4	2.3	9.1	6.6	4.8	50.1

(出所)　J. H. Jones, 'The Present Position of the British Coal Trade', *The Journal of the Royal Statistical Society*, Part I, 1930, Vol. XCIII, pp. 35-7, table A8-A11.

オランダにおいても生じている[36]．その基底には石炭使用削減をもたらす技術の発展に加えて，ガス，石油，水力発電等の利用という新しい動力源の採用によって世界的に石炭消費量が伸び悩んだという石炭需要の減退という問題がある[37]．かかる構造的変化の中において，イギリス石炭産業自体が抱える問題点として次のようなものがあったと思われる．

第一に，第一次大戦中において優良炭坑の乱掘が行われたことによりイギリス石炭産業の「自然的優位」が急速に減退していくことになったのである[38]．第二に挙げなければならないのは，輸出市場をめぐる競争においてイギリス石炭産業が劣勢を余儀なくされた点である．表 4-14 はイギリスの石炭輸出量の主要仕向先別推移を示したものである．その表で明らかなように，イギリスの石炭輸出量の減少は広範囲にわたっているが，減少総額の半分はロシア（ソ連），スウェーデン，ノルウェー，デンマーク，といったバルチック海諸国に対する輸出が占めている．ドイツ，フランス，イタリア等に対する輸出もかなり悪化している．

最初のバルチック海諸国に対する輸出激減についてみると，その最も重要な要因は，ロシアの世界市場からの脱落による需要激減によるもので，これがこれら地域の減少総額の約半分を占めている[39]．

ではロシア以外のスカンジナヴィア三国に対するイギリス石炭の輸出減はいかなる要因によるものであろうか．その最大の要因は，ポーランドとの競争によるものである．例えば，スウェーデンに対するポーランドの輸出は 1926 年から 1928 年までの間に 267 万 8,000 トンから 284 万トンに増大したのであ

る[40]．ポーランド炭はイギリスの最低価格よりもかなり低い価格でこれらスカンジナヴィア諸国に売られたといわれている[41]．

次に，ドイツ，フランスに対するイギリスの輸出減退は，後者の場合の減少は一部，ドイツとの競争によるものであるが，ドイツにおける褐炭生産の異常な増大によるところが大きいといわれる．1928年段階では，褐炭の消費量は石炭の消費量を上回るという事実に止目されたい[42]．このことによって外国貿易に利用しうるドイツの石炭の量は，石炭のみに関する統計に表れた数字だけでは実態を正確に把握できないのである．ドイツ市場ではルール炭との競争が激しく，これが上述の褐炭生産の急増と相まってイギリス炭の輸出減をもたらしたものと考えられる．

上述の如く，イギリス輸出産業の不振には覆いがたいものがあった．マクミラン委員会の指摘にあるが如く，イギリスは，「諸外国がかなりの程度の繁栄を享受している際に，われわれの大産業の多くが不況に苦しみ，失業者はおよそ100万人という数字で推移していた[43]」のである．この失業はイギリスの基幹産業，重要輸出産業の各分野に拡がっていた．一般機械工業，鉄鋼業，造船業，石炭業，綿織物業，毛織物業，ドック，海運，公共土木請負事業，建設業等に拡大していたのである[44]．

かかる輸出貿易の不振によって，1913年と1924年にはイギリスの輸出収益はイギリスの輸入必要量の80％と70％をカバーしていたのに，1925年と1929年の間には輸出は輸入必要量の66％と67％との間しかカバーできず，1931年にはそのカバー率は49％まで下落した[45]．かくして，貿易収支赤字の増大は，その赤字を支払うために次第に貿易外収支に依存する度合いを深めることになったのである．

そこで次に貿易外収支の検討に進まなければならない．

2 貿易外収支

表4-3をみると，貿易外収支は多少の変動をともないつつも，1929年まではやや漸増気味に黒字幅を推移させているといえるであろう．このような貿易外収支の表面的な「堅調」は海外投資収益，戦債と賠償支払にほとんど依存したものであったといわれる．短期投資利子，手数料は沈滞気味に推移した[46]．

表 4-15　イギリスの資本勘定取引累積総額
　　　　　1914-19 年

（単位：100 万ポンド）

イギリス政府貸付	−1,825
民間貸付	−260
イギリス政府借入	+1,340
イギリス政府による外国証券売却	+270
民間による証券売却, 償還およびロンドンの短期ポジション悪化	+530
純変化（あるいは資産の売却）	+55

（出所）D. E. Moggridge, *op. cit.*, p. 31.

　また，海運収益は運賃率の低下や世界総船腹に占めるイギリスの割合の低下，ノルウェーその他の海運国との競争の結果，減少傾向が出現し始めた[47]。

　上述の貿易外収支には第一次世界大戦によるイギリスの資本ポジションの悪化があったことを指摘しておきたい．表4-15がそれを表している．

　すでに述べたように，この表におけるイギリス政府貸付は大部分がフランス，ロシア，イタリア政府向けのものであり，不良債権的色彩の濃厚なものであったといえよう（事実問題として，ロシアの戦債は4億2,300万ポンドが債務不履行となったし，フランス，イタリアもドイツからの賠償取立てによってのみ戦債支払いに応じることができるに過ぎなかった）．これに対してイギリス政府借入はアメリカからのものが圧倒的割合を占めていた．したがって，イギリス政府の債権債務関係は強国（アメリカ）に対しては債務国に，弱体国（フランス，イタリア等）に対しては債務国にあるという脆弱な構造を持つものであった．また，イギリス政府および民間による証券売却はアメリカ・ドル証券が大部分を占めていた．イギリスは第一次大戦中，保有外国証券を売却，あるいは担保にしての借入によって自国の戦費，さらには連合国に対する資金供給および対ドル為替相場の維持を行ったのであった．

　そしてこのような資本ポジションの変化は経常収支に次のような三つの影響を及ぼすことになったといわれる[48]．

　第一に，5億ポンドにのぼる民間保有証券の売却は，それらが平均5％の収益を生みと仮定すれば，イギリスの海外投資収益は2,500万ポンドの減少となったであろう．

　第二に1913年以降の2億5,000万～3億ポンドの短期ポジションの悪化は，

短期利子率を 2～5% の間と仮定すれば，貿易外収入を 500 万～1,500 万ポンド減少させることになったであろう．

第三にイギリス政府の海外借入が激増したことによって，イギリスが債権を有する政府の債務不履行および債務支払の遅延が生じた場合には，イギリス政府の海外支払が受取よりも急速に増大する可能性が生じてきた．

このような資本ポジションの悪化さらにはイギリスの海運力の低下によって貿易外収支は一定の悪化要因を内包しつつあったが，表面的には一定の安定的な推移をたどったといえよう．これを可能にしたのは，この間の物価騰貴，戦債・賠償問題の一時的「解決」，1924 年以来の世界貿易の拡大等によるものであると思われる．しかし，このような貿易外収支の黒字漸増も貿易収支の赤字増大によって，戦前と比較して経常収支は大幅な悪化とならざるを得なかったのである．

3 長期資本収支

長期資本輸出は，1927，28 の両年を除けば，戦前水準に比べておおむね停滞傾向にあったといえよう．しかし，経常収支の黒字縮小にもかかわらず，一定程度の資本輸出額を維持しており，したがって，基礎収支の赤字増大をもたらす一因にもなっていることに注意されたい．

この時期のイギリスの海外投資の特徴点を簡単に要約しておくと次のようになるであろう．

第一に発行額に占める海外発行の割合の低下，国内投資への割合の増大である．表 4-16 にみられるように，1910-13 年にはイギリスの新規資本発行額のうち約 4 分の 3 は海外勘定であった．しかし戦後は海外勘定の占める割合は 1927 年の 44.1%，1928 年の 39.5%，1929 年の 37.2%，1930 年の 46.1% で 1925-31 年の間では 1931 年を除き，50% を上回ることはなかった．

第二に，地理的分布をみるならば，「海外投資領域としてのイギリス帝国の重要性の増大と，対アメリカ投資の絶対的・相対的低下」が「最も注目すべき変化」であった[49]．1913 年にはイギリス帝国向け投資は全体の半分には及ばなかったが，1930 年には 6 割近く占めるまでに増大した（そのうち，特にオーストラリア，ニュージーランド投資が増大した）．これに対してアメリカ向

表 4-16 ロンドンの海外勘定新規資本発行（借換を除く）
1910-13 年，1920-35 年

	金額 （1,000 ポンド）	発行総額に占める海外 発行の割合（％）
1910-13 平均	133,720	75.6
1920	59,659	15.5
1921	155,722	53.6
1922	135,200	57.4
1923	136,176	66.8
1924	134,223	60.0
1925	87,798	39.9
1926	112,404	44.4
1927	138,671	44.1
1928	143,384	39.5
1929	94,347	37.2
1930	108,803	46.1
1931	46,078	52.0
1932	29,211	25.9
1933	37,810	28.5
1934	43,449	28.9
1935	20,890	11.4

（出所）　Royal Institute of International Affairs（以下，R. I. I. A. と略記），*The Problem of International Investment*, Frank Cass, London, 1937（reprint 1965），p. 134. 楊井克巳・中西直行訳『国際投資論』日本評論社，145 頁．原資料は 1910-13 年については，C. K. Hobson, *The Export of Capital*, 1914（reprint 1983），p. 219. 楊井克巳訳『資本輸出論』日本評論社，1968 年，156 頁，1920 年以降については，*Midland Bank Montly Review* に掲載の数値に拠っている．

け投資は 1913 年には 20％ を占めていたが，1930 年には 5.4％ に減少してしまったのである（表 4-17）．

　第三に，海外投資の証券種類別にみると，表 4-18 に明らかなように，次の四つが指摘できる．第一に，政府証券の保有高が増大した．金額から見れば，1913 年に 11 億 2,500 万ポンドであったのが 1930 年には 14 億 3,700 万ポンドに増大している．海外投資全体に占める割合も，1913 年には 3 割弱であったのが，1930 年には 42％ に増大している．第二に，鉄道証券保有高がほぼ半減したことである．1913 年に 15 億 3,100 万ポンドであったが，1930 年には 8 億 2,400 万ポンドに減少している．したがって海外投資全体に占める割合も 1913 年に 41％ であったのが，1930 年には 24％ へと下落している．このうち特にアメリカ鉄道証券の激減が注目に値する．これは第一次大戦中にイギリスがア

表 4-17 イギリス長期海外投資残高の国別地域別構成　1913 年，1930 年

投　資　地　域	1913 年 12 月 金額(100 万ポンド)	1913 年 12 月 比率(%)	1930 年 12 月 金額(100 万ポンド)	1930 年 12 月 比率(%)
カナダ，ニュー・ファンドランド	514.9	13.7	525	14.1
オーストラリア，ニュージーランド	416.4	11.1	617	16.6
インド，セイロン	378.8	10.0	540	14.5
南アフリカ	370.2	9.8	263	7.1
英領西アフリカ	37.3	1.0	46	1.2
マラヤ（英領以外を含む）	27.3	0.7	108	2.9
その他	35.1	1.0	8.8	2.3
イギリス帝国	1,780.0	47.3	2,187	58.7
アメリカ	754.6	20.0	201	5.4
アルゼンチン	319.6	8.5	450	12.1
ブラジル	148.0	3.9	190	5.1
チリ	61.0	1.6	49	1.3
その他ラテン・アメリカ	228.0	6.1	143	3.9
ラテン・アメリカ	756.6	20.1	832	22.4
ヨーロッパ（全トルコを含む）	242.6	6.4	295	7.9
中国	43.9	1.2	47	1.2
日本	62.8	1.7	74	2.0
その他アジア，アフリカ（英領除く）	122.8	3.3	89	2.4
アジア，アフリカ（英領除く）	229.5	6.2	210	5.6
外国	1,983.3	52.7	1,539	41.3
総　　計	3,763.3	100.0	3,726	100.0

(出所) R. I. I. A., *op. cit.*, pp. 121, 142. 前掲邦訳, 132, 155 頁より作成. 原資料は 1913 年 12 月については, H. Feis, *Europe, the World's Banker 1870-1914*, A. M. Kelley, New York, 1930 (reprint 1964), p. 23. 柴田匡平訳『帝国主義外交と国際金融 1870-1914』筑摩書房, 1992 年, 15 頁. 1930 年 12 月については R. Kindersley, 'British Overseas Investment in 1931', *Economic Journal*, Vol. XLIII, No. 170, June 1933, p. 200 に掲載されている.

メリカ鉄道証券を売却したのが主たる原因であった．第三に，電燈，電力，石油，ゴム等の新興産業への投資が増大した．電燈・電力およびゴムは 1913 年に比べると 1930 年には金額的には 2 倍になっている．また石油は 3.7 倍となった．第四には，これに対して電燈，電力以外の公益事業および銀行，金融機関への投資は減少した．

　以上のような特徴を指摘することができるが，国際収支上重要な点として次のことを見逃すことはできないであろう．つまり，イギリス主要輸出産業の国際競争力の低下によって，資本輸出が商品輸出と直接的あるいは間接的な連動

表 4-18 イギリス長期海外投資残高の種類別構成　1913年，1930年

(単位：100万ポンド)

	1913年		1930年	
	金額	%	金額	%
自治領・植民地の政府	675.5	17.9	985.5	28.8
外国政府	297.0	7.9	320.1	9.3
自治領・植民地の地方団体 ⎫	152.5	4.1	⎧ 95.0	⎧ 2.8
外国地方団体　　　　　　 ⎭			⎩ 36.7	⎩ 1.1
政府および地方団体	1,125.0	29.9	1,437.3	42.0
インド鉄道	140.8	3.7	89.7	2.6
その他英領諸国の鉄道	306.4	8.1	245.8	7.2
合衆国鉄道	616.6	16.4	28.2	0.8
その他外国鉄道	467.2	12.4	460.2[1]	13.4[1]
鉄道	1,531.0	40.6	823.9	24.0
電燈・電力	27.3	0.7	56.5	1.6
ガス ⎫	29.2	0.8	⎧ 11.0[1]	⎧ 0.3[1]
水道 ⎭			⎩ 8.4[1]	⎩ 0.2[1]
軌道・バス	77.8	2.1	55.1	1.6
電信・電話	43.7	1.2	47.3	1.4
公益事業	178.0	4.8	178.3	5.1
海運	[2]	[2]	27.3	0.8
運河・ドック	7.1	0.2	7.7	0.2
海運その他	…	…	35.0	1.0
商工業	163.4[3]	4.4[3]	181.5	5.3
鉄・石炭・鋼	35.2	0.9	47.3	1.4
醸造業	18.0	0.5	6.9	0.2
商工業	216.6	5.8	235.7	6.9
鉱業	272.8	7.2	145.9	4.3
硝酸塩	11.7	0.3	11.5	0.3
石油	40.6	1.1	150.8	4.4
ゴム	41.0	1.1	90.0	2.6
茶・コーヒー	22.4	0.6	42.1	1.2
原料	388.5	10.3	440.3	12.8
銀行・割引会社	72.9	1.9	71.2	2.1
金融・土地・投資	244.2	6.5	162.8	4.8
銀行・金融	317.1	8.4	234.0	6.9
その他	…	…	40.0	1.3[1]
合　計	3,763.3	100.0	3424.6[1][4]	100.0[1]

(注) 1　無記名株式が圧倒的なため，植民地および外国の鉄道・ガス・水道におけるイギリス所有の株式資本額を正確に推計することはできない．1930年にはこれら3部門に約4,000万ポンドが投下された．これらの金額は合計に含まれている．
　　 2　この項目の推計はない．
　　 3　「その他」として分類されている810万ポンドを含む．
　　 4　さらに1930年には，イギリスでは取引されない証券やその詳細が調査されていない他の投資形態への投資約3億ポンドがあった．
(出所) R.I.I.A, *op. cit.*, pp. 153-4. 前掲邦訳，164-5頁より作成．原資料は1913年については，H. Feis, *op. cit.*, 27. 前掲邦訳，17頁．1930年については，R. Kindersley, *op. cit.*, pp. 189, 192, 195に掲載されている．

関係を有しなくなったという点である．第一次大戦前には，資本輸出増が商品輸出増をもたらす関係，あるいは世界経済の景気上昇が第一次産品国への資本輸出増を生み出し，結局はイギリスの商品輸出増を生じさせる関係にあったことが指摘されている[50]が，この関連は再建金本位制期のイギリス資本輸出と商品輸出との関係では切断されることになったと思われる．したがって，資本輸出が国際収支上赤字要因としてストレートに現れる度合いが大きくなったと考えられる．

第3節　イギリスの対外短期ポジションの悪化

上述の如く，イギリスの基礎収支の赤字拡大に直面してイギリスは公定歩合を相対的に「高め」に維持して短資の吸収を行ったのであるが，このことはイギリスの対外ポジション――特に短期の――の悪化をもたらすことになったと予想される．しかし，この問題の解明に先立って，第一次世界大戦がイギリスの対外短期ポジションにどのような影響を及ぼしたのかを簡単にみておくことにしよう．

表4-19によれば，1925年までにイギリスは3億ポンド近くの対外短期ポジションの悪化となっている．E. V. モーガンは，第一次大戦の結果，2億5,000万ポンドから3億ポンドの短期債権の収縮があったに違いないこと，そして，ロンドンの対外短期債権残高は戦争によって一掃され，短期勘定においてイギリスは純債務国になったことを指摘している[51]．D. ウィリアムズも，「1914-18年の大戦の一つの帰結はロンドンの総合的な国際的債権者の地位を低下させたことであった．短期勘定では，1907年以降築かれた多大な債権国の地位は1918年以降，大量債務国の地位に転換させられた[52]」と述べている．前述の表4-15にある如く，海外での大量借入とイギリス所有の外国証券の大量売

表4-19　イギリスの対外短期債務の変化

(単位：100万ポンド)

年	1914	1915	1916	1917	1918	1919	1920	1921	1922	1923	1924	1925	合計
金額	+70	+274	−28	−57	+116	+152	−227	+11	−33	−33	+34	+18	+297

(注)　資産（債権）の増加はマイナスで表示．
(出所)　E. V. Morgan, *Studies in British Financial Policy 1914-1925, op. cit.*, p. 341.

却はイギリスの長期債権国の地位を当然低下させることになった[53]．さらに，再建金本位制期には外国預金の増大とともに，あるいはそれ以上に外国人によるイギリスの戦時公債を含むイギリス証券の保有が大きな重要性をもってくることも考慮に入れなければならない[54]．これはイギリスにとっては対応する債権を形成しない短期債務あるいは流動的債務の一方的形成を意味することになる．これと並んで，ロンドン国際金融市場の地位の低下はポンド手形の引受を減少させるとともに，これにともなう預金形成を減少させることになった．

そこで次に再建金本位制期のイギリスの対外短期ポジションの推計をみておくことにしよう．表4-20は，これまで引用されることの多かった『マクミラン委員会報告』に掲載されている周知のものである．この表をみてもイギリスは2億5,000万ポンドから3億ポンド近い対外短期債務超のポジションになっていることがわかるであろう．しかし，マクミラン委員会によって行われたイギリスの対外短期債務額の推計はあまりに低すぎるという批判が出てきた．「マクミラン委員会はロンドンにある外国銀行によって保有されるポンド手形と預金および主として海外で営業しているロンドンの銀行のポンド手形と預金を含めていない——そして，それらの重要性を低く評価してもいた[55]」．ついで大蔵省は，1951年に1931年12月の4億1,100万ポンドの推計で始まるイギリスの対外短期債務のより包括的な推計を発表した[56]．そして D. ウィリアムズはこの数字からさかのぼって新たな推計を行った．これが表4-21である．彼によれば，1930年6月から1931年6月までのイギリスの対外短期債務総額は従来の公式の数値より2億3,000万ポンドから3億ポンド多くなるという．

マクミラン委員会の推計によるものよりも一層悪化していることがわかるであろう．前述した対応する債権を形成しない一方的な短期債務あるいは流動的債務の形成が膨大な額にのぼったことを反映したものである．換言すれば，ロンドン国際金融市場が第一次大戦前のような貿易金融および短期の国際的信用の供与において，支配的な圧倒的な役割と存在を果たし得なくなったことにより，ロンドンからの引受信用および割引信用の供与は減少し，これにともなってロンドンへの預金も減少せざるを得なくなった．ロンドンの預金強制力の減退である．対外短期債務の保有に対応する対外短期債権の形成という関係性の成立が困難になってきたことを表している．しかもイギリスは基礎収支の大幅

表 4-20　イギリスの対外短

			1927 年	
			6月30日	12月31日
対外短期債務	預金			
		イングランド銀行，手形交換所加盟銀行およびスコットランド系銀行	123,245	116,816
		引受商会	76,055	89,321
	預金計		199,300	206,137
	ポンド建手形			
		イングランド銀行，手形交換所加盟銀行および，スコットランド系銀行	128,996	161,619
		引受商会	9,432	13,115
	手形計		138,428	174,734
	割引市場への貸付			
		本店が海外に所在の銀行	33,405	35,560
		他の外国顧客	4,920	2,815
	貸付計		38,325	38,375
(A)	預金，手形，貸付の合計		376,053	419,246
対外短期債権	手形引受			
		手形交換所加盟銀行とスコットランド計銀行	31,445	31,678
		引受商会	91,504	107,954
(B)	手形引受計		122,949	139,632
	純債務額 (A－B)		253,104	279,614

(出所) Committee on Finance and Industry, *Report*, 1931, p. 301. 加藤三郎・西村閑也訳『マクミラン委員会報告書』

表 4-21　イギリスの対外短期債務総額推計

(単位：100万ポンド)

	ウィリアムズの推計	公式の推計	差
1930年 6月	760	456	304
1930年12月	705	434	271
1931年 6月	640	407	233
1931年12月	411	411	―

(出所) D. Williams, 'London and the 1931 Financial Crisis', *The Economic History Review*, Second Series, Vol. XV, No. 3, April 1963, p.528.

悪化に対処するために外国短資の吸引への依存を強めざるを得なくなり，このことが諸外国による単なるポンド建預金やポンド建手形の保有，割引市場への貸付，大蔵省証券への投資等の形態での対応する債権を形成しない一方的な短期債務あるいは流動的債務の膨大な形成をもたらすことになった．1927, 28

第4章 再建金本位制期のイギリスの国際収支と対外短期ポジション 151

期債権・債務 1927-31 年

(単位：1,000 ポンド)

1928年		1929年		1930年		1931年		
6月30日	12月31日	6月30日	12月31日	6月30日	12月31日	1月31日	2月28日	3月31日
132,048	139,431	126,366	118,290	171,400	164,609	152,727	151,567	146,164
96,373	104,331	86,426	79,183	86,490	82,112	76,527	75,821	81,019
228,421	243,762	212,792	197,473	257,890	246,721	229,254	227,388	227,183
158,469	195,313	189,999	200,225	147,822	144,725	136,361	140,403	136,814
9,147	16,863	14,466	19,379	8,647	8,040	6,744	7,043	7,380
167,616	212,176	204,465	219,605	156,469	152,765	143,105	147,446	144,194
43,050	43,425	32,965	30,535	41,070	33,625	35,846	38,956	33,619
4,270	3,585	3,500	3,435	1,190	1,475	2,065	1,897	2,056
47,320	47,010	36,465	33,970	42,260	35,100	37,911	40,853	35,675
443,357	502,948	453,722	451,048	456,619	434,586	410,270	415,687	407,052
38,467	51,278	51,615	39,978	43,165	35,667	34,799	34,468	32,301
126,907	149,231	150,883	135,699	132,111	125,282	120,846	120,942	120,616
165,374	200,509	202,498	175,677	175,276	160,949	155,645	155,410	152,917
277,983	302,439	251,224	275,371	281,343	273,637	254,625	260,277	254,135

日本経済評論社，1985年，253頁．

表 4-22 対外短期純債務額に対するイングランド銀行の金・外貨
準備のカバー率

(単位：ポンド)

	対外短期純債務額 (A)	イングランド銀行金準備	イングランド銀行外貨準備	イングランド銀行金・外貨準備計 (B)	B/A×100
1930/ 6/25	5億8,500万	1億5,700万	1,900万	1億7,600万	30.1%
1930/12/31	5億4,400万	1億4,800万	2,500万	1億7,300万	31.8%

(出所) 対外短期純債務額は（表4-21のウィリアムズの推計額）−（表4-20の対外短期債権額），イングランド銀行の金・外貨準備は，R. S. Sayers, *The Bank of England 1891-1944*, Appendixes, 1976, 'The Bank of England's Holdings of Gold and Foreign Exchange, 1925-31', p. 354 に拠る．

年にはその傾向が顕著になっている．そこで，イギリスの対外短期純債務額に対するイングランド銀行の金・外貨準備のカバー率をみると，表 4-22 の如く，30％余りという低い水準にとどまっている．

再建金本位制下のイギリスは基礎収支の赤字拡大に苦しみ，またその対外短

期ポジションの大幅債務超に直面することになった．このような大量の外国短資の性格に関してケインズに次のような指摘を行っている．第一に「国際的短期資金については，今日では等しく有力な二つの中心地，すなわちロンドンとニューヨークとがありロンドンだけが揺るぎない圧倒的な地位にあるのではないために，二つの中心地の間での大きな移動の可能性が常に存在する．第二に，国際的短期貸付市場の性格は，一つの変化を遂げてきた――と推測される．今日，国際的金融中心地はロンドンにしてもニューヨークにしても，世界の残りの国々に対して少なくとも債権者であると同じ程度において（恐らくはそれ以上に）債務者である．……今ヨ，国際的短期金融市場というものが，外国人のための手形の引受により，その短期借入れの源泉となっているよりもはるかに大きな規模で，外国人が流動的な形で保有したいと欲している資金の預託場所となっていることは確かである．したがってそれは，外国の顧客が長期資産と短期資産，短期資産と金，および一つの国際的金融中心地と他のそれとの間で転換を行おうと欲するにしたがって，その決定のおもむくままにさらされている．国際金融市場は一種の銀行業のようなものであって，この業務を営むものの側には，その金およびその他の流動的準備の在高に時おり生ずる大幅の変動に応じうるだけの能力と用意との両方が要求されるのである．」「第三に，国際的短期貸付資金の大きさは非常に増加してきている．……私の推計では，1929年末現在でのその大きさは10億ポンドを下回ることはなく，そのうち6億ポンドはニューヨークに，3億ポンドはロンドンに，そして1億ポンドは他の場所にあったと思われる[57]」．マクミラン委員会もほぼ同様な指摘をし，かかる事態が生じた原因を，主として「フランスの在ロンドン預金が異常に大きいこと」と「海外の中央銀行と民間銀行が彼らの流動資金の大きな部分をこういう形で保有するというやり方が増大してきたこと」に求めている[58]．かかる流動的な資金のロンドンへの累積は，イギリスの国際収支にとっては短期的には一時的な国際収支悪化の緩和要因になりうるとしても，重大な危険性を孕んでいた．イギリス基礎収支の悪化がイギリスの対外短期ポジションを一層不利にするという状況が基本的傾向として定着するならば，ポンドの金への交換性について大きな疑念を生じさせることになり，かかる短期債務が一挙に流動化されれば，イギリスは危機的事態に直面させられることになるからである．

注

1) W. A. Brown, Jr., *The International Gold Standard Reinterpreted 1914-1934*, Vol. 1, 1940 (reprint 1970), *op. cit.*, p. 166.
2) 'Committee on Currency and Foreign Exchanges after the War, First Interim Report', in T. E. Gregory ed., *Select Statutes Documents and Reports relating to British Banking 1832-1928*, Vol. 2, 1847-1928, *op. cit.*, p. 361. 春井久志訳「カンリフ委員会報告」春井久志「カンリフ委員会と金本位復帰―金本位制の調整機構の古典派モデル―」『名古屋学院大学論集《社会科学篇》』第17巻第2号, 1980年, 265-6頁.
3) E. V. Morgan, *Studies in British Financial Policy 1914-25*, *op. cit.*, p, 363.
4) W. A. Brown, Jr., *op. cit.*, Vol. 1, p. 184.
5) W. A. Brown, Jr., *op.cit.*, Vol. I, pp. 184-5.
6) W. A. Brown, Jr., *op. cit.*, Vol. I, p. 185.「金銀(輸出統制等)法」の条文は, A. W. Kirkaldy ed., *British Finance during and after the War 1914-21*, 1921, Appendices VII. *op. cit.*, p. 421 に収録されている.
7) E. V. Morgan, *op. cit.*, p. 364. W. A. Brown. Jr., *op. cit.*, Vol. 1, pp. 307-10.
8) W. A. Brown, Jr., *op. cit.*, Vol. 1, pp. 368-9. なお, 1919-25年の期間中のポンド-ドル相場の推移の詳細に関しては, W. A. Brown, Jr., *England and the New Gold Standard 1919-1926*, Arno Press, New York, 1929 (reprint 1978). 横浜正金銀行頭取席調査課「戦後の『磅』為替安定史」『調査報告』第90号, 1933年, 8月を参照されたい.
9) チェンバレン-ブラッドベリー委員会報告は, T. E. Gregory ed., *op. cit.*, Vol. 2, 1847-1928, pp, 372-82. 邦訳は「政府紙幣及英蘭銀行券発行調査委員会報告」大蔵省理財局『調査月報』第15巻第5号, 1925年6月, 74-89頁に収録されている.
10) チャーチルの金本位制復帰の声明は, *The Parliamentary Debates*, 5th Series, Vol. 183, pp. 52-8. R. S. Sayers, *The Bank of England 1891-1944*, Appendixes, *op. cit.*, Appedix 12, pp. 80-4. 邦訳は「英国大蔵大臣の1925年度予算演説」大蔵省理財局『調査月報』第15巻第5号, 1925年6月, 14-21頁に収録されている. なお, イギリス金本位復帰の決定に至る議論の詳細な経緯に関しては, D. E. Moggridge, *The Return to Gold 1925, The Formation of Economic Policy and its Critics*, Cambridge University Press, London, 1969 (本書は後に加筆されて, D. E. Moggridge, *British Monetary Policy 1924-1931, The Norman Conquest of $4.86*, Cambridge University Press, London, 1972, chapter 1-4 に収録されている)を参照されたい. さらに, モグリッジの前著を紹介したものとして, 泉川節「1925年英国の金本位復帰について」『金融経済』第145号, 1974年4月がある. また, 塩野谷九十九『イギリスの金本位復帰とケインズ』清明会出版部, 1975年も参照されたい.
11) 「1925年金本位法」は, T. E. Gregory ed., *op. cit.*, Vol. 2, pp. 383-4. 邦訳は「英国1925年金本位法」大蔵省理財局『調査月報』第15巻第5号, 1925年6月, 90-2に収録されている.
12) T. E. Gregory ed., *op. cit.*, Vol. 2, pp. 383. 前掲邦訳, 大蔵省理財局『調査月報』

第15巻，第5号，90-1頁．
13) W. A. Brown, Jr., *op. cit.* Vol. 1, pp. x-xi.
14) W. A. Brown, Jr., *op. cit.* Vol. 1, p. 784.
15) *Ibid.*
16) 平田喜彦「再建国際金本位制崩壊のメカニズム」平田喜彦・侘美光彦編『世界大恐慌の分析』有斐閣，1988年，表2-5，78頁．算出の根拠については，同書，89-90頁注28) を参照されたい．
17) ブラウンは，「ロンドン金融市場の高度に専門化された機構は以前よりも技術的には効率的でなくなった．……ポンド建手形は世界貿易金融のために世界的媒介手段を供給しはしなかった．そしてロンドンは戦前と全く同じような方法では国際的な手形交換所の機能は果たしはしなかった．」と指摘している．(W. A. Brown, Jr., *op. cit.*, Vol. 2, p. 782).
18) P. H. Lindert, 'Key Currencies and Gold 1900-1913', *Princeton Studies in International Finance*, 1969, pp. 1)-1, 18-9.
19) 平田喜彦，前掲，表2-5，78頁．
20) The Royal Institute of International Affairs (以下，R. I. I. A. と略記)，*The Problem of International Investment*, Frank Cass, London, 1937 (reprint 1965), pp. 140-1. 楊井克巳・中西直行訳『国際投資論』日本評論社，1970年，151頁．
21) この点を最も明確に主張されているのは，西村閑也「国際金本位制とロンドン金融市場，1870-1913」法政大学『経営志林』第18巻第3号，1981年，同「イギリスの金本位制復帰と短資移動」，三野井昌夫・長幸男・西村閑也編『戦間期の通貨と金融』有斐閣，1982年，所収である．また，尾上修悟『イギリス資本輸出と帝国経済―金本位制下の世界システム―』ミネルヴァ書房，1996年，第1章「イギリスの国際収支構造と資本輸出」も世紀転換期を境としてそれ以降，基礎収支の赤字傾向が明確に現れたと主張されている．
22) 以上のような視角は，滝沢健三『国際金融機構』初版，文雅堂銀行研究社，1975年，第1章「ドル残高」，深町郁彌『現代資本主義と国際通貨』岩波書店，1981年，第3章「アメリカと国際通貨ドル」3「国際通貨ドルの供給構造」五「国際金融市場の機能と資本収支」，西村閑也「イギリスの金本位制復帰と短資移動」，前掲から教示を得た．
23) 貿易収支の悪化をもたらした要因としてポンドの過大評価が指摘されている．モグリッジは卸売物価指数，輸出物価指数，小売物価指数，G. N. P. デフレーター，さらに関連指標として失業統計，単位賃金を比較して，ポンドは10%の過大評価であったと結論している (D. E. Moggridge, *British Monetary Policy, op. cit.*, pp. 101-5). これに対して，オルドクロフトはポンドの過大評価は輸出単価当り価額を約5.8%上昇させたに過ぎず，その影響も1928年までにほとんど消滅した．さらに，1926-29年における輸出の増大は生産の増大を上回り，その期間の輸出実績は金本位復帰直前の時期――ポンドは変動相場制下にあった――よりも良好であったと主張している (D. H. Aldcroft, *The Inter-War Economy: Britain, 1919-1939*, Batsford, London, 1970, pp. 151-2). また，ラヴディーはデンマーク，ノルウェー，

第4章　再建金本位制期のイギリスの国際収支と対外短期ポジション　　155

スウェーデン、スイス、オランダなどの旧平価で金本位に復帰した国々は、平価切下げを行った近隣諸国との競争に直面しながら輸出を増加させたとしてポンドの過大評価に否定的な見方をとっている（A. Loveday, *Britain and World Trade*, Longmans, London, 1931, pp. 157-8）。グレゴリーもラヴディーと同様の見解を表明している（Committee on Finance and Industry, *Report, op. cit*., p. 224. 前掲邦訳、183頁）このようにポンドの過大評価については肯定的評価と否定的評価に分かれている。ここではポンドの過大評価をイギリスの貿易収支悪化の第一義的要因とはみなしていない。真藤素一氏はイギリス貿易収支悪化の要因として、①国際競争力の低下と②貿易構造と輸出市場の変化、の二つを挙げられ、この二大原因を規定したのはポンドの過大評価ではなくイギリスの資本蓄積の停滞であると主張されている（真藤素一「国際通貨ポンドの崩壊―1920-31年のポンド―（上）」『金融経済』第157号、1976年4月、25-8頁。なお、ポンドの過大評価の肯定論、否定論についても真藤氏の同上論文を参照した）。セイヤーズは、1925年以降のイギリスの不況の原因として、第一にマルク安定後、「ドイツが連合王国市場および一般世界市場の両方において競争者として復活したこと」、第二に、「ベルギー・フランおよびフランス・フランの意識的な割安評価」に基づく金本位復帰、第三に、1929年以降の世界不況を挙げている（R. S. Sayers, 'The Return to Gold, 1925' in S. Pollard, ed., *The Gold Standard and Employment Policies between the Wars*, Methuen, London, 1970, pp. 94-6. 田中生夫訳「R. S. セイヤーズ『1925年の金本位復帰』（1960年）」田中生夫『昭和前期通貨史断章』有斐閣、序章、付録、62, 65頁）。

24) W. A. Lewis, *Economic Survey 1919-1939*, 1st ed., George Allen & Unwin, London, 1949, 7th ed., 1970, p. 42. 石崎昭彦・森　恒夫・馬場宏二訳『世界経済論』新評論、1969年、51-2頁。

25) F. Utley, *Lancashire and the Far East*, George Allen & Unwin, London, 1931, p. 26. 中野忠夫・石田靖二訳『極東に於ける綿業』叢文閣、1936年、20頁。

26) 手織の綿布生産量（推定）は、戦前平均で10億ヤード、1930-31年で14億ヤードと見積もられている（A. R. Burnett-Hurst, *op. cit*., p. 451）。したがって手織りの綿布生産量も増加を遂げている（L. G. Sandberg, *Lancashire in Decline*, Gregg Revivals, Vermont, 1974, p. 185 をも参照のこと）。

27) F. Utley, *op. cit*., pp. 259-60. 前掲邦訳、348頁。なお、この時期のイギリス綿工業とインド市場との関係を扱った最近の邦語文献として、清水敦「イギリス綿工業とインド市場―発展の限界と1920年代の不振―」侘美光彦・杉浦克己編『世界恐慌と国際金融―大戦恐慌史研究―』有斐閣、1982年、所収がある。また、1920年代におけるイギリス綿工業の衰退についての研究として、日高千景『英国綿業衰退の構図』東京大学出版会、1995年がある。参照されたい。

28) D. Burn, *Economic History of Steelmaking 1867-1939*, Cambridge University Press, Cambridge, 1940（reprint 1961）, pp. 393-4.

29) 高橋哲雄『イギリス鉄鋼独占の研究』ミネルヴァ書房、1967年、108頁。なお、再建金本位制期のイギリス鉄鋼業に関しては、高橋哲雄氏のこの著作の第二部第四章「鉄鋼資本の集中と合理化運動」と鬼塚豊吉「両大戦間のイギリス鉄鋼業の市場」

法政大学『経営志林』第8巻第3号，1971年を参照されたい．
30) D. Burn, *op. cit.*, p. 397.
31) M. S. Birkett, 'The Iron and Steel Industry since the War', *The Journal of the Royal Statistical Society*, Part III, 1930, Vol. XCIII, pp. 348-9, 375, table V.
32) M. S. Birkett, *op. cit.*, pp. 348, 381, table XII.
33) M. S. Birkett, *op. cit.*, p. 381, table XII.
34) 高橋哲雄，前掲書，112-3頁．
35) この点に関しては，T. H. Burnham and G. O. Hoskins, *Iron and Steel in Britain 1870-1930*, George Allen & Unwin, London, 1943, pp. 165-8 の表を参照されたい．
36) J. H. Jones, 'The Present Position of the British Coal Trade', *The Journal of the Royal Statistical Society*, Part I, 1930, Vol. XCIII, pp. 16, 35, table A 7.
37) N. K. Buxton and D. H. Aldcroft ed., *British Industry between the Wars*, Scolar Press, London, 1979, p. 48.
38) D. Burn, *op. cit.*, p. 355.
39) J. H. Jones, *op. cit.*, pp. 16-7.
40) J. H. Jones, *op. cit.*, p. 17.
41) J. H. Jones, *op. cit.*, p. 20.
42) J. H. Jones, *op. cit.*, pp. 17-8. ちなみにドイツにおける石炭と褐炭の消費量を示すと次の通りである．

	石炭消費量	褐炭消費量	1人当りの消費量 (単位：トン)	
			石炭	褐炭
1913年	1億5,647万	9,247万	2.34	1.38
1928年	1億2,251万	1億6,550万	1.94	2.61

（出所）J. H. Jones, *op. cit.*, p. 18.

43) Committee on Finance and Industry, *Report*, 1931, p. 47. 加藤三郎・西村閑也訳『マクミラン委員会報告書』日本経済評論社，1985年，39頁．
44) *Ibid.*, p. 48. 前掲邦訳，39頁．なお，再建金本位制期のイギリス経済については，森恒夫『イギリス資本主義』『講座 帝国主義の研究』第4巻，青木書店，1975年，第二章「再建金本位制下のイギリス資本主義」を参照されたい．
45) D. E. Moggridge, *British Monetary Policy 1924-1931; The Norman Conquest of $4.86*, *op. cit.*, p. 122,
46) D. E. Moggridge, *op. cit.*, p. 126.
47) 両大戦間期のイギリス海運業については，S. G. Sturmey, *British Shipping and World Competition*, The Atlone Press, London, 1962. 地田知平監訳『英国海運と国際競争』東洋経済新報社，1965年，第四章「苦難の時代―両大戦間の時期」を参照されたい．
48) D. E. Moggridge, *op. cit.*, pp. 31-2.
49) R. I. I. A., *op. cit.*, p. 144. 前掲邦訳，155頁．

50) この点を特に強調されているのは，西村閑也『国際金本位制とロンドン金融市場』法政大学出版局，1980 年，第一部，II, III の二章である．
51) E. V. Morgan, *op. cit*., p. 343.
52) D. Williams, 'London and the 1931 Financial Crisis', *The Economic History Review*, Second Series, Vol. XV, No. 3, April 1963, p. 519.
53) D. Williams, *op. cit*., p. 520.
54) W. A. Brown, Jr., *op. cit*., Vol. I, p. 671.
55) D. Williams, *op. cit*., p. 527. D. E. モグリッジも「マクミラン委員会の推計は，ロンドンで営業している外国および海外銀行の外国人に対する預金債務や外国人勘定での手形保有高あるいはイギリスの銀行の外国預金を考慮に入れていなかった．」(D. E. Moggridge, *op. cit*., p. 252) と述べて，ウィリアムズの見解を支持している．ケインズは 1932 年の時点で，マクミラン委員会の推計ではイギリスの対外短期債務を 2 億ポンドから 4 億ポンド少なく見積もることになっていると指摘している（J. M. Keynes, 'Reflections on the Sterling Exchange', *Lloyds Bank Monthly Review April 1932, in The Collected Writings of John Maynard Keynes*, Vol. XXI, Macmillan, London, 1982 p. 69. 舘野敏，北原徹，黒木龍三，小谷野俊夫訳『世界恐慌と英米における諸政策―1931-39 年の諸活動―』，『ケインズ全集』第 21 巻，東洋経済新報社，2015 年，78 頁）．
56) D. Williams, *op. cit*., p. 527. 大蔵省によると，1931 年 12 月末のイギリスの対外短期債務額 4 億 1,100 万ポンドの内訳は，イギリス帝国内諸国に対して 1 億 9,500 万ポンド，ヨーロッパに対して 1 億 7,300 万ポンド，その他諸国に対して 4,300 万ポンドとなっている（*Reserves and Liabilities 1931 to 1945*, Cmd. 8354, September 1951, p. 5）．
57) J. M. Keynes, *A Treaties on Money: The Applied Theory of Money* II, in *The Collected Writings of John Maynard Keynes*, Vol. VI, Macmillan, London, 1971, pp. 282-3. 長澤惟恭訳『貨幣論』II,『ケインズ全集』第 6 巻，東洋経済新報社，1980 年，330-1 頁．
58) Committee on Finance and Industry, *Report, op. cit*., p. 149. 前掲邦訳，119 頁．

第5章
中央銀行間協力によるポンド支援と
イングランド銀行のポンド防衛策

第1節　課題の設定

　前章において，再建金本位制期のイギリスの国際収支と対外短期ポジションに重大な問題が生じたことを確認した．基礎収支の大幅な赤字拡大，対応する債権を形成しない一方的な短期あるいは流動的な債務の累積がそれである．基礎収支の大幅赤字をファイナンスするために，イングランド銀行は公定歩合を高目に設定して諸外国から短期貨幣資本を大量に取り入れて総合収支のバランスをとらなければならなくなった．しかし，対外金融を優先する高目の公定歩合の維持は，国際競争力の低下しつつあるイギリスの旧主要産業——綿工業，石炭産業，鉄鋼業等——の資本蓄積に悪影響を及ぼすことが懸念されることになる[1]．さらに，再建金本位制期のイギリスは10％前後の失業率と常時100万人を超える失業者を抱えていたという状況下にあった[2]．このため，金本位制復帰から1929年9月半ばまでの期間のイングランド銀行の公定歩合は，1925年10-11月の4％と1929年2月からの5.5％を除くと，4.5～5％の水準で安定していた．換言すれば，この水準に「据置きないし釘付け」されていた．したがってイングランド銀行の「公定歩合政策は当時は短期的政策としては，もはやほとんど機能していなかったのである[3]．」（後掲図5-4参照）

　このように，機動的な公定歩合政策の展開が大きな制約下に置かれていく状況下で，国際収支の悪化によってポンドは対ドル相場を大きく悪化させていった．ちなみに，ポンド-ドル相場の年平均での推移をみると，1880年から1914年までの35年間で，ポンドが為替平価以下であったのは10回にすぎなかった．

一方，1925年から1931年までの期間では，ポンドが為替平価を上回ったのは1928年の1回のみであり，その時の平均相場は1ポンド＝4.8666ドルであった[4]。

このようにポンドの不安定性，脆弱化が明らかになりつつある事態に直面して，中央銀行間協力によるポンド支援とイングランド銀行によるポンド防衛策が実施されることになった．

中央銀行間協力に関しては，1925年のイギリスの金本位制復帰に際して予想される困難を乗り切るためにアメリカによって行われた支援と，1927年のポンド危機に対処するために行われた中央銀行間協力についてみていく．次に弾力的運用を阻害された公定歩合政策の代替手段として使われた金市場操作（gold devices），外国為替市場への介入操作，資本輸出規制というイングランド銀行によるポンド防衛策がどのようにして展開されていったのかを明らかにしていく．

第2節　中央銀行間協力の展開

1　イギリスの金本位制復帰と中央銀行間協力

イギリスが旧平価で金本位制に復帰することの意義については，当時のニューヨーク連邦準備銀行総裁のベンジャミン・ストロング（Benjamin Strong）とイングランド銀行総裁のモンタギュー・ノーマン（Montagu Norman）はそれぞれ次のように考えていたといわれる．まず，ストロングは，①ポンドの安定＝金本位復帰は為替相場の変動を除去し，世界貿易の拡大をもたらすこと，そしてこの世界貿易の拡大はアメリカの製品，特に農産物に対する需要拡大をもたらすことになる．②ニューヨークが国際金融の中心地としての成長をとげる好機となる．なぜなら，イギリスの金本位復帰を促進するという際に，ニューヨークが一時的にロンドンよりも利子率を低位に維持するという「協力」をすることによって，ニューヨーク市場での借入費用が安価となり，アメリカの対外資本輸出は増大することになるからである．③イギリスの金本位復帰はそれまでのアメリカへの大量の金流入という事態を逆転させ，アメリカにおける「インフレーション」の脅威を減少させることになるものと，期待したのであ

る⁵⁾．他方，ノーマンは，「金本位復帰を国際貿易および金融の主要な中心地としてのイギリスの地位を再建しようとするためのイギリスの戦後の努力の頂点」として考えたのである⁶⁾．

ストロングとノーマンは当初（1924年春），英米間の相対的な物価と利子率および安定信用の分野を協力の重点的戦略と考えてイギリスの金本位復帰を促進しようとした．特に，第一の物価に関しては，ストロングの見方では，1924年春のイギリスの国際貿易上の主要商品の価格は1913年をベースにすれば，アメリカのそれよりも10％高いと見積もられたので，当初このギャップをいかにして取り除くかが問題になるはずであった．換言すれば，アメリカの物価の小幅な上昇とイギリスの物価の小幅な下落が必要となるであろうということである．しかし，このような調整負担を引き受けるための措置を，アメリカ側はとらず，他方，イギリス側もアメリカがかかる措置をとるとは期待していなかったようである⁷⁾．そこでイギリスの金本位復帰にともなう浮動短期貨幣資本——ホット・マネー——の移動による投機的な為替相場の激変を防ぐ目的で，安定信用の供与と金利協調という形で協力が行われることになった⁸⁾．

(1) アメリカによる安定信用の供与

この安定信用は1924年12月28日にノーマンがニューヨークを訪れ，その後2週間の内にJ. P. モルガン，ストロング等と協議して獲得することが可能となったもので，その信用枠は当初5億ドルを想定していた⁹⁾．このようにアメリカがイギリスに与えることになった安定信用は，具体的には次の2種類のものから成っており，総額は当初予定の5億ドルから3億ドルに縮小された．

まず第一は，ニューヨーク連邦準備銀行（以下，ニューヨーク連銀と略記）が，イングランド銀行に与える2億ドルの信用で，中央銀行間信用である．それは1925年5月14日以降の2年間の期間中にいつでも金かドルで引き出すことのできるものであり，それに対する利子は，実際に引き出された金額に対してのみ課されることになっており，その利率はニューヨーク連銀の90日物手形に対する公定歩合に1％を加えたものとし，最低が4％で最高が6％であった．ただし，ニューヨーク連銀の公定歩合が6％以上に上昇した場合には，この公定歩合と同一の利率が課されることになる．そしてこの信用はイギリス政府の

保証付である．そこでもしこの信用が金で引き出される場合には次のように使用される．つまり，ニューヨーク連銀からイングランド銀行に与えられた帳簿上の「預金信用」から引き出された資金でもって，イングランド銀行はニューヨーク連銀から2年間以内に売り戻す条件付で金を購入する．そしてこの金は，①イングランド銀行へ向けて船積みしてもよいし，②ニューヨーク連銀にイア・マークしてイングランド銀行の金準備金としてもよいし，③アメリカでの支払のために使用してもよいことになっていた[10]．

アメリカが供与することになった第二の安定信用はJ. P. モルガン商会によって率いられたシンジケート団からイギリス大蔵省に供与される1億ドルの信用で，イギリスの公信用が動員されることになる．この信用の期間，性格，利率は第一の安定信用と同一で期間は2年間で，revolving credit の形式をとるものである．ただし，この信用の使用の有無に関係なく手数料を徴収することにしたのが異なっている．つまりJ. P. モルガン商会は第1年目の期間中の信用の全額に対して $1^1/_4$% の追加的な手数料を課した．そして信用の引き出しが行われなければ，第2年目の手数料はその半分，つまり $^5/_8$% になるという例外規定を設けた．そしてこの信用の1度の使用限度を500万ドルとした．この第二の安定信用は，当初ノーマンとストロングによって希望された額は3億ドルであったが，イギリス大蔵省がその手数料負担に難色を示したため1億ドルに削減されたのである[11]．

これらの安定信用の主要目的は，もし必要があればポンド為替相場を支えるのにドル為替を供給することにあったといわれる．すなわち，ポンド為替相場が下落し平価を割るような事態に近づいた時には，イングランド銀行はこれらの安定信用で獲得したドルを使用して，ニューヨークその他の外国市場でポンドを買い支える操作に出る，つまり，ドルを売ってポンドを買うというイングランド銀行による外国為替市場への介入操作に必要な資金源泉として安定信用は役立ちうるのである[12]．

ところで，モルガン側が供与する安定信用に関しては前述した以上の内容は明らかにされていないようであるが，第一のニューヨーク連銀から供与された安定信用についてもう少し具体的にみておくことにしよう．

1925年1月にストロングはこの安定信用に関して次のような条件を出した

第5章　中央銀行間協力によるポンド支援とイングランド銀行のポンド防衛策　　163

といわれている．すなわち，①信用供与の期間中の2年間は，イングランド銀行による信用の管理を継続すること，②カレンシー・ノート発行の保証準備発行限度の変更はいかなるものでもイングランド銀行の承認を必要とすること，③ある特定の時期における信用の使用はニューヨーク連銀によって規制されること，④もし信用を返済する必要がある際には，イギリス政府は金輸出を妨げないこと，以上である[13]．

　第一の条件は純粋にイングランド銀行に関連するものであるから，ノーマンは同年2月にそれを承認した．しかし，それ以外の三つの条件は大蔵省との協議・協力を必要とするものであった．大蔵省は第三の条件には同意した．そして「1925年金本位法」が成立した時に，第四の条件は正式な承認を得ることになった．しかし，第二の条件についてはイングランド銀行からの要求を入れて，ストロングはこれを撤回することになった．そしてイギリスが金本位復帰を決定する直接的契機となった1925年の「チェンバレン-ブラッドベリー委員会」報告のなかに，「〔金支払再開の〕声明の日から，保証準備発行を決定する取決めが恒久的な基礎にもとづいて行われるまでは，現行の発行限度は厳格に維持されるべきである」という一文を付け加える取決めをし，ストロングの条件を全面的に適えたのである[14]．

　このように安定信用の供与にともなって条件が付されたのであるが，さらに，イングランド銀行は，引き出す金額と信用のうちどれだけの金額が使用されるのかの両方に関して，ニューヨーク連銀と協議することになる．そして，ニューヨーク連銀からの安定信用をイングランド銀行が引き出した場合には，それに相当する金額がイングランド銀行にニューヨーク連銀名義でポンドで預金されることになる．これが安定信用供与の具体的な見返りである．その場合預金された金額は，日々の電信為替相場の変動を考慮して調整されることになる[15]．

　ところで，この安定信用が全額引き出された場合にはその見返りとしてなされる預金額は約4,100万ポンドになる．この金額は1925年4月におけるイングランド銀行の銀行部の政府証券およびその他証券の保有高平均の5分の2に等しく，またイングランド銀行における銀行業者勘定の5分の3にほぼ等しかったのである．そこでニューヨーク連銀の預金残高とイングランド銀行の金融政策を調和させる必要が生じることになった．これらの預金残高はポンド建商

業手形に投資できることになり，その手形買入の時期と量はニューヨーク連銀とイングランド銀行との間で相互に協議して決められることになった[16]．

ところで，この安定信用は今日の中央銀行間スワップの端緒的形態であると位置づけることができる．C. A. クームズは「1925年のストロング総裁時代に，ニューヨーク連銀は，イングランド銀行との間で2億ドル相当のポンドと米国金貨とのスワップ取り決めを結んだことがあった[17]」と述べている．中央銀行間――特に国際通貨国の中央銀行と周辺国の中央銀行間――で，外国為替市場への介入資金を獲得するために中央銀行間のスワップが1960年代において本格的に利用されることになったのは周知の事実であるが，その先駆的あるいは端緒的形態がイギリスの金本位復帰の時点で登場したことに留意されたい．セイヤーズはこの安定信用を「クレジットという形で復帰への有効な保証措置を受ける約束を取りつけた[18]」と評価している．これは，安定信用の供与において中央銀行間信用という形で公信用の授受が行われたことを意味している．

以上，ニューヨーク連銀からの安定信用に関して簡単にみてきたのであるが，このような安定信用はいずれも実際には引き出されなかったので，ストロングが希望したように，安定信用がニューヨーク連銀の「過剰な」金保有高を減少させるために使用されるということはなかったのである．そしてこの安定信用は，1927年5月14日に消滅することになった．そこで，これらの安定信用が金本位復帰後のポンドの安定にどの程度寄与したのかは議論の余地のあるところである．S. V. O. クラークは，かかる安定信用の存在がポンドを安定させ，金本位復帰直前にロンドンに移動した外国短資を数ヵ月間ロンドンにとどまらせた点にその意義を見い出している[19]．

(2) アメリカの低金利政策と金利協調

イギリスの金本位復帰を支援する「中央銀行間協力」の一環として上述の安定信用供与とならんで重要なのはアメリカの低金利政策の実施である．そこで次にこの問題を考察していかねばならない．

まず，図5-1はロンドンとニューヨークの短期利子率と両国の公定歩合の推移を示したものである．これをみれば明らかなように，1924年4月末まではニューヨークの利子率はそれ以前の2年間と同様にロンドンの利子率より高か

第5章　中央銀行間協力によるポンド支援とイングランド銀行のポンド防衛策　165

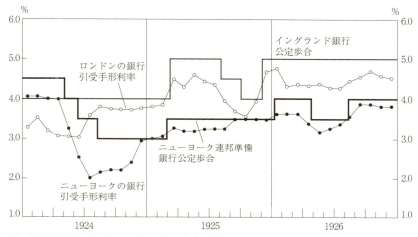

(注) 銀行引受手形の利率は3ヵ月物の利率の毎月の平均で表示。
(出所) S. V. O. Clarke, op. cit., p. 87. 原資料はBoard of Governors of the Federal Reserve System, *Banking and Monetary Statistics, 1914-1941*, 1943 (reprint 1976), pp. 440, 450, 656; R. G. Hawtrey, *A Century of Bank Rate*, Frank Cass, Liverpool & London, 1938 (reprint1962), p. 296. 英国金融史研究会訳『金利政策の百年』東洋経済新報社, 1977年, 290頁. R. S. Sayers, *The Bank of England 1891-1944, op. cit.*, Appendixes, p. 347.

図 5-1　ロンドンとニューヨークの短期利子率と公定歩合　1924-26年

ったのであるが，1924年の春以降，ニューヨーク連銀は大幅な金融緩和に乗り出し，公定歩合を同年5月1日，6月12日，8月8日に 1/2% ずつ引き下げ 4 1/2% から 3% に押し下げた．さらに連銀は政府証券の購入＝買いオペの実施や手形および金の購入によって金融市場に資金を供給した．1924年5月-6月の6ヵ月間で連銀の政府証券の平均有高は2億6,400万ドル増大し，同一期間中に連銀は約1億8,800万ドルの手形と8,400万ドルの金を購入した．そして連銀の公定歩合は1925年2月26日までに3%に維持された．そしてこれを要請したのはアメリカ経済の景気後退（リセッション）であった[20]．

このようにアメリカにおいて金融緩和が進行していた間にイングランド銀行はロンドン金融市場において引締めを維持したのである．イギリス経済は当時，高水準の失業という不況状態にあったため，ノーマンは1923年半ば以来維持してきた4%の公定歩合をそれ以上に引き上げる口実を見い出しえなかったのである．そこでノーマンは3ヵ月物の銀行引受手形の利率を1924年7月に

1/2％引き上げるように操作を行い，これによってニューヨークとロンドンの市場利子率の開きを拡大させることが可能となった．このロンドンの市場利子率の引上げは8月およびその後数ヵ月間続き，3ヵ月物の銀行引受手形はそれ以降同年末まで4-6月の水準より0.70％高い水準のところで変動することになった．このため，ニューヨークにおける銀行引受手形の市場割引利率は，1924年4月にはロンドンのそれよりも約1％高かったのが，同年7月には逆にロンドンのそれより1$^{1}/_{2}$％低くなったのである．――市場割引利率の逆転が生じたのである．そして同年11月には依然として1％以上もロンドンの方が高かったのである．さらに証券市場においてはアメリカの長期政府債の利回りは1924年4月にはイギリスのそれよりも0.17％低かったのが，同年7月に0.46％も低くなった．そしてニューヨークにおいて長期資金の調達がますます容易になった．これはロンドンが長期資本輸出を規制するために非公式な規制を採用したのとは対照的である[21]．したがってここにおいてロンドン側の利子率を高位に維持し，ニューヨーク側の利子率を低位にすることによって国際的な利子率格差を設定し，ロンドンに外国短資を引きつけることが可能になる舞台装置ができたのである．

ところが1924年11月から1925年5月にかけては，アメリカの金融政策はこれまでの金融緩和からゆるやかな引締めに転化していくことになった．1924年夏までの低金利による金融緩和のため，過剰資金がブローカーズ・ローンに流れ，これによって証券市場における投機が活発になりつつあった．そこでこれをチェックする必要が生じたのである．1925年2月27日にはニューヨーク連銀の公定歩合は3$^{1}/_{2}$％に引き上げられることになった．

これに対してイングランド銀行は前年の後半に確立されていたニューヨークとの利子率格差（公定歩合でイングランド銀行のそれが1％高）を維持するために一層の引締めに乗り出すことになった．そしてニューヨーク連銀の公定歩合引上げのちょうど1週間後の3月5日にイングランド銀行は同行の公定歩合を5％に引き上げたのである．すでに1924年12月の初めに，ストロングはニューヨーク連銀の公定歩合を1/2％引き上げる可能性が大であることをノーマンに打電し，もしそのような引上げが必要となった場合に，イングランド銀行の公定歩合を引き上げるか否かについて尋ねていた．これに対してノーマンは，

ニューヨークが$1/2\%$引き上げるならば，イングランド銀行は1%引き上げることによってニューヨークに追随せざるを得ないと答え，さらに後の1925年2月24日に，ストロングがニューヨークの公定歩合の引上げが差し迫ったものであると打電したが，ノーマンはこれに対し，イギリスが4月に金本位に復帰した場合には，イングランド銀行の公定歩合はさらに6%に引き上げる必要があるだろうと付け加えたのである．しかし，当初想定されていた6%への一層の引上げは，金本位復帰前後のポンドの予想外の強さのために不必要となったのである[22]．

　以上簡単にイギリスの金本位復帰直前のアメリカの金融緩和についてみてきたのであるが，このようなニューヨーク連銀による利子率引下げが，イギリスの金本位復帰を側面から支援する効果をもったことは否定できない．しかも，この際重要なことは，イングランド銀行の公定歩合の変更自体もニューヨークとの関連を抜きにしては考えられないということであり，またアメリカにおいても金融緩和の政策を実施してイギリスの金本位復帰を側面から支えることを可能ならしめたのは，アメリカの景気後退という国内経済の動向に規定された面が非常に強いということである．したがって，1925年2月にアメリカの証券市場における投機を抑制するために，ニューヨーク連銀の公定歩合を引き上げざるを得ないという事態が生じ，この影響がロンドン側に反映せざるを得ず，イングランド銀行の公定歩合の引上げにつながっていったという事実を考える時，このようなニューヨーク連銀の行動は明らかに「国際協力」自体に逆行する措置であり，イングランド銀行の公定歩合引上げもニューヨークに追随するものであり，ニューヨーク側に規定されての引上げである．またアメリカ側の措置も国内の金融市場の動向を念頭に置いたものである．たんに「中央銀行間協力」あるいは「国際金融協力」一般では処理しきれない面があることも見逃してはならない．

　そこで，このようなニューヨーク連銀による金融緩和政策およびイングランド銀行の金融引締めによる国際的利子率格差の設定が，イギリスの金本位復帰にいかなる効果を有したかは明快な結論を下しにくい問題であるが，次のような指摘をすることは可能であろう．

　まず第一に，アメリカの長期資本輸出が拡大したことである．外国人勘定の

表 5-1 利子率と新規資本価格

(単位:%)

	イギリス	イギリス	イギリス	イギリス	アメリカ
	コンソル公債利回り	新規海外公共借入の加重平均価格	自治領・植民地の新規公共借入価格	新規外国公共借入の価格	新規外国債券の価格
1921	5.2	6.5	6.42	7.49	7.54
22	4.4	6.1	5.68	7.21	6.63
23	4.3	5.6	5.07	6.96	6.42
24	4.4	6.1	5.02	7.57	6.56
25	4.4	5.1	4.99	8.00	6.51
26	4.5	6.2	5.11	7.32	6.51
27	4.6	5.5	5.09	7.07	6.14
28	4.5	5.5	5.05	6.73	6.09
29	4.6	5.2	4.99	7.20	5.81
30	4.5	6.1	5.56	7.14	

(出所) Royal Institute of International Affairs, *The Problem of International Investment*, 1937 (reprint 1965), *op. cit.*, p. 135. 前掲邦訳, 『国際投資論』147 頁.

表 5-2 ロンドンにおける月別の新規外国証券発行額
1924-31 年

(単位:1,000 ポンド)

年月	1924	1925	1926	1927	1928	1929	1930	1931
1	5,984	5,828	18,894	16,015	19,616	29,372	5,589	4,490
2	16,933	4,367	3,452	6,469	5,245	6,864	18,190	13,654
3	6,735	5,706	11,566	6,976	23,043	9,007	9,436	6,005
4	1,868	3,552	7,002	9,145	7,978	6,011	9,381	316
5	29,315	17,878	6,607	10,602	13,523	8,833	20,083	10,086
6	5,630	1,876	15,693	7,592	15,968	11,388	5,522	8,466
7	9,068	7,762	10,786	18,558	17,705	8,324	3,324	2,906
8	2,419	736	639	139	984	1,378	3,106	34
9	2,569	794	7,260	1,858	10,731	1,205	2,630	21
10	27,511	10,038	15,339	22,970	10,883	4,055	17,734	10
11	10,379	17,129	9,392	25,600	11,009	6,673	8,394	74
12	15,812	12,132	5,774	12,747	6,699	1,237	5,415	16
合計	134,223	87,798	112,404	138,671	143,384	94,347	108,803	46,078

(出所) *Board of Trade Journal*, February 4, 1926, p. 148. *ibid.*, February 9, 1928. p. 189. *ibid.*, February 6, 1930, p. 210. *ibid.*, February 4, 1932, p. 160 より作成.

表5-3 イギリスにおける地域別新規外国証券発行額 1920-31年

(単位：100万ポンド、( )内は%)

	1920	1921	1922	1923	1924	1925	1926	1927	1928	1929	1930	1931
イギリス帝国	40.5 (76.1)	90.8 (78.5)	75.5 (55.8)	87.6 (64.3)	73.5 (54.8)	57.4 (65.4)	52.0 (46.3)	87.8 (63.3)	86.1 (60.0)	54.4 (57.7)	70.1 (64.4)	36.9 (80.0)
インド・セイロン	3.5	29.5	36.1	25.4	2.6	3.4	2.1	1.4	7.7	10.1	28.7	22.5
その他イギリス帝国内	37.0	61.3	39.4	62.2	70.9	54.0	49.9	86.4	78.4	44.3	41.4	14.4
オーストラレイシア					50.0	25.5	31.5	41.0	34.75	17.0	10.5	5.0[4]
カナダ・ニューファンドランド					4.5	2.0	6.0	7.0	20.5	15.25	3.5	[5]
アフリカ					15.0	15.0	6.5	28.0	16.5	10.5	26.5	8.0
アジア					1.2	11.0	5.0	5.0	4.25	1.4	2.8	[5]
外国	12.7 (23.9)	24.9 (21.5)	59.7 (44.2)	48.6 (35.7)	60.7 (45.2)	30.4 (34.6)	60.4 (53.7)	50.9 (36.7)	57.3 (40.0)	39.9 (42.3)	38.7 (35.6)	9.2 (20.0)
ドイツ							6.0	7.0	8.25			3.0
ベルギー					36.0	11.0[1]	7.0	14.5[2]	25.5[3]	21.5	11.0	
その他ヨーロッパ							11.8					
オランダ領東インド						3.5	2.8					
日本					17.3		5.0	1.5	1.0			
その他アジア						1.3	0.2					
アルゼンチン						8.0	9.0	6.0	4.5	8.5	17.75	3.5
ブラジル					7.0		12.3	13.0	9.25			
チリ						6.0	3.0	7.0	6.0	7.5	3.0	2.3[6]
その他アメリカ							2.2					
合計	53.2 (100)	115.7 (100)	135.2 (100)	136.2 (100)	134.2 (100)	87.8 (100)	112.4 (100)	138.7 (100)	143.4 (100)	94.3 (100)	108.8 (100)	46.1[7] (100)

(注) 1 主としてドイツ、イタリア。
2 イタリア、ギリシア、ポーランドはそれぞれ約200万ポンド。
3 ギリシアが750万ポンド、ハンガリーが475万ポンド。
4 ニュージーランドのみ。
5 「その他イギリス帝国内」の勘定の特記していない発行は主として英領北アメリカ向けのものであった。
6 アルゼンチン以外の南アメリカ。
7 この金額のうち、300万ポンドのみが1931年の後半の期間に発行された。

(出所) League of Nations, *Memorandum on International Trade and Balances of Payments, 1927-1929*, Vol. II, *Balances of Payments*, Far Eastern Book-Sellers, Tokyo, 1931 (reprint 1987), p. 178. dit-to, *Balances of Payments 1931 and 1932*, 1933, p. 171 より作成。

　新規発行額は1923年には3億1,700万ドルにすぎなかったのが、1924年には8億2,300万ドル、1925年も8億2,400万ドルへと増大している（後掲表6-12）。また前掲表3-17によれば、1919-23年の新規海外証券発行額は、年平均でアメリカが5億3,100万ドル、イギリスが4億1,600万ドルであったのが、1924-28年の年平均では、アメリカが11億4,200万ドル、イギリスはその約半分の5億8,700万ドルにすぎなかった。これはアメリカ側に豊富な海外投資余

力が存在したことに加えて，イギリスが1924年11月から外国の起債を禁止し，さらに翌25年5月にはイギリス帝国内政府の起債の禁止をも実施した（1925年11月に資本輸出規制解除）こと，さらにイギリス帝国以外の諸国にとってはロンドン市場での借入費用がニューヨーク市場のそれよりも高かったことに起因するであろう．表5-1はそれを表している．長期資本輸出に関してはロンドンからニューヨークへのシフトがみられるといってよいであろう．これはイギリスの国際収支に一定のプラス面をもたらしたであろう．ロンドンにおける新規外国証券発行額をみると，1924年が1億3,400万ポンドであったのが，1925年には8,780万ポンドへと34.5%も激減している（表5-2，表5-3）．しかし基礎収支は24年の赤字額6,100万ポンドから25年には4,700万ポンドの赤字へと改善をみたが，なお多額の赤字を計上している（表5-2，表5-4，前掲

表5-4 イギリスの国際収支1900-13年　1920-24年

(単位：100万ポンド)

項目 \ 年次・年平均	1900/13 年平均	1920	1921	1922	1923	1924	1920/24 年平均
貿易取引							
輸入 (f.o.b.)	−570	−1,812	−1,022	−951	−1,011	−1,172	−1,194
輸出 (f.o.b.)	+460	+1,664	+874	+888	+914	+958	+1,060
貿易収支	−110	−148	−148	−63	−97	−214	−134
貿易外取引							
政府サービス・移転（純）		+1	+25	−11	−4	−7	+1
その他の貿易外取引	+228	+462	+297	+255	+263	+279	+311
民間サービス・移転	+86	+214	+117	+76	+85	+81	+115
利子・利潤・配当	+142	−248	+180	+179	+178	+198	+197
民間部門	+142	−252	+183	+200	+202	+222	+212
公共部門		−4	−3	−21	−24	−24	−15
貿易外収支	+228	+463	+322	+244	+259	+272	+312
経常収支	+118	+315	+174	+181	+162	+58	+178
長期資本							
公的長期資本（純）		−97	−63	−18	−18	·	−39
新規対外投資	−129	−53	−116	−135	−136	−134	−115
減債基金・償還		−15	+15	+15	+15	+15	+15
長期資本収支	−129	−135	−164	−138	−139	−119	−139
基礎収支	−11	+180	+10	+43	+23	−61	+39
調整項目*		−132	−10	−46	−11	+67	−26
総合収支		+48	·	−3	+12	+6	+13
公的準備の変化（増加−）		−48	·	+3	−12	−6	−13

(注)　*短期債務（純）の変化と外国人勘定での手形引受額を含む．
(出所)　1900/13年の年平均は表1-2より算出．1920-24年はR. S. Sayers, *The Bank of England 1891-1944*, Appendixes, 1976, 'The Balance of Payments in the Inter War Period', p.312より作成．

第5章 中央銀行間協力によるポンド支援とイングランド銀行のポンド防衛策　171

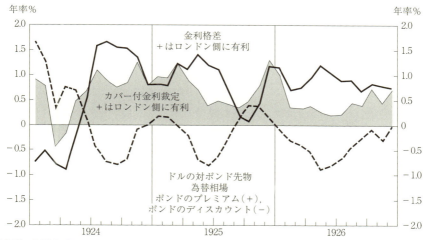

(出所) S. V. O. Clarke, op. cit., p. 94.
　　原資料は3ヵ月物銀行引受手形利率は，Board of Governors of the Federal Reserve System, Banking and monetary Statistics 1914-1941, op.cit., pp. 450, 656. 先物為替相場は，Paul Einzig, The Theory of Forward Exchange, Macmillan, London, 1937, Appendix I, pp. 456-61.

図5-2　ニューヨーク・ロンドン間の金利裁定取引機会　1924-26年
　　　　3ヵ月物銀行引受手形利率，毎月平均

表4-3）．

　第二にはロンドンへの短資移動が生じたことである．イギリスの金本位復帰によるポンドの過大評価を見込んでの投機的資金移動が生じて，24年の晩秋には3ヵ月物の先物ポンドのディスカウントが消滅し，翌25年に入るとこの先物ポンドにプレミアムが生じる事態となり，このプレミアムは金本位復帰までほぼ維持された．このような事態の出現と1924年7月以降の短期利子率の格差の拡大とが結びついて，ロンドン向けのカバー付金利裁定取引の機会が増大して，ニューヨークからロンドンへのかなり巨額の資金流入が生じた（図5-2）．1924，25年の両年は貿易赤字の急増による経常収支黒字幅の大幅縮小の結果，多額の基礎収支赤字を計上したが，総合収支においてはほぼバランスをとることができたのは，短期資本の流入による基礎収支赤字補填が大きな役割を果たしたといえよう（25年には上述の長期資本の輸出規制も大きな効果を発揮した）．この点は表4-3および表5-4に示されている通りである．

2 1927年のポンド危機と中央銀行総裁会議

S. V. O. クラークは，1924-25年の「中央銀行間協力」と1926-28年の「中央銀行間協力」との間には次のような基本的な相違があると述べている．すなわち，前者の場合には，ポンドを旧平価に復帰させるための「協力」であった．しかし，後者の場合には，確立された平価水準を維持するための主要国間の対立を和解させることをその目的としたのである．そして，そのような対立をもたらした主要な原因は，1926-28年の間にドイツとフランスへの外資の大量の流入が生じたため，これらの流入から生じる国内の「通貨管理」の困難から生じたものである[23]．ドイツ，フランスの両国は，これらの大量の外資流入が国内の「通貨管理」を脅かすのみならず，自国通貨の対外価値の安定をも脅かすと考え，これを防ぐ措置をとるに至るが，それが逆にポンドを窮地に追い込むことになる．それを打開しようとして開かれたのが1927年の中央銀行総裁会議である[24]．そこで，この会議に焦点をあてて考察していくことにしよう．

(1) ドイツへの大量の資本流入

まず，マルク安定後のドイツの動向[25]からみていくことにする．

1924年以降のドイツの国際収支構造をみると，貿易収支の入超傾向の定着とサービス収支黒字の大幅縮小，賠償支払に基づく移転収支の大幅赤字によって経常収支は大幅な赤字を計上することになった．そこでこの経常収支赤字を外国資本の大量取入によってファイナンスすることにより巨額の外資依存体制の定着をみることになった（後掲表7-1）．そこでポンド相場の推移をみると，図5-3で明らかなように金本位復帰後も安定的に推移したとは言えない状況にあり，平価を割ることもしばしばで，金輸出点以下に下落することもかなりの程度出ている．特に枢軸的なレートであるポンド―ドル為替相場はポンドの弱含みで推移する傾向が強かった．対マルクでも，1925年後半には金輸出点以下に下落している．ところが，1925年以降の1年ないし1年半位の間は，ライヒスバンク総裁のH. シャハト（H. Schacht）はそのポンド残高をドーズ公債のイギリス発行分の手取金の水準にまで維持していた．また，ロンドン金市場が最も廉価であった時にさえ，ロンドン市場から金を購入せず，ニューヨークから金を購入したのである[26]．換言すれば，これは，ロンドン市場で金を購

第5章 中央銀行間協力によるポンド支援とイングランド銀行のポンド防衛策　173

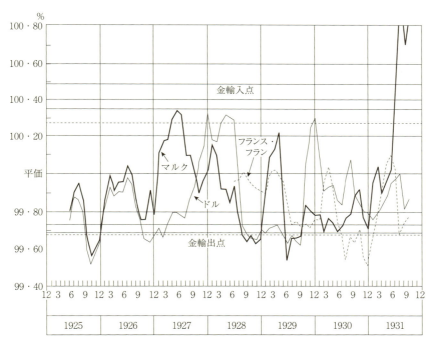

（出所）D. E. Moggridge, *British Monetary Policy 1924-1931: The Norman Conquest of $ 4.86, op. cit.*, p. 128.

図 5-3 ポンドの対ドル，フランス・フラン，マルク相場と金現送点 1925-31 年

入あるいは引き出すのが最も有利な時にさえ，ロンドンから金を引き出すのを差し控えることによってイギリスの金準備への圧力を軽減させ，間接的にイングランド銀行を支援した例といえるであろう．しかし，1926 年後半から状況が変化してくる．

1926 年後半から年末にかけてはドイツへの外国資本の過剰な流入が続いた（後掲表 7-11 参照）．そこでライヒスバンクは 1926 年 8 月 24 日には 1924 年 10 月 11 日以降続けてきたマルクの対ドル相場の釘付け操作を止め，金現送点の範囲内で為替相場を変動させることにした．この措置に加えてライヒスバンクは 1926 年 1 月以降，同行の公定歩合の一連の引下げを行い，7 月 6 日には 6％ にまで引下げ，外資流入を規制しようとした（図 5-4 参照）．しかし，こ

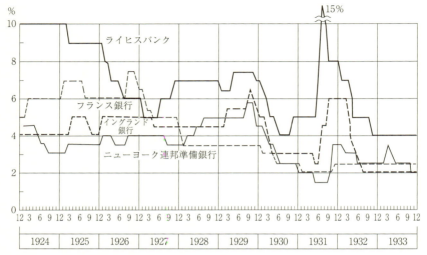

(出所) The Board of Governors of the Federal Ressrve System, *Banking and Monetary Statistics 1914-1941, op. cit.*, pp. 440-1, 656-9 より作成.

図5-4 主要中央銀行の公定歩合 1924-33年

れらの措置によっても外資流入は依然として続いた．ところがライヒスバンクはこのような大量の外資流入に対して公開市場操作によって通貨調節を行うことのできる余地は極めて乏しかった．これは第一次大戦後のハイパーインフレーションの経過に鑑みて国庫手形（Schatzwechsel）の割引および売買が禁止されたことにより，公開市場操作の手段が著しく不足したためである．このような情況下において，シャハトは，過剰な外資流入は，ライヒスバンクの金融市場に対するコントロールを不可能とさせて「インフレ圧力」を増大させることになり，さらにマルクの対外的安定をも脅かすものとなると考えた[27]．そこで，1926年秋からライヒスバンクはロンドンで金を購入して同行の金準備の増強に努め始めた．これはロンドン側に金流出の圧力を加えてロンドンの利子率の引上げをもたらすことによってイギリスからの資本流出を阻止しようとする意図の表れである[28]．1926年秋から同年10月末にかけてライヒスバンクはロンドンから650万ポンドの金を吸収したとノーマンはストロングに書き送っている[29]．そして1926年11月には，ポンドがドイツへの金輸出点に近づいた

第5章　中央銀行間協力によるポンド支援とイングランド銀行のポンド防衛策　175

時,ライヒスバンクはベルリンにおいてのみならず,ブレーメンにおいても金を受け取ることによってロンドンからの金裁定の動きを促進さえした[30]. そして,1927年2月末までの6ヵ月間にイギリスからドイツへの金輸出は約6,000万ドルにも達したといわれる. これは同一期間中の南アの新産金の産出高の約半分に相当する額である[31]. このようにライヒスバンクはイングランド銀行に公定歩合引上げの圧力を加えるとともに外資流入抑制の新たな措置をとった. 1926年12月には,外国市場で起債されたドイツ債券の収益への10%課税の免除という優遇課税措置は撤回された[32]. さらに1927年1月11日には,ライヒスバンクは公定歩合を6%から5%に引き下げて国際的利子率格差を縮小させた. このため同行の公定歩合はイングランド銀行のそれと同一水準に並び,フランス銀行のそれより低位の水準になったのである（図5-4参照）. これに対してイングランド銀行は公定歩合を引き上げる措置をとらず,金が流出するのにまかせたのである[33].

1927年の最初の6ヵ月間には,前述した二つの措置によって海外からドイツへの長期および短期資本の流入は減少した. そしてドイツ国内の景気が上昇することにともなう輸入増大のためにドイツの貿易収支は不利となり,これに資本流入の減少が加わってマルクは次第に弱くなっていった. そこでライヒスバンクは自行の外貨準備を資金源として外国為替市場に介入し,マルクが金輸出点に到達するのを防いだのである[34]. このため,ベルリンからのロンドンへの圧力はこの時期には生じなかった. 代わってパリからの圧力が生じることになる[35]. そこで,次にフランスの動きを追ってみよう.

(2) フランス・フランの事実上の安定とフランスへの資本流入

フランスとイギリスはドイツ賠償問題の処理についても鋭く対立していたことからみても,あるいは1926年7月までのフランスの困難な時期にイギリスは非協力的な態度をとっていたことから考えても,フランス銀行総裁のÉ. モロー（É. Moreau）とイングランド銀行総裁のノーマンとの間には協力関係は存在しなかったといわれている[36]. 英仏の対立は1927年前半にピークに達することになる.

フランス・フランは1926年12月にR. ポアンカレ（R. Poincaré）の指導の

下に 1 ポンド＝122.25 フラン，1 ドル＝25 フラン（1 フラン＝ 3.92 セント）で事実上の安定に入り，ついで 1928 年 6 月に法律上の安定が行われた[37]．ところが，フランの事実上の安定以降，それまで外国に逃避していたフランス資本がフランス本国に還流し始め，さらには，将来フランが一層上昇するのを期待して外国資本の流入が生じたのである．すでに「1926 年 8 月にフランス銀行は市場相場で金と外国為替を買い入れる権限を与えられた．それ以降の 4, 5 年間というものはフランの価値が 1926 年 12 月に確立された水準以上に騰貴するのを防ぐため，同行は莫大な金および対外資産を買い入れなければならなかった[38]」．かくして，フランス銀行の外国為替保有高は 1926 年 11 月の 5,000 万ドルから，1927 年 5 月末には 7 億 7,000 万ドルに増大した[39]．フランの過小評価による事実上の安定がフランスの国際収支の好調をもたらし，そのうえ，パリの比較的高い長期利子率の存在とパリに比較してロンドンとベルリン双方の低い利子率の存在があり，そしてフランは騰貴するかもしれないという確信にもとづく投機的なフランの購入によってフラン上昇への圧力が強められた．このようなフランスへの大量の資本の流入は，国内的な問題としては過剰な通貨発行と「インフレーション」発生の可能性を増大させることになること，さらに対外的な問題としては，フランの騰貴によってフランス銀行保有の外貨に重大な損失が生じること，そしてフランスの賃金・物価にデフレ的圧迫をもたらし公債の負担を増大させること，フランスの国際競争力を弱体化させることになる等の理由から，フランスはイギリスが 1925 年に旧平価で金本位に復帰した誤りは避けねばならないとモローは考えたといわれる[40]．そこで，フランス銀行はフランスへの資本流入を阻止し，フランの騰貴を必死に抑制しようとすることになる．

　そこでまず，フランス銀行は法律上の安定をできるだけ早く達成することを望んでいたので，フランス銀行の貸借対照表に記載されている不明瞭な項目の一つである「在外保有金」の解放を進めることになった．この「在外保有金」の由来を略述すれば次のようになる．第一次大戦中のアメリカの参戦以前には，連合国への「商品・資金の供給者」としての役割をはたしたのはイギリスであった．しかしこのような役割の遂行はイギリスの国際収支の赤字激増をもたらし，ポンド-ドル為替相場の維持を次第に揺るがすことになった．そこで，フ

ランス，ロシア，イタリアからイギリスへの金現送がなされ，この金を担保としてイギリスから戦債の供与がなされた．「金貸付」(Gold Loan) といわれるのがこれである．例えば，1915年4月にフランス銀行はフランス大蔵省がイギリス大蔵省から6,200万ポンドを借入れた見返りの一部として，イングランド銀行に2,000万ポンドの金を現送した．1916,17年には一層多額の金がイングランド銀行に現送された．そしてこの現送され担保とされた金は，「在外保有金」の項目でフランス銀行の貸借対照表に記載されることになった．しかしこのように現送された金の所有権が英仏いずれかに帰属するかについて戦後真剣に論じられることになった[41]．1923年に英仏間で再交渉がなされたが，1927年4月にフランスは1916年に借り入れた戦債の残高3,300万ポンドを返済し，担保となっていた1,800万ポンドの金をフランス銀行所有分として解放したのである[42]．そしてこの金はアメリカに売却され，フランス銀行はその手取金をドル・バランスとして保有した．他方，このアメリカに売却した金の内訳は，まず，600万ポンドはIrving Trust Company of New Yorkに売却され，残りの1,200万ポンドはニューヨーク連銀に売却されたという構成になる．しかも連銀はこれをロンドンにイア・マークしておいた．わざわざ金現送したのではない[43]．

しかし，前述したような「在外保有金」のフランス銀行への帰属は逆にフランへの騰貴圧力を増大させることになった．モロー総裁はフランの法律上の安定を急ぐように政府を説得したがこれは不成功に終わり，事実上の安定を続行せねばならなかったのである．そこで，フランス銀行は1927年5月にロンドンで金を購入し始めた．その目的は，フランスへの短資流入を防ぐため，ロンドン・バランスを大量に蓄積したことによるロンドン市場におけるフランス銀行の強力な地位を利用して，イングランド銀行の公定歩合の引上げ，市場利子率の引締め，ロンドンがヨーロッパ諸国——特にアムステルダムとベルリン——にまで拡張している信用の引締め，さらには，フラン投機に利用される資金量を減少させるようなヨーロッパの金融の全般的な引締めを余儀なくさせることにあったといわれる[44]．

そこで，モローはイングランド銀行に一連の計画にもとづいて3,000万ポンドの金を買い入れるように依頼するとともに，ポンドをドルとひきかえに売却

もした．同時にモローはニューヨークで 1 億ドルの金を購入した．つまり，フランス銀行保有のドル・バランスを金に兌喚したのである．これはロンドンを驚かさずにはおかなかった．ノーマンはこのような「気まぐれな」金需要から生じる「大破壊」が金本位制を脅かすことになると考えた[45]．この問題をめぐって 1927 年 5 月 27 日にモローとノーマンとの会議がパリで行われた．そしてこの会談の期間中は，モローはこの計画を一時中断することにした．

　この会談において，ノーマンはイギリス経済が苦窮にあることを述べ，イングランド銀行による金融引締めはイギリス経済の困難さを増大させることになると主張した．そしてフランス当局がフランの法律上の安定，あるいは少なくとも投機的な圧力が現在の為替相場の放棄を余儀なくさせるであろうという強固な宣言を含む適切な手段を採用することによってのみフランスへの資本流入を効果的に阻止できるであろうとノーマンは結論した[46]．これに対してフランスは法律上の安定を宣言することはできなかった．当局側の意見の不一致，あるいはフランスのロスチャイルドのようにフランの高いレートを期待する金融業者の利害が存在したからである．そこで，モロー等はフランスへの資本流入は主にポンドの形でなされているのだから，その流入を阻止する責任はイングランド銀行にあると考えた．もちろん，モロー等はイギリスの国内問題に同情の意を示したし，イギリスの金本位制を傷つけることを望んではいなかった．しかし，イングランド銀行は利子率の引上げによる金融引締めを行うべきであると主張した．このことによって海外からイギリスに新たな資金を引きつけることができるようになる．そうすればフランス銀行がその保有するロンドン・バランスを金かドルに転換することが可能となる．また，海外ではポンドのイギリスへの還流によって信用が引き締まるため，フランスへの資本流入も弱まるとモローは考えたのである[47]．

　しかし和解の道が閉ざされたわけではなかった．すでに指摘したように，フランス当局はイギリス等に金融引締めを実施させることによりフラン騰貴の圧力を消滅させることをねらったのであるが，しかし彼らはその目的達成のためにイギリスへの圧力をかけることがイギリスを金本位停止にまで追い込むことになるのは望んでいなかった．この 5 月 27 日の会談の数日前に，ポアンカレは最近のイギリスの金融情勢が悪化していること，そしてもし政権が保守党か

ら労働党に交代すれば,現在のポンド平価はもはや維持できなくなるであろうとモローに述べた.そしてポアンカレはモローにイングランド銀行との交渉にあたっては慎重に対処するよう勧告した.5月27日の会議では,フランスの圧力がイギリスの金本位を掘りくずすであろうというノーマンの警告にはモローは動揺しなかった.しかし,フランス銀行の圧力があまりにきびしすぎるものになるなら,イギリスが対抗措置をとることになる恐れが生じた.具体的には,フランスは1926年のチャーチルとカイヨーによる戦債協定を批准していなかったので,たとえフランスが計画どおり返済しつつあるとしても,イギリス大蔵省は6億ポンドにのぼる戦債全部の回収を提案すると脅かしたのである.6月中旬までにモローはイギリスの対抗措置を評価する機会を持っていた.そして,フランス銀行は大量のロンドン・バランスを蓄積していることによってイングランド銀行に対して有利な立場に立っているが,逆にフランス大蔵省はイギリスに戦債を負っているためにイギリス大蔵省に対して不利な立場に立っていることをモローは確信した[48].そしてイングランド銀行は公定歩合の引上げには応じなかったが,市場に圧力をかけ5月末から6月初めにかけて銀行引受手形の割引利率のゆるやかな上昇をもたらした.同時にフランスへの資本流入も減少してきた[49].そして最終的にはアメリカを巻きこんで妥協が成立した.6月初旬には,英仏の両者間で次のような取決めが成立した.①イングランド銀行は次の6ヵ月間のうちに金かドルで3,000万ポンドをモローに与えること(そのうち300万ポンドはすでに与えられていた).②フランスは外国為替市場でポンドを区別して扱い,ドル等に有利な価格で買い入れるという外国為替市場での支持価格の変更を行うこと.③フランス銀行のポンド残高は5,000万ポンドを超えないこと――この5,000万ポンドの水準は上述のようなフランス銀行の操作が行われた後に,フランス銀行が保有するバランスであり,これはフラン騰貴の期待が消滅した時にパリを離れるであろうと推定される投機資金に等しい額で7,000万~8,000万ポンド位であったが,①の操作により3,000万ポンドのポンド残高が取りくずされることになるから残りは5,000万ポンドとなる――,以上がこの取決めの内容である[50].そして,最終的にはイングランド銀行は公開市場での金の買入,ニューヨーク連銀からの借入,自行のドル準備の売却を結合させることによって約2,500万ポンドをフランス銀行に移した[51].

このようにしてフランス銀行は自行保有のポンド残高の一部を金かドルに転換した．

かくしてイングランド銀行に提案されたプランの下で，フランス銀行は3,000万ポンドを金に転換し，その金準備を増大させたのである．その場合注意すべきことはこの3,000万ポンド全額がロンドンで金に転換されたわけではない．そのうちの1,200万ポンドの金はニューヨーク連銀によってポンドと引きかえにロンドンにイア・マークしていた前述の金から供給された[52]．アメリカを巻き込んで妥協が成立したと前に述べたのはこのことを意味するのである．そしてニューヨーク連銀はイア・マークしていた金の売却代金をその大部分はイングランド銀行によって管理される「特別に使用される資金」口座に投資し（3.78％の利子がつく），残りはポンド手形の形で保有（4$^{1}/_{4}$％の利子がつく）した[53]．そして別の1,500万ポンドは6ヵ月以内にロンドン金市場で獲得される予定であった．残りの300万ポンドは協定が成立する6月の第2週目以前にすでにイングランド銀行から獲得されていた[54]．

ここにおいてもアメリカによるフランスへの金売却の実施がイギリスの負担を軽くすることになったのは重要である．そしてストロングがロンドンにイア・マークしていた金をフランスに進んで売却したことによってモローは，5月なかば当初にロンドンから購入を予定していた金を2,000万ポンドから前述の1,800万ポンドに減額させた．そしてしばらくの間は，イングランド銀行の金準備からのフランスへの金流出はほとんどなくなった．1927年7月末には国際収支が一時的にフランス側に不利となり，フランス銀行はロンドンでの金買入れを停止した．この間にイングランド銀行はフランスのために1,840万ポンドの金をイア・マークしたにすぎなかった．しかもその大部分はすでに以前にニューヨーク連銀とイングランド銀行から購入していた分であった．それ以降1928年末までフランス銀行がロンドン市場で重要な役割をはたした兆候は全然ない．そしてフランスは後にはその外貨準備をドルで大量に保有するようになった[55]．このようにロンドンからフランスへの金流出がほとんどなくなったのは後述する1927年の中央銀行総裁会議の成果による面が多いので，次にこの点を検討しておこう．

(3) 1927年7月の中央銀行総裁会議

前述したような1927年6月の取決めは一応当面の危機的な状況を救ったのであるが，さらにこれを補強したものとしてこれから述べる中央銀行総裁会議の成果がある．

1927年7月1-6日にロングアイランドのアメリカ財務長官のO. ミルズ（O. Mills）の家で中央銀行総裁会議が開催された．出席者はイングランド銀行総裁ノーマン，ニューヨーク連銀総裁ストロング，ライヒスバンク総裁シャハト，フランス銀行副総裁C. A. リスト（C. A. Rist）——彼はフランス銀行総裁モローの代理——の4人であり，会議は当然秘密会議であった．その会議の目的は次のような問題を考察することであった．①ドイツやイギリスに対する利子率引上げへの圧力はアメリカの利子率の引下げによって軽減されるか否かを考えることであり，②金本位国によって採用されている金融政策と世界的な物価下落との間になんらかの関係があるか否かを調査することであり，③フランス銀行による巨額のポンドとドルの蓄積をどのようにして取り扱うか，特に，(a)イングランド銀行を苦窮に落とし入れることなしに，フランス銀行が自行保有のポンドをドルにシフトさせることができるかどうか，(b)フランス銀行，その他の中央銀行による金購入要求にロンドン——それは金価格の最も廉価な市場である——よりもニューヨークが対応できるかどうか，を検討することであった[56]．そしてこれらの論議の成果としてアメリカによる金融緩和が打ち出されていくことになる．

まず，1927年7月29日にニューヨーク連銀は銀行引受手形の買入利率を3.56%から3.13%に低下させ，ついで8月5日には公定歩合を従来の4%から$3\frac{1}{2}$に引き下げた．これによってフランスはアメリカから大量の金を購入することが可能となった．つまり，ロンドン市場の金価格が通常最も安値であるが，ニューヨーク連銀の公定歩合引下げによって，フランスの金購入費用が安くなったためである．ロンドンの公開市場割引利率は6月には公定歩合（$4\frac{1}{2}$%）近くの4.33%にまで引き上げられていたし，8月には1924年7月におけるのと同様な1%の利子率格差関係がロンドンとニューヨークの間に再度確立されることになったのである[57]（図5-4）．

この決定の際にはたんにポンド支援という国際的な配慮のみが念頭に置かれ

ていたのではない．ストロングはたしかに「ニューヨークへの新たな金流入の殺到，イギリス，ドイツおよび最近金本位に復帰したその他の国々への重大な緊張，さらに中央銀行間協力の崩壊を恐れた」[58]のであるが，同時に当時のアメリカ経済の事情を考慮に入れたのである．当時のアメリカ経済は周知の如く景気後退であった．1927 年には 1923-25 年を基準とした工業生産指数は 5 月の 111 から 11 月の 99 に下落したのである．そしてフォードが T 型から A 型にモデル・チェンジをするために 6 ヵ月間自動車生産を停止したのはこの時期であった[59]．この国際的配慮と国内経済事情のどちらがアメリカの金融緩和の決定に規定的な影響を与えたのかは議論のわかれるところであり，たんに国際的な面への配慮だけと単純に考えることはできないようである[60]．アメリカ国内の景気後退が金融緩和を可能にした面が見逃し得ないのである．

ところでこのようなアメリカの金融緩和はポンドを支援する効果を有したといえるであろう．すなわち，アメリカからの長期資本輸出の増大，貿易金融のロンドンからニューヨークへのシフト，短期資本のロンドンへの移動をもたらすことによってイギリス国際収支の一時的緩和を可能にさせ，さらにはロンドンからの金流出をある程度くいとめることができたといわれている[61]．そして夏以降ポンドは上昇した．そこでイングランド銀行はニューヨーク連銀の前述の借入れを清算することができ，自己勘定でドルを蓄積することができた．そしてニューヨーク連銀は 1927 年 6 月，7 月，8 月には金売却の手取金をロンドンでポンド手形に投資した．ポンドは強化され，1927 年 11 月にはポンドの対ドル相場は 1914 年 12 月以降最高になった（図 5-3）．1927 年 12 月にはニューヨークからの金輸入も行われるほどにまでになったのである[62]．

先にアメリカの金融緩和がロンドンからの金流出をある程度阻止する効果を有したと指摘したが，その点に関連して，特にフランスおよびドイツが金の買入先をロンドンからニューヨークに変更したことが重要な意味を持つことになる．ニューヨークへの変更がなされたのは，まず第一に，ポンドが強くなったことによってロンドンでの金買入コストがニューヨークのそれよりも上昇したことである．また，ポンドの上昇はニューヨークでよりもむしろロンドンで金を売却するのを有利なものとした[63]．したがって，ロンドンへの金流入の増大と金流出の減少をもたらしたのである．さらに，これに独仏が一定の「協力」

を行ったことである．例えばニューヨークで金を購入し，それをドイツに現送することが利益になる点に達しなかった間に，1927年8月以降，対マルクでドルが下落したため，ドルをポンドに交換し，そのポンドでもってロンドンで金を購入し，ドイツに現送することが採算にあう点に近づいたのである．ところがこのような取引は大規模な額では行われなかった．というのは，ライヒスバンクが1927年10月18日に金の購入価格を純金1kgにつき2,790ライヒスマルクという法定鋳造価格から最低点の2,784ライヒスマルクに引き下げたことに主としてよるためである[64]．そしてその少し後にフランスがフランの法律上の安定への準備をするために金の買入を再開した時にその当時にはロンドンではより安価に金を獲得できたにもかかわらず，フランス銀行は金買入をロンドンではなくニューヨークを通じて行ったのである[65]．したがって，1927年後半にはアメリカからフランスへの金流出はかなりの額にのぼったのである．豊富な金準備を有するアメリカはこれらヨーロッパ諸国の貨幣用金準備の需要に対応したが，その結果として，1927年7月から1928年6月までの1年間でアメリカの公的金準備は5億ドルの減少をみることになった．これと対照的に同一期間中にイングランド銀行は金準備は9,300万ドル（1,900万ポンド），ドル保有高は約7,000万ドル（1,400万ポンド），それぞれ増大した[66]．

これまでみてきたように，1927年7月の中央銀行総裁会議での取決め・決定は英仏対立による再建金本位制崩壊の危機を一時的に回避させることができた．W. A. ブラウンはこの取決め・決定を「1927年の重大決定」(critical decisions of 1927) と呼んで，「もし，1927年の重大決定がなされていなかったならば，1927年には真の転換点がほとんど間違いなく生じていたであろう」と指摘している[67]．この指摘からもうかがえるように，ブラウンは1927年を「真の転換点」(genuine turning point) としてとらえている．それは彼の次のような認識によるものである．1927年にはアメリカの「ゆるやかな不況」があり，これは1920-29年の世界経済の繁栄期の「小さな動揺の一つ」であった．「これは新たな状況に対するイギリス経済の調整を基本的に欠如させていたために，金本位制を危機にさらすことなしにイングランド銀行が公定歩合を$4\frac{1}{2}$％以下に引き下げることができないという明白な証拠と符合した．それはまた，ドイツにおける合理化運動の決定的な転換点とも一致した．最終的には，

それは原材料・食料生産国と工業国との交易条件が前者にきわめて不利となりつつある時期と符合した．1927年の中央銀行間協力はこれらの圧力を軽減するのに役立った[68]．」「イギリスは〔公定歩合引下げの――引用者〕圧力を取り除かれた．事実上の安定という低いレートで金本位に復帰するというフランスの政策は妨害されなかった．活況の期間，特に証券の活況の期間はアメリカにおいて助長された．資本はドイツと南アメリカに流入した．その結果，ドイツの合理化運動は加速された．アメリカからの持続的な大幅な商品輸出黒字はファイナンスされた．原材料・食料生産国と工業国との間の交易条件，そしてより広くいえば，世界中の農業と工業との間の交易条件は農業にやや有利に変更された．これらの結果は大部分は永続的なものではなかった．そして1928年の後半までには世界的な景気循環の繁栄局面を延長させる原動力は活渇し始めていた[69]．」

上述の引用からも明らかなように，1927年7月の決定は危機を一時的に引き延ばしたにすぎないとブラウンは考えていたのである．ロンドンからの金流出圧力を軽減するためにアメリカは独仏に対して進んで金売却に応じることにしたが，その金輸出を相殺するために連銀は買いオペを行い，一連の金融緩和を実施するが，それが皮肉にもニューヨーク証券取引所における新たな投機活動のための引金となったのである[70]．

さらに，ロンドンに対するフランスの圧力の問題は，その後の展開において次のような問題点を内包していた．すなわち，1927年7月の中央銀行総裁会議の決定によってロンドンへのフランスの圧力は軽減することになったが，同年8月中頃に，フランスの国際収支黒字が再現すると，フランス銀行はフランスへの短資流入を阻止し，フランスからイギリスへの短資流出を促進するために，直物為替――具体的にはポンド――を売って，先物ポンドを買うというスワップ操作を行うことになる．1927年5月からの1年間にフランス銀行の公定歩合は5％から3.5％に下落し（図5-4），パリの3ヵ月物銀行引受手形の利率は，1.82％から2.95％までの範囲内に下落した（図5-5）．他方，ロンドンでは，同種の銀行引受手形利率は4.3％にまで上昇し，翌年の大部分の期間中に4.0〜4.3％の範囲内に変動し，ニューヨークの利率は3.1〜3.7％の範囲内で変動していた（図5-5）．先物フランに対するプレミアムが1927年春以降，著

第5章 中央銀行間協力によるポンド支援とイングランド銀行のポンド防衛策　185

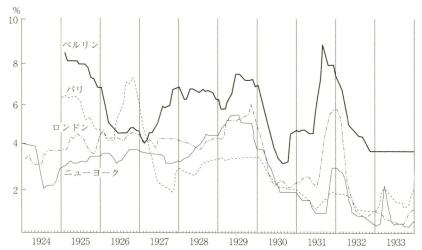

(注)　ベルリン：市場割引率，パリ：市場割引率，ロンドン：3ヵ月の銀行引受手形利率，ニューヨーク：90日物の一流銀行引受手形利率．
(出所)　The Board of Governors of the Federal Ressrve System, *Banking and Monetary Statistics 1914-1941, op. cit.*, pp. 450-51, 656-59 より作成．

図 5-5　主要金融市場の短期利子率　1924年-33年

しく狭まり，同年11月には完全に消滅し，1928年1-6月の期間中には0.2%から0.7%の間を変動した（図5-6）．ここでロンドン向けのカバー付金利裁定取引の機会が発生して，フランス銀行は民間業者がこの機会を積極的に利用すべく上述のスワップ操作を行ったのである．フランス銀行は1927年9月20日までに約1億ドルの先物予約を結び，1928年6月初めまでには，その金額は6億ドルに達して，その大部分はポンドであった．しかもイギリスにはこの先物予約のことは知られていないのである．この操作は，フランス銀行の外貨準備増大をできるだけ制限し，かつフランス銀行券流通高の増大を最小限にし，フランスの商業銀行の対外資産残高の保有増大をめざしたものであった[71]．1928年6月のフランの法律上の安定以後，同年後半からフランス銀行は保有外貨を金に切り換え始めることになる．ロンドンは再び金流出に直面させられることになるのである[72]．

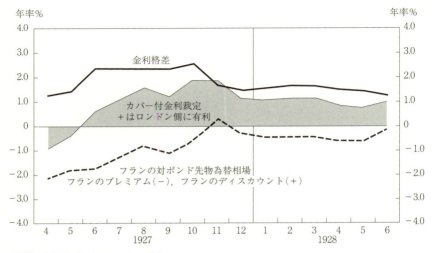

(出所) S. V. O. Clarke, *op. cit.*, p. 122.
　　原資料は3ヵ月物銀行引受手形利率は，Board of Governors of the Federal Reserve System, *Banking and Monetary Statistics 1914-1941, op. cit.*, pp. 656-9. 先物為替相場は，Paul Einzig. *The Theory of Forward Exchange, op. cit.*, Appendix 1, pp. 462-5.

図5-6　パリ・ロンドン間の金利裁定取引機会　1927年4月-28年6月
　　3ヵ月物銀行引受手形利率，毎月平均

第3節　イングランド銀行のポンド防衛策

　前章においてすでに指摘した如く，イギリスの国際収支上に露呈した構造的な脆弱性に対処するために，イングランド銀行を中心として積極的なポンド防衛策が展開されていくことになった．この防衛策として実施されたものは，金市場操作，外国為替市場に対する介入操作，資本輸出規制の三つが主要なものである．

1　金市場操作の実施

　すでに述べたように，イギリスは旧平価によって金本位に復帰したので，イングランド銀行の金買入価格は，標準金1オンス＝3ポンド17シリング9ペンス（純金1オンス＝4ポンド4シリング10ペンス），金売却価格は，標準金

1オンス＝3ポンド17シリング10ペンス半（純金1オンス＝4ポンド4シリング11ペンス半）であった．地金兌換＝売却の最低限は純金400オンス＝1699ポンド11シリング8ペンスであるから，一般の国民は事実上金兌換にあずかりえなくなっていた[73]．

ロンドン金市場の機構はイギリスの金本位復帰によって再建された．その機構は第一次世界大戦前のそれと基本的に同じものであった．金市場での取引は6社によって扱われた．まず，モカッタ・アンド・ゴールドミッズ（Mocatta and Goldsmid），ピクスレー・アンド・エイベル（Pixley and Abell），シャープス・アンド・ウィルキンズ（Sharps and Wilkins），サミュエル・モンタギュ商会（Samuel Montague and Co.）のブローカー4社と精錬業者2社，すなわち，N. M. ロスチャイルド商会（N. M. Rothschild and Sons）とジョンソン・マッセイ（Johnston Matthey）が市場の構成メンバーであった．ロスチャイルド商会は南アフリカの金生産者の代表，イングランド銀行の代理店さらには内外の重要顧客のブローカーの機能も兼ねていた．世界中の銀行その他顧客から金の売買注文を受けるこれら6社の代表者が午前11時にロスチャイルド商会の事務所に集まり，金の価格を「定めた（fixed）」．1925-31年の期間中には，金の公開市場でのポンド建価格は，イングランド銀行の法定価格，すなわち，標準金（純分 $^{11}/_{12}$ の金）1オンス77シリング9ペンスという買い価格と77シリング10ペンス半という売り価格の間の狭い値幅のなかで動くことができたにすぎない．純金の公開市場価格はそれぞれ84シリング10ペンスと84シリング11ペンス半であった[74]．

第一次大戦前にイングランド銀行は次のような金市場操作を行ったことが知られている．すなわち，イングランド銀行は軽量であるが合法的な鋳貨を支払うことによって，つまり，ソヴリン金貨の金含有量を減らすことによって金輸出点を引き下げた．また，イングランド銀行は金輸入業者への無利子の貸付を行って金現送費を引き下げることによって金輸入点を引き下げた[75]．

しかし，1925年の金本位復帰後の2年間は金市場への介入操作は行われなかった．イングランド銀行は金本位制を厳格に把握していたためである．金市場操作についてのイングランド銀行の考え方の変化は，図5-3に示される如く，ポンドの脆弱性が次第に明白となり，ロンドンの金準備への圧力が増大しつつ

あった1927年ごろに次第に生じた．特に1928年8月にはウォール街の株式ブームの進展によって，イングランド銀行は法定価格の77シリング10ペンス以上で金を買入れる覚悟をしたが（純金の場合は84シリング10ペンス以上），実際に金市場への介入は翌29年1月以降に行われた[76]．

金市場操作は大別して次の二つの方法でイングランド銀行によって行われた．

第一には，法定価格以上での金の買上げである．これは1929年1月22日以降行われ，その後，1930年3月から1931年3月までの間の中断を経て，1931年夏に再開されたものである．1929年の場合には法定価格が純金1オンス当たり84シリング10ペンスであったのに対して，イングランド銀行の金買入価格は84シリング$11^{3}/_{8}$ペンスであった．この操作は1929年中に30回以上行われた．これは「正常な金輸入点を引き下げる」効果をもったといわれる[77]．

第二には，道義的説得（moral suasion）である．これは上述の金市場の構成メンバーに対して働きかける形をとった．この具体例としては，すでに1925年に，イングランド銀行はイギリスの地金ブローカーと裁定業者とに対して率先して輸出用の注文をとらないように説得を行っていた[78]．ついで，1928年9月にはイングランド銀行総裁ノーマンは，ロスチャイルド商会に金船積の優先権を与え，船積みは最後の貸し手としてのイングランド銀行のみからなされるべきであり，船積みが行われる時にはアメリカよりもむしろヨーロッパに向かうべきであると述べた．さらに1931年4月から7月にかけて，イングランド銀行は再び地金ブローカーに対して，彼らがアメリカからの注文を開始したり，実行に移したりすべきではないと説得をした[79]．P. アインチッヒはこのような手段の行使によって，ロンドンからニューヨークへの金輸出点に1セントの影響を与えることになったと指摘している．つまり，通常の金輸出点1ポンド$=4.85^{3}/_{8}$ドルを$4.84^{1}/_{2}$ドルに引き下げる効果をもったというのである[80]．

金市場操作が積極的に実施されることになったのは，ドイツ，フランスの中央銀行がロンドンからの金引出しの抑制とニューヨークからの金獲得への変更という中央銀行間協力の展開，諸外国の中央銀行がポンド残高の再編成のためイングランド銀行への金の直接船積みの実行という形での協力から，1928年後半以降，借款やクレジットの供与という形態に協力の方式が変化したことによるものである[81]．

2 外国為替市場への介入

第一次大戦前には，ポンドは国際通貨として圧倒的な役割を果たしており，イギリスの外国貿易取引はポンド建手形の振出しを介してロンドン金融市場で決済が行われていたので，「イギリスの輸出入業者は為替リスクをカバーする必要はなかった」．彼らはポンドで支払いをし，ポンドで支払いを受けたからである．外国為替取引はロンドン以外の周辺国の市場で行われていたのである[82]．

しかし，第一次大戦後，ロンドンにおいても外国為替市場が発展して，直物・先物為替の取引が活発に行われるようになった．特にロンドンがヨーロッパにおける最大のドル為替市場となったことに注目すべきである[83]．

ところで，外国為替市場に対する公的介入操作は第一次大戦中にすでに実施されていた．第一次大戦中に，ロンドン為替委員会（1915年11月設立）が1916年1月から対ドル相場を1ポンド＝4.76$^{7}/_{16}$ドルに釘付けし，これが1919年3月18日まで維持されたことを第2章で述べておいた．当初，為替委員会勘定はイングランド銀行名義であり，後の1917年8月からはイギリス大蔵省名義となった．ニューヨークにおいて為替操作に従事したのは，J.P.モルガン商会であった．

再建金本位制においては，為替市場への介入操作の主体はイングランド銀行であり，介入操作の主要な対象は対ドル相場であった[84]．ではなぜドル操作が中心となったのであろうか．それは，ニューヨークが国際金融市場となり，ドルが国際通貨として台頭してきたことによって，ロンドンとニューヨークとを結ぶポンド-ドル為替相場は世界の為替相場体系を構成する最も重要なレートとなったことに起因している．W. A. ブラウンは「イギリス帝国，ヨーロッパ大陸諸国そして日本，中国，アルゼンチンのようなその他の諸国にとってさえ」，ポンド-ドル為替は「幹線」レート（trunk-line rate）として重要な役割を果たしたと指摘している[85]．

イングランド銀行の外国為替保有高（外貨準備保有高）は1928年9月までは全額ドルであり，フランス・フランの保有高がはじめて100万ポンドを超えたのは1931年3月であって，それまではフランはごくわずかの名目額にすぎなかったのである[86]．

(1) 資金源

ではイングランド銀行は介入に必要なドル資金をどこから，いかにして入手したのであろうか．それは次の二つの取引から獲得したのである．

まず第一に，金本位復帰から1927年初秋までの期間は，ポンドがドルに対して安くなっていたので，直接的な中央銀行間取引によってドルを獲得した．この期間中に中央銀行間取引によって獲得したドル資金は，3,200万ドルにのぼった．すなわち，イギリスの金本位制復帰以降，それ以前に外貨準備をドルで保有していた多くの中央銀行はその一部を安定化したポンドに転換したが，その過程において生じるドル残高をイングランド銀行が獲得したのである[87]．その具体的な例としては，1925年にオランダ銀行（Netherlands Bank）は1925年6月から8月までの間に，6,500万フロリンの金をイギリスに送り，アメリカにある多額のドル残高の一部をイギリスに移した．1925年にはこのような形でのドル資金の入手は約500万ポンドに達した．続いて，1926年から27年初めにかけて，オーストラリア連邦銀行（Commonwealth Bank of Australia）との間で行われた同様な取引によって，イングランド銀行は約2,400万ポンドのドル準備を増大させた．これは中央銀行間取引によるドル入手としては最大のものである．すなわち，オーストラリア連邦銀行はサンフランシスコへ金の船積みを行い，その手取金がイングランド銀行のニューヨークでのドル準備に移されたのである．その金額は1,450万ポンドに達した．残りの約950万ポンドはオーストラリア政府によるニューヨークでの借入の手取金がポンドに転換されたことによるものである[88]．

第二のドル調達の方法として，イングランド銀行は1927年以降，公開市場での買入を通じてドル調達を行った．この公開市場でのドルの買入はポンドが安くなっている時には不可能であるから，1926年1-3月の期間に約500万ポンドの買入が行われた以外は小額のものにすぎなかった．1927年末からの28年初めの期間中に，このような方法で獲得された資金は900万ポンドに達したといわれている．この方法は為替相場の推移を念頭に置きながら，為替相場の状況が公開市場でのドル買入を許さない時には，中央銀行間取引によってドルを調達したのである．1929年初めと同年の晩夏や1931年春の場合がその好例である．公開市場でのドル買入は，通常，アングロ・インターナショナル・バ

ンクまたは同行のアメリカのコルレス先を通じて行われた[89]．

(2) 操作方法

　この外貨準備をもとにしてイングランド銀行の為替操作は秘密裏に行われた．1928年以降，大蔵省に毎月報告された発券部の為替準備を除けば，イングランド銀行は自行の為替保有高，あるいは特定の状況の下でのそれらの使用について大蔵省にさえ通常知らせず，秘密主義に徹した．例えば「1928年カレンシー・ノートおよび銀行券法」をめぐる交渉の期間中，イングランド銀行は自行の為替保有高が4,500万ポンドを超えたことを大蔵省に知らせなかったのである[90]．具体的には次の三つの方法によって操作を秘密にするように試みた．

　第一に，イングランド銀行はニューヨーク連銀とコルレス契約を結び，ニューヨーク連銀にある番号別の口座（numbered accounts）を通じて，ニューヨークでの資金の支払いおよび授受を行い，取引銀行が資金の最終的な使途や源泉を知るのを防いだ．しかもイングランド銀行自体も，ドルの大口取引業者であるアングロ・インターナショナル・バンクを通じて操作を行い，操作が露顕する可能性を小さくした[91]．

　第二に，外為準備を公表せず，イングランド銀行の貸借対照表上の銀行部および発券部にある「その他証券」の項目に隠し資産として計上したのである[92]．

　第三に，1931年夏以前には，イングランド銀行はその為替操作においては釘付けされた相場で無制限な為替の売手として操作するようなことはしなかった．そのうえさらに，イングランド銀行は介入の特定の時期のいかなる期間中にも毎日あるいは多額には操作しなかった．このようにして為替操作が露顕するのを抑えようと試みたのである[93]．

　イングランド銀行が外貨準備の保有と為替操作を秘匿したのは，低金利を求める政治的・大衆的な圧力が存在したことを考慮すると，多額の外貨保有が明るみになれば「一層緩やかなデフレーション政策の遂行」が不可能となるであろうということ．さらに外貨準備の変化が金準備の変化と同様に定期的に知られることになれば，金移動と公定歩合の変化との関連についての予期しうる状況からすると，公定歩合操作と為替操作の弾力性を喪失することになるであろう，という事態を回避するためであったと言えよう[94]．

(3) 目的

　その介入の目的は金輸出を防ぐための通常の為替操作であった．そして1931年の夏を除けば，この種の操作が最も積極的に行われた時期は，1926年9月から1929年9月にかけてであった．この期間中にイングランド銀行はポンド-ドルの平均為替相場が4.8505ドル——ロンドン側の平均金輸出点は1ポンド＝4.85145ドルであったから，平均金輸出点以下である——であった10ヵ月間に，ドルを直物公開市場で売却し，ポンドを買い支えた．ポンド-ドルの平均為替相場と平均金輸出点は，為替操作にともなう戦術を大まかに表している．つまり，ドル為替への介入の目的は，為替相場を金輸出点以上に維持することではなくて，金移動を防ぐことにあったということを示している．このことは，イングランド銀行がヨーロッパ諸国の為替相場と比較して，ニューヨークの特徴，つまり高速汽船は毎日出航するものではないという事実を利用したことを意味している．したがって，不規則な出航を考慮に入れれば，利子負担の追加が生じ，あるいはより鈍足の船で金を輸送し，または敏速な航海を待機するのにともなう輸送費の追加が生じたので，たとえポンドが金輸出点以下に下落しても，イングランド銀行は金準備の喪失を免れたのである．そこでイングランド銀行の任務は，航海の非常に近づいた日に為替相場を金輸出点以上に維持することに集中することであったとモグリッジは述べている[95]．

　ところで，イングランド銀行による外国為替市場に対する介入操作は直物為替市場に限定されるものではなく，イングランド銀行は先物為替市場にも介入したのである．第一次大戦後，ロンドン金融市場においては国際的な短資移動の手段として，それまでの金融手形から先物為替に取って代わったのである[96]．

　その具体的な例として次下のものがある．

（イ）1927年11月の事例

　直物ポンドの対ドル相場はこの時，1ポンド＝4.8744ドル（平均）であり，3ヵ月物の先物ドルに対しては0.76セントのプレミアム付（平均）であった．3ヵ月物の銀行引受手形の割引利率はロンドンが4.34％で，ニューヨークの3.25％よりもロンドンが1.09％上回っていた．裁定業者は4.8744ドルで直物ポンドを買い，先物ポンドを4.8668ドルで売り予約をして，そのポンドをロンドンで手形で運用すると年率で0.47％以上の収益を入手することができる．

このような状況下で，イングランド銀行は先物ドルを売却して先物ドルのプレミアムを減少させれば，プレミアムの低下分だけ先物カバーのコストを引き下げることができ，ロンドンでの手形運用の収益を増大させることになる．このようにして，短資流入の促進を図ろうとしたのである[97]．

(ロ) 1929年10月末-30年2月末の事例

上記の期間中に，イングランド銀行は3,500万ドル超の外国為替（ドル）の売却を行った．この時期には直物ポンドは4.8724ドル（平均）と堅調であり，金輸出点を上回っていて，イングランド銀行は金準備を増強させていた．上述の3,500万ドルのうち，10月28日から11月8日の間に850万ドルの売却を行っているが，これは2ヵ月前に予約した先物ドルの売却を実行したためである[98]．

2ヵ月前の8月と9月には直物ポンドはそれぞれ平均 $4.85^{7}/_{32}$ ドルと $4.84^{47}/_{64}$ ドルで金輸出点を下回っていた．ロンドンとニューヨークの銀行引受手形の割引利率は8月で0.34%，9月で0.37%だけといずれもロンドン側にかろうじて有利な状況にあったが，ロンドンの銀行引受手形の割引利率とニューヨークのコール・ローン利率の裁定取引においては，ニューヨークの株式ブームの過熱によって，8月で2.68%，9月で3.03%もニューヨーク側が上回るという非常に有利な立場にあった．かかる状況下において，イングランド銀行は先物ドルの売り予約を行うことによって，先物ドル相場の引下げを図ってロンドンからニューヨークへの短資流出を抑制しようとしたのである[99]．

3 資本輸出の規制

第一次大戦前，イギリスは世界最大の資本輸出国として全世界に長期対外投資を行った．この海外投資の発行業務に携わった中核的な金融機関は発行商会と呼ばれるマーチャント・バンカーである．ちなみに1870年から1914年間におけるイギリスの長期対外投資総額36億ポンドのうち，13億5,000万ポンドはマーチャント・バンカーによって処理されたと推定されている[100]．

このマーチャント・バンカーの海外証券発行方法として，発行保証引受（アンダーライティング：underwriting）と呼ばれる制度が1860年代ないし70年代に発展し，1900年前後から主流となった．この制度は発行された証券に対す

る大衆の応募申込が十分でない場合に，売れ残った証券をアンダーライター（underwriter：発行保証引受機関）が一定価格で買い取るという保証契約──残額買取保証ないし残額引受──である．アンダーライターはこの契約に対して手数料を受け取る．証券発行会社は，その発行の成功を確保するための保証料としてこの手数料を支払うのである[101]．

アンダーライターは富める個人，保険会社，銀行，株式ブローカーから構成され，マーチャント・バンカーはこの発行保証引受の「総元締めの地位」に立って元引受業者（main underwriter）として発行会社と元引受契約（main underwriting agreement）を結び，みずからその引受リスクを下引受業者（sub-underwriter）に転嫁分配するという形で引受シンジケートを結成する．下引受業者は上述のアンダーライターから構成される[102]．

第一次大戦前にはイギリス政府はイギリスの海外投資の量，投資先にはほとんど規制をしなかった．シティの金融活動の根底にある経済原則は自由放任であり，イギリス政府の政策は不干渉が基本的なスタンスであった[103]．

(1) 第一次世界次大戦期

しかし，第一次大戦の勃発によって資本輸出に対するイギリス政府の政策は大きく変化し，資本輸出の規制が実施されることになった．イギリス政府は多額の戦費調達の必要上，予想される国際収支の悪化とロンドン市場での海外からの借手との資金の競合を回避しようとしたからである．1914年12月には，1914年9月以降，外国証券市場での証券購入を禁止する規制が発布され，1915年1月19日に大蔵省の認可を得ない新規資本の発行を禁止する新たな規制を出した．そして，この規制の実施機関として資本発行委員会が設立された[104]．1917年11月には「国土防衛規定」(Defence of Realm Regulation) 41Dによって外国で発行された証券の購入を禁止した[105]．

(2) 第一次世界大戦後-1924年11月まで

第一次大戦後の1919年4月には「国土防衛規定」41Dは撤廃された．しかし，1919年4月から11月までの間，政府は「国土防衛規定」30Fの下でロンドンにおける新規の海外証券発行を規制し続けた．イギリス政府のロンドン市

表 5-5　イギリスにおける新規海外証券発行　1914-31 年*

(単位：1,000 ポンド)

年	金　額	年	金　額
1914	158,900	1923	137,576
1915	74,700	1924	124,560
1916	25,900	1925	77,055
1917	17,600	1926	101,728
1918	24,600	1927	148,442
1919	52,497	1928	105,342
1920	52,745	1929	87,697
1921	113,235	1930	97,035
1922	130,198	1931	45,952

(注)　*1914 年から 1917 年までの統計は *Midland Bank Review* からとられている．その他の残りは *The Economist* の新規発行のリストから収集されている．
(出所)　J. Atkin, *op. cit*., p. 335, Appendex.

場での借入を優先し，自治領，植民地政府からの借入を一定程度寛大に扱うという形で，規制を継続したのである．同規定は 1919 年 11 月に廃止された．しかし，表 5-5 に見られる如く，この規定の撤廃は戦前の自由市場への復帰をもたらしはしなかった．この時点で，規制実施機関として大蔵省に代わってイングランド銀行が登場してくるようになる[106]．1921 年にはイギリス帝国内からの借入に対する規制は撤廃されたものの，それ以外の新規海外証券発行の規制は引き続いて行われた．その規制はイギリス政府の流動債と短期債の長期債への円滑な借換を優先し，イギリスの国際収支およびポンド相場の悪化を防ぐことをも目的としたものであった[107]．1924 年 2 月から一時的に規制は解除されたが，同年 11 月には再び規制が課されることになった．この規制はイギリスの金本位制復帰に備えるためのものであり，翌 25 年 11 月に解除された[108]．

(3)　1925年11月-31年

しかし，1925 年 4 月に金本位制に復帰したイギリスは，経常収支黒字幅の縮小という状況の下で長期資本輸出を抑制しなければならなかった．また，ロンドンに預けられた海外の短期資金を維持し，かつその量を増大させねばならなかった．イギリスの資本輸出の抑制はロンドンの利子率をニューヨークのそれよりも相対的に引き上げることによって可能となるが，これはイギリス国内

産業に悪影響を与えることになるというジレンマに遭遇することになりかねない．これを回避するために，海外証券発行を禁止する法的権限を有していなかったイングランド銀行は大蔵省と連携しつつ，道義的説得という方法によって資本輸出規制を行うことになった[109]．

(4) 規制の方法

イングランド銀行は資本輸出規制を実施する場合に，「その多くをイングランド銀行総裁の個人的権威に頼る形で行われ，法制的にはあいまいなものであった[110]．」ロンドンにおける外国証券発行の大部分を引き受けたのは，ロスチャイルド，モルガン・グレンフェル，ベアリング，シュレーダー，ハンブロ，ラザードの6大マーチャント・バンカーであった[111]．

彼らは第一次大戦直前には，新規の外国証券発行についてイングランド銀行に助言を求め始めた．そして大戦中はあらゆる発行について助言を求めた．戦後もこのような助言を求める慣行が続いた．100万ポンド以上の大口の海外発行の場合にはすべて，マーチャント・バンカーはイングランド銀行のノーマン総裁の見解を求めて，彼のもとに赴いたのである．このようにして，マーチャント・バンカーがイングランド銀行に新規起債について事前に通知し，助言を求める慣行を利用する方法が用いられることになった．そして総裁は助言を求められた時には，当該起債の健全性，妥当性に関して自己の見解を表明し，かくしてその発行のタイミングに影響を与えることができたのである[112]．

以上のような道義的説得の方法は，種々の形の制裁によって支持・補強されることになった．ロンドンでの新規海外証券発行に元引受業者として引受シンジケートを結成する役割を担う大手マーチャント・バンカー（発行商会）は，他方では引受商会として手形引受業務とを兼営していたことから，マーチャント・バンカーがイングランド銀行の説得に応じない場合には，イングランド銀行はマーチャント・バンカーが引き受けた手形の再割引，あるいはそれを担保とするイングランド銀行からの借入の拒絶，または制限を課すことにより，マーチャント・バンカーの手形引受業務に重大な打撃を与えることができる．ロンドン手形交換所加盟銀行がマーチャント・バンカーの組成するシンジケートに参加することを制限する圧力を加えることも可能である．万が一，イングラ

ンド銀行の要望が拒否されたとしても，当局の承認を受けていない証券の取引許可を証券取引所委員会が拒否するという制裁が課される可能性があった．これは「当該発行証券の市場性を大部分破壊する」ことになる．さらに，マーチャント・バンカーが集団としてイングランド銀行の要請・説得に反抗するような事態が生じるならば，公定歩合の引上げが行われることになり，これにより，マーチャント・バンカーの証券発行額の減少，手持証券価格の下落等の資本損失をもたらすことによって，マーチャント・バンカーの経営に悪影響を与えることができたであろう[113]．

金本位復帰に備えて，1924年11月から外国政府債に対する資本輸出規制が強化された．1924年10月の1,200万ポンドのドーズ公債，同年12月のギリシャ政府に対する750万ポンドの連盟公債（League Loans）以後，翌25年4月のダンツィヒ自由市に対する150万ポンドの連盟公債を除いて，外国政府債，地方自治体債券に対する規制によって，これら債券はロンドン市場から閉め出され，外国企業の証券発行をも削減しようとした[114]．その結果，1925年には外国政府債の発行は皆無となった（表5-6）．

当初，イギリスの自治領・植民地向けの証券は規制の枠外にあったが，1925年5月のオーストラリア，ニュージーランドの自治領の起債がイギリスの金準備に対する直接的脅威となる懸念が生じたため，同年6月に自治領・植民地の公債が統制下に置かれることになった．そこでイギリス大蔵省と植民省との折衝の結果，海外貸付小委員会（Overseas Loans Sub-Committe）が設置され，同委員会においてイギリスの海外投資政策の検討が行われて，10月16日，同委員会は資本輸出規制の早期解除を政府に勧告した．25年11月3日，チャーチル蔵相はシェフィールドにおける演説で，規制解除を発表した[115]．

1926-28年の期間中は，ロンドン資本市場は適度の自由を享受することができた[116]．

しかし，1929年には規制が再導入されることになった．29年夏に，イギリスからアメリカへの短資の大量流出（ニューヨークに流入したイギリスの短資残高は，29年5月末の3億3,740万ドルから10月末の4億5,860万ドルへと8,460万ドルの増[117]）と1929年1-10月の期間中にイギリスからアメリカへの6,123万ドル（1,258万ポンド）の金の純流出さらに同期間中のイギリスからフ

表5-6 イギリスにおける借手のタイプ別の新規外国証券発行 1923-31年

(金額:1,000ポンド)

年	イギリス帝国						外 国						総計	ミッドランド銀行推定の総計
	政府		地方自治体		会社		政府		地方自治体		会社			
	金額	発行数	金額	発行数	金額	発行数	金額	発行数	金額	発行数	金額	発行数		
1923	64,406	16	4,788	10	18,430	72	26,461	7	―	―	18,491	30	137,376	136,176
1924	50,080	10	6,085	9	16,014	66	40,619	6	2,412	1	9,350	20	124,560	134,223
1925	30,648	10	2,625	11	27,262	142	―	―	1,350	1	14,970	30	77,055	87,708
1926	31,866	8	1,222	4	20,227	81	23,817	8	6,235	2	18,361	36	101,723	112,404
1927	55,697	13	5,135	7	38,851	77	11,027	6	7,186	6	30,546	34	148,422	138,671
1928	40,222	11	7,304	9	15,344	61	15,937	8	4,331	4	22,204	34	105,342	143,384
1929	26,366	5	3,859	3	30,881	70	3,650	2	472	1	22,469	35	81,697	94,347
1930	49,080	11	3,031	44	9,207	28	21,330	3	―	―	14,387	21	97,035	108,803
1931	30,571	5	―	―	7,983	26	1,740	1	―	―	5,658	11	45,952	46,078

(出所) 原資料は,*Midland Bank Monthly Review*. D. E. Moggridge, *op. cit.*, p. 204 より再引用. J. Atkin, Worksheets comniled from *The Economist*.

ランスへの1億3,000万ドル (2,671万ポンド), ドイツへの8,615万ドル (1,770万ポンド) の金純流出[118]が生じたことによって, 規制の実施に踏み切ったのである. 29年における外国政府債, 地方自治体債の激減はそれを反映したものである (表5-6).

1930年にはポンドへの圧力は緩和されたので, イングランド銀行は同年4月に規制を緩和した. 外国政府債の発行はヤング公債とオーストリア政府借換を除けば, 経済恐慌のため, ブラジル向けの発行の1件のみであった. しかし, 1930年末, イギリスの対外ポジションの悪化によってイングランド銀行は外債発行への規制を再び課した[119]. 1931年にはポンド危機によって規制が大部分の海外発行に及ぶよう拡大された. 世界恐慌の影響も加わって, 外国発行分で30年より2,800万ポンドも減少した (表5-6).

(5) 資本輸出規制の効果

上述の資本輸出規制の一連の経過から明らかなように, この規制は基本的に外国政府, 自治体の証券発行に対して適用されていたことが理解されよう. イギリス帝国内諸国向けの起債は1925年6月から11月初めの期間に規制が実施

第5章　中央銀行間協力によるポンド支援とイングランド銀行のポンド防衛策　　199

されたにすぎず，この期間以外の時期には規制の対象からはずされていた．また，ドーズ公債，ギリシャ政府等に対する連盟公債はヨーロッパ復興に関連する起債に該当するものとして例外扱いとされて規制の枠外に置かれた．この点からみると，外国政府，自治体の起債に対しては規制の効果があったといえよう．その結果，1923-31年の発行総額では，イギリス帝国向けが64.9%，外国向けが35.1%と帝国向けの証券発行比率が大きく上昇していくことになった（表5-6より算出）.

　イギリス帝国向けの証券投資，特に政府，自治体向けの比率が高くなったのは，1925年の受託者条例（Trustee Act, 1925）が特定の自治領および植民地の発行証券に受託者地位を与え，「かかる証券への投資を促進し，それによって発行者がより安く借り入れられるように」したことが重要な要因として作用した[120]．

　しかし，海外証券への種々の投資経路の存在，および戦間期の証券市場の国際化（特にニューヨーク国際証券市場の成立）によって資本輸出規制は十分な成果をあげたとはいえない．それは規制の適用範囲外となる他の経路を通ずる資本輸出を阻止することができなかったからである[121]．さらに道義的説得は保険会社，投資信託のような巨額の外国証券への投資・運用を行う金融機関にまでは及ばなかったため，規制は海外投資の形態を変化させ，その結果，シティの発行商会の収益を減少させることになった[122]．例えば，イギリスの居住者は外国市場で証券を購入し，しかも2%の印紙税をのがれるために，その証券を外国において保有する形をとることによって規制の網をのがれることが可能であった[123]．また，証券発行はロンドンでは行われず，オランダやスイスで発行されるが，発行された証券はすぐにロンドンに流入し，買い戻された．さらに，1925年7月のオーストラリア公債の場合には，ロンドンとニューヨークでの共同発行の形をとったが，ニューヨーク発行分はただちにロンドンに向かい，買い戻された[124]．同様の例として，あるブローカーは1924年の期間中に，印紙税の支払いを避けるために700万ポンドにのぼる証券をニューヨークにおいて購入した事例がある．しかも多くの場合にはニューヨークでの新規外国証券発行のうち，ヨーロッパ向けの売却分として相当額をかかるブローカーが確保したといわれている[125]．イングランド銀行副総裁のハーベイも，証

券「発行が当地の市場で提案され，投資制限のシステムのためにそれが拒絶され，他の市場でそれが発行され，まもなく，この発行証券の大きな部分が，民間投資によってロンドン市場に流れ込んでくる，といったことをわれわれは，繰りかえし，繰りかえし見ています[126]」とマクミラン委員会で証言している．また，ラザード商会のキンダースレーも同様に，「ニューヨークで発行されるドル建て証券の膨大な量のものが，こちらに戻ってきます．ニューヨークの銀行家は，これ〔発行〕をすることについて手数料をとり，それから多数の債券のセールスマンを通じて，これら証券を大規模にヨーロッパに売り戻します．これらのセールスマンは，わが国とすべてのヨーロッパ諸国——フランス，オランダ，ドイツを歩きまわっているのです[127]」と証言している．

注

1) 再建金本位制期のイギリス資本主義については，森恒夫『イギリス資本主義』(宇野弘蔵監修『講座　帝国主義の研究』第4巻) 青木書店，1975年，第二章「再建金本位制下のイギリス資本主義」を参照されたい．
2) *Statistical Abstract for the United Kingdom*, 1934, No. 90, p. 103.
3) 田中生夫「公定歩合政策に関するノーマン総裁の証言—イギリス再建金本位の金融政策研究序章—」『金融経済』第158号，1976年，13-5頁．イングランド銀行の公定歩合の推移は，R. S. Sayers, *The Bank of England 1891-1944, op. cit.*, Appendixes, Appendix 36 に収録されている．
4) W. A. Brown, Jr., *The International Gold Standard Reinterpreted 1914-1934* (以下，本章では International Gold と略記), *op. cit.*, Vol. I, table 49, p. 603.
5) S. V. O. Clarke, *Central Bank Cooperation 1924-31*, Fedral Reserve Bank of New York, New York, 1967, p. 72. ストロングの国際金本位再建構想については，平田喜彦「アメリカの国際金本位再建構想」大内力編『現代金融』東京大学出版会，1976年，所収を参照されたい．
6) S. V. O. Clarke, *op. cit.*, pp. 72-3. ノーマンの国際金本位再建構想に関しては，山本栄治「国際通貨ポンドの変質—ノーマン総裁の国際金本位再建構想とその背景—」福岡大『商学論叢』第22巻第1号，1977年を参照されたい．
7) S. V. O. Clarke, *op. cit.*, pp. 75-6.
8) イギリスの金本位復帰に対するアメリカの金融的支援を取り扱った邦語文献として，加藤正秀「1920年代前半におけるドルとポンド」(一)(二) 立正大学『経済学季報』第16巻第2号，同巻第3・4号，1966-67年，同「連邦準備銀行の国際金融協調—金本位復帰後のポンドにたいする支援をめぐって—」大塚久雄・武田隆夫編『帝国主義下の国際経済』東京大学出版会，1967年，所収，奥田宏司『両大戦間期のポンドとドル』法律文化社，1997年，第2章「イギリスの金本位制復帰」がある．

9) D. E. Moggridge, *op. cit.*, p. 58.
10) S. V. O. Clarke, *op. cit.*, p. 82. W. A. Brown, Jr., *England and the New Gold Standard 1919-1926*（以下，本章ではEnglandと略記）1929（reprint 1978), pp. 231-3. L. V. Chandler, *Benjamin Storng Central Banker*, Arno Press, New York, 1958（reprint 1978), pp. 311-2. R. S. Sayers, *op. cit.*, Appendixes, Appendix 14, p. 87.
11) S. V. O. Clarke, *op. cit.*, p. 82. L. V. Chandler, *op. cit.*, pp. 316-7. R. S. Sayers, *op. cit.*, Appendix 14, pp. 87-8.
12) W. A. Brown, Jr., *England*, p. 231.
13) D. E. Moggridge, *op. cit.*, pp. 81-2.
14) D. E. Moggridge, *op. cit.*, pp. 82-3.
15) S. V. O. Clarke, *op. cit.*, p. 83.
16) S. V. O. Clarke, *op. cit.*, pp. 83-4.
17) C. A. Coombs, *The Arena of International Finance*, John Wiley & Sons, New York, 1976, p. 75. 荒木信義訳『国際通貨外交の内幕』日本経済新聞社，1977年，93頁.
18) R. S. Sayers, *The Bank of England 1891-1944*, Vol. 1, Combridge University Press, 1976, p. 144. 西川元彦監訳『イングランド銀行―1891-1944年―』（上）東洋経済新報社，1979年．200頁.
19) S. V. O. Clarke, *op. cit.*, p. 85.
20) S. V. O. Clarke, *op. cit.*, pp. 85-6. この時の景気後退は，自動車生産の減退と住宅産業の停滞によるものであった．詳細は，吉富勝『アメリカの大恐慌』日本評論社，1965年，84-6頁を参照のこと.
21) S. V. O. Clarke, *op. cit.*, pp. 86-8.
22) S. V. O. Clarke, *op. cit.*, pp. 88-9. D. E. Moggridge, *op. cit.*, p. 131. W. A. Brown, Jr., *International Gold*, Vol. I, p. 380.
23) S. V. O. Clarke, *op. cit.*, p. 109.
24) この中央銀行総裁会議を取り扱った邦語文献として，加藤正秀「連邦準備銀行の国際金融協調―金本位復帰後のポンドにたいする支援をめぐって―」前掲，山本栄治『基軸通貨の交替とドル』有斐閣，1988年，第3章「再建金本位制下の国際通貨体制」があり，同会議の背景を論じたものとして，平田喜彦「1927年『中央銀行総裁会議』の背景」玉野井昌夫・長幸男・西村閉也編『戦間期の通貨と金融』有斐閣，1977年，所収がある.
25) ドーズ案期のマルクの動向に関しては，W. A. Brown, Jr., *International Gold*, Vol. I, pp. 466-89. Deutsche Bundesbank（Hrsg.), *Währung und Wirtschaft in DeutschLand 1876-1975*, Fritz Knapp, Frankfurt am Main, 1976, S. 250-71. 呉文二・由良玄太郎監訳『ドイツの通貨と経済 1876-1975年』上，東洋経済新報社，1984年，304-30頁，工藤章『20世紀ドイツ資本主義』東京大学出版会，1999年，第1部第1章「西方指向―再建金本位制下の金融政策―」を参照され

たい．また，この時期のライヒスバンクの金融政策に関しては，居城弘「第一次大戦後のドイツ資本主義における外資導入と中央銀行政策」（一）（二）静岡大学『法経研究』第23巻第1号，同巻第2・3・4号，1974-75年，小湊繁「ライヒスバンクの金融政策―金本位復帰から為替管理まで―」大内力編『現代金融』前掲書，所収，工藤章，前掲書，第1部第1章，加藤國彦『1931年ドイツ金融恐慌』御茶の水書房，1996年，第6章「ライヒスバンクの金融政策の展開」を参照されたい．

26) D. E. Moggridge, *op. cit.*, pp. 175-6. H. Schacht, *Die Stabilisierung der Mark*, Deutsche Verlags-Anstalt, Berlin und Leipzig, 1927, S. 159. 日本銀行調査局訳『マルクの安定』日本銀行，1947年，167頁．
27) S. V. O. Clarke, *op. cit.*, pp. 109-10.
28) S. V. O. Clarke, *op. cit.*, pp. 113-4. C. P. Kindleberger, *op. cit.*, p. 48. 前掲邦訳，54頁．
29) S. V. O. Clarke, *op. cit.*, p. 114.
30) W. A. Brown, Jr., *International Gold*, Vol. I, p. 486.
31) S. V. O. Clarke, *op. cit.*, p. 114.
32) W. A. Brown, Jr., *International Gold*, Vol. I, pp. 479-80.
33) W. A. Brown, Jr., *International Gold*, Vol. I, pp. 480-1, 486-7, C. P. Kindleberger, *op. cit.*, p. 48-9. 前掲邦訳，54頁．
34) その時のライヒスバンクの外貨準備の喪失額は約10億ライヒスマルクであり，そのうちの半分は同行の法定準備外の保有外貨であった（W. A. Brown, Jr., *International Gold*, Vol. I, p. 487. League of Nations, *Selected Documents on the Distribution of Gold Submitted to the Gold Delegation of the Financial Committee*, 1931, p. 18. 国際連盟事務局東京支局訳『英米独仏における金移動問題』1931年，38頁）．
35) S. V. O. Clarke, *op. cit.*, p115. しかし，1927年の夏以後，外国資本の新たな流入によってマルクが再度強くなり，ドイツがロンドン金市場で金の買手として現れる可能性が出てきた．だが，後述する1927年7月の中央銀行総裁会議によって，この可能性は1年以上も起こらなかった（W. A. Brown, Jr., *International Gold*, Vol. I, p. 487）．
36) S. V. O. Clarke, *op. cit.*, p. 115.
37) フランの安定に関しては，E. L. Dulles, *The French Franc 1914-1928*, Arno Press, New York, 1929,（reprint 1978), pp. 113-443. 矢野庄太郎訳『佛蘭西インフレの全貌』森山書店，1933年，115-484頁，W. A. Brown, Jr., *International Gold*, Vol. I, pp. 433-65. ケネス・ムーレ，山口正之監訳『大恐慌とフランス通貨政策』晃洋書房，1997年，第1章「ポアンカレの奇跡」を参照されたい（本訳書は，K. Mouré, *Managing the franc Poincaré : Economic understanding and political constraint in French monetary policy, 1928-1936*, Cambridge

University Press, Combridge, 1991 の「フランス語版のために原著者が準備された英文原稿に基づいて補訂した全訳」である）．

38) League of Nations (R. Nurkse), *International Currency Experience: Lessons of the Inter-War Period*, United Nations, New York, 1944 (reprint 1947), pp. 35-6. 小島清・村野孝訳『国際通貨』東洋経済新報社, 1953 年, 47 頁．
39) S. V. O. Clarke, *op. cit*., p. 111. J. M. ケインズの推定によれば，フランスのロンドン・バランスの保有額は 1925-27 年の間に 1 億ポンド増大した (J. M. Keynes, 'British Balance of Payments, 1925-27', *The Economic Journal*, Vol. 37, Dec. 1927, in *The Collected Writings of John Maynard Keynes*, XIX, Part II, Macmillan, London, 1981, pp. 710-1. 西村閑也訳『金本位復帰と産業政策―1922～29 年の諸活動―』,『ケインズ全集』第 19 巻, 東洋経済新報社, 1998 年, 865 頁．
40) S. V. O. Clarke, *op. cit*., p. 112. E. Moreau, *The Golden Franc Memoirs of France: The Stabilination of the Franc (1926-1928)*, Westview Press, Boulder, 1991, April 25, May 12, 1927, pp. 259-60, 275-6 ［本書は，E. Moreau, *Souvenirs d'un Gouverneur de la Banque de France Histoire de La Stabilisation du Franc (1926-1928)*, Génin, Paris, 1954 の英訳版である］．これはシャハトが 1926 年に直面させられたのと同一種類の問題であった．しかしフランスの場合には，フランス銀行の外貨買入れによって市場に注ぎこまれた資金は大蔵省の借換債の発行によって吸収された．そしてこの公債の手取金はフランス銀行に対する政府短期債務の返済にあてられたので，ドイツほど「インフレ」発生の脅威は大きくなかった，とクラークは述べている（S. V. O. Clarke, *op. cit*., p. 111)．
41) W. A. Brown, Jr., *International Gold*, Vol. I, p. 41.
42) W. A. Brown, Jr., *International Gold*, Vol. I, p. 451. D. E. Moggridge, *op. cit*., p. 134. 1927 年にはフランスはフランの安定をできるだけ確実なものにするため，再び戦債の返済条件を変更しようとしたが，イングランド銀行は，1927 年 4 月にフランスが蓄積したロンドン・バランスで 1916 年の戦債残高を全額返済するという主張を拒否したため，フランスが強行措置に出ることになる（H. Clay, *Lord Norman*, 1957, pp. 227-8)．ストロングによれば，フランス銀行は担保に取られた金がイングランド銀行の手許にあるとは信じていなかった，すでに使われてしまったのではないかという危惧の念を持ったという．他方，イングランド銀行はフランス銀行がこの債務を返済するのに使うポンドを保有しているとは思わなかった．そしてフランス銀行が為替市場に介入するのを恐れたといわれる（S. V. O. Clarke, *op. cit*., p. 116)．
43) S. V. O. Clarke, *op. cit*., p. 119, n. 32. L. V. Chandler, *op. cit*., p. 375.
44) W. A. Brown, Jr., *International Gold*, Vol. I, pp. 452-5. D. E. Moggridge, *op. cit*., p. 134. S. V. O. Clarke, *op. cit*., p. 117. E. Moreau, *op. cit*., May 12, 1927, pp.

275-6.
45) D. E. Moggridge, *op. cit*., p. 134-5.
46) S. V. O. Clarke, *op. cit*., p. 117. W. A. Brown, Jr., *International Gold*, Vol. I, pp. 455-7.
47) S. V. O. Clarke, *op. cit*., p. 118.
48) S. V. O. Clarke, *op. cit*., p. 118-9. E. Moreau, *op. cit*., May 23, May 30, 1927, pp. 285-6, 298-300.
49) S. V. O. Clarke, *op. cit*., p. 119.
50) D. E. Moggridge, *op. cit*., p. 135. S. V. O. Clarke, *op. cit*., p. 119.
51) D. E. Moggridge, *op. cit*., p. 135.
52) S. V. O. Clarke, *op. cit*., p. 119.
53) S. V. O. Clarke, *op. cit*., p. 130. n. 66.
54) S. V. O. Clarke, *op. cit*., p. 120.
55) *Ibid*.
56) S. V. O. Clarke, *op. cit*., p. 124. E. Moreau, *op. cit*., July 16, 1927, pp. 330-1.
57) W. A. Brown, Jr., *International Gold*, Vol. I, p. 565. S. V. O. Clarke, *op. cit*., p. 124.
58) L. V. Chandler, *op. cit*., p. 374-5.
59) C. P. Kindleberger, *op. cit*., p. 43. 前掲邦訳，48頁．この景気後退に関しての詳細は，吉富勝，前掲書，91-7頁を参照のこと．
60) このアメリカの金融緩和に関して，W. A. ブラウンは「この決定の際に国際的な配慮がまず初めに心に浮かんだ．しかし景気のゆるやかな周期的な不況の開始によって国際問題の解決は国内信用政策の要求と一致すると思われた」と述べている（W. A. Brown, Jr., *International Gold*, Vol. I, p. 565-6）．また，キンドルバーガーは，「この景気後退はアメリカにおいては金利引下げ政策への転換の決定に寄与し，ヨーロッパの金融的難局を打開するのを支援することとなり，重要性がなかったわけではない」と主張している（C. P. Kindleberger, *op. cit*., p. 43. 前掲邦訳，48頁）クラークによれば，1927年5月初めと7月末の「公開市場投資委員会」（OMIC）の会議の記録では対外的な問題への配慮の方に国内的なそれよりも重点が置かれたという．すなわち，アメリカの利子率を引き下げずに現状のままに維持するならヨーロッパからニューヨークへの追加的な金流入をもたらし，海外の利子率を一層上昇させ，アメリカの輸出，特にヨーロッパ向けの農産物輸出を減退させることになる．もしアメリカが金融緩和を行えばヨーロッパの利子率上昇への圧力は弱められ，アメリカの輸出品に対するヨーロッパの需要は一層良好に維持され，貿易金融はロンドンからニューヨークにシフトし，ヨーロッパの金準備へのアメリカの圧力は減少されるであろう．そして1927年の最初の数ヵ月間に金流入を阻止するため公開市場での売オペによって5月11日にはわずか1億3,600万ポンドに減少した連銀保有の証

券を金融緩和への移行によって補充することができるという重要な技術的利点があるということもあわせて主張された（S. V. O. Clarke, *op. cit.*, p. 125）．
61) S. V. O. Clarke, *op. cit.*, pp. 128-9.
62) D. E. Moggridge, *op. cit.*, p. 136. W. A. Brown, Jr., *International Gold*, Vol. I, p. 566.
63) S. V. O. Clarke, *op. cit.*, p. 132.
64) W. A. Brown, Jr., *International Gold*, Vol. I, pp. 487-8.
65) S. V. O. Clarke, *op. cit.*, p. 132-3.
66) S. V. O. Clarke, *op. cit.*, p. 134. イングランド銀行の金準備，ドル保有高増大のポンド表示の数値は，R. S. Sayers, *The Bank of England 1891-1944*, Appendixes, *op. cit.*, pp. 351-2 に拠っている．
67) W. A. Brown, Jr., *International Gold*, Vol. II, p. 802.
68) W. A. Brown, Jr., *International Gold*, Vol. II, p. 801.
69) W. A. Brown, Jr., *International Gold*, Vol. II, p. 802.
70) W. A. Brown, Jr., *International Gold*, Vol. I, p. 566.
71) S. V. O. Clarke, *op. cit.*, p. 121-3.
72) この点に関しては，拙稿「フランスの金蓄積とポンドへの重圧—1928年から1930年までを中心に—」『熊本学園大学経済論集』第7巻第1・2・3・4合併号，2001年を参照されたい．
73) D. E. Moggridge, *op. cit.*, p. 169. n. 1.
74) T. Balogh, *Studies in Financial Organization*, Garland Publishing, New York, and London, 1950（reprint 1983), pp. 213-4. 西村閑也・藤沢正也訳『英国の金融機構』法政大学出版局，1964年，223-4頁．
75) D. E. Moggridge, *op. cit.*, p. 170.
76) D. E. Moggridge, *op. cit.*, pp. 17-73, 金市場操作に関する邦語文献として，吉沢法生『イギリス再建金本位制の研究』新評論，1986年第7章「再建金本位制下におけるイングランド銀行の対外活動について」，第8章「再建金本位制・再論」がある．参照されたい．
77) D. E. Moggridge, *op. cit.*, pp. 172-3. Sumuel Montagu & Co., *Annual Bullion Letter* 1929, p. 4. イングランド銀行の金買入価格は，Samuel Montagu & Co., *Weekly Bullion Letter*, 24th. July 1929で報じられている．以降，断続的に同Letter に掲載されている．
78) D. E. Moggridge, *op. cit.*, pp. 174 n. 2.
79) D. E. Moggridge, *op. cit.*, pp. 173.
80) P. Einzig, *International Gold Movements*, second edition enlarged, Macmillan, London, 1931, p. 88.
81) D. E. Moggridge, *op. cit.*, pp. 171, 175-6.
82) P. Einzig, *The History of Foreign Exchange*, Macmillan, London, 1962, pp.

182-3. 小野朝男・村岡俊三訳『外国為替の歴史』ダイヤモンド社, 1965 年, 214-5. さらに W. A. Brown, Jr., *International Gold*, Vol. I, pp. 637-8 も参照されたい.

83) 1920 年代におけるロンドン外国為替市場の発展に関する最近の研究として, J. Atkin, *The Foreign Exchange Market of London*, Rouiledge, London and New York, 2005. 高橋秀直「1931 年の『ポンド危機』—ロンドン外国為替市場における直物・先物レートとビッド・アクスプレッドの検討—」『社会経済史学』75 巻 1 号, 2009 年を参照されたい.

84) イングランド銀行の外国為替市場への介入操作に関する邦語文献として, 吉沢法生『イギリス再建金本位制の研究』前掲, 第 7 章「再建金本位制下におけるイングランド銀行の対外活動について」, 第 8 章「再建金本位制・再論」, 米倉茂「イングランド銀行の為替政策」侘美光彦・杉浦克己編『世界恐慌と国際金融』有斐閣, 1982 年第 5 章, 所収があり, 以下の叙述においても参照している.

85) W. A. Brown, Jr., *International Gold*, Vol. I, p. 602.
86) D. E. Moggridge, *op. cit.*, p. 177, note 6. R. S. Sayers, *op. cit.*, Appendixes, Appendix 37, pp. 348-55.
87) D. E. Moggridge, *op. cit.*, つ. 181.
88) D. E. Moggridge, *op. cit.*, pp. 181-2.
89) *Ibid*.
90) D. E. Moggridge, *op. cit.*, pp. 183-4.
91) D. E. Moggridge, *op. cit.*, p. 185.
92) *Ibid*.
93) *Ibid*.
94) D. E. Moggridge, *op. cit.*, p. 184.
95) D. E. Moggridge, *op. cit.*, pp. 185-8.
96) W. A. Brown, Jr., *International Gold*, Vol. I, pp. 641-2.
97) D. E. Moggridge, *op. cit.*, p. 189. P. Einzig, *The Theory of Forward Exchange*, Macmillan, London, 1937, p. 494.
98) D. E. Moggridge, *op. cit.*, pp. 189-90.
99) *Ibid*. Board of Governos of the Federal Reserve System, *Banking and Monetary Statistics 1914-1941*, 1943 (Second printing, 1976), Washington, D. C., pp. 450, 656.
100) T. Balogh, *op. cit.*, p. 233. 前掲邦訳, 246 頁. 第一次世界大戦前のマーチャント・バンカーの発行業務についての邦語文献としては, 生川栄治『イギリス金融資本の成立』第四章「国内投資の市場」第五章「海外投資の金融機構」有斐閣, 1956 年を参照されたい. ここでは, 多くを同書に負っている. さらに, S. Chapman, *The Rise of Merchant Banking*, Unwin Hyman, London, 1984

(paperback ed. 1988)布目真生/荻原登訳『マーチャント・バンキングの興隆』有斐閣，1984，および Toshio Suzuki, *Japanese Government Loan Issues on the London Capital Market 1870-1913*, The Athlone Press, London, 1994, Part I. を参照されたい．

101) A. K. Cairncross, *Home and Foreign Investment 1870-1913*, Harvester Press, Sussex, 1953（reprint 1975), pp. 92-3. D. Finnie, *Capital Underwriting*, Pitman, London. 1934. p. 2. 生川栄治，同上書，193, 256-8 頁．

102) A. K. Cairncross, *Ibid*., p. 93. D. Finnie, *Ibid*., p. 104. 生川栄治，同上書，195-6, 268-70 頁．

103) J. M. Atkin, 'official Regulation of British Overseas Investment, 1914-1931' *Economic Histry Review*, Second Series, Vol. XXIII, No. 2, August 1970, p. 324.

104) E. V. Morgan, *Studies in British Financial Policy 1914-25*, *op. cit*., pp. 262-3.

105) J. M. Atkin, *op. cit*., p. 325.

106) J. M. Atkin, *Ibid*., pp. 325-6.

107) J. M. Atkin, *Ibid*., pp. 327-8.

108) J. M. Atkin, *Ibid*., pp. 330-1.

109) マクミラン委員会において，ケインズから外債発行の非公式禁止のやり方に関して尋ねられたイングランド銀行副総裁のハーベイ（Sir Ernest Musgrave Harvey）は，「それは純粋に道義的説得である，と言っても正しいと思います」と答えている．(Committee on Finance and Industry, *Minutes of Euidence taken before the Committee, on Finance and Industry*)〔以下，Macmillan Committee, *Evidence* と略す〕, Vol. 1, 1931, Q. 393, p. 27. 西村閑也訳『マクミラン委員会証言録抜粋』日本経済評論社，1985 年，25 頁）．再建金本位制期におけるイギリスの資本輸出規制に関する邦語文献として，奥田宏司『両大戦間期のポンドとドル』法律文化社，1997 年，第 3 章「1920 年代におけるイギリス対外投資規制」，山本栄治「再建金本位制下のイギリス対外投資と帝国」玉野井昌夫・長幸男，西村閑也編『戦間期の通貨と金融』有斐閣，1982 年，所収，鈴木俊夫「戦間期のロンドン外債市場」『三田商学研究』第 43 巻第 6 号，2001 年を参照されたい．

110) R. S. Sayers, *The Bank of England 1891-1944*, *op. cit*., Vol. I, p. 148. 西川元彦監訳『イングランド銀行 1891-1944 年』前掲，(上), 205 頁．

111) マーチャント・バンカーのラザード商会重役のサ・ロバート・キンダースレー（Sir Robert M. Kindersley）のマクミラン委員会での証言による（Macmillan Committee, *Evidence*, Vol. 1, 1931, Q. 1310, p. 78）．

112) D. E. Moggridge, *op. cit*., pp. 201-2. これ以外にも次のような方法が用いられた．①1925 年の場合のように，イギリス政府は，潜在的な借入国政府に近づき，その借入を変更するように，あるいはどこか他の金融市場で借入をするように

要請した．これは借手側の圧力，つまり，潜在的な資金需要を取り除くことになり，ロンドンで行われる規制を効果的に補なうことができた．②イングランド銀行はある種の起債を優遇し，あるいは阻止するために，手形交換所・証券取引所委員会に一般的な支持を出した．このような方法は20年以内に戦債あるいは借款を借りかえない諸国の起債の場合には効果的であった（D. E. Moggridge, *op. cit*., p. 202）．

113) D. E. Moggridge, *Ibid*., pp. 202-3. R. I. I. A., *The Problem of International Investment, op. cit*., p. 77. 楊井克巳・中西直行訳『国際投資論』前掲，86頁．
114) D. E. Moggridge, *op. cit*., p. 206. それぞれの起債額は，A. T. K. Grant, *A Study of the Capital Market in Britain from 1919-1936*, 2nd edition, Frank Cass, London, 1967, p. 140.
115) J. M. Atkin, *op. cit*., pp. 330-1.
116) J. M. Atkin, *Ibid*, p. 331.
117) *Federal Reserve Bulletin*, Vol. 23, No. 5, May 1937, p. 420.
118) *Accounts relating to Trade and Navigation of the United Kingdom*, October 1930, pp. 182-83. *Federal Reserve Bulletin*, December 1929, p. 800 より算出．
119) J. M. Atkin, *op. cit*., p. 331.
120) R. I. I. A., *op. cit*., pp. 96-7. 前掲邦訳，107頁．
121) D. E. Moggridge, *op. cit*., p. 213.
122) D. E. Moggridge, *op. cit*., p. 213-4.
123) D. E. Moggridge, *op. cit*., p. 213.
124) D. E. Moggridge, *op. cit*., p. 214.
125) D. E. Moggridge, *op. cit*., p. 212.
126) Macmillan Committee, *Evidence*, Vol. 2, 1931, Q. 7597, pp. 180-1. 前掲邦訳，229頁．
127) Macmillan Committee, *Evidence*, Vol. I, 1931, Q. 1352, p. 80. 前掲邦訳，78頁．

第6章
アメリカの国際収支構造

第1節　課題の設定

　1870年以降から第一次世界大戦前までのアメリカの国際収支構造をみると次のような特徴が浮かびあがってくる[1]。表6-1に明らかなように，まず貿易収支は1874年以降，88年を除き毎年黒字を計上しており，特に97年からは出超額が一段と増加傾向にあることがわかる．しかしこのような貿易収支の黒字基調にもかかわらず，投資収益収支の赤字を中心とする貿易外収支の赤字や移転収支の赤字等のため経常収支は黒字基調の定着をみるに至らず，1877-81年の時期等を除けば，概ね1880年代から1890年代中葉にかけては継続的な赤字を示していた．そしてこの経常収支の赤字を資本収支の黒字でカバーするという国際収支構造となっていたのである．

　しかし1897年以降，経常収支は1909年，10年を例外として黒字基調に転化したが，これを可能ならしめたのは1896年以降の貿易収支の大幅黒字であった．これに対して資本収支はいかなる推移を示したかを表6-1および表6-2からみると次のような傾向を示していることがわかる．世紀転換期からのアメリカの資本輸出に着目すると，直接投資は趨勢的に増大しているが，証券投資等のその他投資では流入超となっている年次もあって変動がかなり大きくなっている．他方，外国資本は1903年以降再度流入を記録し，特に1906年以後は，1908年を除いて大量流入が示されている．1900-13年の民間長期資本収支合計では1億4,700万ドルの流出超となってはいるものの，他方では大量の資本輸入をも行っているという状況にあった．したがってこの時期におけるアメリカ

表6-1 アメリカの国際収支 1870-1913年

(単位：100万ドル)

項目 年	経常収支 商品・サービス収支 貿易収支	経常収支 商品・サービス収支 投資収益	経常収支 商品・サービス収支計	経常収支 移転収支	経常収支計	資本収支	公的準備資産増減（増加−）	誤差脱漏
1870	−2	−80	−101	+1	−100	+100		
1871	+7	−84	−101	…	−101	+101		
1872	−123	−86	−246	+4	−242	+242		
1873	−52	−99	−181	+14	−167	+167		
1874	+76	−102	−61	−11	−72	+82	−11	
1875	+34	−99	−99	−14	−113	+87	+27	
1876	+142	−96	+20	−11	+9	+2	−10	
1877	+212	−86	+102	−13	+89	−57	−33	
1878	+318	−76	+218	−11	+207	−162	−44	
1879	+315	−78	+202	−8	+194	−160	−34	
1880	+235	−79	+114	−4	+110	+30	−140	
1881	+264	−88	+137	−5	+132	−41	−91	
1882	+77	−84	−55	−13	−68	+110	−42	
1883	+127	−89	−12	−22	−34	+51	−17	
1884	+92	−90	−59	−24	−83	+105	−23	
1885	+157	−86	+12	−27	−15	+34	−19	
1886	+83	−93	−77	−28	−105	+137	−32	
1887	+15	−98	−157	−28	−185	+231	−46	
1888	−41	−107	−226	−30	−256	+287	−30	
1889	+24	−118	−166	−44	−210	+202	+8	
1890	+55	−125	−150	−45	−195	+194	+1	
1891	+122	−134	−90	−50	−140	+136	+4	
1892	+196	−143	−20	−54	−74	+41	+33	
1893	+76	−139	−119	−44	−163	+146	+17	
1894	+251	−113	+98	−54	+44	−66	+22	
1895	+81	−126	−127	−55	−182	+137	+44	
1896	+232	−122	+34	−49	−15	+40	−25	
1897	+333	−127	+132	−41	+91	−23	−68	
1898	+651	−133	+444	−44	+400	−279	−121	
1899	+628	−124	+427	−68	+359	−229	−130	
1900	+640	−114	+429	−54	+375	−296	−78	
1900	+754	−99	+507	−95	+412	−218	−91	−103
1901	+673	−88	+438	−104	+334	−245	−61	−28
1902	+477	−80	+258	−105	+153	−135	−71	+53
1903	+556	−72	+340	−115	+225	−21	−71	−133
1904	+501	−71	+279	−137	+142	−50	−25	−67
1905	+536	−69	+298	−133	+165	−83	−71	−11
1906	+556	−62	+296	−147	+149	+68	−171	−46
1907	+582	−66	+296	−177	+119	+71	−154	−36
1908	+721	−71	+427	−192	+235	−46	−44	−145
1909	+335	−64	+26	−187	−161	+59	+18	+84
1910	+386	−64	+46	−204	−158	+255	−71	−26
1911	+652	−76	+274	−224	+50	+48	−90	−8
1912	+666	−74	+257	−212	+45	+23	−81	+13
1913	+771	−73	+374	−207	+167	+87	−25	−229

(出所) U. S. Department of Commerce, *Historical Statistics of the United States, Colonial Times to 1970*, Part 2, U. S. Government Printing Office, Washington, D. C., 1975, Series U1-25, pp. 864-5, 867-8 より作成.

第6章 アメリカの国際収支構造

表 6-2 アメリカの資本収支 1900-13年
(単位: 100万ドル)

| 項目
年 | アメリカ資本 ||| 小 計 | 外国資本 | 民間長期
資本収支計 | 資本収支計 |
| | 政府資本
(長期および短期) | 民 間 資 本 || | 民間長期 | | |
		直接投資	その他長期				
1900		−56	−87	−143	−75	−218	−218
01		−89	−123	−212	−33	−245	−245
02		−65	−40	−105	−30	−135	−135
03		−81	+40	−41	+20	−21	−21
04	−40	−80	+11	−109	+59	−10	−50
05		−46	−93	−139	+56	−83	−83
06		−92	+46	−46	+114	+68	+68
07		−89	+24	−65	+136	+71	+71
08		−48	−87	−135	+89	−46	−46
09		−88	−24	−112	+171	+59	+59
10		−124	+34	−90	+345	+255	+255
11		−95	−28	−123	+171	+48	+48
12		−139	−70	−209	+232	+23	+23
13		−138	−27	−165	+252	+87	+87
合計	−40	−1,230	−424	−1,694	+1,507	−147	−187

(出所) U. S. Department of Commerce, *op. cit.*, Part 2. U1-25, p. 867 より作成.

の資本輸出においては,債権国化の萌芽がみられるが,直接投資形態を主流とする資本輸出を行う一方で証券形態で外国資本を輸入するという関係がみられるのである.

　上述の如き経常収支および資本収支の動向を反映してこの時期のアメリカの国際貸借＝対外債権債務残高は一貫して純債務国の地位にあったが,他方においてアメリカの対外投資残高も急速な増大を示していることが表6-3からも読み取ることができる.国際収支段階説でいえば,アメリカは1870年代から1890年代にかけて「成熟した債務国」の段階にあり,1890年代から1910年代にかけて「債務返済国」の段階に移行することになった.そして1910年代の中葉からの投資収益収支の黒字化とともに「未成熟の債権国」の段階へと進んだといえよう[2].

　このような過度的性格を有するアメリカの国際収支構造は第一次世界大戦を通じて大きな変容を蒙むることになる.そこで本章においては,まず最初に,第一次大戦終了後,特に1920年代の期間を中心としてアメリカの国際収支は

表6-3 アメリカの国際投資ポジション 1869-1914年
(単位:10億ドル)

項目	アメリカ対外投資残高						合計 (A)	外国資本の対米投資残高				合計 (B)	差引 (A−B) (−は純債務)
	民 間					政府2)		民 間			短期		
	長 期			短期	計			長 期					
年	直接投資	その他	計					直接投資	その他	計			
1869					0.1		0.1			1.4	0.2	1.5	−1.4
1897	0.6	0.1	0.7		0.7		0.7			3.1	0.3	3.4	−2.7
1908	1.6	0.9	2.5		2.5		2.5			6.4		6.4	−3.9
1914 1)	2.7	0.8	3.5		3.5	1.5	5.0	1.3	5.4	6.7	0.5	7.2	−2.2 (−3.7)3)

(注) 1 1914年は6月末現在,それ以外は各年末.
    2 1914年以降は,アメリカの貨幣用金ストックを含む.
    3 ( )内は民間部門のみの数字.
(出所) U. S. Department of Commerce, *op. cit*., Part 2, U26-39, p. 869 より作成. なお, C. Lewis, *America's Stake in international Investment, op. cit*., pp. 442, 445 をも参照のこと.

いかなる構造を有するに至ったのかを基礎収支のレベルにおいて検討していくことにする.1920年代において,アメリカの国民的通貨であるドルが国際通貨としての地位をポンドと並んで占めるに至ったことから考えても,国際通貨国アメリカの国際収支構造を基礎収支のレベルにおいてまずとらえ,このレベルでの国際収支構造が当時の世界経済および国際的信用制度にいかなるインパクトと作用をもたらすことになったかを解明することはきわめて重要な意義を持っているからである.

第2節 第一次世界大戦中および大戦直後のアメリカの国際収支

議論展開の序次として1920年代のアメリカの国際収支の分析に入る前に第一次世界大戦中および大戦直後にアメリカの国際収支上に生じた変化を検討しておくことにしよう.

1 巨額の貿易黒字と経常収支黒字累積

1914年7月28日オーストリア・ハンガリーによるセルヴィアに対する宣戦布告によって第一次世界大戦が勃発した.当初の短期決戦の予想とは大きく異なって,交戦国の経済力をはるかに超えた文字通りの「総力戦」(total war) として壮絶な戦闘がヨーロッパを主戦場として展開され,ドイツ側の敗北でも

第6章 アメリカの国際収支構造

表 6-4 アメリカの国際収支の主要項目
1914 年下半期-19 年

(単位：100万ドル)

年＼項目	経常収支			資本収支			金移動（−は金輸入）	誤差脱漏
	貿易収支	サービス収支他	経常収支計	民間資本収支	政府資本収支	資本収支計		
1914年下半期	+269	−202	+67	−414	—	−414	+109	+238
1915	+1,796	−273	+1,523	−1,450	—	−1,450	−421	+348
1916	+3,130	−163	+2,967	−2,125	—	−2,125	−526	−316
1917	+3,313	−109	+3,204	−650	−3,201	−3,851	−180	+827
1918	+3,300	−282	+3,018	+437	−4,907	−4,470	−21	+1,423
小計	+11,808	−1,029	+10,779	−4,202	−8,108	−12,310	−1,039	+2,570
1919	+4,166	−552	+3,614	−439	−2,316	−2,755	+203	−1,062

(出所) R. A. Young, *The International Financial Position of the Unite States*, National Conference Board, Inc., New York, 1929, pp. 36, 39 より作成．

って幕を閉じた．次いで 1918 年 11 月 11 日に休戦条約が結ばれ，翌年の 6 月 28 日にヴェルサイユ講和条約が締結された．

アメリカは大戦勃発当初の一時的混乱を乗り切ると，中立を維持しながら交戦国，特に連合国に対する「商品・資金の供給者」としての役割を最初イギリスに続いて，そして次第にイギリスと並んで果たすようになり，1917 年 4 月 6 日の参戦以後は，本格的に連合国に対する「商品・資金の供給者」として重要な役割を果たすことになったのである．

このような第一次大戦中に果たしたアメリカの役割の結果として，アメリカの国際収支上には重大な変化が生じることになった[3]．表 6-4 は第一次大戦中および大戦直後におけるアメリカの国際収支の主要項目に関する数値を掲げたものであり，後掲表 6-5 とは推計数値に違いがみられるが，流れの変化を読み取ることはできるであろう．表 6-4 によれば，第一次大戦中，貿易収支は巨額の出超を記録して 1914 年下半期から 1918 年までの合計で 118 億ドル余りの黒字となった．さらに 1915 年から投資収益収支が黒字に転化したことによりサービス収支の赤字縮小が生じた（後掲表 6-7 および表 6-11 を参照）．これらを主要な原因として経常収支も巨額の黒字累積となるという劇的な変化が生じることになった．かかる貿易黒字激増の基本的要因はヨーロッパ諸国の戦時需要と輸出価格の大幅上昇によるものであった[4]．

表 6-5 はアメリカの地域別貿易収支を示したものであるが，同表からも明ら

表 6-5　アメリカの地域別貿易収支　1913-19 年

A 輸出

(単位：100 万ドル)

地域別 年	アメリカ大陸			ヨーロッパ			アジア	オーストラリア・オセアニア	アフリカ	合計
	カナダ	中南米	計	イギリス	フランス	計				
1913	415	348	763	597	146	1,479	140	54	29	2,466
1914	345	309	654	594	160	1,486	141	56	28	2,365
1915	301	275	576	912	369	1,971	139	53	29	2,769
1916	605	540	1,145	1,887	861	3,813	388	83	54	5,483
1917	829	744	1,573	2,009	941	4,062	469	77	51	6,234
1918	887	741	1,628	2,061	931	3,859	498	105	59	6,149
1919	734	1,004	1,738	2,279	893	5,188	772	126	98	7,920

B 輸入

地域別 年	アメリカ大陸			ヨーロッパ			アジア	オーストラリア・オセアニア	アフリカ	合計
	カナダ	中南米	計	イギリス	フランス	計				
1913	121	459	580	296	137	893	298	17	26	1,813
1914	161	489	650	294	141	896	305	24	19	1,894
1915	160	574	734	256	77	614	272	29	25	1,674
1916	237	849	1,086	305	109	633	551	60	62	2,392
1917	414	1,057	1,471	280	99	551	821	37	73	2,952
1918	452	1,133	1,585	149	60	318	939	103	86	3,031
1919	495	1,349	1,844	309	124	751	1,108	89	112	3,904

C 貿易収支

地域別 年	アメリカ大陸			ヨーロッパ			アジア	オーストラリア・オセアニア	アフリカ	合計
	カナダ	中南米	計	イギリス	フランス	計				
1913	+294	−111	+183	+301	+9	+586	−158	+37	+3	+653
1914	+184	−180	+4	+300	+19	+590	−164	+32	+9	+471
1915	+141	−299	−158	+656	+292	+1,357	−133	+24	+4	+1,095
1916	+368	−309	+59	+1,582	+752	+3,180	−163	+23	−8	+3,091
1917	+415	−313	+102	+1,729	+842	+3,511	−352	+40	−22	+3,282
1918	+435	−392	+43	+1,912	+871	+3,541	−441	+2	−27	+3,118
1919	+239	−345	−106	+1,970	+769	+4,437	−336	+37	−14	+4,016

(出所)　U. S. Department of Commerce, *Historical Statistics of the United States, Colonial Times to 1970*, op. cit., Part 2, U317-352, pp. 903, 906 より作成．ただし，輸出には再輸出を含む．

かな如く，輸出額は総額で 1918 年には 1913 年の 2.5 倍，1914 年の 2.6 倍という急激な伸びを記録した．この輸出額急増という事態をもたらすうえで大きなウェイトを占めたのはイギリス等を中心とするヨーロッパの連合国向けの輸出激増であった．例えば対イギリス向け輸出は 1913 年の 5 億 9,700 万ドルから

1918年には20億6,100万ドルへと3.5倍の激増となり，対ヨーロッパ輸出額合計でも1913年の14億7,900万ドルから1918年の38億5,900万ドルへと2.6倍，金額にして23億8,000万ドルへと急拡大を示したのである．これに対して輸入額の伸びは輸出額の伸びに比べてかなり低く，輸入額総計で1918年には1913年の1.7倍，1914年の1.6倍を示すに留まっている．この結果，貿易収支の黒字額は急増し，1913年の6億5,300万ドルから大戦中のピーク時の1917年には32億8,200万ドルへと5倍，金額にして26億2,900万ドル増へと拡大し，1918年には黒字額はやや減少したものの，それでも1913年の4.8倍，金額にして24億6,500万ドル増に達したものである．そしてこのような傾向は戦後の1919年にもヨーロッパの戦後復興需要の高まりによって続くことになったのである．

2　巨大債権国への転化と金準備著増

かくして上述の如き戦時輸出ブームの展開と戦後のヨーロッパ復興需要に支えられてアメリカの貿易収支黒字の激増と経常黒字の累積が可能となったのであるが，このことはアメリカにとって資本輸出能力の急速な拡張を意味するものであった．イギリスを中心とするヨーロッパ連合国は急増する対米貿易赤字を一部は金輸出やアメリカの対外短期債務の清算によって決済したが，大部分はアメリカ証券市場でのアメリカ・ドル証券の売却あるいは証券発行の形でファイナンスせざるを得ない状態がアメリカ参戦まで続くことになった．アメリカ参戦後はアメリカ政府による対連合国借款の供与という形でアメリカから巨額の資本輸出が行われることになったのである．表6-6はアメリカへの金流入額と金流入に寄与した要因を国際収支の主要項目から分析したものであるが，同表からも明らかな如く，1914年7月から1918年12月までの間にアメリカは118億ドルという巨額の貿易黒字を計上したが，この間にアメリカからの資本の純輸出額は111億ドルにも達して巨額の貿易黒字の大部分を相殺することによってアメリカに純流入した金は10億ドル強（これ自体かなりの流入額であるが）にとどまったのである．かくしてアメリカは第一次大戦を通じて巨大な資本輸出国へと劇的な変化をとげるとともに，金準備保有高を大幅に増加させたのである．この点は第3章で前述したが，再確認しておこう．

表 6-6 アメリカへの金流入額と金流入への

年	項目	金流入額	貿易収支	サービス		
				海運	旅行	送金
1914年7月-18年12月		1,044	+11,808	-379	…	-711
1919年		-164	+4,166	+291	-67	-832

(注) 1 +は金流入に寄与した要因，-は金流出に寄与した要因．
　　 2 n.a. は入手不能．
(出所) Board of Governors of the Federal Reserve System, *Banking and Monetary Statistis, 1914-1941*, op. cit.,

　アメリカが巨大な資本輸出国として台頭したことによってアメリカの国際投資ポジションは第一次大戦前の純債務国から巨大債権国へと劇的な転化をとげることになった．アメリカは1914年6月末には民間部門と政府部門合計で22億ドルの純債務国であったのが1919年末には64億ドルの純債権国へと転換をとげている（前掲表3-6）．なお同表にはアメリカ参戦以後のアメリカ政府による対連合国政府貸付94億ドルは含まれていないので，これを含めれば世界最大の債権国に転化したといえるであろう．

　このような国際投資ポジションの劇的転換とともにアメリカの金準備保有高も大幅増加となった．アメリカはその金準備保有高を第一次大戦前の1913年末の12億9,000万ドルから大戦終了直後の19年末には25億1,800万ドルへと1.95倍も増大させ，世界全体に占めるシェアも13年末の26.6％から19年末には37.0％へと拡大させたのである（前掲表3-7）．

第3節　1919-29年のアメリカの経常収支

　第一次大戦中に生じた上述の変化を念頭に置いて，金貨本位制の形態で1919年7月に金本位制に復帰して以降のアメリカの基礎収支の分析を行う必要がある．そこでまず，経常収支の動向の検討から始めることにしよう．

1　貿易収支[5]

　表6-7は1914-33年までの期間のアメリカの国際収支の推移を示したものであり，表6-8は貿易収支の内訳を1900-33年までの時期にわたって表したものである．これらの表によって明らかな如く，1900-13年にかけては年平均5億

寄与要因　1914年7月-19年

(単位：100万ドル)

収　支　他			資　本　収　支			残余
利子配当	その他	計	長期資本	短期資本	計	
+360	−1,018	−1,748	−11,205	+132	−11,073	+2,057
+414	−2,474	−2,668	−384	n.a.	−384	−1,278

p.538 より作成．

　8,000万ドルの出超額であった貿易収支は，大戦中および大戦直後の時期を最も近似的に示す1915-19年には年平均で33億2,500万ドルと5.7倍の出超額を記録した．その巨額の出超額も1919年をピークにして1920-21年の戦後恐慌によって急減した．しかし，1920-29年の年平均では1900-13年の年平均の1.9倍の11億ドルの出超額となっている．この間，貿易規模も年平均でみると1920年代には1900-13年に比較して輸出額で2.7倍，輸入額で3.1倍の規模にまで大きく拡大しているのである．

　かかる相当額の貿易黒字の計上はアメリカの国民通貨ドルの国際通貨化の進展という事態の下で世界経済に構造的な不安定要因を内包させることにならざるを得ないが，ここではアメリカの貿易構造を商品グループ別構成と地域別構成の両面から概観しておくことにしよう．

　表6-9からアメリカ貿易の商品グループ別構成をみると，まず，輸出においては第一次大戦前の1900-13年において輸出金額の6割近くを占めていた未加工原料，未加工食糧，加工食品のウェイトが1920年代後半の1925-29年には4割余りに低下し，これと対照的に完製品の輸出が急増し，半製品輸出も微増傾向を示しており，工業製品（半製品＋完製品）輸出が全輸出額の57.3％と6割近いウェイトを占めるに至ったことはアメリカ貿易構造の変化として注目すべき点である．

　次に輸入に目を転ずると，戦前にくらべて未加工原料の輸入は増加傾向にあったことがみてとれる．また，半製品輸入も増加基調にあった．他方，完製品輸入は第一次大戦中および大戦直後にそのウェイトを急減させ，1920年代にはやや回復の兆しをみせているが，それでも1925-29年には21％弱のウェイトを占めるにとどまっており，完製品輸入は低下傾向にあったことがわかるで

表 6-7 アメリカの国際収支

項目 年	商品・サービス収支					商品・サービス収支計	移転収支	経常収支計	政府資本[2]
	貿易収支	運輸収支	旅行収支	投資収益収支	その他				
1914	415	−71	−233	−55	—	56	−170	−114	—
1915	1,873	−53	−136	64	—	1,748	−150	1,598	—
1916	3,137	−66	−101	132	—	3,102	−150	2,952	—
1917	3,392	−101	−66	250	—	3,475	−205	3,270	−3,656
1918	3,329	−164	−39	350	−1,018	2,458	−268	2,190	−4,028
1919	4,896	291	−67	589	−841	4,868	−1,044	3,824	−2,328
1920	3,097	271	−123	476	−198	3,523	−679	2,844	−175
1921	2,014	60	−124	340	−168	2,122	−509	1,613	30
1922	745	−55	−182	565	−76	997	−352	645	31
1923	400	−30	−189	710	−49	842	−365	477	91
1924	1,057	−46	−226	622	−56	1,351	−364	987	28
1925	720	−73	−264	742	−38	1,087	−403	684	27
1926	422	−45	−262	753	−42	826	−381	445	30
1927	742	−57	−286	741	−67	1,073	−357	716	46
1928	1,090	−88	−327	805	−103	1,377	−365	1,012	49
1929	884	−119	−344	809	−82	1,148	−377	771	38
1930	825	−152	−334	745	−52	1,032	−342	690	77
1931	374	−119	−247	546	−38	516	−319	197	14
1932	324	−84	−194	392	−31	407	−238	169	26
1933	226	−46	−133	322	−11	358	−208	150	−7
1915-19年平均	3,325	−19	−82	277	−372	3,130	−363	2,767	−2,002
1920-24年平均[1]	1,463	40	−169	543	−109	1,767	−454	1,313	1
1925-29年平均[1]	772	−76	−297	770	−66	1,102	−377	726	38
1930-33年平均[1]	437	−100	−227	501	−33	578	−277	302	28

(注) 1 四捨五入のため個々の項目の合計は必ずしも「計」と一致しない.
2 政府資本収支項目の長期と短期の区分は1919年から始まる．それ以前は未分離のままである．1919年から33
3 基礎収支欄の空白は算出不能を表す．
(出所) U. S. Department of Commerce, *Historical Statistics of the United States, Colonial Times to 1970, op. cit.*,

あろう．また未加工食糧の輸入は1920年代後半には戦前とほぼ同じウェイトを占め，加工食品の輸入はやや減少傾向にあった．

このような原料および半製品輸入の増大，完製品輸入の減少という輸入構造の変化は，工業製品輸出の増大，原料，未加工食糧，加工食品輸出の減少という先の輸出構造の変化と合わせて戦前にくらべて，貿易面において「工業国的輸入と農業国的輸出の並存[6]」，あるいは「工農並行輸出国[7]」としての特徴を

第6章 アメリカの国際収支構造　　　　219

1914-33 年
(単位：100万ドル)

アメリカ資本				外国資本			資本収支計	基礎収支[3]	公的準備資産増減(増加-)	誤差脱漏
民間資本			計	民間長期	短期	計				
直接投資	その他長期	短期								
-76	-14	—	-90	-432	450	18	-72		100	86
—	-790	—	-790	-789	450	-339	-1,129		-499	30
—	-1,064	—	-1,064	-391	-900	-1,291	-2,355		-531	-66
—	-594	—	-4,250	-36	400	364	-3,886		-312	928
—	396	—	-4,424		422	422	-4,002		-5	1,817
-94	-75	—	-2,497	-215	—	-215	-2,712	1,112	166	-1,278
-154	-400	—	-729	-278	—	-278	-1,007	1,837	68	-1,905
-111	-477	—	-558	-4	—	-4	-562	1,051	-735	-316
-153	-669	—	-791	7	—	7	-784	-139	-269	408
-148	-235	-82	-374	338	49	387	13	523	-315	-175
-182	-703	-109	-966	185	228	413	-553	315	-256	-178
-268	-603	-46	-890	301	-60	241	-649	141	100	-135
-351	-470	-36	-827	95	455	550	-277	-251	-93	-75
-351	-636	-349	-1,290	-50	934	884	-406	-275	113	-423
-558	-752	-231	-1,492	463	-117	346	-1,146	214	238	-104
-602	-34	-200	-798	358	196	554	-244	531	-143	-384
-294	-70	-191	-478	66	-288	-222	-700	469	-310	320
-222	350	628	770	66	-1,265	-1,199	-429	405	133	99
-16	267	227	504	-26	-673	-699	-195	420	-53	79
32	-80	42	-13	125	-454	-329	-342	220	131	61
-19	-584	—	-2,605	-286	74	-212	-2,817		-236	286
-150	-497	-38	-684	50	55	105	-579	717	-301	-433
-426	-499	-172	-1,059	233	282	515	-544	72	43	-224
-125	117	177	196	58	-670	-612	-417	379	-25	140

年までの間の政府資本には短期資本取引は存在しない．すべて長期資本取引から成る．

Part 2, U1-25, pp. 864, 867; *Survey of Current Business*, July 1954, pp. 14-5 より作成．

1920年代においてアメリカが保持していたということを意味しているといえるであろう．別言すれば，このことはアメリカが「世界の農場」としての性格を保持しつつ，重工業国としての地位を一層進展させたということを表しているのである．

さらに表6-10からアメリカ貿易の地域別構成についてみると，まず，輸出においては戦前にくらべて対ヨーロッパ向けのウェイトが急減しており，

表 6-8　アメリカの貿易収支　1900-33 年（各年次および年平均）

（単位：100 万ドル）

年次，年平均	輸　出	輸　入	貿易収支
1900	+1,623	-869	+754
1901	+1,585	-912	+673
1902	+1,473	-996	+477
1903	+1,575	-1,019	+556
1904	+1,563	-1,062	+501
1905	+1,751	-1,215	+536
1906	+1,921	-1,365	+556
1907	+2,051	-1,469	+582
1908	+1,880	-1,159	+721
1909	+1,857	-1,522	+335
1910	+1,995	-1,609	+386
1911	+2,228	-1,576	+652
1912	+2,532	-1,866	+666
1913	+2,600	-1,829	+771
1900-13 年平均	+1,902	-1,319	+583
1914	+2,230	-1,815	+415
1915	+3,686	-1,813	+1,873
1916	+5,560	-2,423	+3,137
1917	+6,398	-3,006	+3,392
1918	+6,432	-3,103	+3,329
1919	+8,891	-3,995	+4,896
1915-19 年平均	+6,193	-2,868	+3,325
1920	+8,481	-5,384	+3,097
1921	+4,586	-2,572	+2,014
1922	+3,929	-3,184	+745
1923	+4,266	-3,866	+400
1924	+4,741	-3,684	+1,057
1925	+5,011	-4,291	+720
1926	+4,922	-4,500	+422
1927	+4,982	-4,240	+742
1928	+5,249	-4,159	+1,090
1929	+5,347	-4,463	+884
1930	+3,929	-3,104	+825
1931	+2,494	-2,120	+374
1932	+1,667	-1,343	+324
1933	+1,736	-1,510	+226
1920-29 年平均	+5,151	-4,034	+1,117

（出所）　U. S. Department of Commerce, *Historical Statistis of the United States, Colonial Times to 1970*, op. cit., Part 2, p. 864 より作成．

表 6-9 アメリカ貿易の商品グループ別構成 1900-33 年

A 輸出
(単位：100 万ドル，( ) 内は%)

商品グループ 年平均	未加工原料	未加工食糧	加工食品	半製品	完製品	合計
1900-13	533(31.3)	161(9.4)	315(18.5)	234(13.7)	462(27.1)	1,705(100)
1914-19	939(18.5)	467(9.2)	929(18.3)	822(16.2)	1,916(37.8)	5,073(100)
1920-24	1,279(25.8)	540(10.9)	709(14.3)	596(12.0)	1,839(37.0)	4,963(100)
1925-29	1,262(25.8)	328(6.7)	498(10.2)	693(14.2)	2,114(43.1)	4,895(100)
1930-33	625(26.6)	111(4.7)	229(9.8)	316(13.5)	1,065(45.4)	2,346(100)

B 輸入

商品グループ 年平均	未加工原料	未加工食糧	加工食品	半製品	完製品	合計
1900-13	428(34.3)	149(12.0)	149(12.0)	219(17.6)	300(24.1)	1,245(100)
1914-19	1,081(40.9)	335(12.7)	360(13.6)	461(17.5)	404(15.3)	2,641(100)
1920-24	1,647(36.5)	498(11.1)	696(15.4)	770(17.1)	895(19.9)	4,506(100)
1925-29	1,634(38.3)	526(12.3)	426(10.0)	791(18.5)	890(20.9)	4,267(100)
1930-33	605(30.5)	289(14.6)	223(11.3)	372(18.8)	492(24.8)	1,981(100)

(出所) U. S. Department of Commerce, *Historical Statistics of the United States, Colonial Times to 1970, op. cit.*, Part 2, U213-224, pp.889-90 より作成．

1900-13 年の年平均で全輸出額の 67.8% のウェイトを占めていたのが，1925-29 年の年平均で 47.8% へと顕著な減少傾向を示しているのが目につく．このような対ヨーロッパ向け輸出のウェイトが低下したのと対照的に，対カナダ，中南米，アジア向けがウェイトを高めている．対カナダ向けは 1900-13 年の年平均で 10.7% であったのが 1925-29 年の年平均で 16.4% に，対中南米向けは 1900-13 年の年平均で 12.5% のシェア，対アジア向けは 1900-13 年の年平均で 5.5% であったのが，1925-29 年には年平均で 18.0%，11.7% へとそれぞれシェアを高めていることに指目されたい．

次に輸入に関してもほぼ同様の傾向がみられる．すなわち，ヨーロッパのウェイトの急減，アジア，カナダのシェアの急増という傾向が目立つ点である．

以上の商品グループ別構成と地域別構成からみた 1920 年代のアメリカは，ヨーロッパ諸国に対しては食料・原料を輸出して工業製品を輸入するという農業国的貿易構造をもち，他方，後進諸国に対しては工業製品を輸出して食料・原料を輸入するという工業国的貿易構造をもつという 19 世紀末以来の貿易構

表 6-10 アメリカ貿易の地域別構成
1900-33 年
(単位:100万ドル, ( )内は%)

A 輸出

地域別 年平均	アメリカ大陸			ヨーロッパ				アジア	オーストラリア・オセアニア	アフリカ	合計
	カナダ	中南米	計	イギリス	フランス	ドイツ	計				
1900-13	186 (10.7)	216 (12.5)	402 (23.2)	559 (32.2)	103 (5.9)	238 (13.7)	1,177 (67.8)	95 (5.5)	36 (2.1)	24 (1.4)	1,734 (100)
1914-19	617 (12.0)	602 (11.7)	1,219 (23.7)	1,624 (31.5)	693 (13.4)	78 (1.5)	3,397 (65.9)	401 (7.8)	83 (1.6)	53 (1.0)	5,153 (100)
1920-24	684 (13.5)	888 (17.5)	1,572 (31.0)	1,098 (21.7)	344 (6.8)	351 (6.9)	2,690 (53.2)	576 (11.4)	138 (2.7)	85 (1.7)	5,061 (100)
1925-29	818 (16.4)	900 (18.0)	1,718 (34.4)	908 (18.2)	256 (5.1)	439 (8.8)	2,388 (47.8)	582 (11.7)	194 (3.9)	109 (2.2)	4,991 (100)
1930-33	377 (15.8)	378 (15.8)	755 (31.6)	434 (18.2)	145 (6.1)	180 (7.5)	1,164 (48.8)	355 (14.9)	56 (2.3)	58 (2.4)	2,388 (100)

B 輸入

地域別 年平均	アメリカ大陸			ヨーロッパ				アジア	オーストラリア・オセアニア	アフリカ	合計
	カナダ	中南米	計	イギリス	フランス	ドイツ	計				
1900-13	73 (5.9)	316 (25.3)	389 (31.2)	211 (16.9)	103 (8.3)	137 (11.0)	633 (50.9)	193 (15.5)	14 (1.1)	16 (1.3)	1,245 (100)
1914-19	320 (12.1)	908 (34.4)	1,228 (46.5)	266 (10.1)	102 (3.9)	50 (1.9)	627 (23.7)	666 (25.2)	57 (2.2)	63 (2.4)	2,641 (100)
1920-24	425 (11.6)	1,092 (29.8)	1,517 (41.4)	376 (10.3)	150 (4.1)	150 (4.1)	1,047 (28.6)	959 (26.2)	54 (1.5)	83 (2.3)	3,660 (100)
1925-29	479 (11.2)	1,068 (25.1)	1,547 (36.3)	367 (8.6)	161 (3.8)	208 (4.9)	1,273 (29.8)	1,289 (30.2)	62 (1.5)	96 (2.2)	4,267 (100)
1930-33	257 (13.0)	513 (25.9)	770 (38.9)	133 (6.7)	72 (3.6)	114 (5.8)	601 (30.3)	554 (28.0)	18 (0.9)	38 (1.9)	1,981 (100)

(出所) U. S. Department of Commerce, *Historical Statistics of the United States, Colonial Times to 1970, op. cit.*, Part 2, U317-334, 335-352, pp. 903, 906 より作成.

造の二重性を希薄化し,貿易構造の多角化,高度化を進めていったといえよう[8].

2 サービス収支と移転収支

貿易収支と並んで経常収支の項目を構成するサービス収支=貿易外収支と移転収支はいかなる推移を示したかを概観しておくことにしよう[9].

(1) サービス収支

表 6-7 および表 6-11 によって明らかなように,サービス収支において生じ

第6章 アメリカの国際収支構造

表 6-11 アメリカのサービス収支,移転収支,経常収支 1900-33 年

(単位:100万ドル)

項目 年平均	サービス収支							移転収支	経常収支
	運輸収支	旅行収支	軍事収支*	投資収益収支	その他	計		
1900-13	−39	−176	…	−74	…	−289	−160	+134
1914-19	−27	−107	−297	+222	−14	−223	−327	+2,291
1920-24	+40	−169	−60	+543	−50	+304	−454	+1,313
1925-29	−76	−297	−43	+771	−24	+331	−377	+726
1930-33	−100	−227	−46	+501	+13	+141	−277	+302

(注) * 直接軍事支出を表す.
(出所) U. S. Department of Commerce, *Historical Statistics of the United States, Colonial Times to 1970, op. cit.*, Part 2, U1-25, pp. 864, 867 より作成.

た顕著な変化の第一は,投資収益収支が第一次大戦中に黒字に転化したことであり,しかもその黒字幅が 1920 年代を通じてほぼ一貫して拡大したことはきわめて注目に値する事柄である.これは第一次大戦中にアメリカが巨大な資本輸出国に転化し,1920 年代においても引き続き大量の資本輸出を展開したことに照応するものである(この点は後述).

第二には,投資収益収支の大幅黒字によって 1920 年代にはサービス収支自体が黒字に転化したことである.表 6-11 で明らかなように,サービス収支は 1900-13 年の年平均では 2 億 8,900 万ドル,1914-19 年の年平均では 2 億 2,300 万ドルのそれぞれ赤字となっていたが,1920 年代には 3 億ドル余りの黒字へと転化したのである.

サービス収支の推移に関して他に目につく点としては次の点があげられる.第一には運輸収支に関するものである.運輸収支は 1919-21 年の 3 年間に一時的に黒字を計上したが,それ以後は再度赤字に転落し,1925-29 年の年平均では表 6-11 に明らかな如く,その赤字額は拡大している.この時期には運輸収支のなかでは海運収支がきわめて大きな比重を占めるが,この海運収支は商品の輸出入の変動と密接に並行する周期的な変動を示しており,戦後の造船ブーム崩壊後のアメリカ海運収支の赤字転落と赤字幅拡大は,アメリカ海運業の国際的競争力の相対的な劣悪性,弱さによるものであった.かかる海運収支赤字増が運輸収支赤字増の基本的要因である[10].

第二には旅行収支の赤字幅拡大である.アメリカ人の海外旅行のための支出

はアメリカの景気動向に敏感に対応する関係にあったので、アメリカの景気拡大が続いた1920年代にはアメリカ人の海外旅行は急速に増大した[11]。その結果として、表6-11の如く、アメリカの旅行収支赤字は年平均で1925-29年の間には約3億ドルまでに拡大したのである。

　第三には軍事支出項目に関するものである。第一次大戦へのアメリカの参戦によってアメリカによる多額の軍事支出が行われることになった。1918年で10億ドル余り、1919年には7億5,700万ドルに達した[12]。しかし、1920年代に入って以降はその支出も減少して金額的には「相対的に安定的で、あまり重要性を持たなかった[13]」といえる。

(2) 移転収支

　移転収支は戦前にくらべて赤字額が増大している。表6-11で明らかなように年平均では、1900-13年には1億6,000万ドルの赤字であったのが、1914-19年にはその赤字額は3億2,700万ドルへと2倍に増大し、さらに1920-24年には4億5,400万ドルへと拡大をとげた。1925-29年には1920年代の前半期よりも赤字幅は減少したものの、それでも3億7,700万ドルと1900-13年の年平均の2.36倍もの赤字を計上している。

第4節　経常収支黒字と長期資本収支

　以上見たように1920年代のアメリカは第一次世界大戦前と比較すると貿易黒字の急増、サービス収支の黒字への転化によって経常収支は大幅な黒字となったのである。前掲の表6-11によれば、経常収支黒字は1920-24年の年平均で1900-13年の年平均の9.8倍、25-29年の年平均で1900-13年の年平均の5.4倍へと飛躍的に増大したのである。

　ところで、このような巨額の経常収支の黒字分は長期資本輸出[14]によってどの程度まで相殺されることになったのか？　われわれはこの点の分析に進まなければならない。商務省のスタッフはこれに関して次のような指摘をしている。すなわち、「最初の戦後の10年間はアメリカからの長期資本〔輸出〕は巨額で、1928年までは外国人に対して毎年ドル購買力の供給の増大をもたらした。こ

第6章　アメリカの国際収支構造

れらの大量の資本流出によってアメリカは国際収支上の重大な混乱なしに多額の輸出超過を維持することができた．そのうえさらに同じ期間中にアメリカの短期資本はかなりの程度まで輸出貿易の直接金融に主として銀行引受手形という手段を介して利用された[15]」のである．かかる指摘の当否を確認していかねばならない．

1　新規外国証券発行

長期資本収支は，①新規外国証券発行，②直接投資，③償還と返済，④既発行証券取引，の四つに大別されるが，まず，新規の外国証券発行からみていくことにしよう．表6-7では新規の外国証券発行それ自体は明らかにできないので，表6-12によってアメリカの対外資本収支をみていくことにする．同表から明らかな新規外国証券発行の趨勢は次の如くであった．「アメリカ市場で起債された外国勘定での新規発行は20年代における大部分の資本輸出にとっての媒体であった．1923年を除いて，新規の外国証券発行の純額は1919年から1927年まで毎年増大した．10億ドル以上がこのような方法で1927年に，そして1928年に再び外国人のために利用された．対外発行の増大傾向は1928年の半ばまで続いた．そしてその年の起債の70％以上は最初の6ヵ月に生じたものである．この時以降，衰退が突然やってきた．そして1930年の初期におけるすばらしいきわめて一時的な回復を除けば，海外資本発行はそれ以降，アメリカの国際収支上重要ではなくなった[16]．」

次に新規の外国証券発行を次の四つの時期に区分して検討していくことにしよう．

第一の時期は戦後初期の1919-22年の時期である．この時期にはアメリカにおける海外証券の発行は表6-12にみられるように増大を続け，1919年の3億7,100万ドルから1922年の6億6,600万ドルに増大している（もっとも1922年の発行分の80％以上は同年の前半に発行されたものである[17]が）．

ここで新規外国証券発行がいかなる地域に対して行われ，さらにいかなる証券に投資されたかを簡単に再確認しておこう．前掲表3-13で明らかなように，ヨーロッパは第一次大戦後初期にアメリカから救済および復興目的の信用を供与された（1919年の戦勝公債 Victory Loan の発行等）ので，これが1919-20

表 6-12 アメリカの資本

取引のタイプ \ 年	1919	1920	1921	1922	1923	1924
I 長期資本移動						
A 在外米国資産の変化						
間接投資						
外国人勘定の新規発行	-371	-500	-567	-666	-317	-823
外国からの償還受取	+335	+581	+285	+134	+82	+120
既発行外国証券取引(純)	-39	-481	-195	-137	1)	1)
間接投資計	-75	-400	-477	-669	(-235)	(-703)
直接投資	-94	-154	-111	-153	-148	-182
米国長期資本	-169	-554	-588	-822	(-383)	(-885)
B 在米外国資産の変化						
間接投資						
外国への償還支払	-20	-20	-20	-20	-20	-20
既発行国内証券取引(純)	-195	-258	+16	+27	+358 1)	+205 1)
間接投資計	-215	-278	-4	+7	(+338)	(+185)
直接投資	2)	2)	2)	2)	2)	2)
外国長期資本	-215	-278	-4	+7	(+338)	(+185)
長期資本移動(A+B)	-384	-832	-592	-815	-45	-700
II 短期資本移動						
A 在外米国資産の変化						
銀行・ブローカー残高	2)	2)	2)	2)	-82	-109
その他の短期資金	2)	2)	2)	2)	2)	2)
米国短期資金	2)	2)	2)	2)	-82	-109
B 在米外国資産の変化						
銀行・ブローカー残高	2)	2)	2)	2)	-12	+240
米国通貨保有	2)	2)	2)	2)	+61	-12
その他の短期資金						
外国短期資金	2)	2)	2)	2)	+49	+228
短期資本移動(A+B)	2)	2)	2)	2)	-33	+119
長期・短期資本移動計(I+II)	-384	-832	-592	-815	-78	-581

(注) 1 1923年から1925年までの間は外国証券取引と国内証券取引は分離して示されていない．この間の既発行券取
 2 入手不能．
 3 国内証券取引と外国証券取引への分離が不可能な-4,000万ドルの長期資本移動(純)を含む．
(出所) H. B. Lary and Associates, *The United States in the World Economy*, *op. cit.*, Appendixes, Table III よ

年の数字に表れている．次に目につくのは，アメリカと緊密な経済関係を形成しているカナダ向けの比率が高いことであり，さらに1921, 22年にはラテン・アメリカ向けが急増していることである．また投資証券の種類は外国政府証券と外国民間企業証券の2種類から成るが，外国政府証券が8割前後の圧倒的シェアを占めている（前掲表3-15）．このようなアメリカ資本に対する旺盛

第6章 アメリカの国際収支構造

収支 1919-33年 (単位：100万ドル)

1925	1926	1927	1928	1929	1930	1931	1932	1933
−824	−921	−1,114	−1,019	−415	−775	−190	−51	−83
+221	+296	+285	+361	+276	+300	+257	+172	+123
1)	+155	+193	−94	+105	+405	+283	+146	−120
(−603)	−470	−636	−752	−34	−70	+350	+267	−80
−268	−351	−351	−558	−602	−294	−222	−16	+32
(−871)	−821	−987	−1,310	−636	−364	+128	+251	−48
−20	−20	−20	−20	−20	−20	−20	−20	−15
+321 1)	+115	−30	+483	+378	+86	+86	−6	+180
(+301) 2)	+95 2)	−50 2)	+463 2)	+358 2)	+66 2)	+66 2)	−26 2)	+165 2)
(+301)	+95	−50	+463	+358	+66	+66	−26	+165
−570	−726	−1,037	−847	−278	−298	+194	−225	+77 3)
−46 2)	−36 2)	−349 2)	−231 2)	−200 2)	−191 2)	+628 2)	+227 2)	+8
								+27
−46	−36	−349	−231	−200	−191	+628	+227	+35
−44	+446	+952	−108	+190	−293	−1,272	−595	−383
−16	+9	−18	−9	+6	+5	+7	−78	−71
−60	+455	+934	−117	+196	−288	−1,265	−673	−454
−106	+419	+585	−348	−4	−479	−637	−446	−419
−676	−307	−452	−1,195	−282	−777	−443	−221	−342 3)

国内証引の数値には既発行外国証券取引を含んでいる．

り作成．

な需要が生じたのは，①ヨーロッパ諸国が戦後復興のために必要なアメリカその他諸国からの輸入に対する支払いのためにドル資金を必要としたこと，②ヨーロッパ以外の債務国は，ヨーロッパ各国の証券市場から締め出されたため，アメリカ市場に向かわざるを得なかったこと，によるものである[18]．

第二の時期は，1922年の半ばから1924年の半ばまでの2年間で，この時期

はアメリカにおける新規外国証券発行は表6-12に示されているように「比較的不活発な時期であった[19]．」このような事態をもたらした最大の原因は，ドイツの金融・経済制度の完全な崩壊，賠償問題の紛糾によるフランス，ベルギーのルール占領，ヨーロッパ諸国の為替相場の絶えざる変動，ヨーロッパ諸国の大多数の国々における予算の不均衡，等にみられるような世界経済の危機ないし不安定性にあったのである[20]．

　しかし，1924年のドーズ案の成立による賠償問題の一時的「解決」を通じたヨーロッパ経済の再建，イギリスの財政事情の改善とポンド価値の回復等をはじめとするヨーロッパ諸国の通貨価値の安定と回復，さらに翌年のイギリスの金本位復帰を起点とする国際金本位制の再建によって資本主義世界はいわゆる「相対的安定期」に入って，アメリカにおける新規外国証券発行がブームを迎えることになり，これが1928年の半ばまで続くことになる．この海外証券発行のブーム期が第三の時期に当たる．図6-1がこの経過を示しているが，新規外国証券発行の大部分を占める外債発行は「1924年の記録的な第4・四半期以降次第に増大する規模で続き，通常四半期ごとに約2億ドルから3億ドルの間を変動した．しかしながら，1927年の最後の四半期は3億5,000万ドル以上の海外債券発行を示した．そして1928年の第2・四半期には，その発行はさらに4億5,000万ドルに増大し，1年では約20億ドルになった[21]．」

　このような多額の外国証券発行が可能であったのは，経常収支黒字の累積を基底的要因として，第一次大戦を通じてニューヨークが国際証券市場の地位を確立したこと——その主体的な担い手はJ. P. モルガン商会等を中心とする投資銀行である——，投資銀行および商業銀行の証券子会社による海外証券の猛烈な発行引受競争，および外国証券の利回りがアメリカ国内債券の利回りよりも高かったことによるものである．図6-2はこの点を明確に示している．

　次に投資地域別にみていくと前掲表3-13の如く，①ヨーロッパ向けの一層の増大，そのなかでドイツ一国の占めるウェイトがきわめて高いこと，②カナダ向けの証券発行は前の時期にくらべてやや停滞気味だが，かなりの比重を占めていること，③南米向けの急増，という特徴をあげることができる．さらに投資証券の種類を前掲表3-15によりみておくことにしよう．この場合まず第一に気づく点は，アメリカによる外国証券投資のうち，外国政府証券の占める

第6章　アメリカの国際収支構造

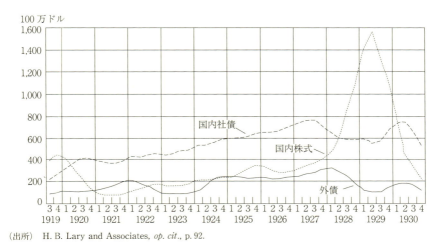

(出所)　H. B. Lary and Associates, *op. cit.*, p. 92.

図6-1　アメリカで公募された外債，国内社債，国内株式

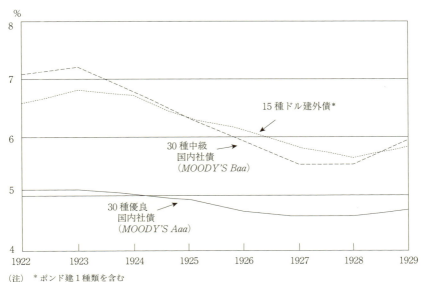

(注)　＊ポンド建1種類を含む
(出所)　H. B. Lary and Associates, *op. cit.*, p. 97.

図6-2　内外債券の利回り　1922-29年

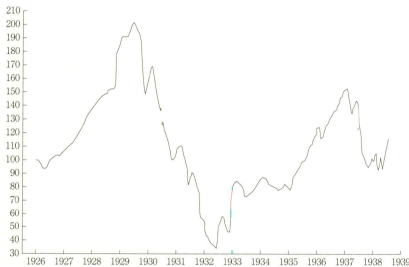

(出所) 1934年までは，League of Nations, *Statistical Yearbook*, various issues. 1935-38年については，Standard Statistics index, 1934-36年基準を1926年基準に転換．C. P. Kindleberger, *The World in Depression 1929-1939*, revised and enlarged edition, *op. cit.*, P. 98. 石崎昭彦・木村一郎訳『大不況下の世界 1929-1939』改訂増補版，前掲，106頁．

図 6-3 ニューヨーク株価 1926-38年
(スタンダード・スタティスティクス工業株価指数，1926年＝100)

ウェイトがかなり高いという傾向が続いていることである．しかし，第二には25年から外国民間企業証券が増大していることも見逃すことはできない．

しかし，1928-29年のアメリカの国内株式ブームによって新規外国証券発行は急減することになる．これが第四の時期である．図6-3で明らかなように，1927年後半から上昇率を高めていたニューヨークの株価は28年に入ってその勢いを加速し，28年後半には一層騰貴した．さらに図6-4，図6-5にみられるようにニューヨークの短期金利も上昇の度合を高めていくことになった．このような状況下で新規外国証券発行は28年後半から急減することになる．月別のデータを示している表6-13によれば，28年7月の新規外国証券発行額（借換を除く）は4,530万ドルとなっており，これは前月の1億9,221万ドルの23.6％にすぎず，4分の1に激減したことを示している．さらに28年を上半期と下半期で比較すると，上半期には8億4,652万ドルの新規外国証券発行額

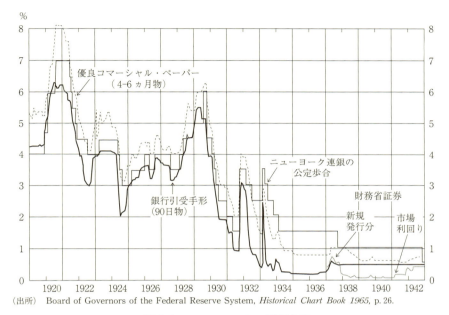

図 6-4　ニューヨークの短期金利

（借換を除く）を記録したのに，下半期にはその半分以下の 4 億 443 万ドルにまで急減している．この傾向は 29 年に入っても続き，同年後半にはこの傾向はさらに加速されることになったのである．そして 1930 年には束の間の回復をみたものの 31 年には全面的な崩壊をとげるに至ったのである（表 6-12 参照）．アメリカの新規外国証券発行が株式ブーム期の 1928-29 年にかけて急減した事態が，新規外国証券発行の大半を占める外国政府証券発行が 1923 年を例外として，アメリカ国内の景気循環，特にアメリカ国内株式発行とは全く逆方向に変動したこと，真の相関関係にあったということを示している[22]．

2　直接投資

次にこの時期の直接投資について簡単にみておこう．「1920 年代の特徴は，合衆国企業が世界的規模で進出を始めたことであった[23]」といわれるように，直接投資の本格的な開始の時期に当たる．表 6-7 および表 6-12 より明らかな

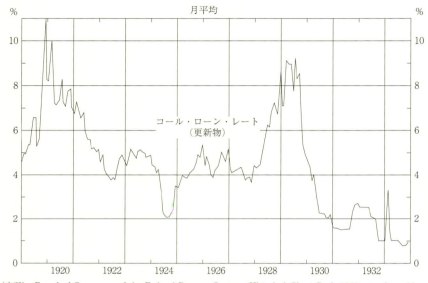

（出所） Board of Governors of the Federal Reserve System, *Historical Chart Book 1965, op. cit.*, p. 36.

図 6-5　コール・ローン・レートの推移

ように，1919年から1931年までの間に，直接投資の形態でアメリカから諸外国に35億ドルが投資された．

この直接投資は所有の形態から三つに分類される．第一はアメリカの大企業が直接，海外に子会社を設立あるいは外国企業を買収する形態のもので，そのための資金は証券市場に依存することなしに親会社によって融資される．スタンダード石油（ニュージャージー），フォード，ゼネラル・モーターズ等の子会社が該当する．第二は海外で事業を営むという特殊な目的のために組織されたアメリカの企業である．アメリカン・アンド・フォーリン電力会社等がその例である．この形態の会社の大部分はその資金を国内証券市場での証券公募によって調達する．第三はアメリカの個人による外国企業の直接所有の形態である[24]．1919年から1929年までの直接投資の増加分の40％以上は第二の形態の対外事業目的のための証券の公募発行によるものである（表6-14）．これは特に，カナダ，ラテン・アメリカ諸国に対する直接投資の場合に多くみられた．このような証券市場を通じての資金調達は1925年に顕著となるが，1928年と

29年の両年を通じても高水準で続いた．1929年には2億5,200万ドル（減価と借換を除くネットの金額）となってそのピークに達したのである[25]．証券の公募発行によって資金調達されない直接投資はアメリカ大企業の豊富な内部資金によるものである．直接投資の第一形態の場合がそれである．1922-29年の期間中に未配当の内部留保は1年で25億ドル以上に達したといわれている．この投資は証券市場には依存しないので，1931年までかなりの金額の投資がなされた[26]（表6-12）．

かくして直接投資勘定でのアメリカからの資本流出は表6-7および表6-12より明らかなように，1928年には5億5,800万ドル，29年には6億200万ドルに達した．1919年から1931年までの間に直接投資の形態で35億ドルが投資されたのである．特に1928, 29年の2年間でアメリカン・アンド・フォーリン電力会社やインターナショナル電信電話会社等の大公益事業体が急激な国際的事業展開をとげるに至ったし，フォードはイギリスのダーシェンハムに巨大な新工場の建設を始めた．また，ゼネラル・モーターズはドイツのアダム・オペルの支配権を獲得したのである．そして1930, 31年およびその後も直接投資の形態で大量の資本が海外に投下されたのである[27]．

表6-15によれば，アメリカの海外直接投資残高は1929年末現在で75億ドルとなって

表6-13 アメリカにおける月別の新規外国証券発行 1928-29年

（単位：1万ドル）

1928年	金額	1929年	金額
1月	11,359	1月	3,472
2	7,816	2	4,567
3	11,104	3	18,402
4	12,729	4	1,266
5	22,424	5	6,329
6	19,221	6	11,768
7	4,530	7	4,171
8	58	8	2,525
9	9,295	9	1,270
10	4,613	10	4,229
11	10,253	11	3,360
12	11,695	12	5,765
上半期	84,652	上半期	45,803
下半期	40,443	下半期	21,320
年計	125,095	年計	67,123

（注）借換発行を除く．
（出所）R. A. Young, *Handbook on American Underwriting of Foreign Securities, op. cit.*, p.141 より作成．

表6-14 アメリカの対外直接投資のうち公募発行分 1919-33年

（単位：100万ドル）

年	金額	年	金額
1919	25	1927	148
1920	64	1928	154
1921	46	1929	252
1922	68	1930	142
1923	64	1931	92
1924	78	1932	—
1925	153	1933	1
1926	225		

（出所）H. B. Lary and Associates, *op. cit.*, Appendixes, III より作成．

表 6-15 アメリカの対外直接投資残高の地域別・部門別推移 1929, 1936 年

(単位：100万ドル，（ ）内は%)

	カナダ・ニューファンドランド		ヨーロッパ		ラテン・アメリカ		アフリカ, アジア, オセアニア		合　計	
	1929	1936	1929	1936	1929	1936	1929	1936	1929	1936
製造業	541	530	629	612	231	192	134	108	1,535 (20.4)	1,442 (21.6)
販売業	38	79	139	144	119	100	72	68	368 (4.9)	391 (5.8)
農業	15	10	—	—	817	400	43	71	875 (11.6)	481 (7.2)
紙・パルプ	279	269	*	*	—	—	—	—	279 (3.7)	269 (4.0)
鉱業	400	239	*	43	732	708	53	42	1,185 (15.7)	1,032 (15.4)
石油	55	108	231	275	617	453	214	238	1,117 (14.8)	1,074 (16.1)
公益事業・運輸	541	520	145	91	887	937	36	92	1,609 (21.4)	1,640 (24.5)
その他	141	197	209	80	116	57	94	28	560 (7.4)	362 (5.4)
合計	2,010 (26.7)	1,952 (29.2)	1,353 (18.0)	1,245 (18.6)	3,519 (46.7)	2,847 (42.5)	646 (8.6)	647 (9.7)	7,528 (100)	6,691 (100)

(注) *その他に含まれる。
(出所) U. S. Department of Commerce, *American Direct Investments in Foreign Countries-1940*, Arno Press, New York, 1942 (reprint 1976), p. 23, Table 8 より作成。

おり，その内訳を地域別にみるとラテン・アメリカが全体の46.7%，カナダ・ニューファンドランドが26.7%，ヨーロッパが18.0%，アフリカ，アジア，オセアニアが8.6%となっている。また投資部門別にみると公益事業・運輸が21.4%，製造業が20.4%，鉱業が15.7%，石油が14.8%，農業が11.6%，販売業が4.9%，その他が7.4%となっている。

なお，両大戦間期のアメリカに対する諸外国の直接投資に関しては利用可能なデータが非常に断片的なものであったため，その正確な推定は困難であるといわれている[28]。

3 償還と返済

長期資本勘定のこの項目は一貫して受取超過となっているが，これはアメリカにおいて発行された外債の返済によるものである。表6-12に示される1919-21年の多額の外国からの償還の受取額は主として連合国の戦時公債の返済を

表している.1925年から1930年までの時期の償還の受取は満期日以前の外債の大量償還を含んでいる.しかし,1931年以降は毎年の各国の返済額は新規外国証券発行額を上回っている[29].

4 既発行証券取引

既発行証券の国際的取引にともなう資本移動の推移は表6-12と表6-16によって明らかになる.全体としては,最初の4年間(1919-22年)を別にすれば,そのデータはアメリカ国内証券と外国証券という両種類の証券の外国人による

表6-16 合衆国と諸外国との間の既発行証券取引
1919-39年

(単位:100万ドル)

年	国　内　証　券			外　国　証　券		
	外国人からの購入	外国人への売却	買越(−)又は売越(+)	外国人からの購入	外国人への売却	買越(−)又は売越(+)
1919	195	1)	−195	39	1)	−39
1920	258	1)	−258	481	1)	−481
1921	26	42	+16	227	32	−195
1922	34	61	+27	326	189	−137
1923	54	412[2)	+358[2)	2)	2)	2)
1924	114[2)	319[2)	+205[2)	2)	2)	2)
1925	90[2)	411[2)	+321[2)	2)	2)	2)
1926	463	578	+115	105	260	+155
1927	624	594	−30	143	336	+193
1928	490	973	+483	483	389	−94
1929	917	1,295	+378	307	412	+105
1930	758	844	+86	326	731	+405
1931	450	536	+86	316	599	+283
1932	278	272	−6	205	351	+146
1933	580	760	+180	685	565	−120
1934	480	480	...	405	510	+105
1935	970	1,305	+335	475	425	−50
1936	2,070	2,685	+615	540	595	+55
1937	2,014	2,274	+260	602	666	+64
1938	1,128	1,200	+72	403	393	−10
1939	1,098	1,027[3)	−71[3)	346	410	+64

(注) 1 「外国からの購入」——これらの年には買越である——の数値に含まれる.
    2 国内証券取引と外国証券取引は1923年から1925年までの間は分離して示され得ない.それ故にこれらの年の「国内証券」の下に表される数値は外国証券の取引をも含んでいる.
    3 国内債務の外国民間取引の400万ドルを含む.
(出所) H. B. Lary and Associates, *op. cit.*, p.107.

買越から生じる資本の顕著な流入を示している．

　まず，1919-22年という両大戦間期の最初の4年間にはアメリカは外国証券の買越国であった．しかし1923年以降，既発行証券取引はアメリカの黒字つまり資本流入を表している．特に，1928-29年のアメリカ株式ブーム時には外国人によるアメリカ証券の買越額は28年で4億8,300万ドル，29年で3億7,800万ドル，合計で8億6,100万ドルとなっている（表6-16を参照）．諸外国の資金をアメリカはこの形態で大量に吸引したのである．しかもこのタイプの取引は他の長期資本移動とは異なって，「本質的に性格上長期よりも短期」的性格を有している点に注意しなければならない．「この取引の重要な動機は資本騰貴（capital appreciation）または投機であり，それは頻繁な購入と転売をともなっている[30]」のである．したがって28，29年における外国人による大量のアメリカ証券購入はニューヨークの株価高騰によるキャピタル・ゲインの獲得を目的としたものである．また，外国人によるニューヨーク市場での既発行のドル建外債の購入はその利回りがロンドンにおける同一銘柄の債券利回りよりも高かったということに主として起因している[31]．

　さらに株価の「暴落した1930-32年には，おそらく主としてキャピタル・ロスを吸収することをためらい，究極的にはその価格が回復することを望んでいたため，彼らの手持証券を清算しようとはしなかった．実のところ，この3年間に外国人は，その規模は大幅に減じたものの，差し引きして，アメリカ証券の購入を続けたのである[32]．」

　以上の如く，1928-29年のニューヨークの株式ブーム時において，①新規外国証券発行の急減——長期信用の萎縮・後退——と②既発行証券取引における諸外国からの貨幣資本吸引は折からの農業恐慌を含む経済恐慌の接近と相まって各国に金融逼迫を惹起させる一因となったのである．

5　基礎収支と国際収支調整

　これまでの検討を踏まえて，基礎収支レベルにおけるアメリカの国際収支調整の状況，換言すれば，多額の経常収支黒字を長期資本輸出によってどの程度まで相殺してドルを供給したのかという点を表6-12によって整理していくことにしよう．

第6章　アメリカの国際収支構造

　長期資本収支の構成項目のうち，アメリカがドルを供給したのは，新規外国証券発行と対外直接投資を通じてであった．まず，新規外国証券発行は1920年代における資本輸出の重要な媒体であった．1925-29年には年平均で8億6,000万ドルの長期資本を供与した．第二には，対外直接投資によって1925-29年には年平均で4億2,600万ドルの資本を輸出した．したがって，新規外国証券発行と対外直接投資によって，諸外国に1925-29年の年平均で12億8,600万ドルの長期資本輸出を行った．

　これに対して，アメリカは償還と返済および既発行証券取引を通じて諸外国から資本を吸引した．まず償還と返済は諸外国からの外債の償還受取等によって，1925-29年の年平均で2億8,800万ドルの資本流入となった．また，既発行証券取引はアメリカの黒字＝資本流入（外国人によるアメリカ証券の買越しとアメリカ人による外国証券の売越し）を示しており，1925-29年の年平均で3億2,000万ドルのアメリカへの資本流入となった．この二つのルートを通じて1925-29年の年平均で6億800万ドルのアメリカへの資本流入を記録した．

　以上の結果，1925-29年においては年平均で約7億ドルの長期資本純輸出となることから，25-28年半ばまでは経常収支黒字を長期資本輸出によってほぼ相殺したといえる状況にあった．これは，同一期間中の基礎収支が年平均で7,200万ドルの黒字であったことからも首肯されるであろう．基礎収支の大幅不均衡は生じていない．

　しかし，再三指摘してきたように，ニューヨークの株式ブーム過熱化のなかで，1928年下半期から新規外国証券発行の急減によって，経常収支黒字の相殺は不可能となった．

　他方，既発行証券取引においては，1928-29年の株式ブーム時には外国人によるアメリカ証券の買越額は急増し，両年で8億6,100万ドルに達した．さらに1929年からアメリカ人による外国証券の売越しも増大し，29年には1億ドル，30年には4億ドルに上った[33]．諸外国からの貨幣資本吸引とアメリカ資本の本国還流増大が生じたのである．

　その結果，1929から30年にかけては基礎収支の黒字増大が生じ，29年には前年の2.5倍の5億3,100万ドルの黒字，30年も4億6,900万ドルの大幅黒字となった．基礎収支の不均衡が拡大してきた（表6-7および後掲表6-17参照）．

第5節　短期資本収支と金移動

1　短期資本移動と金移動の独自性

　このような基礎収支の動向に対してアメリカの短期資本収支および金移動はいかなる動きを示したのかを検討することが必要である．これが本節の基本的課題をなす．その場合に，われわれはこれらの計数的把握に努めるとともに，短期資本および金移動を発生させた要因がいかなるものであったかについての分析をも行っていきたい．この時期の短期資本および金移動は国際収支の不均衡を調整するという受動的な性格のものにはとどまりえなかったことから考えてもこの点の分析は重要である．

　アメリカ商務省のスタッフにこの点について次のように述べている．短期資本移動の変化は「それらが貿易勘定，サービス勘定，長期資本勘定において供給されるドルの金額と使用されるドルの金額との間の不一致の結果として短期債権ないし短期債務の多少の受動的な増大または減少を表したという意味では主として『調整的な』性格を有していた．しかしながらはるかに大きな程度では，短期資金の移動はたんに受動的または調整的なものではなくて，より積極的な力または自立的な力によって引き起こされた[34]」と．また，この時期の金移動についてもほぼ同様の指摘をしている．すなわち，「実に興味深いことには，この期間中（1925-30年の時期のこと——引用者）のアメリカの金移動はわが国の国際収支の基礎的不均衡によっては一部分しか説明され得ないのであり，大部分は短期資本の移動やその他の特殊な要因によるものにちがいないのである．金移動が国際収支の緊張をより正確に反映することができなかったのは，一部は国際通貨準備，特に金為替本位制諸国の国際通貨準備が大部分，金よりもむしろドルを含めて短期残高（short-term balances）の形で保有されていたという事実によるものかもしれない[35]」と．

　かかる指摘は短期資本収支および金移動をたんにその量的側面からのみとらえる分析がいかに不十分であるかを示唆しているのであって，国際通貨のポンドとドルへの分極化，国際金融市場のロンドンとニューヨークへの分裂という状況の下で頻繁な短資および金移動がいかにして発生したのかを明らかにする

必要がある.

　しかしながら,1919年6月のアメリカの為替管理の停止によってアメリカの銀行およびその他の機関の対外資産・負債に関する利用可能な統計が非常に不完全なものにとどまっているという制約条件がある.1920年代に関しては,在米外国短期資金に関する主要国別に分類されたデータは1929年5月31日付のものからしか入手できない.またアメリカの対外短期債権についての主要国別に分類されたデータは,1931年3月31日付のものが最初である.これら二つのデータはニューヨーク市中銀行についてのものである.かかる点で不十分さは否めないところである.このような資料的制約が避けられないが,1925年から1929年までの20年代後半の時期を対象として,アメリカの短期資本収支と金輸出入について分析を進めていくことにしよう.

2　短期資本収支

　「資本勘定では,自国資本の対外投資の動きを資産（asset）として,また,外国資本の当該国内での動きを負債（liability）として捉え,双方ともにそれぞれの増減を貸方と借方に記録される[36]」ことになる.そこでアメリカの主要銀行対外短期債権（資産）・債務（負債）の内容構成から検討していこう.

　表6-17はアメリカの主要銀行の対外短期債権（資産）債務（負債）残高を表したものである.

　まず,対外短期債権の項目からみていく.その最大の構成要素は引受信用の項目である.これはアメリカにおけるドル建銀行引受手形の急速な発展を反映したものであり,アメリカは自国の輸出入においてドル建銀行引受手形の利用を介してニューヨークにおいてドルで決済されるようになるとともに第三国間の貿易取引においても一定程度,ドル建手形の振出しを介してドルで決済されるようになったことを物語っている.これに対して在外預金や外国銀行に供与される当座貸越は相対的に小額であった.アメリカの対外短期債権残高は1929年まで増加しているが,そのなかで引受信用の占める割合も上昇し,25年末で30.6%,27年末で40.9%,29年末で77%となっている.そして29年末でアメリカの主要銀行の対外短期債権残高は17億7,760万ドルに達している.その国別構成をニューヨーク市中銀行のデータで確認すると,1931年3

表 6-17　アメリカの対外短期ポジション
1925-33 年　各年末

(単位：100万ドル)

項目		年末	1925	1927	1928	1929	1930	1931	1932	1933
対外債権 (A)		預金	193	222	199	210	294	113	114	250
	投資，貸出，当座貸越等									
		外国金融市場に投下されたアメリカ資金								
		アメリカの銀行によるもの		20		18				
		アメリカの銀行の顧客によるもの		12		22				
		投資合計		32	24	40	94			
		アメリカの銀行による外国人に対する当座貸越		176	255	206	212			
		外国人に対するその他の短期貸付・貸出		365	319	278	323			
	投資，貸出，当座貸越等の合計		563	573	598	524	629	677	567	461
	引受信用		333	550	779	1,042	1,029	549	401	393
対外債権合計			1,089	1,345	1,576	1,776	1,952	1,339	1,112	1,104
対外債務 (B)		預金	1,005	1,846	1,580	1,708	1,640	1,025	715	389
	投資，貸出，当座貸越等									
		アメリカ金融市場に投下された外国資金								
		市場で購入されたドル建手形		387	565	865	702	266		
		未割引外国振出引受手形		112	99	105	90	38		
		財務省証券		434	166	62	86	39		
		ブローカーズ・ローン		97	333	217	} 168	51		
		その他		13	12	11		...		
		投資合計		1,043	1,175	1,260	1,046	394	115	63
		外国人の貸出，当座貸越		30	47	27	36	26	30	20
	投資，貸出，当座貸越等の合計		276	1,073	1,222	1,287	1,082	420	145	83
	引受信用		...	29	53	35	15	20	10	15
対外債務合計			1,281	2,948	2,855	3,030	2,737	1,465	870	487
差額 (A−B)			−192	−1,603	−1,279	−1,254	−785	−126	+242	+617

(注)　1　空欄部分のデータは入手不能．
　　　2　(−) の符号はアメリカの純債務を，(+) の符号は純債権を示す．
(出所)　1925-29, 31 年は H. B. Lary and Associates, *op. cit.*, p. 113. 1928 年は，U. S. Department of Commerce, *The Balance of International Payments of the United States in 1929*, pp. 57-8. 1930 年は *Federal Reserve Bulletin*, Vol. 23, No. 5, May 1937, p. 399 および U. S. Department of Commerce, *The Balance of International Payments of the United States in 1930*, p. 62. 1932-33 年は *Federal Reserve Bulletin, ibid*, p. 399 より作成．ただし対外短期債権の引受信用の額は，*Acceptance Bulletin*, Vol. 16. No. 2, February 1934, p. 19 より算出したものに拠る．この点は平田喜彦・侘美光彦編『世界大恐慌の分析』有斐閣，1988 年，76 頁，表 2-4 の作成方法に準拠している．

月末で 13 億 6,200 万ドル,そのうち対ドイツが 5 億 4,200 万ドルと最大であって全体の 39.8% を占めており,続いてイギリスの 2 億 2,200 万ドル,16.3%,中央ヨーロッパ等のその他ヨーロッパが 1 億 9,800 万ドルで 14.5%,ヨーロッパ合計では 10 億 9,200 万ドル,80.2%,対ラテンアメリカが 1 億 9,400 万ドル,14.3% となっており,ヨーロッパに圧倒的に集中している[37].

特にドイツに対するアメリカの対外短期信用供与には重大な問題点が含まれていた.ドーズ案の成立以降,外資が大量にドイツに流入するが,アメリカ資本の流入が相当なウエイトを占めていた.後述するように,ドイツへの外国短資流入増をもたらしたのは,①外国銀行の引受信用の利用増大と②外国預金の増大という 2 大要因によるものであり,その根底にはドイツの高金利の持続があった.

他方,アメリカの対外短期債務の推移をみていこう.表 6-17 に明らかな如く,その構成において注目すべき点は,①預金のウエイトが高いこと(1927 年末で 62.6%,29 年末で 56.4%)と,②ニューヨーク金融市場での引受手形,ブローカーズ・ローン,財務省証券という金融資産での運用がこれに次いでいること(これらは 27 年末で 34.9%,29 年末で 41.2%)である.ここではドル建引受手形の購入とブローカーズ・ローンへの投資が増大している点が注目に値する.このドル建引受手形は,主として諸外国の中央銀行――特にフランス,スイス,オランダ――によって購入されたものである.このようなアメリカの対外短期債務残高の増大は,「一般的には第一次大戦後のアメリカの国際的地位の強さと結びついていた[38]」.すなわち,アメリカからの長期外国証券発行の手取金のニューヨークへの一時預託,さらに発行証券に対する利子支払と償還のためのドル資金の形成の必要,ドル引受信用供与にともなうニューヨークでのワーキング・バランスの維持という形でのドル残高の形成である.前者の場合にはアメリカの対外短期債務に対外長期債権が対応し,後者の場合には当座預金(要求払預金)形態でのアメリカの対外短期債務の保有には対外短期債権が十分に見合っており,いずれの場合にも対外短期債務に対応する対外債権の形成がみられるのである.しかし,金為替本位制の普及と発展にともない,また,民間の浮動的な短期貨幣資本の造出によって,対応する債権を形成しない短期債務の一方的形成が生じたことにわれわれは留意しなければならない.

金為替本位制下では、ドルを外貨準備として保有する形態が増大する——公的ドル残高の形成——が、この公的ドル残高の形態においては、当座預金（要求払預金）の割合は少なく、貯蓄性の定期性預金や財務省証券、引受手形等の利子つきのものの割合が高い。他方、民間保有の私的ドル残高の形態においては、当座預金（要求払預金）の割合が高く、また利子つきのものでも、引受手形、ブローカーズ・ローン等の流動性の高いもののウエイトが高いと推測される。特に当該期においては諸外国の中央銀行によるドル建引受手形の購入が増大した。1913年の「連邦準備法」の成立によって、国法銀行は自行宛に振り出されたドル建手形を引き受けることができるようになり、しかもこの銀行引受手形は連邦準備銀行における再割引適格手形とされたので、公的ドル残高の形成にともなって、連邦準備銀行はそのコルレス先である外国中央銀行のためにドル建銀行引受手形を購入してドル残高運用に便宜を図った。外国中央銀行勘定で連銀によって購入された銀行引受手形の額は、1920年12月30日現在では1,600万ドルにすぎなかったが、1925年12月30日現在で6,500万ドル、27年12月28日現在で2億2,700万ドル、29年12月31日現在で5億4,800万ドルへと急増した。したがって、銀行引受手形残高に占める外国中央銀行保有の銀行引受手形残高の割合も、それぞれ、1.6％から8.1％、21.0％、31.6％へと著増した（前掲表3-18）。1927年6月には、外国中央銀行保有のドル残高は約10億ドルに達したといわれている[39]。連銀によるドル建銀行引受市場の育成等とアメリカの国際収支の黒字基調によるドル信認の増大等がこれをもたらしたといえよう。

　一方、民間保有の私的ドル残高のうちのワーキング・バランス相当分を除く、利子つき形態のものは流動性の高いものの割合が高いが、これの変動は諸外国の主要金融市場とアメリカの金融市場の相対的な利子率の変化と密接な関連を有していたのであり、投機的性格も強かった。1928年に外国人によるブローカーズ・ローンへの投資が急増する（別の資料では、27年末の1億100万ドルから28年末には3億3,300万ドルに急増）[40]のはその証左である。

　以上のようにアメリカの対外短期債権・債務残高の構成をみると、その質的側面において不良債権化する傾向の濃厚な資産、あるいは投機的色彩の強い資産および負債を抱えていることが理解されよう。さらに対応する債権を形成し

ない一方的な短期債務の形成がみられるのであって,対外短期債権には対外短期債務が見合い,両者のバランスが取れているという第一次大戦前のロンドンにみられたような国際金融市場の自己流動的構造をニューヨーク市場の場合には当該期のロンドンと同様に保持し得ないことになったことを看過してはならない.

　次に,短期資本収支の推移と短資移動の特徴点をみていくことにしよう.

　アメリカの短期資本収支を示す表 6-12 に明らかな如く,1925 年には全体として 1 億 600 万ドルの短資の純流出になっている.これは連邦準備の金融緩和およびアメリカの短期利子率の低下によるものである.前掲図 5-4 にみられるように,連銀は 1924 年春以降,大幅な金融緩和に乗り出し,ニューヨーク連邦準備銀行は同年中に 3 回, $1/2$% ずつ公定歩合を引き下げ($4^{1}/_{2}$→ 3%),さらに連銀は政府証券購入＝買いオペの実施や手形,金の購入によって金融市場に資金を供給した.また前掲図 5-5 にみられるように,ロンドンとニューヨーク間で短期市場利子率において 0.7～0.8% 程度の差があり,ドイツ,フランスの市場短期利子率はさらに高率となっていた.さらにそれ以外の他の特殊な要因が作用した.すなわち,ドイツに対する短資流出の場合には上記の要因以外にアメリカによるドーズ公債の起債応募分の大部分が金で行われ,これが金で引き出されたのである.ドイツへの金の船積みは 1924 年 12 月に始まり,1925 年上半期まで続いた.また,インドへの短資流出はインドの貿易収支の顕著なる改善によるもので,これも金流出に結びついた[41].しかし,25 年中頃にはアメリカからの短期資本流出はとまった.

　1926,27 年にはそれぞれ,4 億 5,500 万ドル,9 億 3,400 万ドル,合せて 13 億 8,900 万ドルの外国短期資金の流入が生じたが,これはアメリカによる長期短期両信用供与の増大の結果,ドル残高が膨張したことによるものである.外国人勘定の新規発行額が 1926 年の 9 億 2,100 万ドル,27 年の 11 億 1,400 万ドルに達している.

　しかし,1928 年には外国短資が 1 億 1,700 万ドル流出している.これには 28 年前半までのニューヨーク市場の金利水準が低かったという基本的要因の存在がある.しかし,さらに重要な要因として,① 1928 年 6 月 25 日のフランの法律上の安定直前の数ヵ月間に,フランス銀行によって同行のドル資金の一

部が金に兌換されたこと，②アルゼンチン，ブラジルがドル預金の形態で置いていた起債手取金を 28 年前半に金で引き出したこと，等によるものである[42]．

1929 年に入ると外国短資の新たな流入が続いた（表 6-12 によれば約 2 億ドル）．外国人によるドル建引受手形の購入とブローカーズ・ローンへの投資が著増している．前者では，27 年末の 3 億 8,700 万ドルが 28 年末に 5 億 6,500 万ドルへと 1.46 倍に，さらに 29 年末には 8 億 6,500 万ドルへと 27 年末の 2.24 倍へと激増を示している．後者においても，27 年末の 9,700 万ドルが 28 年末には 3 億 3,300 万ドルへと 3.4 倍の急増となっている（ただし，29 年末はニューヨーク株式恐慌の影響のため前年末の 65.2％ に急減している）．この外国人によるドル建引受手形の購入とブローカーズ・ローンへの投資は，アメリカにとっては，対応する債権を形成しない一方的な短期債務の形成に該当する代表的な事例である．

そこでアメリカの対外短期負債＝債務の国別内訳をニューヨーク市中銀行ベースでみておこう．ニューヨーク市中銀行の対外短期負債総額は 1929 年 5 月末の 25 億 2,600 万ドルから同年 10 月末の 28 億 7,200 万ドルへと 5 ヵ月間で 3 億 4,600 万ドルの増大となっている．国別内訳でみると，上述の期間にフランスが 7 億 7,200 万ドルから 9 億 5,600 万ドル（全体の 33.3％）へ，イギリスが 3 億 3,700 万ドルから 4 億 5,900 万ドル（全体の 16％）へ，ヨーロッパ全体では 19 億 2,300 万ドルから 23 億 2,100 万ドル（全体の 80.8％）へと急増している[43]．ここでロンドンからニューヨークへの巨額の短期資本の移動が生じていることに止目されたい．かかる事態が惹き起こされたのは，まず第一にポンドの対ドル為替相場の悪化が生じて，1928 年 8 月からロンドン側の金輸出点を下回るに至り，これが 29 年 10 月初頭まで続いたことによるものである（前掲図 5-3 参照）．第二には，ニューヨークの利子率高騰によるものである．具体的には 90 日物の銀行引受手形利率において 1928 年 5 月以降わずかながらニューヨークがロンドンを上回る事態になり，翌 29 年以降その開きが拡張した（前掲図 5-5）．また，ニューヨークの 60-90 日のタイムローンの利率は 28 年初頭から高騰し始め，29 年には 9％ を超える高い水準にまで上昇をとげたのである．かかる 2 大要因を背景として金流出と平行して巨大な短資流出がロンドン側において株式恐慌発生（29 年 10 月 24 日）直前まで長期間継続し，ド

第 6 章　アメリカの国際収支構造　　　　　　　　　　　245

表 6-18　アメリカの基礎収支，短期資本収支，総合収支
　　　　　　1925-33 年

(単位：100 万ドル)

年＼項目	基礎収支	短期資本収支	誤差脱漏	総合収支	公的準備資産増減(増加−)
1925	141	−106	−135	−100	100
1926	−251	419	−75	93	−93
1927	−275	585	−423	−113	113
1928	214	−348	−104	−238	238
1929	531	−4	−384	143	−143
1930	469	−479	320	310	−310
1931	405	−637	99	−133	133
1932	420	−446	79	53	−53
1933	220	−412*	61	−131	131
1925-29 年平均	72	109	−224	−43	43
1930-33 年平均	379	−494	140	25	−25
1931-33 年平均	348	−498	80	−70	70

(注)　* H. B. Lary and Associates, *op. cit*., Appendixes, Table III から作成した表 6-12 では 4 億 1,900 万ドル．
(出所)　表 6-7 より作成．

ル建引受手形の購入やブローカーズ・ローンへの投資という裁定取引が活発に行われたのである[44]．

　他方，金利上昇，金融引締によりアメリカ短資の流出は前年を下回ったが，一定程度の対外短期信用供与は継続された．このため，短期資本収支全体ではわずかな純流出を記録するにとどまった．

　その結果，総合収支においても，29，30 年と黒字拡大傾向が生じてくるが，29 年までの期間では大幅な不均衡の発生までには至っていないと言えよう（表 6-18）．

3　金移動

　1925 年から 1929 年までの時期のアメリカの金輸出入に関しては図 6-6 が毎月の数値を，表 6-19 が国別のネットの輸出入額を年毎に表している．

　まず，1925 年から 1929 年までの時期においては年間ベースでみると 1925 年と 1928 年の 2 年が純流出を記録している．しかし月別にみると様相が異な

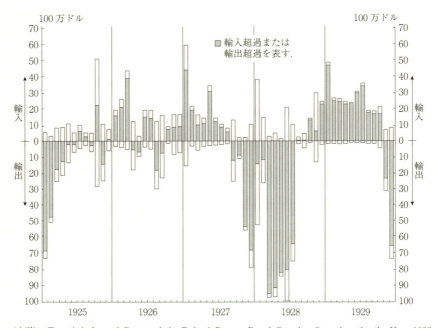

(出所) *Twentieth Annual Report of the Federal Reserve Board Covering Operations for the Year 1933*, 1934, p. 140 より作成.

図 6-6 アメリカの月別金輸出入額 1925-29 年

ってくる．1925年には年間で1億3,434万ドルの純流出にのぼっているが，特にその年の前半に流出が大量に生じている．前述した如く，この金流出は一部は連銀の金融緩和策およびニューヨークの短期利子率の結果生じたアメリカからの短資流出に対応したものであったが，それ以外の特殊な要因が存在していた．1924年8月に成立したドーズ案にもとづいてドーズ公債が発行されるが，その半分強を引き受けたのはアメリカであった．同年10月にアメリカでは1億1,000万ドルのドーズ公債が起債された．このドーズ公債の受取金の大部分が金に転換されてライヒスバンクの金準備強化に充てられることになった．ドイツ向けの金の船積みは1924年12月から始まり，1925年の上半期まで続いたのである．これは1年間で6,827万ドルに達した．そしてインドへの5,877万ドルの金流出はインドの貿易収支の著しい改善によるものである[45]．

第6章　アメリカの国際収支構造　　　247

　1925年半ばから1927年前半まではアメリカへの金の純流入が続いた．1926年には9,780万ドルの純流入であり，オーストラリア，カナダ，チリ，メキシコ，日本等からの純流入に主として負うものであった．純流出が生じたのは4,5,8,9月の4ヵ月にすぎず，当該月の貿易収支とは何の関連も持たなかった．
　1927年には最初の8ヵ月間に1億4,679万ドルの純流入，最後の4ヵ月に1億4,071万ドルの純輸出となって，年間ベースではわずか608万ドルの純流入を計上しているが，1927年半ば（特に最後の4ヵ月）から1928年の第3四半期まではアメリカから大量の金流出が生じ，7億ドル以上もの金額に達した．それは1920年代においてアメリカからの最大の金流出であった．かかる大量の金流出が生じた原因の一端は1925年の場合と同様に連銀の金融緩和政策と短期利子率の下落にあった．しかしこの時期はアメリカにおける外国証券発行がピークに到達した時でもあった（1928年下半期は急減）．ニューヨークで外債発行を行った国のなかでその手取金を金に転換して自国の金準備強化をはかり，自国通貨安定をめざす国が登場した．アルゼンチンとブラジルのケースがこれに該当する．アルゼンチンは1925年6月に金輸出解禁を実施したが，兌換局の金貨兌換が再開されたのは1927年8月であった．同年にアルゼンチンは1億935万ドルの証券をアメリカで発行したが，その手取金の一部と対ヨーロッパ貿易出超分の決済によって6,148万ドルの金をアメリカから引き出した．また，ブラジルも1927年の初めに事実上の安定をなしとげた（金為替本位制）が，同年のブラジルのアメリカでの証券発行額6,678万ドルのうち，3,435万ドルを11月に金で引き出したのである．12月にフランスが1,000万ドルの金を，ポーランドが500万ドルの金を引き出すのも，通貨安定のための金準備増強策の一環としてであった[46]．
　1928年は3億9,186万ドルという大量の金流出を記録した．表6-20と図6-6で同年の上半期と下半期でみると，金流出は上半期に集中している．月別では1-7月までにネットで金流出となっている．その最大の流出先はフランスで3億785万ドルに達している．フランスは1926年12月にフランの事実上の安定を行ったが，それに先立って同年6月7日の法律によってフランス銀行は「市場相場で外国為替と金とを取得する権限と，これらの資産を引きあてに銀行券流通高の法定最高限度以上に銀行券を発行する権限」を与えられた．フラ

表 6-19 アメリカの国別金輸出入額

国＼年	1925	1926	1927	1928	1929
アルゼンチン	−7,570	−430	−61,477	−64,900	72,478
オーストラリア	−26,923	51,119	21,920	3	4,870
ベルギー	3	1	−2,199	−1,999	1
ボリヴィア	1	−217	2	4	3,589
ブラジル	−276	−369	−34,351	−25,012	...
インド（ビルマを含む）	−58,775	−573	−2,974	−1,482	−87
英領マラヤ(海峡植民地を含む)	−7,364	−3,332	−3,064	−706	−677
カナダ	−12,535	40,150	33,953	79,730	73,490
中央アメリカ[1]	821	−2,338	971	718	−22
チリ	447	21,180	7,021	624	528
中国	−1,083	4,578	795	−1,827	974
コロンビア	−1,393	−356	487	−679	5,292
チェコスロヴァキア	...	...	...	...	−1
エクアドル	877	1,301	2,247	1,483	1,373
フランス	5,267	333	11,048	−307,848	−65,179
ドイツ	−68,269	−47,548	−13,993	−28,759	44,389
ギリシャ	...	6	...	3,406	...
香港	−12,276	−2,534	−6,288	−7,547	−1,758
イタリア	−1,043	2	7	−26,091	5
日本	11,008	13,940	19,979	−245	−124
メキシコ	−3,713	17,712	−983	120	5,569
オランダ	5,766	...	7,020	−4,000	5
オランダ領東インド	794	−524	−460	−1,269	−81
オランダ領西インド	−74	106	55	8	1
ニュージーランド	241	213	259	773	715
ノルウェー	...	...	...	...	9
ペルー	1,728	2,644	2,268	1,458	1,921
フィリピン	1,803	1,990	1,667	1,773	3,262
ポーランド・ダンチヒ	−1,104	...	−5,000	−6,000	−5,010
ポルトガル	...	...	...	...	2
スウェーデン	−1,002	...	−995	75	−1,341
スイス	...	−1	−12	...	−10,007
トルコ	...	...	...	...	...
ソ連	...	...	...	5,200	...
イギリス	43,135	1,212	30,833	4,999	41,310
ウルグアイ	−802	...	−2,000	−9,000	250
ヴェネズエラ	−2,267	−1,053	−999	−5,489	−1,217
西インド諸島・バミューダ[2]	477	156	242	523	390
その他	−266	428	101	94	147
合計	−134,367	97,796	6,080	−391,862	175,066

(注) 1 イギリス領ホンジュラス，コスタリカ，グアテマラ，ホンジュラス，ニカラグア，パナマ，エルサルバドルを
 2 バルバドス，ジャマイカ，トリニード・トバコ，その他のイギリス領西インド，キューバ，ドミニカ，フラン
(出所) The Board of Governors of the Federal Reserve System, *Banking and Monetary, Statistics 1914-1941*, op.

第6章　アメリカの国際収支構造

(ネット) 1925-33年
(単位：1,000ドル)

1930	1931	1932	1933
20,222	141,263	12,991	−1
54	2,643	7,510	3,176
6	−15,583	−82,570	−895
2,730	15	19	105
87,776	16	1,312	−2
…	8,064	26,596	25,629
33	532	348	…
6,872	81,136	64,573	19,894
1,697	990	1,389	844
438	260	1,624	2,337
10,326	19,683	23,280	5,931
9,097	15,116	3,242	97
…	−40	…	−6,504
1,551	1,015	−607	983
−73,675	−344,514	−441,649	−216,034
−174	36,026	−13,357	−2,533
…	…	…	1
11,885	14,557	15,763	6,890
−2,996	−5,311	−105	−24,043
156,609	199,286	49,720	6,702
20,390	22,267	20,087	4,280
16	−50,327	−96,587	7,902
1,702	4,870	2,901	801
−20	2,314	1,489	84
220	185	1,681	187
…	…	…	−6,100
6,896	6,440	3,115	1,537
3,715	3,740	7,052	6,023
−1	−620	−63	…
…	−2,088	−2,386	−602
502	5,538	…	−5,002
5	−19,768	−118,273	−11,631
…	−3,004	…	…
…	…	…	…
−275	6,797	53,586	6,378
8,354	6,080	4,384	−864
3,783	1,021	1,770	356
2,182	6,566	2,294	439
166	160	2,659	179
280,086	145,325	−446,212	−173,456

含む.
ス領西インド，ハイチを含む.
cit., pp. 540-41 より作成.

ンの事実上の安定にともない，海外に逃避していたフランス民間資本が本国に引揚げを開始した．また外国の投機的資金が流入した．これに対してフランス銀行は1926年12月に確立された水準以上にフランの価値が騰貴するのを防ぐためにフランス民間資本および外国資本が売却した多額の金および対外資産を買い入れた．その結果としてポンド残高およびドル残高が大量にフランス銀行によって保有されることになった．さらにフランの過小評価の結果，フランスは多額の経常収支黒字を記録することになり，これはフランス銀行に金・外貨準備の保有増をもたらした．フランスは1928年6月にフランの法律上の安定をみるが，同年6月25日の貨幣法の下ではフランス銀行は外国為替を買い入れることが許されなくなった．しかもフランス銀行は同行の銀行券と当座預金の合計に対して最低限35％の金準備を必要とすることになった．したがって同行の銀行券発行高や当座預金等の負債が増大すれば同行は金準備を増大させねばならないことになった．しかも実際には同行は40％以上の

表 6-20 アメリカの金輸出入額[2]

	1928 年				
	1-7 月			8-12 月	
	輸 入	輸 出	収 支	輸 入	輸 出
ベルギー	…	2,000	−2,000	…	…
イギリス	12	32,525	−32,513	37,512	…
フランス	125	308,002	−307,877	29	…
ドイツ	…	27,610	−27,610	1	1,149
イタリア	2	24,062	−24,060	…	2,031
オランダ	…	4,000	−4,000	…	…
ポーランド	…	…	…	…	…
スイス	…	…	…	…	…
カナダ	75,516	304	+75,212	26,855	22,337
中央アメリカ	656	300	+356	385	23
メキシコ	2,899	3,161	−262	1,711	1,329
アルゼンチン	…	69,400	−69,400	4,500	…
ブラジル	…	24,984	−24,984	…	28
チリ	269	…	+269	355	…
コロンビア	810	2,053	−1,243	564	…
エクアドル	873	…	+873	610	…
ペルー	953	…	+953	505	…
ウルグアイ	…	9,000	−9,000	…	…
ヴェネズエラ	303	5,470	−5,167	178	500
オーストラリア	2	…	+2	…	…
英領インド	…	1,448	−1,448	2	37
中国・香港	…	7,149	−7,149	…	2,225
オランダ領東インド	716	1,658	−942	546	873
日本	…	125	−125	4	123
フィリピン	944	…	+944	829	…
ニュージーランド	…	…	…	…	…
その他	9,226	6,459	+2,767	999	395
合　　　　計[1]	93,308	529,708	−436,400	75,579	31,051

(注) 1 四捨五入のため個々の項目の総和は必ずしも「合計」と一致しない.
　　 2 金輸入は＋，金輸出は−.
(出所) *Federal Reserve Bulletin*, September 1928, p. 649, February 1929, p. 108, December 1929, p. 778, February

金準備を保有し続けた．かかるフランスの金地金本位制志向がアメリカからの大量の金引出しにつながったのである[47]．

　しかし，ニューヨークの株価急騰にともなって，アメリカへの金流入が急増することになった．特に，米英両国の金流出入においても 1928 年 8 月を境に

第 6 章　アメリカの国際収支構造　　　　　　　　251

1928年1月-29年12月

(単位：1,000ドル)

	1929年					
	1-10月			11-12月		
収　支	輸　入	輸　出	収　支	輸　入	輸　出	収　支
…	…	…	…	…	…	…
+37,512	62,394	3	+62,391	2	21,083	−21,081
+29	98	3,005	−2,907	104	62,376	−62,272
−1,148	46,764	686	+46,078	9	1,698	−1,689
−2,031	5	…	+5	…	…	…
…	5	…	+5	…	…	…
…	…	…	…	…	5,010	−5,010
…	…	…	…	…	10,007	−10,007
+4,518	68,343	310	+68,033	5,537	80	+5,457
+362	730	950	−220	300	2	+298
+382	8,218	2,719	+5,499	956	886	+70
+4,500	68,382	…	+68,382	4,096	…	+4,096
−28	…	…	…	…	…	…
+355	443	…	+443	85	…	+85
+564	4,075	…	+4,075	1,217	…	+1,217
+610	1,139	…	+1,139	234	…	+234
+505	1,611	…	+1,611	310	…	+310
…	…	…	…	…	…	…
−322	293	1,600	−1,307	90	…	+90
…	…	…	…	…	…	…
−35	…	74	−74	…	13	−13
−2,225	885	2,431	−1,546	842	80	+762
−327	1,002	1,220	−218	197	60	+137
−119	…	124	−124	…	…	…
+829	2,392	…	+2,392	870	…	+870
…	679	…	+679	36	…	+36
+604	8,948	626	+8,322	358	1,540	−1,182
+44,528	276,406	13,748	+262,658	15,243	102,835	−87,592

1930, p. 59 より作成.

劇的な変化が生じたのである．表 6-20 によれば，1928 年 1-7 月にかけてアメリカは 4 億 3,640 万ドルの金流出となっていたのが，28 年 8-12 月にかけては 4,453 万ドルの純流入に転じた．この趨勢は 29 年に入って更に加速されて，同年 1-10 月には 2 億 6,266 万ドルの金の純流入へと拡大した．このため，1928

表 6-21(A) イギリスの金輸出入額[2]

	1928年				
	1-7月			8-12月	
	輸 入	輸 出	収 支	輸 入	輸 出
ソ連	3,784	—	+3,784	34	—
スウェーデン	—	—	—	—	501
ドイツ	27	1,674	−1,647	26	19,373
オランダ	21	1,114	−1,093	9	341
ベルギー	—	101	−101	—	615
フランス	2	19,691	−19,689	185	278
スイス	—	1,545	−1,545	—	1,228
スペイン・カナリア諸島	—	25	−25	2,000	16
エジプト	—	282	−282	269	2
西アフリカ	388	3	+385	307	—
アメリカ	6,682	—	+6,682	3	6,603
中央アメリカ・西インド諸島	14	—	+14	7	—
アルゼンチン・ウルグアイ・パラグアイ	—	—	—	—	—
その他南アメリカ	214	200	+14	25	21
ローデシア	656	—	+656	429	—
南アフリカ連邦	14,521	—	+14,521	15,168	—
英領インド	—	1,521	−1,521	—	692
英領マラヤ[3]	—	190	−190	14	182
オーストラリア	1	−1	+1	1,005	—
ニュージーランド	—	—	—	—	—
カナダ	979	—	+979	—	—
その他	141	988	−847	888	3,339
合 計[1]	27,431	27,334	+97	20,370	33,190

(注) 1 四捨五入のため個々の項目の総和は必ずしも「合計」と一致しない.
    2 金輸入は+, 金輸出は−.
    3 海峡植民地を含む.
(出所) *Accounts relating to Trade and Navigation of the United Kingdom*, July 1929, pp. 220-1, December 1929,

年8月から29年10月末までの期間中にアメリカは3億719万ドルの金をネットで吸収したのである[48]. これこそまさに「アメリカの巨大な預金・投資誘引力の結果」[49]であったといえよう. その結果としてアメリカの公的金準備は, 1928年7月末の37億3,720万ドルから29年10月末には40億2,300万ドルへと増大するに至ったのである[50].

これと対照的にイギリスは, 表6-21(A), (B)に示される如く, 1928年1-7月にかけては金流出入はバランスがとれていたが, 28年8-12月においては

第6章　アメリカの国際収支構造

1928年1月-29年12月

(単位：1,000ポンド)

	1929年					
	1-10月			11-12月		
収　支	輸　入	輸　出	収　支	輸　入	輸　出	収　支
+34	—	—	—	—	—	—
−501	—	500	−500	—	—	—
−19,347	657	18,358	−17,701	1	750	−749
−332	2,955	324	+2,631	—	88	−88
−615	—	2,851	2,851	—	—	—
−93	345	27,052	−26,707	80	6,343	−6,263
−1,228	—	1,942	−1,942	—	273	−273
+1,984	1	69	−68	—	5	−5
+267	—	778	−778	—	—	—
+307	720	2	+718	146	—	+146
−6,600	13	12,595	−12,582	4,732	—	+4,732
+7	22	—	+22	3	—	+3
—	2,500	—	+2,500	5,473	—	+5,473
+4	52	—	+52	15	—	+15
+429	785	—	+785	169	—	+169
+15,168	31,299	—	−31,299	6,707	—	+6,707
−692	—	1,780	−1,780	—	341	−341
−168	—	422	−422	—	26	−26
+1,005	2,025	—	+2,025	3,030	—	+3,030
—	—	—	—	500	—	+500
−2,451	162	1,801	−1,639	19	1,263	−1,244
−12,820	41,536	68,473	−26,937	20,875	9,090	+11,785

pp. 220-1, October 1930, pp. 182-3, December 1930, pp. 182-3 より作成.

1,282万ポンド (6,235万ドル), 29年1-10月にかけては2,694万ポンド (1億3,109万ドル) の金の純流出を記録した．その主な流出先はドイツ, アメリカ, フランスであった．その金額はそれぞれ, 3,705万ポンド (1億8,831万ドル), 1,918万ポンド (9,335万ドル), 2,680万ポンド (1億3,042万ドル) にのぼった．このような巨額の金流出はイングランド銀行の金準備に打撃を与えることになった. 1928年7月25日時点で1億7,300万ポンドであったイングランド銀行の金準備は, 29年10月30日には, 1億3,100万ポンドへと4,200万ポン

表 6-21(B)　イギリスの金輸出入額[2]

	1928年				
	1-7月			8-12月	
	輸　入	輸　出	収　支	輸　入	輸　出
フランス	8	95,826	−95,818	904	1,352
ドイツ[3]	…	…	…	258	102,423
オランダ	105	5,423	−5,318	40	1,658
ソ連	18,414	…	+18,414	168	…
スペイン・カナリア諸島	…	121	−121	9,733	78
スイス	…	7,518	−7,518	…	5,975
アメリカ	35,520	…	+32,520	12	32,132
南アメリカ	1,041	973	+68	125	101
英領インド	…	7,400	−7,400	…	3,370
英領マラヤ[4]	…	925	−925	71	885
エジプト	…	1,374	−1,374	1,309	10
ローデシア	3,194	…	+3,194	2,086	…
トランスヴァール	70,665	…	+70,665	73,817	…
西アフリカ	1,889	16	+1,873	1,495	…
その他	5,655	13,445	−7,790	9,148	13,533
合　　計[1]	133,492	133,023	+469	99,166	161,516

(注) 1　四捨五入のため個々の項目の総和は必ずしも「合計」と一致しない.
　　 2　金輸入は+, 金輸出は−.
　　 3　イギリスとドイツとの間の金輸出入は1928年10月から明示される. それ以前はその他に含まれる (Federal
　　 4　1929年1〜12月合計の数字は原表では欠落. 1929年11-12月の数字は11月の数字を記載.
(出所)　Federal Reserve Bulletin, September 1928, p.649, February 1929, p.152, December 1929, p.800, January

ドの減少となり，同期間のイギリスの金流出額を上回る規模に達し，そのうえ，正常な金準備の最低限度と考えられていた1億5,000万ポンド——いわゆるカンリフ・リミット——をかなり下回る1億4,100万ポンドへと減少し，その後も減少に歯止めがかからなかった．1929年8月初めに，ノーマン (M. Norman) はイギリスの金本位停止を覚悟したといわれる事態まで生じた[51]．

アメリカへの金流入の国別内訳ではイギリスからの流入が最大で，カナダがこれに続いた．アルゼンチン，ドイツからの流入も相当な額にのぼった．ドイツからの金流出はたんにドイツ経済の悪化によるものだけではなく，ドーズ案修正を求めての賠償問題に関する専門家会議における4月のドイツの対案をめぐっての紛争はドイツからの外国資金の大量流出を促進し，これが金流出に直結する形をとって進行したためである．1929年4月の1ヵ月間にドイツから

第6章　アメリカの国際収支構造

1928年1月-29年12月

(単位：1,000ドル)

	1929年					
	1-10月			11-12月		
収　支	輸　入	輸　出	収　支	輸　入	輸　出	収　支
−448	1,678	131,648	−129,970	388	30,879	−30,491
−102,165	3,195	89,340	−86,145	8	3,651	−3,643
−1,618	14,382	1,577	+12,805	…	429	−429
+168	…	…	…	…	…	…
+9,655	4	335	−331	…	24	−24
−5,975	…	9,452	−9,452	…	1,329	−1,329
−32,120	64	61,293	−61,229	23,026	…	+23,026
+24	12,421	…	+12,421	26,708	…	+26,708
−3,370	…	8,661	−8,661	…	1,659	−1,659
−814	…	2,052	−2,052	…	86	−86
+1,299	…	3,784	−3,784	…	2	−2
+2,086	3,818	…	+3,818	823	…	+823
+73,817	152,315	…	+152,315	32,639	…	−32,639
+1,495	3,504	8	+3,496	712	…	+712
−4,385	10,753	25,071	−14,318	17,287	6,225	+11,062
−62,350	202,134	333,221	−131,087	101,591	44,284	+57,307

Reserve Bulletin, November 1928, p. 772, December 1928, p. 855 参照).
1930, p. 22, February 1930, p. 73 より作成.

の金流出額はネットで2億2,148万ドルにも達した[52]．そのかなりの部分はフランス資本の回収によるものと推定されるが，一部はアメリカへ流入したのである（この点は次章で詳述）．アルゼンチンからの金流入は農産物価格下落による貿易収支の赤字転落（1928年5月1日-29年4月30日の一年間の1億1,400万ドルの黒字→1929年5月1日-1930年4月30日の一年間の1億300万ドルの赤字への転落），それにともなう経常収支赤字著増（1928／29年の400万ドルの赤字→1929／30年の2億4,300万ドルの赤字激増），さらに資本流入の激減（1928年の1億3,100万ドルの純流入→1929年の1,000万ドルの純流出），その結果としての対ドル相場下落が主要因である．ニューヨーク株式ブームの崩壊の結果，ニューヨークでは金融緩和が生じ，金輸入の減少と金輸出増大が生じた．1929年11，12月の2ヵ月で1億284万ドルの輸出総額を記録した．

表6-20に示されているように,そのうち最大のものはフランス向けの6,227万ドル(ネット)であり,次いでイギリス向けが2,108万ドル,スイス向けが1,001万ドルとなった[53]。

注

1) この当時のアメリカの国際収支に関する最近の邦語文献としては,油井大三郎「帝国主義成立期の資本輸入と資本輸出」鈴木圭介編『アメリカ独占資本主義』弘文堂,1980年,所収,安保哲夫『戦間期アメリカの対外投資』第1章第1節,東京大学出版会,1984年,鹿野忠生『アメリカ保護主義の基礎研究』第二篇,創言社,1984年,鈴木圭介編『アメリカ経済史Ⅱ 1860年代-1920年代』第一章第四節,第二章第三節,東京大学出版会,1988年,平田喜彦「世紀転換期におけるアメリカの対外経済関係」本間長世編『現代アメリカの出現』東京大学出版会,1988年,所収,がある。以下の説明においてもこれらの研究を参照した。
2) 経済企画庁編『経済白書』昭和59年版,大蔵省印刷局,1984年,108-9頁。
3) 第一次大戦中のアメリカの国際収支に関する邦語文献としては,平田喜彦「第一次大戦期のアメリカ対外金融関係(一)—ニューヨークの国際金融センター化と関連して—」法政大学『経済志林』第45巻第3号,1977年10月がある。
4) C. J. Bullock, J. H. Williams, and R. S. Tucker, 'The Balance of Trade of the United States', *The Review of Economic Statistics, Preliminary* Vol. I, July 1919, p. 235.
5) 1920年代におけるアメリカの貿易構造および貿易収支に関する文献としては,H. B. Lary and Associates, *The United States in the World Economy, op. cit.*, pp. 36-71. R. E. Lipsey, *Price and Quantity Trends in the Foreign Trade of the United States*, Princeton University Press, Princeton, 1963. 馬場宏二『世界経済—基軸と周辺—』東京大学出版会,1973年,第8章「アメリカの貿易構造と変動」,鈴木圭介編『アメリカ経済史Ⅱ 1860年代-1920年代』東京大学出版会,1988年,前出第三章第4節Ⅰ「外国貿易と関税政策」がある。また,当該期の国際収支構造の全般的分析については,H. B. Lary and Associates, *The United States in the World Economy, op. cit.* A. I. Bloomfield, 'The Mechanism of Adjustment of the American Balance of Payments; 1919-1929', *The Quarterly Journal of Economic*, Vol. 57, No. 3, May 1943が参照されるべきであり,各年次毎の分析については,U. S. Department of Commerce, *The Balance of International Payments of the United States* の各年版(1922年版より刊行)が貴重なデータの提供と分析を行っている。
また,邦語文献として,景気循環との関連に重点を置いて分析したものとして,志築徹朗「景気変動と国際収支」玉野井芳郎『大恐慌の研究』東京大学出版会,1964年,所収がある。
6) 馬場宏二,前掲書,284頁。
7) 鈴木圭介編,『アメリカ経済史Ⅱ 1860年代-1920年代』前掲,534頁。

第6章 アメリカの国際収支構造

8) 鈴木圭介編,前掲書,537-8頁.
9) 1920年代のアメリカのサービス収支と移転収支に関しては,H. B. Lary and Associates, *op. cit.*, pp. 71-86 を参照されたい.
10) H. B. Lary and Associates, *op. cit.*, pp. 72-3.
11) *Ibid.*, pp. 75-6.
12) U. S. Department of Commerce, *Historical Statistics of the United States, Colonial Times to 1970*, *op, cit.*, Part 2, p. 864.
13) H. B. lary and Associates, *op. cit.*, p. 83.
14) 1920年代におけるアメリカの資本輸出に関する最近の邦語文献としては,安保哲夫『戦間期アメリカの対外投資』東京大学出版会,前掲,鈴木圭介編,前掲書,第三章第四節II「1920年代の資本輸出」がある.また,吉冨勝『アメリカの大恐慌』前掲も参照されたい.
15) H. B. Lary and Associates, *op. cit.*, p. 89.
16) *Ibid.*, pp. 91-2.
17) *Ibid.*, p. 93.
18) *Ibid.*, p. 94. R. A. Young, *Handbook on American Underwriting of Foreign Securities*, U. S. Bureau of Foreign and Domestic Commerce, Trade Promotion Series, No. 104, 1930, pp. 31-2.
19) H. B. Lary and Associates, *op. cit.*, p. 95.
20) R. A. Young, *op. cit.*, pp. 32-3.
21) H. B. Lary and Associates, *op. cit.*, p. 96.
22) この点については,吉冨勝『アメリカの大恐慌』前掲,244-7頁に負っている.また,I. Minz, *Deterioration in the Quality of Foreign Bond issued in the United States 1920-1930*, Arno Press, New York, 1951(reprint 1978), pp. 24-8,特にp. 25, chart 3 をも参照されたい.
23) M. Wilkins, *The Maturing of Maltinational Enterprise: American Business Abroad from 1914 to 1970*, Harvard University Press, Cambridge, 1974, p. 151. 江夏健一・米倉昭夫訳『多国籍企業の成熟』(上)ミネルヴァ書房,1976年,180頁.
24) H. B. Lary and Associates, *op. cit.*, p. 101.
25) *Ibid.*, p. 102.
26) *Ibid.*, pp. 102-3.
27) *Ibid.*, pp. 103.
28) *Ibid.*, p. 105.
29) *Ibid.*, p. 106.
30) *Ibid.*
31) W. A. Brown, Jr., *The International Gold Standard Reinterpreted 1914-1934*, *op. cit.*,Vol. 1, p. 353.
32) A. I. Bloomfield, *Capital Imports and the American Balance of Payments 1934-39*, A. M. Kelley, New York, 1950(reprint 1966), p. 12. 中西市郎・岩野茂道監訳『国際短期資本移動論』新評論,1974年,28頁.

33) Lary and Associates, *op. cit.*, p. 107 および表 6-12.
34) H. B. Lary and Associates, *op. cit.*, pp. 110-1.
35) *Ibid.*, p. 132.
36) 木下悦二『国際経済の理論』前掲, 51 頁.
37) *Federal Reserve Bulletin*, Vol. 23, No. 5, May 1937, p. 426.
38) H. B. Lary and Associates, *op. cit.*, p. 114.
39) *Federal Peserve Bulletin*, Vol. 13, No. 6, June 1927, p. 392.
40) B. H. Beckhart, *The New York Money Market, op. cit.*, Vol. III, p. 429.
41) H. B. Lary and Associates, *op. cit.*, p. 131.
42) *Ibid*, p. 116.
43) *Federal Reserve Bulletin*, Vol, 23, No. 5, May 1937, p. 420.
44) H. B. Lary and Associates, *op. cit.*, pp. 116-7. W. A. Brown Jr., *op. cit.*, Vol. I, p. 728.
45) H. B. Lary and Associates, *op. cit.*, pp. 130-1. U. S. Department of Commerce, *The Balance of International Payments of the United States in 1926, Trade Information Buletin*, No. 503, 1927, p. 42.
46) U. S. Department of Commerce, *The Balance of Payments of the United States in 1927, Trade Information Bulletin*, No. 552, 1928, pp. 47-8. G. E. Roberts, 'Gold Movements into and out of the United States, 1914 to 1929, and the Effects' in League of Nations, *Selected Documents on the Distribution of Gold submitted to the Gold Delegation of the Financial Commtiiee*, 1931, pp. 48-9. 国際連盟東京支局訳『英米独仏における金移動問題』1931 年, 109-12 頁.
47) League of Nations (R. Nurkse), *International Currency Experience: Lessons of the Inter-War Period, op. cit.*, pp. 31-7. 小島清, 村野孝訳『国際通貨―20 世紀の理論と現実―』前掲, 41, 47-9 頁. K. Mouré, *Managing the Franc Poincaré: Economic Understanding and Political Constraint in French Monetary Policly, 1928-1936*, Cambridge University Press, Cambridge, 1991, pp. 47-8. 山口正之監訳『大恐慌とフランス通貨政策』晃洋書房, 1997 年, 140-2 頁. G. E. Roberts, *op. cit*, p. 49, 前掲邦訳, 110-2 頁. *Twentieth Annual Report of the Federal Reserve Board Covering Operations for the Year 1933*, 1934, p. 140.
48) G. E. Roberts, *op. cit.*, p. 53. 前掲邦訳, 123 頁.
49) W. A. Brown, Jr., *op. cit.*, Vol. II, 1940 (reprint 1970), p. 822.
50) The Board of Governors of the Federal Reserve System, *Banking and Monetary Statistics 1914-1941, op. cit.*, p. 544.
51) R. S. Sayers, *The Bank of England, op. cit.*, Vol. I, p. 227. 前掲邦訳(上), 314 頁, R. S. Sayers, *The Bank of England, op. cit.*, Appendixes, p. 353.
52) *Fedeal Reserve Bulletin*, March 1930, p. 118.
53) U. S. Department of Commerce, *The Balance of International Payments of the United States in 1929, Trade Information Bulletin*, No. 698, 1930, p. 62. H. B. Lary and Associates, *op. cit.*, pp. 132-3. *Twentieth Annual Report of the Federal*

Reserve Board Covering Operations for the Year 1933. op. cit., p. 140. S. V. O. Clarke, *Central Bank Cooperation 1924-31, op. cit.*, pp. 165-6. 渡辺寛「世界農業問題」宇野弘蔵監修『講座帝国主義の研究』第2巻『世界経済』青木書店，1975年，所収，246-54頁．League of nations, *Balances of payments 1933*, 1934, p. 10. United Nations, *International Capital Movements during the Inter-War Period, op. cit.*, p. 11. 楊井克巳・中西直行共訳『国際投資論』前掲，392頁の付表．

第7章
短期資本の大量流出とマルク危機

第1節　外資依存体制の深化と巨額の対外債務の累積

　1928年後半からのアメリカ新規外国証券発行の急減は，外資の大量取入れによって経常収支の赤字を補い，かつ賠償支払を行いつつあったドイツ資本主義に深刻な影響を与えることになった．この問題を考察していくために，まず，1924年に成立したドイツ再建金本位制の枠組は新銀行法および関連三法によってどのように規定されたのかを再確認しておこう．

　1923年11月に賠償委員会の任命によって成立したドーズ委員会は，翌24年4月にドーズ委員会報告——ドーズ案——を提出し，その中でマルクの安定と新発券銀行の創設に関する提案を行い，これを大枠として1924年8月に新銀行法[1)]および関連三法が成立した．これらの法律によって，ライヒスバンク券は金貨を除き，唯一の無制限法貨の規定が与えられた（1924年新銀行法第3条）．そしてこのライヒスバンク券の発行に対しては，法定準備率を銀行券発行高の40％とし（第一次大戦前には30％），その法定準備のうち4分の3は金であることを要し，残りの4分の1は外国為替をもって充てることができるとした．ここでいう準備として適格な外国為替——以下，法定外貨準備と略称——とは，外国発券銀行発行の兌換銀行券，商取引にもとづく満期14日以内の外国為替手形，および主要金融市場所在の著名な銀行宛要求払債権をさしている（28条）．また，このライヒスバンク券に対しては金貨および金地金あるいは外国本位貨幣表示の小切手または為替——いわゆる外貨——をもって兌換を行うこととした（31条）．この兌換規定は当初，その実施が猶予されること

表 7-1　ドイツの国際収支　1894-

年次・年平均	貿易収支[2]			サービス収支			移転収支
	輸出	輸入	貿易収支計	利子・配当	その他サービス	サービス収支計	(賠償支払)
1894-98	+3,605	-4,679	-1,074	+775	+230	+1,005	—
1899-1903	+4,715	-5,933	-1,218	+925	+335	+1,260	—
1904-08	+6,243	-7,963	-1,720	+1,065	+435	+1,500	-150
1909-12	+7,957	-9,799	-1,842	+1,165	+575	+1,740	-250
1913	+10,198	-11,206	-1,008	+570	+1,042	+1,612	—
1924	+7,810	-9,626	-1,816	+159	+274	+433	-281
1925	+9,546	-11,990	-2,444	-6	+462	+456	-1,057
1926	+10,677	-9,884	+793	-173	+532	+359	-1,191
1927	+11,118	-14,078	-2,960	-345	+645	+300	-1,584
1928	+12,627	-13,938	-1,311	-563	+672	+109	-1,990
1929	+13,632	-13,676	-44	-800	+712	-88	-2,337
1930	+12,175	-10,617	+1,558	-1,000	+538	-462	-1,706
1931	+9,733	-6,955	+2,778	-1,200	+450	-750	-988
1932	+5,834	-4,782	+1,052	-900	+265	-635	-160
1933	+4,957	-4,291	+666	-698	+313	-385	-149
1924-29[1]	+10,902	-12,199	-1,297	-288	+550	+262	-1,407
1924-33[1]	+9,811	-9,984	-173	-553	+486	-66	-1,144
1930-33[1]	+8,175	-6,661	+1,514	-950	+392	-558	-751

(注)　1　四捨五入のため個々の項目の合計は必ずしも「計」「総合収支」と一致しない.
　　　2　貴金属移動を含む.
(出所)　1894-1913 年は H. G. Moulton and C. E. McGuire, *Germany's Capacity to Pay*, Johnson Reprint, New seit der Mitte des 19 Jahrhunderts, Springer-Verlag, Berlin/Heidelberg, 1965, S. 262, 817. Deutsche Bund- 322 より, 1924-33 年は Deutsche Bundesbank (Hrsg.), *ebenda.*, S. 322, 325-6, 328 より作成.

になった (52 条). この猶予措置は 1930 年 5 月 17 日まで継続されることになったが, 後述するように, ライヒスバンクは金あるいは外貨による兌換を現実に行っていたのである. さらに, ライヒスバンクは金 1 ポンドの純分に対して 1,392 ライヒスマルクの確定率を以て金を買い入れねばならないと規定されている (22 条).

このような新たな貨幣制度の下でドイツ再建金本位制が発足することになった. しかし, この再建金本位制およびドイツ資本主義は重大な問題点を抱えていた. そこで以下では, この点の検討に入ることにしよう.

1　ドイツの国際収支構造

表 7-1 は第一次世界大戦前の 1984-1913 年の時期とマルク安定以降の 1924

第7章 短期資本の大量流出とマルク危機

1913年, 1924-33年

(単位:100万ライヒスマルク)

経常収支	資本収支				分類不能	総合収支	金・外国為替増減(増加-)
	長期資本	短期資本	その他	資本収支計			
-69	—	・	・	-523	・	・	・
+42	—	・	・	-283	・	・	・
-370	—	・	・	-388	・	・	・
-352	—	・	・	-406	・	・	・
+604	—	・	・	-604	・	・	・
-1,664	+1,000	+506	+1,000	+2,506	+413	+1,255	-1,255
-3,045	+1,124	+107	+200	+1,431	+1,704	+90	-90
-39	+1,376	+147	—	+1,523	-916	+568	-568
-4,244	+1,765	+1,779	-62	+3,482	+310	-452	+452
-3,192	+1,698	+1,335	+90	+3,123	+1,000	+931	-931
-2,469	+414	+765	+246	+1,425	+879	-165	+165
-610	+805	+117	+314	+1,236	-746	-120	+120
+1,040	-85	+477	+265	+657	-3,350	-1,653	+1,653
+257	+14	-763	—	-749	+236	-256	+256
+132	-50	-747	-10	-807	+228	-447	+447
-2,442	+1,230	+773	+246	+2,248	+565	+371	-371
-1,383	+806	+372	+204	+1,383	-24	-25	+25
+205	+171	-229	+142	+84	-908	-619	+619

York, 1923 (reprint 1972), pp. 27, 268. W. G. Hoffmann und mitarbeiter, *Das Wachstum der deutschen Wirtschaft* esbank (Hrsg.), *Deutsche Geld-und Bankwesen in Zahlen 1876-1975*, Fritz Knapp, Frankfurt am Main, 1976, S.

年から33年までのドイツの国際収支の主要項目の推移を示したものである．第一次大戦前のドイツの国際収支は信頼に値するデータは存在しないし，特にサービス収支の推計は全くラフなものである[2]．それゆえ，第一次大戦前と1924年以降の厳密な比較は不可能であるが，大まかな傾向としては，表7-1によれば，第一次大戦前には貿易収支の恒常的な入超が定着し，特に好況期には入超幅が拡大し，不況期には逆に入超幅が縮小を示すという趨勢をたどった．このような貿易収支入超に対してサービス収支は海外投資収益，運輸収支の受取超=黒字幅を拡大していった．しかし，好況期には貿易収支の入超の拡大をサービス収支の受取超増大によっては十分カバーし得ず，経常収支は悪化して赤字に転化する．逆に不況期にはサービス収支の受取超の減少が貿易収支の入超幅の縮小を下回ることから経常収支は改善の方向をたどり，場合によっては

表 7-2 ドイツの資本収支

項目 年	長期資本移動							長期資本輸入計	長期資本輸出計	長期資本収支計	短期		
	長期債および信用[1]				既発行有価証券移動						ドイツ諸銀行の対外債権(増加−)	ドイツ諸銀行の対外債務(増加+)	差額[2](対外債務増加+)
	公募長期債	その他の長期信用	満期および臨時償還	計	ケ国への売却	外国からの購入	買越(−)又は売越(+)						
1924	+1,000	—	—	+1,000	—	—	—	+1,000	—	+1,000			
1925	+1,096	+40	−12	+1,124	—	—	—	+1,136	−12	+1,124			
1926	+1,400	+63	−87	+1,376	—	—	—	+1,463	−87	+1,376			
1927	+1,285	+60	−135	+1,210	575	20	+555	+1,920	−155	+1,765	−495	+2,247	+1,752
1928	+1,341	+27	−100	+1,268	2,276	1,846	+430	+3,644	−1,946	+1,698	−693	+1,914	+1,221
1929	+321	+19	−111	+229	1,546	1,361	+185	+1,886	−1,472	+414	−438	+987	+549
1930	+1,058	+39	−130	+967	1,013	1,175	−162	+2,110	−1,305	+805	+56	−428	−372
1931	+322	+31	−227	+126	512	723	−211	+870	−955	−85	+1,700	−1,900	−200
1932	—	+100	−136	−36	200	150	+50	+300	−286	+14	+250	−437	−187
1933	—	—	−250	−250	200	—	+200	+200	−250	−50	.	.	.

(注) 1 各項目は差額のみ計上.
    2 ドイツ諸銀行の対外短期債権・債務増減の差額.
    3 差額のみ計上.
(出所) Deutsche Bundesbank (Hrsg.), *Deutsche Geld-und Bankwesen in Zahlen, 1876-1975*, a. a. O., S. 328.
       より作成.

黒字化の事態も出現することになる．しかし，ドイツの場合，経常収支の黒字によって資本輸出を展開するという状況は定着し得なかったため，海外からの短資流入の増大に支えられての海外投資の拡大という構造をとらざるを得なかったのである[3]．

1924 年以降のドイツの国際収支構造は次のような変化をとげることになった[4]．

第一には，サービス収支黒字幅の大幅縮小である．これはドイツからの海外投資激減による利子・配当収入の著減，さらにはドイツが資本輸入国への転落＝「世界最大の債務国」への転化による諸外国への利子・配当支払の激増によるものである．その結果，利子・配当の海外投資収益収支は 1925 年に入超に転じ，以後その赤字幅を拡大させている．

第二には，ヴェルサイユ体制下でのドイツの巨額の賠償負担のため，賠償支払に基づく移転収支の大幅赤字という状況が招来された．

貿易収支は 1926 年の 7 億 9,300 万ライヒスマルク（以下 RM と略称）という例外的な黒字以外は 1928 年までかなりの入超を記録して，1924-29 年の年平均で約 13 億 RM の赤字に達し，入超傾向が定着している．このような入超傾

第7章 短期資本の大量流出とマルク危機　　265

1924-33年
(単位：100万ライヒスマルク)

資本移動 短期資本と使用された信用			その他3)	短期資本輸入計	短期資本輸出計	短期資本収支計	その他統計的に把握された資本移動			資本輸入計	資本輸出計	資本収支計
輸入	輸出	収支					外国の対独投資	ドイツの対外投資	計			
—	—	—	+506	1,256	750	+506	—	+1,000	+1,000	3,256	750	+2,506
+104	—	+104	+3	182	75	+107	—	+200	+200	1,518	87	+1,431
+149	−31	+118	+29	178	31	+147	—	—	—	1,641	118	+1,523
+127	−125	+2	+25	2,401	622	+1,779	−57	−5	−62	4,336	854	+3,482
+173	−111	+62	+52	2,170	835	+1,335	−43	+133	+90	5,975	2,854	+3,123
+389	−45	+344	−128	1,376	611	+765	−10	+256	+246	3,544	2,119	+1,425
+1,135	−572	+563	−74	1,191	1,074	+117	—	+314	+314	3,678	2,442	+1,236
+791	−305	+486	+191	2,682	2,205	+477	+185	+80	+265	3,817	3,160	+657
—	−239	−239	−377	250	1,013	−763	—	—	—	550	1,299	−749
.	.	.	.	503	1,250	−747	—	−10	−10	603	1,410	−807

'Die deutsche Zahlungsbilanz der Jahre 1924-1933', *Sonderhefte zu Wirtschaft und Statistik*, Nr. 14, 1934, S. 10-11

　向の定着と上述のサービス収支黒字の大幅縮小，移転収支の巨額の赤字によって経常収支は大幅な赤字を計上することになった．これが第三の変化である．1924-29年の年平均で賠償支払を除く経常収支赤字額は，10億3,500万 RM に達した．したがってドイツは経常収支黒字によって賠償支払を行うことは不可能な状況にあった．

　第四には，ドイツはこの経常収支赤字を外国資本の大量取入れによってファイナンスしたことである．巨額の外資依存体制の定着がみられたのであり，かかる外資流入の拡大によってドイツは賠償支払が可能になるとともにドイツ経済の資本主義的再建も軌道にのったのであるが，それはドイツの対外ポジションを極度に悪化させ，「世界最大の債務国」という世界資本主義の最も弱い環にドイツを追いやることになった．ちなみに表7-1によれば，ドイツは1924-29年には年平均で22億4,800万 RM（ただし分類不能は除外），分類不能分を加えると28億1,300万 RM の外資の純流入を計上して，総合収支の黒字を獲得し，金・外貨準備を増大させたのである．

　そこで長期資本移動についてみていくことにしよう．表7-2のドイツの資本収支で明らかなように，ドイツへの長期資本流入の主要な形態は，①公募長期

表 7-3　ドイツ長期外債の債権国別構成[1]
1924-31 年

(単位：100 万ライヒスマルク，%)

年 債権国	1924	1925	1926	1927	1928	1929	1930	1931	1924-31 年合計	%
ア メ リ カ	42.0	923.0	1,082.7	890.4	1,017.1	165.8	269.5[4]	8.4	4,398.9	57.8
イ ギ リ ス	—	122.2	142.0	152.8	136.2	56.4	—	—	609.6	8.0
オ ラ ン ダ	—	142.1	189.5	262.4	201.7	65.4	131.9[4]	6.8	999.8	13.1
ス イ ス	—	67.9	66.2	51.9	57.6	57.5	59.4	15.6	376.1	4.9
スウェーデン	—	10.3	43.4	51.9	11.8	3.2	210.0	315.0	645.6	8.5
そ の 他[3]	—	—	31.0	2.3	40.8	0.3	506.1[5]	—	580.5	7.6
合 計	42.0[2]	1,265.5	1,554.8	1,411.7	1,465.2	348.6	1,176.9	345.8	7,610.5	100.0

(注) 1 借換債は含まれない．
2 ドーズ公債は含まれない．
3 分割不可能な金額は除外．
4 ジーメンス社債は市場価格で算入．
5 ヤング公債は国際決済銀行（B.I.S.）向けであるので，債権国別には分割されない．

(出所) Statistischen Reichsamt（Hrsg.），*Wirtschaft und Statistik*, Berlin, 11. Jahrgang, Nr. 9, 1931, S. 361, 12. Jahrgang, Nr. 10, 1932, S. 317 より作成．

債と②既発行有価証券の外国への売却，の二つから成るが，この両者にその他の長期信用を加えた長期資本輸入額は，1924-29 年で 110 億 4,900 万 RM，1924-31 年では 140 億 2,900 万 RM に達している．もちろん，既発行有価証券取引においても，外国への売却，外国からの購入額はかなりの規模に達しており，1924-31 年にかけて，外国への売却額は 59 億 2,200 万 RM，外国からの購入額は 51 億 2,500 万 RM で，差し引き，約 8 億 RM の売越しとなっている．

では，長期資本はいかなる国々から取り入れたのかを確認しておくことにしよう．既発行有価証券取引の国別データは入手できないので，長期外債についてその債権国別構成をみると，表 7-3 に示されているように，アメリカがきわめて重要な地位を占めており，6 割近いシェアとなっている．しかも，アメリカはすでに述べたように，1928 年後半以降，ニューヨーク株式市場のブームの過熱によって新規の外国証券発行を急減させることになるのであり，その影響はドイツに重くのしかかることになるのである．

他方，ドイツ長期外債の債務者別構成を示す表 7-4 によれば，ドイツの債務者は，銀行以外の民間企業が 30.4%，公営企業が 24.2%，政府・州・市町村等の公営団体が 23.0%，不動産抵当銀行が 17.7% 等となっており，大企業，公営企業，公共団体の比率が高いという傾向にあった．

表7-4 ドイツ長期外債の債務者別構成
1924-31年

(単位:100万ライヒスマルク)

債務者＼年	公共団体	公企業	教会	不動産抵当銀行			その他銀行	その他民間企業	合計
				地方債	抵当債券				
1924	—	—	—	—	—	—	—	42	42[1)]
1925	379	260	16	15	105	120	—	490	1,265
1926	344	307	64	128	67	195	—	645	1,555
1927	269	63	14	—	515	515	189	362	1,412
1928	166	428	32	107	367	474	—	365	1,465
1929	31	122	21	—	5	5	2	168	349
1930	230	660[2)]	16	—	39	39	—	232[3)]	1,177
1931	334	—	4	—	—	—	—	8	346
1924-31年 合計	1,753	1,840	167	250	1,098	1,348	191	2,312	7,611
%	23.0	24.2	2.2	3.3	14.4	17.7	2.5	30.4	100.0

(注) 1 9億6,000万ライヒスマルクのドーズ公債は除く．
2 ヤング公債のドイツの手取金を国有鉄道，国有郵便の調達分として記載している．
3 ジーメンス―ホルスケ社債を市場価格で算入している．
(出所) Statistischen Reichsamt (Hrsg.), *Wirtschaft und Statistik*, Berlin, 11. Jahrgang, Nr. 9, 1931, S. 361. 12. Jahrgang, Nr. 10, 1932, S. 316 より作成．

次に短期資本の流入の動向とその特徴を摘記していくことにしよう．表7-1に示されているように，1927，28の両年には大量の短資が流入し，27年に20億RM，28年には24億RMの純流入を記録している（この場合には，その他の資本移動と分類不能のものも短資移動に含めて計算）．1929，30年の両年には，後述するように激しい一挙的な短資流出が生じ，さらに31年には全面的な短資流出の事態が惹き起こされる．

次にかかる大量の外国短資に関して，その債権者，債務者，信用形態について分析していこう．

債権国は，表7-5にみられる如く，アメリカが最大で26.3%，以下，オランダ，イギリス，スイスと続き，それぞれ，17.3%，17.2%，15.7%を占めている．

貸手別にみると，諸外国の銀行による貸付が，約7割と圧倒的な比率に達している．諸外国の商工業による貸付は3割を占めるにすぎない（表7-5）．

ドイツの債務者別構成では，表7-6に示される如く，銀行のウェイトがきわめて高く，1927年で69.7%，28年で74.4%，29年で60.6〜66%を占めている．

表7-5 ドイツの対外短期債務残高

貸手・借手別＼債権国	アメリカ	イギリス	フランス	イタリア	オランダ
銀 行 に よ る 貸 付	2,439	1,675	358	12	1,269
（％）	(77.6)	(81.5)	(54.6)	(11.8)	(61.3)
銀 行 向 け	1,724	1,083	279	10	458
商 工 業 向 け	389	506	50	2	793
公 共 団 体 向 け	116	65	24	…	18
ライヒスバンク・金割引銀行向け	210	21	5	…	…
商 工 業 に よ る 貸 付	692	356	291	85	776
（％）	(22.0)	(17.3)	(44.4)	(83.3)	(37.5)
商 工 業 向 け	491	318	163	53	587
銀 行 向 け	201	38	128	32	189
そ の 他 に よ る 貸 付	12	23	7	5	24
（％）	(0.4)	(1.1)	(1.1)	(4.9)	(1.2)
合 計	3,143	2,054	656	102	2,069
（％）	(100.0)	(100.0)	(100.0)	(100.0)	(100.0)
（％）	(26.3)	(17.2)	(5.5)	(0.9)	(17.3)

(注) 四捨五入のため個々の総計と合計が必ずしも一致しない．
(出所) 'Reparations and War Debts', Supplement to the Economist, January 23, 1932, p.16 より作

表7-6 ドイツの金融機関の対外

年末	対外短期債務総額		全　銀　行			報　告　合　計		
	残高(a)	変化	残高(b)	変化	$\frac{b}{a}\times 100\%$	残高(c)	変化	$\frac{a}{c}\times 100\%$
1925	·	·	1,000	·	·	700	·	·
1926	4,100	·	2,200	+1,200	53.7	1,600	+900	39.0
1927	6,600	+2,500	4,599	+2,399	69.7	3,561	+1,961	54.0
1928	9,000	+2,400	6,698	+2,099	74.4	5,142	+1,581	57.1
1929	11,200〜12,200	+2,200〜+3,200	7,397	+699	60.6〜66.0	5,930	+788	48.6〜52.9
1930	14,500〜15,000	+2,800〜3,300	7,296	−101	48.6〜50.3	5,421	−509	36.1〜37.4
1931	10,600[1]	−3,900〜−4,400	5,309	−1,987	50.1	2,896	−2,525	27.3
1932	8,700[2]	−1,900	4,200	−1,109	48.3	2,447	−449	28.1
1933	6,700[3]	−2,000	2,562	−1,638	38.2	1,468	−979	21.9

(注) 1　1931年11月末現在．
　　 2　1933年2月末現在．
　　 3　1934年2月末現在．
(出所) Deutsche Bundesbank (Hrsg.), Leutsches Geld-und Bankwesen in Zahlen, 1876-1975, a. a. O., 1976, S.

第7章　短期資本の大量流出とマルク危機　　　269

―貸手・借手別　1931年7月末

(単位：100万ライヒスマルク，%)

スイス	B.I.S.	ベルギー	スウェーデン	その他	合計	%
1,191	758	91	73	348	8,214	68.6
(63.4)	(100.0)	(46.7)	(35.6)	(38.3)		
621	364	83	38	234	4,894	40.9
507	…	8	22	108	2,385	19.9
63	…	…	…	13	6	305	2.5
…	394	…	…	…	630	5.3
658	…	102	123	529	3,612	30.2
(35.0)	—	(52.3)	(60.0)	(58.2)		
333	…	90	65	495	2,595	21.7
325	…	12	58	34	1,017	8.5
29	…	2	9	32	143	1.2
(1.5)	—	(1.0)	(4.4)	(3.5)		
1,878	758	195	205	909	11,969	100.0
(100.0)	(100.0)	(100.0)	(100.0)	(100.0)		
(15.7)	(6.3)	(1.6)	(1.7)	(7.6)	(100.0)	

成.

短期債務残高　1925-33年

(単位：100万ライヒスマルク，%)

銀　　行 ベルリン大銀行			個　人　銀　行　業　者			そ　　の　　他		
残高(d)	変　化	$\frac{d}{a}\times 100\%$	残高(e)	変　化	$\frac{e}{a}\times 100\%$	残高(f)	変　化	$\frac{f}{a}\times 100\%$
・	・	・	290	・	・	10	・	・
・	・	・	500	+210	12.2	100	+90	2.4
・	・	・	800	+300	12.1	238	+138	3.6
4,751	・	52.8	1,100	+300	12.2	456	+218	5.1
5,106	+355	41.9〜45.6	1,250	+150	10.2〜11.2	217	−239	1.8〜1.9
4,670	−436	31.1〜32.2	1,150	−100	7.7〜7.9	725	+508	4.8〜5.0
2,144	−2,526	20.2	1,050	−100	9.9	1,363	+638	12.9
1,946	−198	22.4	770	−280	8.9	983	−380	11.3
1,276	−670	19.0	450	−320	6.7	644	−339	9.6

330-1より作成.

しかも，銀行のなかでもベルリン大銀行が圧倒的な比重を占めており，全銀行の対外短期債務残高に占めるベルリン大銀行の割合は，1928年末で70.9%，29年末で69.0%を記録している（表7-6より算出）．

さらに信用形態別では，表7-7から明確なように，引受信用の形態が4分の1のシェアを占め，他はその他の短期借款（信用）となっている．その他の短期借款（信用）は主として，外国現金信用（Ausländischen Barkredite）から成っていた．したがって，アメリカ等の銀行からドイツの諸銀行，特にベルリン大銀行に対する，引受信用および外国現金信用の供与という形態で外国短資が大量に流入したのであり，この外国短資流入のルートの存在にわれわれは着目する必要がある．

それではドイツ大銀行のマルク建引受信用の激減と外国銀行の引受信用の利用増大が生じたのはいかなる理由によるものであろうか．第一次大戦前には，ドイツの輸入取引において，例えばブレーメンの輸入商が北米から綿花を輸入する場合，ブレーメンの輸入商はその取引銀行に対して商業信用状の発行＝ランブール信用の開設を依頼し，これにもとづいて北米の綿花輸出商は綿花の船積とともにドイツの銀行宛に荷為替手形を振り出す．この荷為替手形の振出しを介して，最終的にベルリン金融市場においてマルクで決済された．この場合，

表7-7　ドイツの対外短期債務残高―信用形態別
1931年7月末

(単位：100万ライヒスマルク，%)

債権国 \ 信用形態	引受信用	その他の短期借款	合計	%	偶発債務
アメリカ	1,405	1,738	3,143	26.3	421
イギリス	886	1,167	2,053	17.2	413
フランス	160	496	656	5.5	97
イタリア	…	102	102	0.9	9
オランダ	263	1,806	2,069	17.3	304
スイス	236	1,642	1,878	15.7	336
B.I.S.	…	758	758	6.3	…
その他	28	1,281	1,309	10.9	479
合計	2,978	8,991	11,969	100.0	
%	24.9	75.1	100.0		

(注) 四捨五入のため個々の総計と合計が必ずしも一致しない．
(出所) 'Reparation and War Debts', *Supplement to the Economist*, January 23, 1932, p.11 より作成．

表 7-8 ベルリン大銀行*の自行引受信用と外国銀行の引受信用

(単位：100 万ライヒスマルク, %)

	1913 年末	1924 年末	1925 年末	1926 年末	1927 年末	1928 年末	1929 年末	1930 年末
自行引受	1,212 97.9%	19 8.7%	236 38.2%	324 52.5%	394 38.4%	412 25.3%	473 22.5%	443 22.4%
顧客のための 第三者からの借入	26 2.1%	199 91.3%	382 61.8%	293 47.5%	632 61.6%	1,218 74.7%	1,625 77.5%	1,534 77.6%
計	1,238 100.0%	218 100.0%	618 100.0%	617 100.0%	1,026 100.0%	1,630 100.0%	2,098 100.0%	1,977 100.0%

(注) *ドイチェバンク，ディスコント・ゲゼルシャフト，ドレスナー銀行，ダナート銀行，コムメルツ・ウント・プリファート銀行，中部ドイツ信用銀行の6行．
(出所) Ausschuß zur Untersuchung der Erzeugungs-und Absatzbedingungen der deutschen Wirtschaft (Enquete Ausschuß), *Der Bankkredit*, E. S. Mittler & Sohn, Berlin, 1930, S. 90 より作成．

　ドイツの輸入商の取引銀行が海外の輸出商に対して自行宛の為替手形の振出しを許し，その手形に対して引受信用を供与し，この引受手形はベルリン割引市場において一流手形として格付され，優遇利率で割り引かれた．引受信用を供与したドイツの銀行は輸入商に対して債権を有することになるが，この債権は船積書類によって担保されることになる．この貿易取引の決済においてベルリンにマルク建預金が形成されることになった．ドイツからの輸出においても，ドイツの銀行によって引受信用が与えられて，マルク建手形が振り出され，ベルリン金融市場において決済された[5]．

　ところが第一次大戦後，海外の輸出商によるドイツの銀行宛の為替手形の振出しは激減し，ドイツ大銀行は自行の引受信用を供与するのではなく，顧客のために外国銀行の引受信用を自行の計算により供与するようになった[6]．表7-8はベルリン大銀行の自行引受信用と外国銀行の引受信用の推移を示したものであるが，1913年末では引受信用全体の 97.9％ がベルリン大銀行による自行引受であったのが，1927年末には外国銀行の引受信用利用が全体の 61.6％ を占め，その比率は28年末以降も上昇している．引受信用を与えることによって外国銀行は引受債務を負うことになるが，それに対応する債権をドイツの銀行に対して持つことになる．外国銀行が保有するこの債権は，ドイツの銀行の側では，バランスシート上，「顧客のための第三者からの借入」という項目で貸方勘定に計上される．ドイツの銀行は偶発債務を負うことになる．これは短期の手形保証信用の受領である[7]．ドイツの銀行は，この債務に対する債権を

表7-9 銀行債権者勘定とドイツにおける外国信用

(単位：100万ライヒスマルク)

各年6月末	債権者勘定合計 ［ドイツの銀行 の預金を除く］	うち		外国現金信用の 債権者勘定合計 に占める割合 （手形保証信用 を除く）	ドイツにおける 短期対外信用の 総額*
		外国現金信用	顧客信用 （手形保証信用）		
1925	4,588	837	391	19.7%	4,000
1926	5,658	1,312	300	24.7	5,100
1927	7,632	2,485	521	35.1	8,600
1928	9,825	3,768	1,136	43.4	12,000
1929	11,866	4,020	1,769	39.8	15,700
1930	13,382	3,880	2,062	34.3	15,300
1931	10,580	1,530	2,068	18.0	13,100
1932	7,869	615	1,324	9.4	9,700
1933	7,157	527	1,116	8.7	8,000

(注) *1931年央になってはじめて対外債務の報告徴求によって正確な計数が把握できるようになった．それ以前の計数については，国際収支を参考に大雑把な推計を行った．
(出所) *Untersuchung des Bankwesens 1933*, I.Teil, 1. Band, Carl Heymanns Verlag, Berlin, 1933, S. 512.

輸入者に対する商品担保貸付として保有する．この点は，ドイツの銀行が自行宛のマルク建手形の引受を行う場合と同じである．

次に，もう一方の信用形態としての外国現金信用についてみておこう．マルク安定以降，外国現金信用による外国預金が増大するが，この外国現金信用は投機的性格がきわめて強いものであった．この信用はドイツ大銀行のバランスシート上では「その他の債権者勘定」の項目のなかに含まれており，同信用が債権者勘定に占める割合は，表7-9にみられる如く，1928年6月末で43.4%，29年6月末で39.8%，1930年6月末で34.3%とかなり高い比率を占めている．この信用は外国銀行等によって1-3ヵ月の期限で外貨建で供与されるものが中心で，7日以内の短期預金（当座預金）も含まれていた[8]．

2 ドイツの対外ポジション

上述の如く，経常収支の赤字を資本収支の黒字でカバーするという国際収支構造によって，ドイツは対外債務を累積させることになった．当該期のドイツの対外資産・負債残高に関してはいくつかの推計[9]が存在するが，表7-10によれば，1929年末で，対外長期資産残高は40～50億RM，対外短期資産残高

は73~83億RMで,対外資産残高は総額113~133億RMとなっている.他方,対外長期負債残高は73億RM,対外短期負債残高は112~122億RM,その他の対外負債残高は60億RM,対外負債残高は総額245~255億RMとなっている.その結果,122~132億RMの対外純債務残高の保有となって,「世界最大の債務国」に転落した.対外負債残高はその後も,1930年9月末,30年末と増大傾向が定着していく.とりわけ,巨額の外国短資への依存は重大な問題を内包していた.

すでに述べたように,外国銀行の引受信用を利用しての短資の取り入れによってドイツ大銀行は外国銀行に対して偶発債務を負うことになる.しかも,ドイツ大銀行はかかる方法によって調達した資金を国内企業に融資し,その資金は長期に固定化される傾向にあったといわれている.また,外国現金信用によって獲得される外国預金も,ドイツ企業への貸出や証券投資での形態で運用された.この資金は先述した如く,元来,投機的性格のきわめて強いものであって,国際的金融動向によっては素速く回収される可能性がきわめて大きいものであった.かくして,「短期外国信用は短期借りの長期貸しという基本的な銀行業の原理の濫用」によってドイツ経済に供与された,あるいは「ドイツ諸銀行は危険なまでに短期の外国の貸手と長期の国内の借手との仲介者」の地位に立つに至ったのである[10].

3 ライヒスバンクの金・法定外貨準備の推移――マルク安定以降1928年末まで

上述のようなドイツの国際収支構造と対外ポジションに一面では規定・影響されながら,ライヒスバンクの金・法定外貨準備はどのように推移していったのかを概観しておこう[11].

「1923年末ライヒスバンクの金及び外国為替の保有状況は絶望的な状態にあった.」「ライヒスバンクは1923年12月31日現在に於て,未だ4億6,700万マルクの金準備を保有していたが,外国為替の保有量はほとんど皆無であった[12].」しかし,マルクの安定とドーズ案の成立以降,外資の大量流入によって,図7-1に示される如く,ライヒスバンクの金および外貨準備は増大していくことになる.1924年12月末にライヒスバンクの金準備高は7億5,961万

表 7-10　ドイツの対外資産・

	1924 年末	1926 年末	1927 年末	1928 年末	1929 年末
I　対外資産					
短期資産計	・	5.4	5.8	7.2	7.3〜8.3
発券銀行(金・外国為替を含む)	2.1	2.8	2.3	3.3	3.1
その他の金融機関	・	1.8	2.3	3.2	3.7
その他	・	0.8	1.2	0.7	0.5〜1.5
長期資産計	・	4.0〜5.0	4.0〜5.0	4.0〜5.0	4.0〜5.0
資本参加と土地所有	・	・	・	・	・
確定利付証券	・	・	・	・	・
対外資産計	・	9.4〜10.4	9.8〜10.8	11.2〜12.2	11.3〜13.3
II　対外負債					
A　債務名義別(公債,債券,信用)計	・	8.2	12.0	16.0	18.5〜19.5
a) 支払期限別					
長期	1.0	4.1	5.4	7.0	7.3
公債	・	・	・	6.2	6.5
短期	・	4.1	6.6	9.0	11.2〜12.2
据置信用	—	—	—	—	—
b) 国内債務者別					
官公庁	・	・	・	・	・
発券銀行，金割引銀行,ドイツ清算金庫他	・	・	・	・	・
その他銀行	・	・	・	・	・
工業,商業,交通,土地	・	・	・	・	・
その他	・	・	・	・	・
c) 債権国別					
アメリカ	・	・	・	・	・
オランダ	・	・	・	・	・
スイス	・	・	・	・	・
イギリス	・	・	・	・	・
フランス	・	・	・	・	・
その他	・	・	・	・	・
B　その他の対外負債					
(資本参加・土地所有)計	・	3.5	4.5	5.5	6.0
C　対外負債 (II A+B)	・	11.7	16.5	21.5	24.5〜25.5
III　差引残高 (I − II)　(+は純資産，−は純負債)	+1.3〜+2.3	−1.3〜−2.3	−5.7〜−6.7	−9.3〜−10.3	−12.2〜−13.2

(出所)　Deutsche Bundesbank (Hrsg.), *Deutsches Geld- und Bankwesen in Zahlen, 1876-1975*, a. a. O., S. 331

第7章　短期資本の大量流出とマルク危機

負債残高　1924-34年

（単位：10億ライヒスマルク）

1930年9月末	1930年末	1931年7月末	1931年11月末	1932年2月末	1933年2月末	1934年2月末
7.8～8.0	・	・	・	・	・	・
・	3.0	・	・	・	・	・
・	・	・	・	・	・	・
4.0～5.0	・	・	・	・	・	・
3.25～4.0	・	・	・	・	・	・
0.75～1.0	・	・	・	・	・	・
11.0～13.0	・	・	・	・	・	・
20.1～21.1	25.3～25.8	23.8	21.3	20.6	19.0	13.9
9.3	10.8	10.7	10.7	10.5	10.3	7.2
8.5	8.3	8.2	8.2	7.9	7.7	5.0
10.8～11.8	14.5～15.0	13.1	10.6	10.1	8.7	6.7
—	・	6.3	5.4	5.0	4.1	2.6
4.4	4.9	4.4	4.4	4.3	4.2	2.9
・	0.3	1.0	0.9	0.9	0.8	0.4
} 8.5	8.6	7.1	6.3	5.8	4.9	3.2
} 7.2	10.6	10.6	9.0	8.8	8.3	6.4
} ～1.4	0.9～1.4	0.7	0.7	0.8	0.8	1.0
・	10.0	9.3	8.8	8.4	7.7	4.1
・	4.6	4.1	3.7	3.6	3.3	2.8
・	3.4	3.1	2.8	2.8	2.7	2.5
・	3.7	3.2	2.5	2.4	2.1	1.7
・	1.3	1.2	1.0	1.0	0.8	0.8
・	2.3～2.8	2.9	2.5	2.4	2.4	2.0
6.0	6.8	5.9	5.3	5.3	4.2	4.2
26.1～27.1	32.1～32.6	29.7	26.6	25.9	23.2	18.1
−14.1～−15.1	・	・	・	・	・	・

より作成.

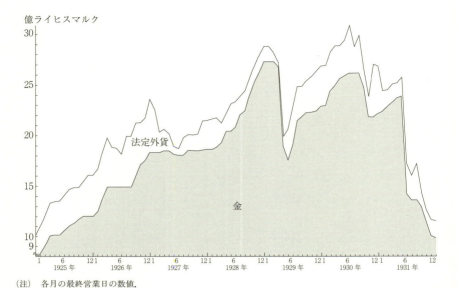

(注) 各月の最終営業日の数値.
(出所) *Verwaltungsbericht der Reichsbank* für *das jahr 1925, 1926, 1927, 1928, 1929, 1930, 1931* より作成.

図7-1 ライヒスバンクの金・法定外貨保有高 1925-31年

RM, 法定外貨準備高は2億5,320万RM, 金・法定外貨準備高は10億1,281万RMにすぎなかったのが, 25年12月末には, それぞれ, 12億807万RM, 4億253万RM, 16億1,061万RMに増大し（図7-1参照), ライヒスバンク券流通高に対する金準備の比率＝金準備率は40.8％, ライヒスバンク券流通高に対する金・法定外貨準備高＝発券準備率は54.4％となった（図7-2）[13]．

1926年の上半期には, 表7-11に示されるように, 短期資本の純流出によって資本収支が赤字に転落したことを主因として, 同年3月末から8月末にかけては金準備増には一時歯止めがかかり（14億9,109万RM→14億9,282万RM), 同年5月末から6月末にかけては外貨準備高が減少するに至った（3億8,753万RM→3億2,483万RM）[14]．しかし, 同年下半期には短資収支が純流出から純流入に再び転換したことによって資本収支が再黒字となった結果, 金・外貨準備高は著増することになった．この場合, ライヒスバンクは, 1924年10月以降とっていたマルクの対ドル相場釘付け政策を26年8月23日に停

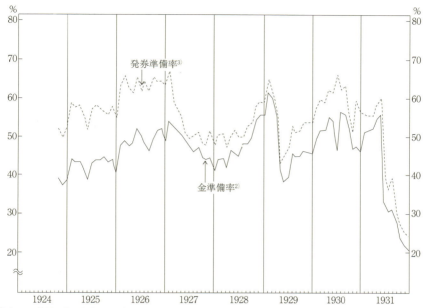

(注) 1　各月の最終営業日の数値．
　　 2　金準備率＝$\dfrac{\text{ライヒスバンクの金準備高}}{\text{ライヒスバンク券流通高}} \times 100$
　　 3　発券準備率＝$\dfrac{\text{ライヒスバンクの金準備高＋法定外貨準備高}}{\text{ライヒスバンク券流通高}} \times 100$
(出所)　*Verwaltungsbericht der Reichsbank*, jeder Jahrgang より作成．

図 7-2　ライヒスバンクの金準備率・発券準備率　1924 年 10 月–1931 年 12 月[1]

止し，それと並行してその保有するポンドを金に転換して同行の金準備の増強に努めるという政策に転じた．さらにライヒスバンクは，ベルリン本店のみならずブレーメン支店においても金を受け取ることによってロンドンからの金裁定取引を促進する政策をとったことも，金準備増大を招来させた要因である[15]．

このようなライヒスバンクの金準備増強策は，ポンドへの圧力として作用したことは論をまたない．表 7-12 に示されているように，1926 年のドイツの金輸入総額 5 億 7,500 万 RM のうち，イギリス分は 2 億 8,850 万 RM と全体の 50.2％ を占めている．表 7-13 にみられる如く，1926 年には，イギリスはネットで 1,142 万ポンドの金流入となっているが，ドイツに対しては 1,255 万ポンドの純流出となっている．

表7-11 ドイツの月別資本収支
1925年1月-29年3月

(単位:100万ライヒスマルク)

年月	長期借款	その他の資本移動(主として短期信用)	計	年月	長期借款	その他の資本移動(主として短期信用)	計
1925年1月	134	348	482	1928年1月	55	581	636
2月	84	270	354	2月	103	275	378
3月	—	287	287	3月	184	−37	147
4月	1	161	162	4月	74	432	505
5月	—	84	84	5月	414	−156	258
6月	5	246	251	6月	249	169	419
7月	110	246	357	7月	6	422	428
8月	38	266	303	8月	5	269	274
9月	221	−15	206	9月	103	121	224
10月	104	173	276	10月	33	473	506
11月	245	−35	210	11月	168	202	370
12月	325	−91	234	12月	71	428	499
1925年合計	1,267	1,940	3,206	1928年合計	1,465	3,179	4,644
1926年1月	169	−244	−75	1929年1月	27	430	457
2月	132	−70	61	2月	155	−202	−47
3月	45	−177	−132	3月	48	−85	−37
4月	78	−276	−198	4月*	1	−649	−648
5月	138	−179	−42	1929年合計	176	2,553	2,729
6月	242	−333	−92	1930年1-6月	730	181	911
7月	129	161	290	7月-11月	228	−1,244	−1,016
8月	34	116	150				
9月	188	70	258				
10月	61	109	170				
11月	224	−115	109				
12月	139	372	511				
1926年合計	1,579	−566	1,010				
1927年1月	16	148	164				
2月	30	−1	29				
3月	41	186	227				
4月	5	345	349				
5月	51	192	242				
6月	33	529	562				
7月	389	180	568				
8月	111	416	527				
9月	170	102	272				
10月	478	−19	459				
11月	88	396	484				
12月	—	425	425				
1927年合計	1,412	2,899	4,308				

(注) *暫定値.
(出所) Institute für Konjunkturforschurg (Hrsg.), *Vierteljahrshefte zur Konjunkturforschung*, 4. Jg. Heft 1. Teil A, 1929, S. 38. 5. Jg. Heft 3. Teil A, 1930, S. 59 より作成.

第7章 短期資本の大量流出とマルク危機

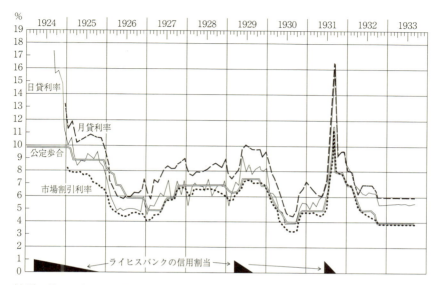

(出所) *Untersuchung des Bankwesens 1933*, Berlin, 1933, I. Teil, 2. Band, Car Heymanns Verlag, Berlin, S. 219.

図 7-3 ベルリン金融市場の各種金利 1925-33 年

　この結果，ライヒスバンクの金・法定外貨準備高は，1926 年 1 月末の 16 億 7,333 万 RM，同年 6 月末の 18 億 1,706 万 RM，同年 12 月末の 23 億 5,055 万 RM へと後半に著増した．その内訳をみると，金準備高は同年 1 月末の 12 億 5,500 万 RM，同年 6 月末の 14 億 9,223 万 RM から，同年 12 月末の 18 億 3,138 万 RM へと，1 年間で 5 億 7,638 万 RM，後半の半年間で 3 億 3,915 万 RM の増加となっており（図 7-1），金・法定外貨準備増加分のうちに金準備の占める比率が高いことが察知できる[16]．

　1926 年 12 月 4 日には，従来外国市場で起債されたドイツ債券の収益に対する 10% の課税の免除という優遇課税措置＝資本収益税の免税措置を廃止し，さらに 1927 年 1 月 11 日には，ライヒスバンクは公定歩合を 6% から 5% に引き下げて国際的利子率格差を縮小させた（図 7-3，前掲図 5-4 および図 5-5）[17]．この引下げによって，ライヒスバンクの公定歩合はイングランド銀行のそれと同一水準となったのである．これらの措置によって，表 7-11 に示される如く，

表 7-12　ドイツの国別金輸

	1926			1927			輸入
	輸入	輸出	収支	輸入	輸出	収支	
フ ラ ン ス	—	—	—	—	—	—	0.1
ベ ル ギ ー	—	—	—	—	—	—	6.0
イ ギ リ ス	288.5	—	+288.5	47.6	—	+47.6	399.9
オ ラ ン ダ	15.0	1.1	+13.9	1.5	1.1	+0.4	2.2
ア メ リ カ	179.1	—	+179.1	79.6	—	+79.6	119.9
アルゼンチン							—
南アフリカ							20.2
ソ　　　連							
ス　イ　ス							
そ の 他	92.6	8.6	+84.0	64.6	7.7	+56.9	372.2
合　　計	575.2	9.7	+565.5	193.3	8.8	+184.5	920.5

(注)　＊アルゼンチン，南アフリカ，ソ連，スイスの空欄の箇所の金額はその他に含まれる．
(出所)　Statistischen Reichsamt (Hrsg.), *Wirtschaft und Statistik*, Berlin, 9. Jahrgang, Nr.19, 1929, S. 807. 10.

　長期資本の流入の激減と並んで，短期資本の流入も著減し，2月には流出に転じるに至った．ところが図7-4にみられる如く，ドイツの景気回復による輸入増のため，貿易収支が悪化し，これが経常収支の悪化をもたらしたことから，資本流入の減少は総合収支の大幅悪化を招来させた．その結果，ライヒスバンクの金・法定外貨準備高は，1927年1月7日の23億4,443万RMから同年2月末の20億3,780万RMへと3億663万RMの減少（そのうち，法定外貨準備は3億933万RMの減少，金準備は271万RMの微増）となった．さらに金・法定外貨準備高は，法定外貨準備の減少を主因として減少を続け，同年4月末には20億2,081万RMへ，同年5月末には18億9,411万RMへと減少した（図7-1）[18]．このような減少が続いたのは，図7-4に示されるように，貿易収支の悪化に加えて，賠償支払等によるものであった．その結果，ライヒスマルクの対ドルおよびポンド為替相場も悪化し，5月には金輸出点を越えた（図7-5, 7-6, 7-7）．したがって発券準備率も1927年1月7日の68.2%から同年5月末の50.9%へと低下した（図7-2）[19]．

　このような金・法定外貨準備の減少→発券準備率の低下に直面して，ドイツ大蔵省は1927年6月2日，外債に対する資本収益税の免税措置の復活を行い，また，ライヒスバンクは1927年6月10日で公定歩合を5%から6%へと引き

第 7 章　短期資本の大量流出とマルク危機　　281

出入額　1926-31 年

(単位：100 万ライヒスマルク)

1928		1929			1929			1931
輸 出	収 支	輸 入	輸 出	収 支	輸 入	輸 出	収 支	収 支
—	+0.1	2.0	555.2	−553.2	103.2	458.0	−354.8	−428.4
0.1	+5.9	2.1	153.1	−151.0	3.2	—	+3.2	−72.5
0.1	+399.8	334.9	13.4	+321.5	284.3	—	+284.3	−148.0
1.5	+0.7	1.5	19.1	−17.6	1.5	54.1	−52.6	−247.6
—	+119.9	15.1	195.8	−180.7	1.0	—	+1.0	−151.8
—	—	59.6	—	+59.6	0.6	—	+0.6	—
—	+20.2	54.0	—	+54.0	34.3	—	+34.3	—
								+247.5
								−269.0
10.4	+361.8	31.4	11.1	+20.3	27.8	11.0	+16.8	+2.3
12.1	+908.4	500.6	947.7	−447.1	455.9	523.1	−67.2	−1,067.5

Jahrgang, Nr. 4, 1930, S. 165. 11. Jahrgang, Nr. 3, 1931, S. 113. 12. Jahrgang, Nr. 4, 1932, S. 118 より作成.

上げざるを得なくなった（図7-3）．さらに同年10月4日には7％に引き上げた．他方，同年7月のロングアイランドでの中央銀行総裁会議の合意によって，ニューヨーク連邦準備銀行は公定歩合の$3^1/_2$％への引下げと買いオペレーションを実施した．このニューヨークの金融緩和にも支えられて，ドイツへの外資流入は同年後半から再び増大に転じることになった．長期資本の流入は，同年7月に3億8,900万RMへと前月比11.8倍に急増し，他方，短期資本も6月に5億2,900万RMへと前月比2.8倍へと大幅な増大を示した（表7-11）．かくして1927年末には，ライヒスバンクの金・法定外資準備は21億4,663万RMへと回復した（図7-1）[20]．ドイツの金輸出入額も，表7-12に示される如く，26年の3分の1の金額に減少したが，なおネットで金輸入となっている．

1928年には資本流入額はネットで長期資本14億6,500万RM，短期資本31億7,900万RMで合計46億4,400万RMとなり，前年の43億800万RMを上回ることになった．これは主として短期資本の流入増大によるものである（表7-11）．特に，フランスからの短期資本の流入が著増し，これはドイツからのアメリカ資金の引揚げの趨勢を相殺するのに十分な額に達したといわれる[21]．ドイツは外国短資依存の度合を一層強めることになったのである．とりわけ，長期資本の流入は1928年上期の10億7,900万RMから同年下期に3億

表 7-13 イギリスの金輸出入額[2]（ネット）
1925-33 年

(単位：1,000 ポンド)

年 \ 年	1925	1926	1927	1928	1929	1930	1931	1932	1933
ソ連	3,859	1,480	−1,405	3,818	—	—	501	−93	−1
スウェーデン	—	—	−53	−501	500	—	—	—	—
ドイツ	—	−12,549	−3,461	−20,994	−18,450	−16,205	6,885	91	11,588
オランダ	−4,646	−2,780	−859	−1,425	2,543	−202	−26,366	−18,871	−3,025
ベルギー	−211	348	−1,208	−716	−2,851	−1,868	−7,613	−3,336	−121
フランス	−407	−1,532	−851	−19,781	−32,970	−55,241	−71,694	−80,549	30,521
スイス	−5,054	−872	−1,277	−2,773	−2,215	−4,765	−14,988	−3,901	−1,243
スペイン・カナリア諸島	−121	−431	−1,530	1,959	−73	5,675	790	—	65
エジプト	−648	−246	−781	−15	−778	−19	−87	1,369	874
西アフリカ	1,187	1,286	963	692	865	1,041	1,207	1,545	1,719
アメリカ	−5,820	−197	−4,002	82	−7,850	58	−3,483	−16,063	1,221
中央アメリカ・西インド諸島	27	21	23	21	25	22	55	26	622
アルゼンチン・ウルグアイ・パラグアイ	−170	−262	−1,925	—	7,973	2,667	1,890	24	761
その他南アメリカ	−276	−20	409	19	67	9,230	4,160	1,433	2,741
ローデシア	2,082	2,022	1,224	1,085	954	1,068	1,369	3,718	3,996
南アフリカ連邦[3]	21,681	31,489	25,552	29,689	38,006	41,819	49,423	65,920	68,756
英領インド	−12,977	−2,610	−2,561	−2,213	−2,121	−1,680	15,216	55,737	33,945
英領マラヤ[4]	−1,608	−1,593	−709	−358	−447	314	2,336	2,632	2,346
オーストラリア	1	6	1	1,006	5,055	23,922	6,814	5,331	13,932
ニュージーランド	—	—	—	—	500	26	459	1,704	1,061
カナダ	—	—	—	979	—	—	272	—	12,940
その他	−5,113	−2,141	−4,206	−3,298	−2,883	−1,000	−1,728	1,141	8,637
合計[1]	−8,214	11,419	3,345	−12,723	−15,151	4,861	−34,581	17,858	191,335

(注) 1 四捨五入のため個々の項目の総和は必ずしも「合計」と一致しない．
2 金輸入は＋，金輸出は−．
3 1925-27 年はトランスヴァールのみの数字．
4 海峡植民地を含む．
(出所) *Accounts relating to Trade and Navigation of the United Kingdom*, December 1926, pp. 220-1. December 1928, pp. 220-1. December 1929, pp. 220-1. December 1930, pp. 182-3. December 1931, pp. 182-3. December 1932, pp. 182-3. December 1933, pp. 182-3. December 1934, pp. 253-4 より作成．

8,600 万 RM へと上期の 35.8％ へと急減（表 7-11）しており，これはニューヨーク証券市場の株式ブームの高進の影響を窺わせるものとなっている．

このような外資流入の増大による広義の資本収支黒字の増大と貿易収支の赤字減少によって，表 7-1 に明らかなように，総合収支は 9 億 3,100 万 RM の黒字に転換した．また，マルクの対ドルおよび対ポンド為替相場も図 7-8 にみられるように，好転した．ライヒスバンクの金・法定外貨準備は，1927 年 12 月末の 21 億 4,663 万 RM から，28 年 12 月末には 28 億 8,460 万 RM へと 7 億

第7章　短期資本の大量流出とマルク危機

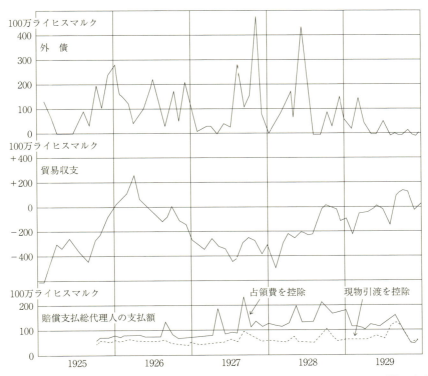

(出所) Ausschuß zur Untersuchung der Erzeugungs＝und Absatzbedingungen der deutschen Wirtschaft (Enquete Ausschuß), *Die deutsche Zahlungsbilanz*, E. S. Mittler & Sohn, Berlin, 1930, S. 170.

図7-4　ドイツの外債発行額，貿易収支　1925-29年

3,797万RMの増大となった（図7-1）[22]．その内訳は，金準備は8億6,469万RMの増加，逆に法定外貨準備は1億2,671万RMの減少となっており，ここには金準備増強という「金為替本位制」から金地金本位制への移行がみられる．ドイツへの金流入は，1928年上期にはアメリカから，同年下期にはイギリスからのものが主要なものであって，年間ベースでは27年の4.9倍に急増した（表7-12）．とりわけ，イギリスからの金流入は約4億RMにのぼり，再びポンドに対する圧力の加速として作用するようになったのである（表7-12）．

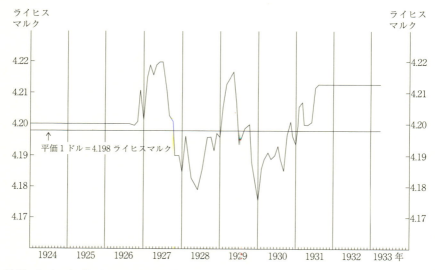

(出所) Institut für Konjunkturforschung (Hrsg.), *Konjunkturstatistisches Handbuck 1933*, Reimar Hobbing, Berlin, 1933, S. 142 より作成.

図7-5　ライヒスマルクの対ドル相場　1924-33年

第2節　激発性の短期資本移動

　これまで述べてきたように，ドイツが外国短期資本への依存を一層高めつつ，金準備の積み増しを図ってきた状況は，1929年以降，大きな転機を迎えることとなった．賠償改訂問題の紛糾，さらには財政危機→ワイマル大連合の崩壊→政治体制危機の顕現による外資の一挙的，激発性の流出が金流出と直接連動して発生することになったのである．

1　賠償改訂問題の紛糾にともなう大量の外資流出
（1）賠償問題の紛糾
　まず，賠償改訂問題から検討していくことにしよう[23]．
　賠償問題の一時的「解決」をもたらしたドーズ案による支払計画では，第1，第2年度は予算上のモラトリアムの期間であり，年次金は第1年度は10億金

第 7 章　短期資本の大量流出とマルク危機

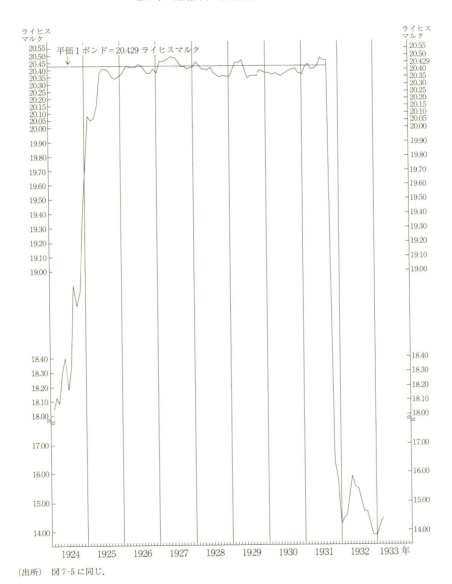

(出所)　図 7-5 に同じ.

図 7-6　ライヒスマルクの対ポンド為替相場　1924-33 年

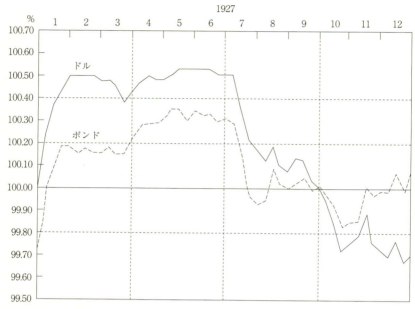

(注) 週平均の対平価百分比.
(出所) *Verwaltungsbericht der Reichsbank für das Jahr 1927*, Berlin, 1928, S. 6.

図7-7 ライヒスマルクの対ドルおよびポンド相場 1927年

マルク,第2年度は12億2,000万金マルク,次の第3,第4年度は過渡期として取扱うこととし,第3年度は当初12億金マルク(1926年9月に15億金マルクに改定),第4年度は17億5,000万金マルク,標準年度は第5年度(1928.9.1-1929.8.31)以降として,年次金は25億金マルク(約5億9,600万ドル)とした.第6年度以降の支払いは,繁栄指数(prosperity index)を考慮して決定せられるべきものとした(前掲表3-10).

ところでこの年次金の払込みは,本来ドイツの経常収支の黒字分から支払われねばならないものであるが,すでに述べたように,ドイツの経常収支は第一次大戦直前の時期と異なり,大幅な赤字を計上することになった.このため,ドイツはこの経常収支赤字を外国資本の大量取入れによってファイナンスし,かつ,賠償支払をも行ったのである.しかし,1928年9月1日から始まる第5

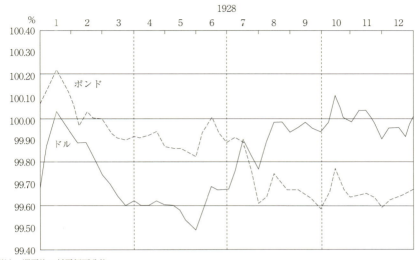

(注) 週平均の対平価百分比．
(出所) *Verwaltungsbericht der Reichsbank für das Jahr 1928*, Berlin, 1929, S. 6.

図 7-8 ライヒスマルクの対ドルおよびポンド相場　1928 年

年度には第 1 年度の 2.5 倍，第 4 年度の 1.4 倍の年次金 25 億金マルク（約 5 億 9,600 万ドル）の払込みが必要とされ，しかもこの金額が向こう 50 年間以上続くことが予定されたのである．したがって，ドイツにとって賠償支払総額の確定と年次金の減額を求めるドーズ案修正は不可避的な要求として登場してくることになった．これとならんで，あるいはこれと関連して，ライヒスバンク，ドイツ国有鉄道，郵便局に対する連合国の監督権の排除，とりわけ，ラインラントからの連合軍の撤退要求が重要な政治的問題として浮上してきた．

他方，賠償取立の強硬派のフランスは，イギリスとアメリカとの戦債協定の批准前に，ドイツからの賠償受取の年次金とその受取期間を確定すること，および賠償債務の商業化を望んだ．そこで新たなドイツ賠償専門家委員会（通称，ヤング委員会）が招集されて，賠償問題が再検討されることになった．この交渉過程において，債権国，とりわけフランスと債務国ドイツとの対立が露呈し，交渉は紛糾するに至った．これはドイツの短資移動に多大の影響を与えることになった．

1929年2月9日にパリに召集されたヤング委員会においては，債権国とドイツ側との間には賠償年次金をめぐって大きな開きがあった．債権国側は24億金マルクの年次金支払を要求した．4月16日にドイツの対案が覚書――いわゆるシャハト覚書――の形で提出された．それが，ドイツの賠償給付を16億5,000万金マルクの37年間の年次支払とするものであった．しかし，その提案には次の二項目の条件が付けられていた．「それは，ドイツが海外の原料基地を回復せねばならないことと，戦後ドイツが東部の農業生産過剰地域を割譲した結果，受けた損失がのぞかれねばならないことの二つである[24]．」

　債権国側から見て，ドイツのこの付帯条件は，まさにドイツの旧植民地とポーランド回廊の返還要求を意味した．フランスはこれに激怒し，会議は危機に陥った．

(2) 激発性の短資移動

　これまで述べてきたように，1929年2月に召集されたヤング委員会での賠償改訂交渉において独仏の対立が激化すると，ドイツから大量の短期資本が引き揚げられるに至った．その大半はフランス資金であろうと推測される[25]が，この短資流出が金流出と直結して惹き起こされることになった．

　表7-11に見られるように，ヤング委員会での交渉がデッド・ロックに乗り上げた1929年4月にはドイツから6億4,900万RMの短資が純流出している．しかも表7-14に明らかな如く，同じ時期にドイツからの大量の金流出が生じているのである．フランス向けの5億5,490万RMを筆頭に，アメリカへ約2億RM，ベルギーへ1億5,280万RMの純流出を記録し，総額9億2,870万RMの巨額に達している．

　この大量の金流出はライヒスバンクの金準備を直撃することになった．1929年1月7日には，金準備27億2,935万RM，法定外貨準備1億5,738万RM，合計28億8,672万RMの金・法定外貨準備を有していたのが，1ヵ月後の同年2月7日に，金準備27億2,911万RM，法定外貨準備1億4,030万RM，金・法定外貨準備28億6,941万RMと微減した後，同年4月6日に金準備25億7,953万RM，法定外貨準備3,370万RM，金・法定外貨準備26億1,322万RMへと減少をみ，以降，その減少の度合を強めて4月30日には，金準備18

億9,158万RM，5月31日には金準備17億6,453万RMと同年初めに比して9億6,482万RMという大幅減少を記録したのである（図7-1）．このため，ライヒスバンクの金準備率は，1929年1月7日の60.9％から4月30日には40.8％，5月31日には38.3％に，発券準備率も同一期間中に64.4％から43％，44.8％に下落した（図7-2）[26]．

　かかる大量の金流出と直結した激発性の短期資本移動は，ベルリン大銀行のバランスシート上にどのような変化をもたらしたのであろうか．この問題に着目するのは，すでに述べたように，短資流入が主としてアメリカ等の銀行からドイツ諸銀行に対する引受信用および外国現金信用の供与という形態で行われたという事実認識に基づくものである．表7-15はベルリン大銀行の5ヵ月間のバランスシートを示したものである．

　先程の大量の短資流出によってベルリン大銀行のバランスシート上に現われた変化として，最も重要な影響は，貸方（負債・資本）勘定における債権者勘定の減少である．その減少額は，1929年3月末と同年5月末とを比較すると，債権者勘定合計で約7億4,500万RMであり，7.6％の減少である．その内訳をみると，その他債権者勘定が金額で6億1,700万RM，率にして8.2％の減少を示している．その預金の種類別では，7日以内の預金が3億9,300万RM，10.9％の減少，8日以上3ヵ月以内の預金が4億1,200万RM，9.0％の減少となっている．

　このような減少は，「もっぱら，外国の引揚げによるものであった[27]．」これに対してベルリン大銀行は，借方（資産）勘定における手形の再割引，現金準備の取り崩しによって主として対応し，ルポール・ロンバート貸付，商品担保貸付，当座貸越の減少はわずかであった．他方で，ノストロ債権はできるだけ維持しようとしたのであって，その減少率は8.4％にとどまっている．しかも，4月末では前月比4.2％減にすぎなかった．

　換言すれば，ベルリン大銀行は外国預金の引出しに対処するのに必要な外国為替を獲得するためにライヒスバンクから借り入れようとした．ライヒスバンクは大量の金をニューヨークで売却して外国為替を補充したが，同行の外貨準備の急減を阻止できなかった．ベルリン大銀行等による輸出用金購入のための融資需要と発券準備率が法定最低限の40％近くにまで激落する事態に直面し

表7-14 ドイツの国別月別金輸出

	フランス	ベルギー	イギリス	オランダ	アメリカ
1929年 1月	—	+0.1	+1.9	—	+0.9
2月	+0.1	+0.1	+1.7	−0.1	+0.9
3月	+0.1	+0.1	+2.7	−0.2	+1.0
4月	−554.9	−152.8	−9.6	−17.1	−195.3
5月	+0.1	+0.2	+6.1	—	—
6月	+0.3	+0.1	+15.7	—	—
7月	+0.7	+0.2	+147.1	—	—
8月	+0.1	—	+104.8	−0.1	+3.1
9月	+0.2	—	+35.8	−0.1	+2.6
10月	+0.1	+0.3	+3.5	—	—
11月	—	+0.3	+4.5	—	+0.4
12月	—	+0.3	+7.3	—	+5.7
合　計1)	−553.2	−151.0	+321.5	−17.6	−180.7
1930年 1月	+0.2		+13.5	+0.2	+0.7
2月	+28.2		+113.8	+0.1	—
3月	+35.8		+5.8	+0.2	—
4月	+34.6	2)	+41.4	+0.1	+0.1
5月	+0.2		+27.9	+0.2	—
6月	+0.8		+29.1	+0.1	—
7月	+0.4	+0.1	+2.8	+0.1	—
8月	+0.7	+0.1	+2.3	+0.1	—
9月	−104.5	+0.3	+3.6	−0.1	—
10月	−352.4	+0.4	+7.7	−52.1	+0.2
11月	+0.6	+0.1	+4.4	—	—
12月	+0.4	+0.3	+31.8	−0.1	—
合　計1)	−354.8	+3.2	+284.3	−52.6	+1.0
1931年1月	+0.7		+5.6	+0.3	—
2月	+0.3		+8.4	+0.7	—
3月	+3.8		+5.2	+0.7	+0.1
4月	+0.2		+2.4	+1.3	—
5月	+0.2		+1.0	+1.8	+0.1
6月	−411.4	2)	−168.7	−101.9	−109.1
7月	+0.2		−8.4	+0.8	−47.2
8月	+0.9		+0.5	+2.3	—
9月	—		+2.3	−23.7	—
10月	−25.6		+0.5	−47.2	+2.9
11月	+0.1		+0.2	−69.5	+0.1
12月	+0.2		+2.3	+0.6	—
合　計1)	−428.4	−72.5	−148.0	−247.6	−151.8

(注) 1 捨五入のため個々の項目の総和は必ずしも「合計」と一致しない．
　　 2 その他に含まれる．
　　 3 7〜12月のアルゼンチン，南アフリカは含まない．
　　 4 ベルギーの年合計は含まない．
(出所) 1929年の各月と年合計，1930年の7-12月と年合計，1931年10-12月と年合計は，Statistischen Reichsamt-Jahrgang, Nr. 3, 1931, S. 113. 12. Jahrgang, Nr. 4, 1932, S. 118 により，それ以外は，*Federal Reserve* Bulletin, ルク相場は，The Board of Governors of the Federal Reserve System, *Banking and Monetary Statistics*

入額（ネット）1929-31年

(単位：100万ライヒスマルク)

アルゼンチン	南アフリカ	ソ　連	スイス	そ　の　他	合　計[1]
				+0.8	+3.7
{2)	{2)			+1.3	+4.0
				+0.8	+4.5
				+1.0	-928.7
				-0.2	+6.2
				+13.5	+29.6
+7.5	+40.7			+2.3	+198.5
—	+6.1			+0.3	+114.3
—	—			+0.9	+39.4
+12.5	+0.3			+0.7	+17.1
+12.4	+1.1			+0.7	+19.4
+27.5	+2.5			+1.2	+44.5
+59.6	+54.0			+20.3	-447.1
				+4.4	+19.0
{2)	{2)			+15.9	+158.0
				+19.6	+61.4
				+0.1	+76.3
				+0.1	+28.4
				+0.3	+30.3
—	+1.0	{2)	{2)	-0.2	+4.2
+0.4	+1.8			-0.3	+5.1
—	+2.3			-0.4	-98.8
—	+2.9			-0.2	-393.5
—	—			-0.5	+4.6
—	+5.2			-0.2	+37.4
+0.6	+34.3			+16.8 [3]	-67.2
		+43.5	+0.1	+0.1	+50.3
		+41.3	+0.1	+0.1	+50.9
		+32.4	+0.3	+2.0	+44.5
		+43.4	+0.2	+0.4	+47.9
		+21.7	+0.2	+1.8	+26.8
		+21.7	-25.8	-70.9	-866.1
		+22.4	+0.1	+5.2	-26.9
		—	-0.1	+0.3	+3.9
		—	-50.6	-0.3	-72.3
		+22.3	-88.7	+0.3	-135.5
		—	-108.1	—	-177.2
		—	+0.4	+0.1	+3.6
		+247.5	-269.0	+2.3 [4]	-1,067.5

(Hrsg.), *Wirtschaft und Statistik*, Berlin, 9. Jahrgang, Nr. 19, 1929, S. 807. 10. Jahrgang, Nr. 4, 1930, S. 165. 11. Vol. 18, No. 2, February 1932, p. 113 のドル表示を当該月の平均為替相場でライヒスマルクに換算して作成．ドルーマ *1914-1941, op. cit.*, p. 671 に拠る．

表 7-15　ベルリン大銀行*の貸借対照表
1929年2月末-6月末

(単位:100万ライヒスマルク,％)

		1929年2月末	1929年3月末(a)	1929年4月末	1929年5月末(b)	1929年6月末	b－a,	減少率％
借方	手許現金・外国貨幣・クーポン	93.9	127.4	110.9	98.0	135.7	－29.4	－23.1
	発券銀行・手形交換所銀行預ヶ金	101.0	90.5	105.1	117.9	120.9	＋27.4	＋30.2
	小切手・手形・無利子大蔵省証券	2,663.9	2,489.7	2,228.5	2,014.5	2,255.0	－475.2	－19.1
	ノストロ債権	1,030.8	1,156.8	1,108.4	1,059.4	1,144.8	－97.4	－8.4
	ルポール・ロンバート貸付	593.8	610.7	592.7	601.2	592.2	－9.5	－1.6
	商品担保貸付	1,416.8	1,444.2	1,412.5	1,408.2	1,402.9	－36.0	－2.5
	当座貸越(債務者勘定)	4,485.2	4,695.0	4,693.7	4,559.1	4,509.2	－95.9	－2.0
	所有有価証券	143.9	141.0	141.0	144.2	146.7	＋3.2	＋2.3
	引受団参与	140.1	152.9	147.8	147.3	144.9	－5.6	－3.7
	永続的参与	163.2	163.3	164.9	164.9	165.0	＋1.6	＋1.0
	長期貸付・店舗建物・その他不動産	183.5	187.6	188.8	184.4	189.7	－3.2	－1.7
	借方＝貸方合計	11,017.7	11,260.5	10,895.2	10,541.0	10,808.8	－719.5	－6.4
貸方	株式資本金	505.0	505.0	520.0	520.0	520.0	＋15.0	＋3.0
	積立金	251.1	264.6	274.1	274.1	274.1	＋9.5	＋3.6
	債権者勘定	9,558.6	9,779.0	9,417.3	9,034.3	9,317.6	－744.7	－7.6
	a 顧客のための第三者からの借入	1,240.0	1,218.1	1,237.6	1,248.5	1,264.4	＋30.4	＋2.5
	b 国内銀行・その他金融機関からの預り金	1,133.0	1,053.8	1,019.0	895.8	836.0	－158.0	－15.0
	c その他債権者勘定	7,185.5	7,506.6	7,160.6	6,889.6	7,216.5	－617.0	－8.2
	b＋cのうち							
	1. 7日以内の預金	3,445.5	3,616.5	3,401.2	3,224.0	3,434.6	－392.5	－10.9
	2. 8日以上3ヵ月以内の預金	4,593.3	4,589.3	4,395.7	4,177.5	4,215.9	－411.8	－9.0
	3. 3ヵ月超の預金	279.4	354.8	381.7	384.0	400.8	＋29.2	＋8.2
	引受手形・小切手	412.8	423.4	441.4	474.0	459.8	＋50.6	＋12.0
	長期外債・その他(含 純益)	290.2	288.5	242.4	238.6	237.3	－49.9	－17.3

(注)　*ドイチェバンク、ディスコント・ゲゼルシャフト、ドレスナー銀行、ダナート銀行、コムメルト・ウント・プリファート銀行の5行.
(出所)　*Die Bank* 所収の各月のMonatsbilanzen deutscher Kreditinstitute (*Die Bank*, 1929, S. 252, 314, 379, 437, 504) より作成.

たライヒスバンクは，29年4月25日に公定歩合を$6^1/_2$％から$7^1/_2$％へ引き上げた．しかし，この公定歩合引上げは十分な効果をあげ得なかったために，同行は同年5月4日に信用割当政策を実施して，信用供給総額の制限に乗り出した(図7-3)[28]．その結果，ベルリン大銀行はライヒスバンクでの手形の再割引による資金獲得が不可能となり，ノストロ債権の取り崩しをも行わざるを得なくなったのである．

　ライヒスバンクの金融引締と前後して5月6日にヤング賠償調停案が提出され，これを独仏両国が受諾することにより賠償交渉が妥結して，6月7日にヤ

第7章　短期資本の大量流出とマルク危機

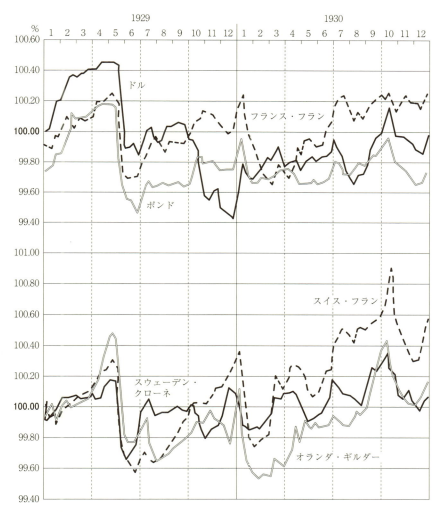

(注)　週平均の対平価百分比.
(出所)　*Verwaltungsbericht der Reichsbank für das Jahr 1930*, Berlin, 1931, S. 6.

図7-9　ライヒスマルクの対主要国通貨相場　1929-30年

ング案が提出されるに至った[29]．ヤング案は翌 30 年 1 月の第 2 回ハーグ会議で最終決定をみた．賠償改訂交渉の妥結にともない為替相場は，図 7-9 にみられるように，マルクに有利に好転して 29 年 5 月末までには内外資本の還流が始まった．この資本還流――その主要形態は短期資本であった――は，「一時的に外国為替および国内信用問題の両方を解決した[30]．」信用割当政策はその有効性を喪失し，29 年 6 月中旬には停止された[31]．

(3) ヤング案の概要

このヤング案の概要は次の如くである[32]．

まず第一に，ドイツの賠償支払の総額と期間が最終的に確定され，ドイツの賠償負担はかなり軽減されることになった．ドーズ案の標準年度の年次金は 25 億金マルクであったのに対して，ヤング案では，ドイツが 1929 年 9 月 1 日から 1966 年 3 月 31 日までの 37 年間に支払うべき年次金は 17 億金マルクから 24 億金マルク，平均して 19 億 8,880 万金マルクと定められ，続いてさらに 22 年間（1988 年度まで）に 16 億金マルクから 9 億金マルクの年次金の支払義務を負うことになり，この年次金はいかなる事情があっても支払わねばならない無条件部分（年次金 6 億 6,000 万金マルク）と一定の条件の下では債権国宛の振替送金が 2 年間猶予される条件付部分とに分けられた．

第二には賠償支払の財源についてである．ヤング案による年次金の財源は，①ドイツ国有鉄道と②ドイツの国家予算の二つである．鉄道債券は廃止され，ドイツ国有鉄道による直接税の支払いに変えられた．

第三にはトランスファー保護規定が廃止されて，賠償支払はドイツ自らの責任によって外貨で払い込まねばならなくなったことである．ドーズ案においては，ドイツ国内でのマルクによる調達と外貨での引渡しを分離して，ドイツは国内で調達された財源をマルクでライヒスバンクに支払えば，その義務を履行したものとみなされ，この賠償支払金を外貨で引き渡すのは引渡委員会 (Transfer Committee) の責任であったのとは対照的である．

第四にはラインラントの占領の解除，ライヒスバンク，ドイツ国有鉄道に対する外国人監視制度も廃止された．

第五には国際決済銀行の設立である．ドーズ案の下では，賠償金の受理なら

びに管理は引渡委員会によって実施されており，賠償支払総代理人は同委員会の委員長であった．国際決済銀行を設立して引渡委員会および賠償支払総代理人のはたしていた業務を引き継がせようとしたのである．同時に，同行は「各中央銀行の協力を促進することおよび国際金融業務のために付加的便益を提供すること[33]」等をも目的にしてスイスのバーゼルに設立され，1930年5月17日に開業した．当初，同行の創設に参加したのは21ヵ国の中央銀行とアメリカの銀行団および日本の銀行団であり，その資金は小額であった．1931年5月末で同行の資産は4億1,200万ドルで，その資産の大部分はドルに投資され，残りの部分はポンドに投資されたのであり，通貨支持のための資金は1億ドルにすぎなかった[34]．

2　財政危機，政治体制危機にともなう外資流出

1929年後半は短期資本の流入が継続した．この期間中は長期資本の流入——ドイツの新規の長期海外証券発行——は5,000万RM以下と少額で回復しないままであった．しかし，翌30年春には外国短期資本の流入は途絶する．これに代わって，長期外国資本の流入が一時的に回復する．1930年1-4月の期間中に，ドイツの長期対外証券発行額は3億4,800万RMに達した．この金額は1929年のドイツの長期資本輸入総額に等しい額である[35]．

規模は縮小したが，資本流入の復活がみられるとともに，貿易収支が改善した．1929年上半期には2億8,700万RMの赤字であったのが，同年下半期には3億2,700万RMの黒字に転換した．さらに1930年上半期には5億100万RMの黒字へと増大をとげた．したがって，1929年下半期から1930年上半期の1年間で8億2,800万RMの黒字に達した．1930年には暦年ベースでは，15億5,800万RMの大幅黒字に転化した[36]．このような貿易収支の大幅な好転は，1929年には輸出の著増とドイツの経済不況にともなう輸入の減少によるものであり，1930年には輸入が急減したことによるものである[37]．その結果，経常収支も大幅な改善をみることになり，1929年では前年に対して7億2,300万RM，30年では前年の29年に対して18億5,900万RMの大幅な改善をとげることになった（表7-1）．

1930年6月12日にはヤング公債が国際市場において発行されて，その手取

金は3億200万ドルに達した．1930年1-6月には長期資本収支で7億3,000万RM，短期資本収支で1億9,400万RMの各純流入，その他の資本収支で1,300万RMの純流出，合計で9億1,100万RMの資本の純流入となった[38]．だが，この長期外国資本の流入の一時的な回復は「見かけ上」のものにすぎなかった．

しかし，経常収支の大幅改善，長期資本流入の一時的回復によってライヒスバンクの金・法定外資準備は増大した．1929年6月29日には，金準備は19億1,138万RM，法定外貨準備は3億6,053万RM，金・法定外貨準備は22億7,191万RM，金準備率は39.5%，発券準備率は47%であったのが，1929年12月31日には金準備は22億8,312万RM，法定外貨準備は4億359万RM，金・法定外貨準備は26億8,670万RMに増加し，金準備率は45.3%，発券準備率は53.3%に上昇した．1930年6月30日には，金準備は26億1,887万RM，法定外貨準備は4億5,905万RM，金・法定外貨準備は30億7,792万RMへと増加し，金準備率は46.3%，発券準備率は65.7%へと上昇した（図7-1，7-2）[39]．したがって，この1年間で，金準備は7億749万RM，法定外貨準備は9,852万RM，金・法定外貨準備は8億601万RMの増大，率にして，それぞれ，37%，27.3%，35.5%の増大，金準備率は6.8%，発券準備率は18.7%の好転となった．ライヒスバンクの金・法定外貨準備保有高は，1924年のマルク安定以降の最高額に到達した．しかし，「ライヒスバンクのポジションは外見上のみ強かったにすぎない[40]．」危機が進行しつつあった．

(I) 財政危機とヴァイマル大連合の瓦解

1928年5月に行われた国会選挙の結果，表7-16に示される如く，ドイツ社会民主党（SPD）は「1919年以来の最大の成功を収め」，前回より22議席増の153議席を獲得して議会第1党の地位を占めた．ドイツ共産党（KPD）も「50万票を新たに獲得して，325万票に達し」，9議席増の54議席と前進した[41]．これに反して，ドイツ国家人民党を筆頭にして人民，民主，中央のブルジョア政党は，軒並み議席を減らして敗北した．その1ヵ月後，社会民主党のヘルマン・ミュラーを首班として，人民党のシュトレーゼマンを外相，社会民主党のヒルファーディングを蔵相とする，社会民主党，中央党，バイエルン人民党，

表 7-16　国会選挙結果　1919-33 年

	1919.1.19		1920.6.6		1924.5.4		1924.12.7		1928.5.20		1930.9.14		1932.7.31		1932.11.6		1933.3.5	
有権者数 (100万)	36.8		35.9		38.4		39.0		41.2		43.0		44.2		44.4		44.7	
投票率 (%)	82.7		79.1		77.4		78.8		75.6		82.0		84.0		80.6		88.7	
政党	議席数	得票率(%)	議席数	得票率(%)	議席数	得票率(%)	議席数	得票率(%)	議席数	得票率(%)	議席数	得票率(%)	議席数	得票率(%)	議席数	得票率(%)	議席数	得票率(%)
ナチス	—	—	—	—	32	6.6	14	3.0	12	2.6	107	18.3	230	37.4	196	33.1	288	43.9
ドイツ国家人民党	44	10.3	71	15.1	95	19.5	103	20.5	73	14.2	41	7.0	37	5.9	52	8.8	52	8.0
ドイツ人民党	19	4.4	65	14.0	45	9.2	51	10.1	45	8.7	30	4.5	7	1.2	11	1.9	2	1.1
ドイツ民主党 (1930年以降ドイツ国家党)	75	18.6	39	8.4	28	5.7	32	6.3	25	4.9	20	3.8	4	1.0	2	1.0	5	0.9
経済党 (バイエルン農民同盟を含む)	4	0.7	—	—	10	2.4	17	3.3	23	4.5	23	3.9	2	0.4	1	0.3	—	—
保守人民党											4	0.8	—	—	—	—	—	—
キリスト教社会人民奉仕											14	2.5	3	0.9	5	1.2	4	1.0
全国農村同盟					10	1.9	8	1.7	3	0.7	3	0.6	2	0.3	2	0.3	1	0.2
キリスト教国家農民農村民党									10	1.9	19	3.2	1	0.2	—	0.1	—	—
ドイツ農民党									8	1.6	6	1.0	2	0.4	2	0.4	2	0.3
人民正義党									2	1.6	—	0.8	1	0.1	—	—	—	—
ドイツ-ハノーヴァー党	1	0.2	5	1.2	5	1.1	4	0.9	3	0.6	3	0.5	—	0.1	—	0.1	—	—
ミニ政党	2	0.4	—	1.1	4	3.1	—	1.6	2	0.9	—	0.7	—	0.2	—	0.1	—	—
ブルジョア政党計	145	34.6	184	40.6	229	49.5	229	47.4	206	44.3	270	47.6	289	48.1	273	47.4	354	55.5
バイエルン人民党			21	4.2	16	3.2	19	3.7	16	3.1	19	3.0	22	3.2	20	3.1	19	2.7
中央党	91	19.7	64	13.6	65	13.4	69	13.6	62	12.1	68	11.8	75	12.5	70	11.9	73	11.2
カトリック政党計	91	19.7	85	17.8	81	16.6	88	17.3	78	15.1	87	14.8	97	15.7	90	15.0	92	13.9
ドイツ社会民主党	163	37.9	102	21.6	100	20.5	131	26.0	153	29.8	143	24.5	133	21.6	121	20.4	120	18.3
ドイツ独立社会民主党	22	7.6	84	18.0	—	0.8	—	0.3	—	0.1	—	—	—	—	—	—	—	—
ドイツ共産党	—	—	4	2.0	62	12.6	45	9.0	54	10.6	77	13.1	89	14.6	100	16.9	81	12.3
労働者政党	185	45.5	190	41.6	162	33.9	176	35.3	207	40.5	220	37.6	222	36.2	221	37.3	201	30.6
議員総数	421		459		472		493		491		577		608		584		647	
有効投票総数 (100万)		30.4		28.2		29.3		30.3		30.8		35.0		36.9		35.5		39.3

(出所)　B. Gebhardt, *Handbuch der deutschen Geschichte*, Bd. 4, Union Verlag, Stuttgart, 1959, S. 346-47. 政党のグループ別分類は, 栗原　優『ナチズム体制の成立』ミネルヴァ書房, 1981 年, 176 頁に拠る.

人民党, 民主党を包摂したヴァイマル大連合内閣が成立した. このヘルマン・ミュラー第二次内閣は, ドーズ案改訂交渉を乗り切ってヤング案を成立させたが, 経済・財政・社会政策上の改革という難題に直面した. 恐慌の進展にともない, 1929 年後半以降, 株価, 工業生産は下落の度を強めていった (図 7-10,

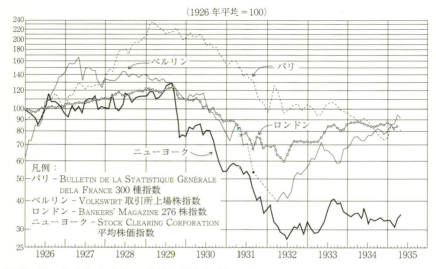

（出所） New York Stock Exchange Bulletin, Vol, VI, No. 6, June, 1935, p. 1.

図 7-10　主要国の普通株の株価推移　1926-35 年

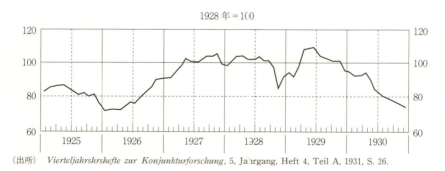

（出所） Vierteljahrshrshefte zur Konjunkturforschung, 5, Jahrgang, Heft 4, Teil A, 1931, S. 26.

図 7-11　ドイツの工業生産指数　1925-30 年

7-11 参照）. 失業者数も 29 年の第 4・四半期以降増大傾向が定着して 29 年 12 月には 285 万人, 翌 30 年 1 月には 322 万人に達し（図 7-12), 失業率も 28 年の 7.0% から 29 年には 9.6%, 30 年には 15.7% へと急増をとげた（表 7-17)[42]. このような恐慌の進行は国家財政の一層の悪化をもたらし, 表 7-18 にみられ

第 7 章　短期資本の大量流出とマルク危機　　　　　　　　　　299

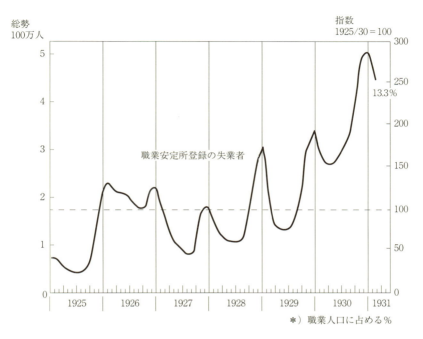

（出所）　*Vierteljahrshefte zur Konjunkturforschung*, 6. Jahrgang, Heft 1, Teil A, 1931, S. 29.

図 7-12　ドイツの失業者数　1925-31 年

る如く，28 年度にはついに 1 億 5,400 万 RM の赤字を計上するに至り，翌 29 年度には 3 億 1,100 万 RM の赤字へと赤字額が急増していった．特に失業保険の改革が重要課題として浮上した．失業保険掛金の増額問題をめぐって社会民主党内の分裂と対立が生じ，最終的にはブリューニング調停案を社会民主党が拒否することによって，ヘルマン・ミュラー内閣は 30 年 3 月 27 日に崩壊した[43]．

その後を受けて「権威主義的半独裁内閣[44]」として成立した中央党のブリューニングを首班とする政権は少数党内閣であり，その支持を議会外に，大統領に求めてデフレ政策を推し進めて議会との対立を深め，30 年 7 月 18 日に議会の解散に踏み切った．

ところが，同年 9 月 14 日に行われた議会総選挙においては，表 7-16 に明ら

表 7-17 ドイツの失業率 1924-33 年

(単位：％)

年	％
1924 年	13.1
25	6.8
26	18.2
27	9.0
28	8.6
1928	7.0
29	9.6
30	15.7
31	23.9
32	30.8
33	26.3

(注) 1924-28 年は労働組合員数のうちの失業者数の％．
1928-33 年は被雇用者数のうちの失業者数の％．
(出所) Wirtschaftswissenschaftliches Institut der Gewerkschaften GmbH, *Wirtschafts-und sozialstatistisches Handbuch*, Bund-Verlag, Köln, 1960, S. 45.

かなように，ナチス（国民社会主義ドイツ労働者党，NSDAP）が前回の 12 議席から一挙に 107 議席へと躍進して第二党に進出し，共産党も 23 議席増 77 議席を獲得した．社会民主党は第一党の地位にとどまったものの 10 議席減の 143 議席と後退し，国家人民党をはじめとする人民党，国家党というブルジョア政党は軒並み惨敗を喫した．

(2) 大量の短資・金流出

「9 月の国会選挙におけるナチ党の予想外の大量得票は，当時の〔ドイツ〕金本位制が依拠していた全く不安定な金融的均衡に大いに打撃を与えた[45]．」ナチスはヴェルサイユ体制，ヴァイマル体制の打倒を標榜する政治勢力であったから，ナチスの飛躍はヴァイマル政治体制の危機的様相の更なる深化をもたらしたので，「1929 年初のヤング案危機の時に似た大規模な一時的外貨流出と資本逃避とがふたたび発生した[46]．」外国短資の流出に外国人によるドイツ証券の全般的な売却とドイツ資本の逃避が付け加わった．イギリスの諸銀行による外国引受信用枠は減少しなかったが，多額の 3 ヵ月期限の外国現金信用の引揚げの通知がなされた[47]．しかも資本の流出が金流出と直結して生じたのである．表 7-14 に明らかなように，ドイツからの金流出先は圧倒的にフランスである．フランスは，30 年 9 月には 1 億 450 万 RM，10 月にはその 3 倍強の 3 億 5,240 万 RM とこの 2 ヵ月間で 4 億 5,690 万 RM の金をドイツからネットで吸収した．

このような大量の短資および金流出は，ライヒスバンクの金・外貨準備の急減をもたらすことになった．ライヒスバンクは，1930 年 8 月 30 日には，金準備 26 億 1,8994 万 RM，法定外貨準備 3 億 6,904 万 RM，合計 29 億 8,798 万 RM の金・法定外貨準備を有していたのが，同年 10 月 31 日には，金準備 21

表7-18 ドイツ国家（ライヒ）財政収支
1925-31年度
(単位：100万ライヒスマルク)

	1925	1926	1927	1928	1929	1930	1931
A. 経常歳入							
I. 租税・関税収入	6,856.3	7,175.0	8,490.3	9,024.5	9,081.5	9,025.7	7,790.0
II. 行政収入・営利資産収入	317.9	502.0	467.2	625.6	1,045.7	1,229.2	1,146.8
経常歳入合計(I+II)	7,174.2	7,677.0	8,957.5	9,650.1	10,127.2	10,254.9	8,936.8
B. 歳出総額	7,415.1	8,530.6	9,311.8	10,887.8	10,804.0	11,727.5	9,555.2
C. ライヒ財政の決算結果							
I. 経常収入と支出の実質差額							
(1) 当該年度の経常収入と支出の差額	−240.9	−853.5	−354.3	−1,237.7	−676.9	−1,472.6	−618.4
(2) 支出未済額等の調整							
(a) 前年度から繰り越された支出未済額	395.6	382.0	58.5	54.8	−704.1	−706.4	−101.9
(b) 次年度へ繰り越す支出未済額	382.0	58.5	54.8	−704.1	−706.4	−101.9	215.6
(c) 過年度欠損の補填のために発行された短期債の特別償還	—	—	—	—	—	465.0	420.0
経常収入と支出の実質差額 ((1)+(a)−(b)+(c))	−227.3	−530.0	−350.6	−478.8	−674.6	−1,612.1	−515.9
II. ライヒ財政収支の総括							
(1) 欠損補填のための臨時収入	407.4	729.5	512.6	324.4	364.0	887.1	15.9
ライヒ財政収支の総括(I+(1))	180.1	199.5	162.0	−154.4	−310.6	−725.0	−500.0
III. 決算上の収支差額							
(1) 当該年度収支差額	180.1	199.5	162.0	−154.4	−310.6	−725.0	−500.0
(2) 当該年度までの累積額 (1925年3月末現在は−496.4)	400.1*	199.5	162.0	−154.4	−465.0	−1,190.0	−1,690.0

(注)　*前年度剰余金の受入2億2,000万ライヒスマルクおよび当年度の剰余金1億8,010万ライヒスマルクの合計．
(出所)　大島通義「第三帝国の財政統計・増補改定版(2)」『三田学会雑誌』第84巻第3号，1991年，147-9頁より作成．

億8,022万RM，法定外貨準備1億9,848万RM，金・法定外貨準備23億7,870万RMへと，金準備で4億3,872万RM，法定外貨準備で1億7,056万RM，金・法定外貨準備で6億928万RMの減少となった．この結果，ライヒスバンクの金準備率は30年8月30日の55.6%から同年10月31日には46.6%へと9%の低下となり，発券準備率も同一期間中に63.5%から50.9%へと12.6%の下落を記録した（図7-1, 7-2）[48]．

このような短資移動により，「今回も商業銀行のうちベルリン大銀行が特に大きな打撃を受けた[49]．」では大量の短資移動がベルリン大銀行のバランスシート上にどのような変化を招来させたかを，表7-19に基づいて，1930年9月末と同年10月末を比較検討していくことにしよう．

第一の変化は，貸方勘定における債権者勘定の減少が生じた点に表われている．すなわち，債権者勘定全体では，金額で5億300万RM，率にして4.7%の減少となっている．その債権者勘定の内訳をみると，その他債権者勘定が金額で5億800万RM，率にして6.4%の減少を記録している．預金の種類別では，7日以内の預金が3億400万RM，7.6%，8日以上3ヵ月以内の預金が3億1,000万RM，6.5%，3ヵ月超の預金が4,000万RM，11.8%の減となって，すべての種類にわたって減少を示している．

　このような短資の流出に対して，ベルリン大銀行は現金準備の取り崩し（金額で6,000万RM，率で22.7%の減），手形等の再割引（金額で2億2,900万RM，率で9.3%減）によって対応したことがバランスシート上に反映されている．これが第二の変化である．ただし，今回の場合には，ノストロ債権の減少は29年の時を金額，率とも上回っている．

　今回の急激な短資流出に際しては，国際決済銀行によるRM支持操作が実施された．「しかし，この支持の形態は奇妙であり，支持の範囲は小さかった[50]．」国際決済銀行の資産の大部分はドル建で保有されているにもかかわらず，ドルは使用されなかった．国際決済銀行は，ポンドがドルに対して為替平価を下回っている状況（前掲図5-3参照）にもかかわらず，ポンドを売ってドルを買い，次にそのドルを売ってRMを買うという支持操作を行った．支持金額は約200万ドル（840万RM）という小額にすぎなかった[51]．しかし，10月12日に交渉妥結に至ったアメリカの投資銀行リー・ヒギンソン商会を中心とする国際的コンソーシアムによる1億2,500万ドル（5億RM）の借款供与によって財政危機はひとまず回避された[52]．

　ところですでに述べたように，1928年後半から29年10月24日のニューヨーク証券市場の株価暴落前までの期間中のニューヨークへの短期貨幣資本の流入は，基本的にニューヨークの利子率の高騰，ドル相場の堅調あるいは金輸入点を上回る上昇，さらには空前の株高の下でのキャピタル・ゲインの獲得を目指しての資金移動によるものであった．これに対して，1929年4月および1930年10月におけるドイツからの一挙的・激発的な大量の短期資本移動は，金利差あるいは国際収支の一時的な不均衡を埋め合わせるために生じたものではない．この資本移動は資本逃避（capital flight）に該当するものであって，

第7章 短期資本の大量流出とマルク危機　　　303

表 7-19　ベルリン大銀行*の貸借対照表
1930 年 7 月末-11 月末

(単位：100万ライヒスマルク，％)

		1930年7月末	1930年8月末	1930年9月末(a)	1930年10月末(b)	1930年11月末	b−a,	減少率%
借方	手許現金・外国貨幣・クーポン	149.2	95.7	146.0	94.9	90.7	−51.1	−35.0
	発券銀行・手形交換所銀行預ヶ金	93.8	93.2	119.6	110.3	106.7	−9.3	−7.8
	小切手・手形・無利子大蔵省証券	2,705.8	2,670.9	2,449.4	2,220.4	2,279.1	−229.0	−9.3
	ノストロ債権	1,072.4	929.9	924.3	824.1	854.8	−100.2	−10.8
	ルポール・ロンバート貸付	432.9	410.5	381.5	351.1	333.8	−30.4	−8.0
	商品担保貸付	1,597.4	1,572.0	1,603.8	1,721.8	1,770.5	+118.0	+7.4
	当座貸越（債務者勘定）	5,827.6	5,891.2	5,903.8	5,798.9	5,698.3	−104.9	−1.8
	所有有価証券	183.9	176.1	178.4	172.8	162.3	−5.6	−3.1
	引受団参与	180.6	189.1	183.2	183.3	160.3	+0.1	+0.1
	永続的参与	108.2	108.3	108.4	108.8	109.7	+0.4	+0.4
	長期貸付・店舗建物・その他不動産	199.5	199.2	199.3	198.0	199.0	−1.3	−0.7
	借方＝貸方合計	12,551.5	12,336.3	12,197.7	11,784.4	11,765.2	−413.4	−3.4
貸方	株式資本金	520.0	520.0	520.0	520.0	520.0	—	—
	積立金	294.5	294.5	294.5	294.5	294.5	—	—
	債権者勘定	11,004.1	10,775.6	10,625.0	10,121.8	10,102.8	−503.2	−4.7
	a 顧客のための第三者からの借入	1,507.7	1,456.3	1,511.7	1,662.9	1,730.5	+151.2	+10.0
	b 国内銀行・その他金融機関からの預金	1,106.4	1,146.9	1,129.7	983.0	1,024.2	−146.7	−13.0
	c その他債権者勘定	8,390.0	8,172.4	7,983.6	7,475.5	7,348.0	−508.1	−6.4
	b+c のうち							
	1. 7日以内の預金	3,847.1	3,689.2	3,984.3	3,680.2	3,653.2	−304.1	−7.6
	2. 8日以上3ヵ月以内の預金	5,313.1	5,282.7	4,789.2	4,478.9	4,470.3	−310.3	−6.5
	3. 3ヵ月超の預金	336.1	347.4	339.8	299.7	248.7	−40.1	−11.8
	引受手形・小切手	468.9	483.7	505.6	603.8	617.2	+98.2	+19.4
	長期外債	264.0	262.5	252.6	244.6	230.7	−8.0	−3.2

(注)　*D−D銀行，ドレスナー銀行，ダナート銀行，コムメルト・ウント・プリファート銀行の4行．
(出所)　*Die Bank* 所収の各月の Monatsbilanzen deutscher Kreditinstitute (*Die Bank*, 1930, S.1373, 1566, 1719, 1867, 1931, S.30) より作成．

「貨幣元本の予想される損傷というリスクを避けたいとの願望を動機とする」 もので，「各国通貨表示の資産を価値の安定した外国通貨，さらにばあいによっては金へ振替ようと先を競う努力を通じて行われた[53]」のである．「資金逃避は，主として政治的或は経済的不安にもとづく逃亡」であり，「資本が常時において急速に移動する」という特質を有し，「しかも，その移動が量的に大きく，その結果において重大の事態を惹起する」と位置付けることができる[54]．

　1929年4月の賠償改訂交渉難航時におけるドイツからの大量の短資流出についてもう一度振り返ってみよう．公定歩合はドイツが $6\frac{1}{2}$％，アメリカが

5%, イギリス 5$^1/_2$%, フランスが 3$^1/_2$%, ベルギーが 4$^1/_2$% (前掲図 5-4 も参照), 市場の短期利子率はベルリンが 6.63%, ニューヨークが 5.50%, ロンドンが 5.21%, パリが 3.44% ブリュッセルが 3.97% となっており (前掲図 5-5 も参照), いずれもドイツ側が高い水準にあったのである[55]。また, 貿易収支は前年の 28 年の約 13 億 RM の赤字から 29 年には 4,400 万 RM の赤字へと大幅な収支の改善を示しており, 経常収支赤字も約 32 億 RM から 25 億 RM に縮小している (表 7-1)。

次の 1930 年 10 月の国会選挙におけるナチスの躍進によるヴァイマル体制の危機の進展の場合においても, 公定歩合はドイツが 4%, アメリカが 2$^1/_2$%, イギリスが 3%, フランスが 2$^1/_2$%, オランダが 3% (前掲図 5-4 も参照), 市場の短期利子率はベルリンが 4.66%, ニューヨークが 1.88%, ロンドンが 2.09%, パリが 2.00%, アムステルダムが 1.59% となっており (前掲図 5-5 も参照), ドイツの利子率が各国のそれを上回っている[56]。また, 貿易収支は 1930 年には約 16 億 RM の黒字に転換しており, 経常収支は 6 億 RM の赤字へと顕著な改善を示している (表 7-1)。

この二つの事例が示しているように, 29 年のニューヨークのコール・レートを除けば, 金利はドイツが他の国々に比して高水準に位置しており, 貿易収支, 経常収支が顕著な改善傾向を示しつつある中での, 激発性の資本流出が生じたのであり, まさに資本逃避と呼ぶにふさわしい現象である。このような資本流出は, 1931 年 5 月から始まるヨーロッパ金融恐慌の前兆, 序曲をなすというべきものである。

注

1) 新銀行法の条文は, W. Hofmann (Hrsg.), *Handbuch des gesamten Kreditwesens*, a. a. O., S. 401-21 に収録されている。邦訳は, 日本銀行調査局『独逸国家銀行 (Reichsbank) 法──附同行定款案』前掲, がある。
2) 加藤栄一『ワイマル体制の経済構造』東京大学出版会, 1973 年, 159-64 頁, 居城弘「金融資本段階のドイツ信用制度の構造と変動」『金融経済』216 号, 1986 年, 21-7 頁。
3) 居城弘, 同上論文。
4) 1924-26 年 6 月までのドイツの国際収支は, Institut für Konjunkturforschung (Hrsg.), *Vierteljahrshefte zur Konjunkturforschung*, 1. Jg. 1926, Erg.-Heft 2 に,

第7章　短期資本の大量流出とマルク危機　　　　　　　　　　　　　　305

　1926年から1932年までの各年については，Statistischen Reichsamt (Hrsg.), *Wirtschaft und Statistik*, Berlin, 7. Jg. 1927, Heft 9. 8. Jg. 1928, Heft 5. 9. Jg. 1929, Heft 10. 10. Jg. 1930, Heft 11. 11. Jg. 1931, Heft 12. 12. Jg. 1932, Heft 10. 13. Jg. 1933, Heft 6 に収録されている．また，1924-29年までの時期については，Ausschuß zur Untersuchung der Erzeugungs＝und Absatzbedingungen der deutschen Wirtschaft (Enquete Ausschuß), *Die deutsche Zahlungsbilanz*, E. S. Mittler & Sohn, Berlin, 1930. 1924-33年までの時期については，'Die deutsche Zahlungsbilanz der Jahre 1924-1933', *Sonderhefte zu Wirtschaft und Statistik*, Nr. 14, 1934. 1928-32年の時期におけるドイツの各国別収支については，'Die deutsche Zahlungsbilanz nach Ländern', *Sonderhefte zu Wirtschaft und Statistik*, Nr. 11, 1934 が分析している．最近の邦語文献としては，加藤國彦『1931年ドイツ金融恐慌』御茶の水書房，1996年，第7章「再建国際金本位制下のドイツの対外経済構造」がある．以下の叙述においても，同書を参照している．

5)　ドイツの輸入貿易金融に関しては，O. W. Mueller, *The Organization of Credit and Banking Arrangements in Germany*, National Monetary Commission, *Miscellaneous Articles on German Banking*, Senate Documents No. 508, 1910, pp. 141-2．赤川元章『ドイツ金融資本と世界市場』慶應通信，1994年 123-7頁，居城弘『ドイツ金融史研究』ミネルヴァ書房，2001年，432-5頁を参照．ドイツの輸出貿易金融に関しては，A. J. Wolfe, *Foreign Credits, A Study of the Foreign Credit Problem with a Review of European Methods of Financing Export Shipments*, 1913, United States Goverment Printing Office, Washington, pp. 19-38．赤川元章，同上書，127-9頁，居城弘，同上書，435-8頁を参照．

6)　外国銀行の引受信用の利用が増大した原因については，Enquete Ausschuß, *Der Bankkredit, a. a. O.*, S. 93-5．生川栄治『現代銀行論』日本評論新社，1960年，64-5，67頁，小湊繁「相対的安定期におけるドイツの大銀行と産業の資本蓄積」(一)，東京大学『社会科学研究』第22巻第1号，1970年，65-73頁，大矢繁夫『ドイツ・ユニバーサルバンキングの展開』北海道大学図書刊行会，2001年，46-8頁参照．

7)　Enquete Ausschuß, *Der Bankkredit, a. a. O.*, S. 89-90.

8)　外国現金信用に関しては，Enquete Ausschuß, *Der Bankkredit, a. a.O.*, S. 83-5. P. B. Whale, *Joint Stock Banking in Germany*, A. M. Kelley, New York, 1930 (reprint 1968), pp. 268-9．生川栄治，前掲書，65-7頁，小湊繁，前掲論文，105-10頁，大矢繁夫，同上書，52-3頁を参照．なお，外国現金信用の外貨建とライヒスマルク建の構成比は明示されていない (Deutsche Bundesbank [Hrsg.], *Deutsche Geld-und Bankwesen in Zahlen 1876-1975, a. a. O.*, S. 330).

9)　ドイツの対外債務の各種の推計値は，*Untersuchung des Bankwesens 1933*, II. Teil, Carl Heymanns Verlag, Berlin, S. 462-3 に表示されており，レイトン報告 ('The Credit Situation of Germany. Report of the Committee appointed on the recommendation of the London Conference, 1931') は，*Supplement to the Economist*, August 22, 1931 に収録されている．C. R. S. Harris, *Germany's Foreign Indebtedness*, Arno Press, New York, 1935 (reprint 1978) はドイツの対外債務に

ついて論じている.

10) W. A. Brown, *The International Gold Standard Reinterpreted 1914-1934*, Vol. II, *op. cit*., p. 931.
11) ライヒスバンクの金融政策の展開に則して，同行の金・法定外貨準備の変動について論じた最近の邦語文献として，工藤章『20世紀ドイツ資本主義』東京大学出版会，1999年，第Ⅰ部第1章「西方指向―再建金本位制下の金融政策―」，第Ⅱ部第1章「西方指向の挫折―再建金本位制の崩壊―」，加藤國彦『1931年ドイツ金融恐慌』前掲，第6章「ライヒスバンクの金融政策の展開」がある．本節の叙述においては，両氏の研究を参照した．なお，加藤國彦氏の著作では，法定外貨準備の変動についても分析されている.
12) H. Schacht, *Die Stabilisierung der Mark, a. a. O*., S. 158. 日本銀行調査局訳『マルクの安定』前掲, 166頁.
13) ライヒスバンクの金準備，法定外貨準備，銀行券（ライヒスバンク券）流通高は，*Verwaltungsbericht der Reichsbank*, jeder Jahrgang に収録された数値に基づいている．金準備率，発券準備率はこの数値に基づいて計算している（図7-2参照）．*Verwaltungsbericht der Reichsbank für das Jahr 1924*, Berlin, 1925, S. 48, 50. *Verwaltungsbericht der Reichsbank füdas Jahr 1925*, Berlin, 1926, S. 56-57.
14) *Verwaltungsbericht der Reichsbank für das Jahr 1926*, Berlin, 1927, S. 58.
15) Enqutet Ausschuß, *Die Reichsbank*, E. S. Mittler & Sohn, Berlin, 1929, S. 76-7. W. A. Brown, Jr., *The International Gold Standard Reinterpreted 1914-1934*, Vol. I, *op. cit*., p. 486. G. W. J. Bruins, 'The Movements of Gold into and out of Germany since 1924,' in League of Nations, *Selected Documents on the Distribution of Gold submitted to the Gold Delegation of the Financial Committee, op. cit*., p. 16. 国際連盟事務局東京支局訳『英米独仏における金移動問題』前掲, 32頁. S. Flink, *The German Reichsbank and Economic Germany*, Greenwood, New York, 1930 (reprint 1969), p. 191. M. B. Northrop, *Control Policies of the Reichsbank 1924-1933, op. cit*., p. 313.
16) *Verwaltungsbericht der Reichsbank für das Jahr 1926, a. a. O*., S. 58.
17) W. A. Brown, Jr., *op. cit*., Vol. I, p. 480. Enquete Ausschuß, *Die Reichsbank, a. a. O*., S. 83.
18) *Verwaltungsbericht der Raichsbank das Jahr 1927*, Berlin, 1928, S. 7, 52. G. W. Bruins, *op. cit*., p. 18. 前掲邦訳, 38頁.
19) *Verwaltungsbericht der Reichsbank für das Jahr 1927, a. a. O*., S. 52-3 より算出.
20) *Verwaltungsbericht der Reichsbank für das Jahr 1927, a. a. O*., S. 4. M. B. Northrop. *op. cit*., pp. 314-5.
21) G. Hardach, *Weltmarketorientierung und relative Stagnation. Wahrungspolitik in Deutschland 1924-1931*, Dunker & Humblot, Berlin, 1972, S. 95. Sir Henry Clay, *Lord Norman, op. cit*., pp. 244-5.
22) *Verwaltungsbericht der Reichsbank für das Jahr 1927, a. a. O*., S. 52. Verwaltun-

gsbericht der Reichsbank für das Jahr 1928, Berlin, 1929, S. 53.

23) ドーズ案改訂交渉開始からヤング案成立に関しては，有澤廣巳・阿部勇『世界恐慌と国際政治の危機』改造社，1931年，第12章「ヤング案の制定」，岡野鑑記『戦債及賠償問題』森山書店，1932年，復刻版，日本評論社，1946年，第7章「ヤング案」，加藤栄一・馬場宏二・渡辺寛・中山弘正『世界経済』（宇野弘蔵監修『講座 帝国主義の研究』第2巻）青木書店，1975年，第一章「賠償・戦債問題」（加藤栄一稿），栗原優「ヤング案とシャハト」『国際関係論研究』I，1966年，大島通義「財政政策と賠償問題—ブリューニング財政の考察—」『三田学会雑誌』第66巻2・3号，1973年，有澤廣巳『ワイマール共和国物語』下巻，東京大学出版会，1994年，第14章「ヘルマン・ミュラー内閣時代」，R. E. Lüke, *Von der Stabilisierung zur Krise*, Polygraphischer Verlag, Zürich, 1958, III. Teil. B. Kent, *The Spoils of War*, Clarendon Press, Oxford, 1989, Chapter 8. P. Heyde, *Das Ende der Reparationen*, Ferdinand Schöningh, Paderborn, 1998, Kapitel 2. H. Schacht, *Das Ende der Reparationen*, Gerhard Stalling, Oldenburg, 1931, Kapitel 4-9. 鈴木圭介訳『賠償の終焉』調査研究動員本部，1946年，第4-9章．*The Collected Writings of John Maynard* Keynes, Vol. XVIII, Macmillan, London, 1978, Chapter 6.『ケインズ全集』第18巻，東洋経済新報社，第6章，1989年．E. Eyck, *Geschichte der Weimarer Republik*, Zweiter Band, Eugen Rentsch Verlag Erlenbach-Zürich, 1956, Kapitel 16-7. 救仁郷繁訳『ワイマル共和史』III，ぺりかん社，1986年，第16-17章を参照されたい．

24) E. Eyck, *Geschichte der Weimarer Republik*, Zweiter Band, *a. a. O.*, S. 238. 仁郷繁訳『ワイマル共和国史』III，前掲，187頁．H. Schacht, *Das Ende der Reparationen, a. a. O.*, S. 70-1. 鈴木圭介訳『賠償の終焉』，前掲，78-9頁．

25) シャハトは，「ベルリンの諸大銀行は，フランスの種々の金融機関から書簡を受取ったが，これらの書簡は，ほとんど同じ言葉で書かれてあり，疑う余地の無い言葉でパリ会議に言及し，ドイツに従来与えていた信用を縮小することを宣言した」と述べている（H. Schacht, *Das Ende der Reparationen, a. a. O.*, S. 91. 前掲邦訳，105頁）．また，後の自伝においても，「ある日ベルリンに資産を保有する全フランス銀行が突然この資産を引き揚げるか，あるいは期限の定められている場合は引揚の通告をしたという情報が届いた．突如として同じ日に全フランス銀行がこういうことをしたのは，上から命令された行動であることを思わせた」と述べ，ドイツからの資金の回収が政治的な動機に基づいて行われたと主張している（H. Schacht, *76 Jahre meines Lebens*, Kinder und Schiermeyer Verlag, Bad Wörishofen, 1953, S. 298-9. 永川秀男訳『我が生涯』上巻，経済批判社，1954年，465頁）．*The Economist, Banking Supplement*, October, 12, 1929, p. 15 の叙述をも参照されたい．クラークによれば，賠償専門家委員会が決裂した直後の4月18日に，フランス銀行のケネーはヤング委員会書記のフレッド・ベイトに対して，「その翌日の正午までに2億ドルがドイツから回収されるであろうと述べた」と記している（S. V. O. Clarke, *Central Bank Cooperation 1924-1931, op. cit*., p. 165）．賠償代理事務所員のシェパード・モルガンがケネーに対してドイツからの資金の引揚げの意味する所を尋ねた

時，「これは戦争です」という返答を聞いたと，リューケは指摘している（R. E. Lüke, *Von der Stabilisierung Zur Krise, a. a. O.*, S. 171-2.）。キンドルバーガーは，この話は全面的には「信用できない」という（C. P. Kindleberger, *The World in Depression 1929-1939, revised and enlarged Edition, op. cit.*, p. 66. 石崎昭彦・木村一朗訳『大不況下の世界1929-1939』改訂増補版，前掲，71頁）。クラークは，「ドイツからの残高の回収がどの位政治的な動機で行われたのか，あるいはたんに〔会議の〕行き詰まりに対する市場の反応であったかは明確ではない」と留保を付けている（S. V. O. Clarke, *ibid.*, p. 116）。同様の見解は，Deutsche Bundesbank (Hrsg.), *Währung und Wirtschaft in Deutschland 1876-1975*, Fritz Knapp, Frankfurt am Main, 2. Auflage, 1976, S. 269. 呉文二・由良玄太郎監訳『ドイツの通貨と経済1876-1975年』上，東洋経済新報社，1984年，327頁にも見られる。

26) *Verwaltungsbericht der Reichsbank Für das Jahr 1929*, Berlin, 1930, S. 49.

27) 'Banking in Germany', *The Economist, Banking Supplement*, October 12, 1929, p. 15. なお，ボーダーストンは，「外国の預金者達は主として外貨預金を保有していたのに，彼らがこの危機において引き出したものは主としてライヒスマルク預金であった」として，これは預金者がライヒスマルクの安定性／流動性に関して懸念を持ったことから生じた行動であったと述べている（T. Balderston, 'The banks and the gold standard in the German financial crisis of 1931', *Financial History Review*, Vol. 1, No. 1, April 1994, pp. 52, 58）。

28) W. A. Brown, Jr., *The International Gold Standard Reinterpreted 1914-1934*, Vol. II, *op. cit.*, p. 937. G. W. J. Bruins, 'The Movements of Gold into and out of Germany since 1924', in League of Nations, *Selected Documents on the Distribution of Gold submitted to the Gold Delegation of the Financial Committee, op. cit.*, p. 18. 国際連盟事務局東京支局訳『英米独仏における金移動問題』前掲，39頁。M. B. Nothrop, *Control Policies of the Reichsbank 1924-1933, op. cit.*, pp. 203-4, 297-8.

29) この問題の経緯に関しては，大島道義，前掲論文，29-32頁，栗原優，前掲論文，83-8頁を参照。

30) W. A. Brown, Jr. *op. cit.*, Vol. II, p. 937.

31) *Verwaltungsbericht der Reichsbank für das Jahr 1929, a. a. O.*, S. 4-5.

32) ヤング案の概要に関しては，注36）にあげた文献を参照されたい。ヤング案の原文は，*Federal Reserve Bulletin*, Vol. 15, No. 7, July 1929, pp. 465-95に，邦訳は大蔵省理財局『調査月報』第19巻第8号，1929年，1-106頁に収録されている。

33) 「国際決済銀行定款」原田三郎・小原敬士・山本国雄訳『国際決済銀行年次報告書』第1巻，日本経済評論社，1979年，5頁。

34) S. V. O. Clarke, *op. cit.*, p. 147. また，Bank of International Settlements, *First Annual Report 1930-1931*, Basle, 1931, Annex I, III. 原田三郎・小原敬士・山本国雄訳『国際決済銀行第一次年報』附属第1表，第3表（『国際決済銀行年次報告書』第1巻，前掲，所収）をも参照にされたい。

35) W. A. Brown, Jr., *op. cit.*, Vol. II, pp. 937-38. Institut für Konjunkturforschung (Hrsg.), *Konjunkturstatistisches Handbuch 1933, a. a. O.*, S. 158をも参照された

い.

36) Institut für Konjunkturforschung (Hrsg.), *Konjunkturstatistisches Handbuch 1933, a. a. O.*, S. 76-7. ただし, 1930年の歴年ベースの貿易収支の数値は, 表7-1 によるもの.

37) *Wirtschaft und Statistik*, 10. Jahrgan, Nr. 11, 1930, 1. Juni-Heft, S. 458. 11, Jahrgang, Nr. 12, 1931, 2. Juni-Heft, S. 449.

38) *Vierteljahrshefte zur Konjunkturforschung*, 5. Jahrgang, Heft 3, Teil A, 1930, S. 59.

39) *Verwaltungsbericht der Reichsbank für das Jahr 1929, a. a. O.*, S. 49. *Verwaltungsbericht der Reichsbank für das Jahr 1930*, Berlin, 1931, S. 29.

40) W. A. Brown, Jr., *op. cit.*, Vol. II, p. 943.

41) A. Rosenberg, *Geschichte der Weimarer Republik*, Euröpaische Verlagsanstalt, Frankfurt am Main, 1983, S. 190. 吉田輝夫訳『ヴァイマル共和国史』東邦出版社, 1970年, 230頁. また, O. K. Flechtheim, *Die KPD in der Weimarer Republik*, Euröpaische Verlagsanstalt, Frankfurt am Main, 1969. 足利末男訳『ヴァイマル共和国時代のドイツ共産党』東邦出版社, 1971年 (邦訳は他に, 高田爾郎訳『ワイマル共和国期のドイツ共産党』ぺりかん社, 1980年がある), 220頁をも参照されたい.

42) 別の推計では, 失業率は28年に8.6%, 29年には13.3%, 30年では22.7%, 31年では34.3%となっている (B. Eichengreen and T. J. Haton ed., *Interwar Unemployment in International Perspective*, Kluwer Academic Publishers, Dordrecht, 1987, p. 6, Table 1. 1.). なお, 1930年中における失業者の増大に関しては, 'Die Arbeitslosigkeit in Dezember und im Jahre 1930', *Wirtschaft und Statistik*, 11. Jahrgang, Nr. 1, 1931, 1. Januar-Heft, S. 20-2を参照されたい.

43) ヘルマン・ミュラー内閣の崩壊についての詳細は, 栗原優『ナチズム体制の成立』ミネルヴァ書房, 1981年, 第II部第1章「機能の梗塞―相対的安定期の終焉―」二「ヘルマン・ミュラー大連合内閣の崩壊」, 平島健司『ワイマール共和国の崩壊』東京大学出版会, 1991年, 第二部第三章「ミュラー大連合政権の倒壊」を参照されたい.

44) 栗原優, 同上書, 309頁. ブリューニング自身の首相就任についての見解については, H. Brüning, *Memorien 1918-1934*, Deutsche Verlags-Anstalt, Stuttgart, 1970, S. 156-68. 三輪晴啓・今村晋一郎・佐瀬昌盛訳『ブリューニング回顧録1918-34年』上巻, ペリカン社, 1974年, 180-93頁を参照されたい.

45) W. A. Brown, Jr., *op. cit.*, Vol. II, p. 945.

46) Deutsche Bundesbank (Hrsg.), *Währung und Wirtschaft in Deutschland 1876-1975, a. a. O.*, S. 279. 前掲邦訳, 上, 339頁.

47) W. A. Brown, Jr., *op. cit.*, Vol. II, p. 945. J. H. Madden and M. Nadler, *The International Money Market, op. cit.*, p. 397. なお, 別の推計では, 9月15日から10月10日の期間中に, ベルリン大銀行の預金は9億ライヒスマルク超回収され, そのうちの3分の1は外国人によって, 残りのうちの60%はユダヤ人によって引き揚げられたといわれている (L. Gall, G. D. Feldman, H. James, C-L. Holtfrerich, H. E.

Büschgen, *Die Deutsche Bank 1870-1995*, Verlag C. H. Beck, München, 1995, S. 280).
48) *Verwaltungsbericht der Reichsbank für das Jahr 1930*, Berlin, 1931, S. 29.
49) Deutsche Bundesbank (Hrsg.), *Währung und Wirtschaft in Deutschland 1876-1975, a. a. O.*, S. 279. 前掲邦訳，上，339頁．ボーダーストンは，1930年秋の預金流出の際には，外国の預金者は主として彼らに対する差別措置が採られるかもしれないとの恐怖に駆られて，預金を引き出したと推測している（T. Balderston, *op. cit.*, p. 59).
50) S. V. O. Clarke, *Central Bank Cooperation 1924-31, op. cit.*, p. 174.
51) S. V. O. Clarke, *ibid.*, pp. 174-55.
52) W. A. Brown, Jr., *op. cit.*, Vol. II, p. 946. 大島道義「ブリューニング政権における財政政策の指導」『三田学会雑誌』第63巻第2号，1970年2月，24頁．
53) A. I. Bloomfield, *Capital Imports and the American Balance of Payments 1934-39, op. cit.*, p. 26. 中西市郎・岩野茂道監訳『国際短期資本移動論』前掲，42-3頁．
54) 笠信太郎『金・貨幣・紙幣』大畑書店，1933年，『笠信太郎全集』第8巻，朝日新聞社，1969年，530-1頁．
55) The Board of Governors of the Federal Reserve System, *Banking and Monetary Statistics 1914-1941, op. cit.*, pp. 441, 450, 656-7. ここでいう市場の短期利子率とは，ベルリン，パリ，ブリュッセルは市場割引率，ロンドンは3ヵ月の銀行引受手形利率，ニューヨークは90日物の一流銀行引受手形利率を指している．なお，コール・レートではベルリンが6.94%，ニューヨークが8.89%となって，ニューヨークがベルリンをかなり上回っている（Institut für Konjunkturforschung〔Hrsg.〕, *Konjunkturstatistisches Handbuch 1933, a. a. O.*, S. 127. The Board of Governors of the Federal Reserve System, *ibid.*, p. 450. 図5-5と図7-3をも参照).
56) The Board of Governors of the Federal Reserve System, *ibid.*, pp. 441, 451, 658-9. アムステルダムの短期利子率は市場割引利率で表示している．

第8章
再建金本位制の崩壊

第1節 オーストリア金融恐慌

1 クレディット・アンシュタルトの破綻

　ヨーロッパ金融恐慌はオーストリアで勃発した．1931年5月8日に，オーストリア最大の銀行クレディット・アンシュタルト（Credit-Anstalt）は同行の1930年末の貸借対照表において，貸借対照表総額の約7.5%，同行の資本金とほぼ同額の1億4,000万シリング（1,969万ドル）の欠損を計上した旨を，オーストリア政府と中央銀行であるオーストリア国立銀行（Österreichschen Nationalbank）に通知した[1]．わずか3日以内に再建計画が作成されて，オーストリア政府，積立金，株主，ロスチャイルド商会，オーストリア国立銀行によって損失処理が行われることになった．さらに，政府，オーストリア国立銀行，ロスチャイルド商会が新規資本拠出に応じるよう決定された[2]（表8-1参照）．「この計画の最も顕著な特徴は株主が非常に寛大に取り扱われていることであり，国家が最大の負担を払うことになったことである[3]．」

　ではクレディット・アンシュタルトの損失はいかなるものであったかをみていこう．表8-2によれば，その額は8億2,800万シリングに達し，修正済みの1930年の貸借対照表に含まれていた1億5,960万シリングの損失を加えると，総額約9億9,000万シリングの巨額となっている．これは1930年の貸借対照表総額の50%以上に当るものとなる[4]．

　かかる巨額の損失は，第一に世界恐慌進展による企業に対する貸付金の不良債権化による6億シリングの損失（全体の72.7%），第二に保有証券の価格下

表 8-1 クレディット・アンシュタルトの第一次再建計画
1931年5月11日
(単位:100万シリング)

発表された損失		
損失補償		
国	41.4	
公示積立金	39.6	
減　資	29.4	
ロスチャイルド商会	16.8	
オーストリア国立銀行	12.4	
	139.6	
新規資本		資本比率(%)
国	58.6	33
ロスチャイルド商会	13.2	7.4
オーストリア国立銀行	17.6	10
	89.4	50.4
残余の株式資本	88.1	49.6
新規株式資本	177.5	100.0

(出所) A. Schubert, *The Credit-Anstalt Crisis of 1931*, Cambridge University Press, Cambridge, 1991, p. 9.

表 8-2 クレディット・アンシュタルトの損失
(単位:100万シリング)

証券の損失	122.63
産業持株の損失	77.40
在庫と不動産の損失	11.65
債務者の損失	602.31
内　訳	
オーストリアの債務者の損失	341.00
外国の債務者の損失	261.31
	813.99
当期営業損失(1931年,1932年の期間中)	14.22
損失総額	828.21

(出所) A. Schubert, *op. cit.*, p. 33.

落による1億2,000万シリングの損失(全体の14.8%),第三に7,700万シリングの産業持株の損失(全体の9.3%)によって生じたものである(表 8-2).なお,1929年10月に破綻したオーストリア第二の銀行ボーデン・クレディットを救済合併したことによる損失負担もこれに追加されねばならない.

1855年,ウィーンのロスチャイルド商会によって創設されたクレディッ

表8-3 クレディット・アンシュタルトの対外債務額
1931年7月8日時点

(金額100万ドル)

国名	金額	%	銀行数
イギリス	26.0	37	36
アメリカ	23.0	33	30
フランス	6.2	9	11
オランダ	6.1	9	7
スイス	5.5	8	4
その他	2.6	4	14
合計	69.4	100	102

(出所) D. Stiefel, *Finanzdiplomatie und Weltwirtschaftskrise*, Fritz Knapp, Frankfurt am Main, 1989, S. 37.

ト・アンシュタルトは，1930年末の時点で，ウィーンの5大銀行の全体に対して占める預金額，貸付金額の比率は，それぞれ，55.2％，56.5％に達し，圧倒的な存在であった[5]．同行は優秀な国際的評価を獲得し，資本金全体に占める外国人株主の比率は全体の約40％を占め，そのうち，最大はイギリスの19.9％，次いでアメリカ5.7％，その他ヨーロッパ諸国が続いた[6]．そしてクレディット・アンシュタルトは諸外国から短期資金を中心とする多額の借入資金を調達し，オーストリアのみならず，中東ヨーロッパ諸国の企業に対して長期信用の供与を行っていた．表8-3にみられる如く，1931年7月8日時点で，クレディット・アンシュタルトは6,940万ドルの対外債務総額を抱えており，そのうち，イギリスが2,600万ドルで全体の37％，アメリカが2,300万ドルで全体の33％，両国で7割を占めていた．

1931年5月11日に，クレディット・アンシュタルトが上述の1億4,000万シリングの欠損を抱えていることが，同行の再建計画とともに発表された．このニュースが伝えられると，内外から同行への激しい取付けが始まった．1億4,000万シリングの欠損補填と8,900万シリングの新規資本の拠出，合せて2億2,900万シリングに達する資本注入（表8-1）にもかかわらず，大衆の疑惑を払拭することはできず，最初の2週間で約5億シリング——そのうち，約2億シリングは外国の預金者，約3億シリングが国内の預金者による引出し——の預金の引出しが生じた[7]．これはオーストリア諸銀行への取付けへと拡大し，次いでオーストリア金融恐慌へと発展していき，オーストリア諸銀行から外資

表 8-4　オーストリア国立銀行の金・法定

	金 (1)	法定外貨 (2)	金・外貨準備 (1+2=3)	法定外外貨 (4)	合　計 (3+4=5)
1931. 1. 7	214.4	180.4	394.8	512.5	907.3
1.15	214.4	153.1	367.5	500.7	868.2
1.23	214.4	146.8	361.2	498.3	859.4
1.31	214.4	140.2	354.6	495.6	850.1
2. 7	214.4	136.3	350.6	488.4	839.0
2.15	214.4	132.2	346.5	483.0	829.6
2.23	214.4	130.7	345.0	481.8	826.9
2.28	214.4	137.4	351.8	490.2	842.0
3. 7	214.4	134.3	348.6	488.0	836.7
3.15	214.4	131.5	345.8	487.3	833.1
3.23	214.4	135.2	349.6	492.7	842.3
3.31	214.4	138.6	353.0	499.1	852.1
4. 7	214.4	138.8	353.2	499.6	852.8
4.15	214.3	132.1	346.4	494.6	841.0
4.23	214.3	134.5	348.9	500.9	849.8
4.30	214.3	138.4	352.7	507.3	860.0
5. 7	214.3	135.7	350.0	505.4	855.5
5.15	214.3	128.8	343.1	483.3	826.4
5.23	214.3	119.4	333.7	446.8	780.5
5.31	214.3	116.5	330.8	401.4	732.2
6. 7	214.3	116.1	330.5	346.7	677.1
6.15	214.3	136.4	350.8	347.9	698.7
6.23	214.3	133.4	347.7	313.3	661.0
6.30	214.3	133.0	347.4	311.3	658.6

(注)　四捨五入のため個々の項目の合計は必ずしも「計」「合計」と一致しない．
(出所)　*Mitteilungen des Direktoriums der Oesterreichischen Nationalbank*, 1932, Nr. 1, S. 14 より作成．

の大量流出が生じた．

　これに対して，オーストリア政府は 5 月 28 日にクレディト・アンシュタルトの債務に対する最初の政府保証の承認をオーストリア議会から取り付けた．また，オーストリア国立銀行はクレディト・アンシュタルト等の手形を大量に割り引いた．しかも，クレディト・アンシュタルトの場合は，割引可能な商業手形が欠如していたため，大部分が金融手形であった[8]．1931 年 5 月 11 日の時点と 5 月 30 日の時点で再割引額を比較すると，商業手形は 3,000 万シリング→5,000 万シリング，金融手形は 5,000 万シリング→4 億 1,700 万シリングへと 8 倍強に急増した．その結果として，オーストリア国立銀行の手形保有

外貨・法定外外貨保有高　1931年

(単位：100万シリング)

	金 (1)	法定外貨 (2)	金・外貨準備 (1+2=3)	法定外外貨 (4)	合　計 (3+4=5)
1931. 7. 7	214.3	131.1	345.5	293.6	639.0
7.15	214.3	130.2	344.5	277.9	622.4
7.23	214.3	128.9	343.2	249.4	592.6
7.31	214.3	127.6	342.0	224.7	566.7
8. 7	214.3	126.4	340.8	206.0	546.7
8.15	214.3	124.8	339.1	185.2	524.3
8.23	214.3	123.0	337.3	167.2	504.5
8.31	214.3	121.7	336.0	154.2	490.3
9. 7	189.5	144.5	334.0	138.2	472.3
9.15	189.5	142.6	332.1	124.3	456.4
9.23	189.5	121.4	310.9	96.1	407.0
9.30	189.5	114.7	304.3	87.4	391.7
10. 7	189.5	112.3	301.8	57.1	358.9
10.15	189.5	111.9	301.5	49.6	351.1
10.23	189.5	111.3	300.9	40.8	341.7
10.31	189.5	112.2	301.7	42.5	344.3
11. 7	189.5	112.3	301.9	43.0	344.8
11.15	189.5	112.5	302.0	43.3	345.3
11.23	189.5	112.7	302.2	43.8	346.0
11.30	189.5	115.7	305.3	41.1	346.4
12. 7	189.5	115.4	305.0	41.0	346.0
12.15	189.5	110.8	300.3	37.1	337.4
12.23	189.5	104.3	293.8	33.6	327.5
12.31	189.5	102.3	291.9	25.7	317.6

額は5月7日の約7,000万シリングから，5月末の4億5,100万シリング，6月末の5億2,900万シリング，さらに7月末の6億3,200万シリングへと激増した[9]．このような巨額の手形割引によって，国立銀行は銀行券流通高を恐慌前の5月7日から5月末までの間に9億500万シリングから11億4,000万シリングへと，金額で2億3,500万シリング，比率で約30％増大させた[10]．これは発券準備率を低下させただけではなく，シリングの金兌換性維持に対する懸念を惹起させた．その結果として，銀行預金を引き出した人々のうちの多くは，これを国立銀行で外貨に転換した．同行の法定外外貨を含む広義の金・外貨準備は，5月7日の8億5,550万シリングから5月末には7億3,220万シリング

へと 1 億 2,330 万シリング減少した（表 8-4）．この時点では金準備は不変のままであり，外貨準備が急減した．国立銀行は公定歩合を 6 月 8 日に 5％ から 6％ へ，6 月 16 日には 7$\frac{1}{2}$％ へ，7 月 23 日に 10％ へと引き上げた[11]．

2 国際借款の獲得

このような外貨準備の急減を食い止め，シリングの信認を補強するために，国立銀行は外国借款を強く求めた．国際決済銀行のゲイツ・W・マガラー総裁の指導の下で，英米独仏等 10 大中央銀行による 1 億シリング（1,400 万ドル）の借款が 3 週間もかかって 5 月 31 日になって供与された．オーストリア側の当初の希望額の 1 億 5,000 万シリング（2,100 万ドル）の 67％ にも満たない小額で，しかも大幅な遅延となって惨憺たる結果となった[12]．しかし，6 月 5 日にはこの借款は使い尽くされ，6 月 8 日に国立銀行は 1 億シリング（1,400 万ドル）の第二の信用を要求した．国際決済銀行の指導権の下でこの新借款は 6 月 14 日までに取り決められた．しかし，これにはオーストリア政府が 2 年から 3 年期限の外国借款 1 億 5,000 万シリング（2,100 万ドル）——その手取金はクレディット・アンシュタルトの資金ポジション強化のために使用される——を調達せねばならないという条件が付されていた．この借款のかなりの割合を引き受けると期待されたフランスが，オーストリア政府に対して 1931 年 3 月 21 日成立のドイツ・オーストリア関税同盟の放棄を借款供与の条件としたため，オーストリア政府はこれを拒否し，6 月 16 日，政府は倒れた．この間，シリングは再び重圧にさらされた[13]．

3 オーストリアの金本位制の実質的停止

かかる状況下で，イングランド銀行のノーマン総裁は 6 月 16 日に国立銀行に 1 週間の期限（各週ベースで更新可能）で 5,000 万シリング（700 万ドル）の信用供与を単独で行った．オーストリアの新政府はクレディット・アンシュタルトの対外債務に対する政府保証を認めたことにより，クレディット・アンシュタルトの対外債務 5 億シリング（7,000 万ドル）の 2 年間の支払猶予協定が成立した[14]．

その後も国立銀行の金・外貨準備（兌換準備外の外貨＝法定外外貨を含む．

以下，広義）は減少を続け，10月9日，オーストリアは為替管理の実施に踏み切って，金本位制を実質的に停止した[15]．国立銀行の金・外貨準備（広義）は，この時点で3億5,890万シリングへとクレディット・アンシュタルト破綻直前の5月7日から4億9,660万シリングも急減した（表8-4参照）．オーストリア金融恐慌は1931年5月末にはハンガリー，チェコスロバキア，ルーマニア，ポーランド，ドイツの諸銀行に対する取付けへと拡がっていった．

第2節　ドイツ金融恐慌[16]

1　ベルリン大銀行からの預金流出

クレディット・アンシュタルト破綻の影響を受けてベルリン大銀行からの預金（債権者勘定）の引出しが5月に始まった．同月中に，ダルムシュタット・ウント・ナチオナル・バンク（Darmstädter und Nationalbank. 以下，略称ダナート銀行〔Danatbank〕）から約9,700万RM（表8-5），ドイチェバンク－ディスコントゲゼルシャフト（Deutsch Bank und Discount Geselschaft, 以下，略称D-D銀行）から約5,200万RM，ドレスナー銀行（Dresdner Bank）からは8,000万RM，これにコメルツ・ウント・プリヴァート銀行（Commerz-und Privat-Bank）から3,600万RM，ベルリン4大銀行全体で2億6,400万RMの預金が引き揚げられた（表8-6）[17]．しかし，この時点ではライヒスバンクの金・外貨準備は減少していない（前掲図7-1および表8-7）．ソ連が債務支払のためにドイツに金を船積みしたことによるものであり，前掲の表7-14によれば，1-7月にかけて2億2,640万RMに達した[18]．ライヒスバンクの発券準備率は5月中は60%台をほぼ維持していた（前掲図7-2および表8-7）．

2　ライヒスバンクの金・外貨準備急減

しかし，6月には事態は急変する．6月5日に，ブリューニング政府は公務員給与の4%ないし8%引下げ，失業手当の平均10%ないし12%削減，累進課税の新しい危機税を賦課する緊急令を発布した[19]．また，政府は，「ドイツが負担できない賠償支払から解き放たれる」よう訴えた[20]．このようなデフレ政策の実施はドイツ国内の政治的動揺の促進と対立激化へと導き，巨額の資金

表 8-5　ダナート銀行の貸借対照表

		1931年2月末	1931年3月末	1931年4月末(a)
借方	手許現金・外国貨幣・クーポン	18.9	27.7	21.7
	発券銀行・手形交換所銀行預ヶ金	18.4	24.0	23.9
	小切手・手形・無利子大蔵省証券	492.8	497.1	501.0
	ノストロ債権	179.6	205.0	188.2
	ルポール・ロンバート貸付	74.4	84.0	75.5
	商品担保貸付	420.0	397.4	405.0
	当座貸越	1,112.5	1,102.3	1,092.1
	所有有価証券	36.9	32.9	32.6
	引受団参与	39.5	39.0	38.8
	永続的参与	24.0	24.0	24.0
	長期貸付・店舗建物・その他不動産	25.0	25.0	25.0
	借方 = 貸方合計	2,442.0	2,458.4	2,427.8
貸方	株式資本金	60.0	60.0	60.0
	積立金	60.0	60.0	60.0
	債権者勘定	2,173.6	2,188.0	2,166.9
	a 顧客のための第三者からの借入	394.8	366.6	370.5
	b 国内銀行・その他金融機関からの預り金	246.2	207.6	190.9
	c その他債権者勘定	1,532.7	1,613.8	1,605.4
	b+c のうち			
	1. 7日以内の預金	723.5	707.8	661.0
	2. 8日以上3ヵ月以内の預金	976.6	989.0	1,037.9
	3. 3ヵ月超の預金	78.7	124.6	97.4
	引受手形・小切手	123.0	120.8	119.5
	長期外債・その他	25.5	29.6	21.4

(出所)　Die Bank 所収の各月の Monatsbilanzen deutschen Kreditinstitute (Die Bank, 1931, S. 479, S. 607, S. 745, S.

流出を引き起こした．ライヒスバンクは6月1日から6月6日の間に，1億6,400万 RM という多額の金・外貨準備を喪失した（表8-7）．ライヒスバンクは6月13日に公定歩合を5%から7%に引き上げた．さらにその直後の6月17日に，毛織物会社のノルトボレ社（Nordwolle）の2,400万 RM という多額の欠損が発表された．同社はダナート銀行およびドレスナー銀行から多額の融資を受けていたため，これによって資金の引揚げは再び増大した[21]．6月中の預金の流出は，ダナート銀行3億5,540万 RM（表8-5），ドレスナー銀行2億1,810万 RM，D-D 銀行3億2,150万 RM，コメルツ・ウント・プリヴァート銀行1億1,300万 RM，ベルリン4大銀行合計で10億800万 RM にのぼった

第8章 再建金本位制の崩壊

1931年2月末-9月末

(単位：100万ライヒスマルク)

1931年5月末	1931年6月末	1931年7月末(b)	1931年8月末	1931年9月末	(b) − (a)	減少率%
18.5	25.2	16.8	9.1	14.0	−4.9	−22.6
27.3	14.3	25.7	23.7	21.7	+1.8	+7.5
475.4	261.0	135.2	130.5	153.7	−365.8	−73.0
144.5	119.2	74.7	52.7	75.5	−113.5	−60.3
66.5	54.0	43.3	39.5	27.1	−32.2	−42.6
393.2	373.7	337.7	319.4	268.1	−67.3	−16.6
1,075.2	1,074.5	1,008.9	995.5	970.6	−83.2	−7.6
32.4	27.1	33.0	33.3	34.0	+0.4	+1.2
38.3	38.2	38.2	38.4	38.6	−0.6	−1.5
24.0	24.0	24.0	24.0	24.0	—	—
25.0	25.0	34.6	29.0	30.9	+9.6	+38.4
2,320.3	2,036.2	1,772.1	1,695.1	1,658.2	−655.7	−27.0
60.0	60.0	60.0	60.0	60.0	—	—
60.0	60.0	60.0	60.0	60.0	—	—
2,070.2	1,714.8	1,447.5	1,382.2	1,355.4	−719.4	−33.2
365.1	361.2	256.3	276.1	207.9	−114.2	−30.8
184.8	130.8	124.6	174.5	159.5	−66.3	−34.7
1,520.2	1,222.8	1,066.6	931.6	988.0	−538.8	−33.6
638.5	631.0	850.6	717.5	794.6	+189.6	+28.7
967.4	647.4	300.4	340.6	258.4	−737.5	−71.1
99.1	75.2	40.2	47.9	94.5	−57.2	−58.7
111.4	175.7	204.7	192.9	182.9	+85.2	+71.3
18.8	25.6	—	—	—	−21.4	−100.0

914, S. 1057, S. 1202, S. 1373, S. 1505) より作成.

(表8-6)[22]．このため，ライヒスバンクは6月中に8億5,584万RMの金・外貨準備を失った（表8-7）．これは同行の金・外貨準備高の3分の1に相当する．6月におけるドイツからの金純流出はフランス向けが4億1,140万RM．イギリス向けが1億6,870万RM．アメリカ向けが1億910万RM等で，合計8億6,610万RMに達した（前掲表7-14）．このような巨額の外資流出およびドイツ資本の逃避はドイツ諸銀行のライヒスバンク借入需要を激増させて，6月21日までに同行の法定準備を上回るいわゆる自由準備を枯渇させて，同行の発券準備率を法定最低限の40％近くに低下させるという事態を招来させた（前掲図7-2および表8-7）．その結果，同行は6月22日から信用制限の実施

表 8-6 ベルリン大銀行*の貸借対照表

		1931年2月末	1931年3月末	1931年4月末(a)
借方	手許現金・外国貨幣・クーポン	99.2	152.6	121.5
	発券銀行・手形交換所銀行預ヶ金	75.9	91.5	84.6
	小切手・手形・無利子大蔵省証券	2,292.3	2,317.7	2,312.3
	ノストロ債権	788.5	812.1	816.5
	ルポール・ロンバート貸付	283.1	315.9	310.9
	商品担保貸付	1,775.5	1,667.8	1,609.0
	当座貸越	5,469.5	5,442.0	5,388.7
	所有有価証券	189.8	179.8	170.7
	引受団参与	154.1	155.6	159.5
	永続的参与	110.5	110.5	110.4
	長期貸付・店舗建物・その他不動産	196.2	196.2	196.4
	借方＝貸方合計	11,434.6	11,441.7	11,280.5
貸方	株式資本金	520.0	520.0	520.0
	積立金	294.5	294.5	294.5
	債権者勘定	9,766.6	9,794.1	9,681.8
	a 顧客のための第三者からの借入	1,732.2	1,628.3	1,559.3
	b 国内銀行・その他金融機関からの預り金	973.7	941.4	927.8
	c その他債権者勘定	7,060.6	7,224.4	7,194.6
	b+c のうち			
	1. 7日以内の預金	3,520.1	3,558.8	3,386.0
	2. 8日以上3ヵ月以内の預金	4,247.2	4,291.6	4,415.8
	3. 3ヵ月超の預金	267.0	315.4	320.6
	引受手形・小切手	599.7	574.3	549.3
	長期外債・その他	253.9	259.0	234.9

(注) *D-D銀行，ドレスナー銀行，ダナート銀行，コメルツ・ウント・プリブァート銀行の4行．
(出所) *Die Bank* 所収の各月の Monatsbilanzen deutscher Kreditinstitute (*Die Bank*, 1931, S. 479, S. 607, S. 745,

に踏み切らざるを得なくなった[23]．それとともに，ライヒスバンクの発券準備率が法定最低限に下落する可能性が明らかになった6月19日には，ライヒスバンクのルター総裁はイングランド銀行，ニューヨーク連邦準備銀行，国際決済銀行からの信用獲得のために行動を開始した[24]．

3 国際借款の供与

その翌日の6月20日に，アメリカのフーヴァー大統領が戦債の金利と元本の支払いおよびドイツの賠償支払の1年間のモラトリアム（支払猶予）──フーヴァー・モラトリアム──をフランスに相談することなく提案した．しかし，

1931年2月末-9月末

(単位：100万ライヒスマルク)

1931年5月末	1931年6月末	1931年7月末 (b)	1931年8月末	1931年9月末	(b)−(a)	減少率%
99.3	144.7	117.2	75.1	106.1	−4.3	−3.5
96.1	92.5	147.2	78.0	104.0	+62.6	+74.0
2,328.8	1,731.6	1,123.9	1,294.5	1,320.4	−1,188.4	−51.4
712.7	567.4	457.1	431.2	400.7	−359.4	−44.0
267.4	247.3	221.9	185.1	157.0	−89.0	−28.6
1,552.9	1,514.5	1,365.2	1,242.0	1,090.1	−243.8	−15.2
5,305.3	5,278.8	5,095.1	5,056.8	5,037.6	−293.6	−5.4
168.2	158.1	159.7	159.7	458.2	−11.0	−6.4
161.8	165.0	171.6	171.7	174.4	+12.1	+7.6
110.5	110.9	119.0	119.0	120.5	+8.6	+7.8
196.3	196.4	209.3	214.8	218.3	+12.9	+6.6
10,999.3	10,207.0	9,187.2	9,027.9	9,187.3	−2,093.3	−18.6
520.0	520.0	520.0	520.0	820.0	—	—
294.5	294.5	294.5	294.5	294.5	—	—
9,417.6	8,409.6	7,366.6	7,243.7	7,117.3	−2,315.2	−23.9
1,499.4	1,530.1	1,345.4	1,288.7	1,083.3	−213.9	−13.7
848.8	655.1	576.5	542.7	575.0	−351.3	−37.9
7,069.3	6,224.4	5,444.7	5,412.3	5,459.0	−1,749.9	−24.3
3,392.4	3,400.9	3,660.0	3,550.9	3,636.7	+274.0	+8.1
4,229.6	3,241.0	2,161.7	2,213.8	1,986.7	−2,254.1	−51.0
296.1	237.6	199.5	190.0	410.6	−121.1	−37.8
538.1	749.7	803.0	773.7	754.9	+253.7	+46.2
229.2	233.2	203.2	196.0	200.9	−31.7	−13.5

S. 914, S. 1057, S. 1202, S. 1373, S. 1505) より作成.

　フランスがモラトリアムの受け入れを拒否したことにより，このモラトリアムの成立交渉に3週間を要した．7月6日にフランスは同意し，モラトリアムは発効した．この間，ドイツからの資金流出は加速した．政治的理由により遅滞したモラトリアム交渉中の6月23日に，イングランド銀行はライヒスバンクに500万ドルのコール資金を供与し，さらに6月25日には国際決済銀行，イングランド銀行，フランス銀行，ニューヨーク連邦準備銀行がそれぞれ2,500万ドルずつ分担する当初20日間の期限の総額1億ドルの信用供与――ライヒスバンクに対する第一次中央銀行信用――が取り決められた．この信用供与の発表はライヒスマルク相場を一時的に好転させたが，それも束の間，6月30

表8-7 ライヒスバンクの金・法定外貨準備高, ライヒスバンク券流通高, 金準備率, 発券準備率　1931年3月31日-9月30日

(単位：1000 ライヒスマルク)

	金準備高 (A)	法定外貨準備高(B)	金・法定外貨準備高(C)	ライヒスバンク券流通高(D)	金準備率 $\left(\frac{A}{D}\times 100\%\right)$	発券準備率 $\left(\frac{C}{D}\times 100\%\right)$
1931. 3.31	2,323,403	188,065	2,511,468	4,455,672	52.1	56.4
4. 7	2,343,644	165,605	2,509,249	4,377,850	53.5	57.3
15	2,344,833	114,192	2,459,025	3,872,643	60.5	63.5
23	2,347,505	132,083	2,479,588	3,684,824	63.7	67.3
30	2,368,404	157,250	2,525,654	4,340,167	54.6	58.2
5. 7	2,369,868	169,281	2,539,149	4,076,736	58.1	62.3
15	2,370,289	170,803	2,541,092	3,909,909	60.6	65.0
23	2,370,420	196,564	2,566,984	3,751,395	63.2	68.4
30	2,390,327	186,181	2,576,508	4,299,122	55.6	59.9
6. 6	2,299,930	112,956	2,412,886	4,079,250	56.4	59.2
15	1,765,571	104,309	1,869,880	3,888,610	45.4	48.1
23	1,411,173	92,594	1,503,767	3,725,980	37.9	40.4
30	1,421,095	299,574	1,720,669	4,294,685	33.1	40.1
7. 7	1,421,756	370,989	1,792,745	4,110,418	34.6	43.6
15	1,366,092	124,367	1,490,459	4,161,809	32.8	35.8
23	1,352,803	159,533	1,512,336	4,194,607	32.3	36.1
31	1,363,298	246,322	1,609,620	4,453,732	30.6	36.1
8. 7	1,365,024	307,211	1,672,235	4,375,601	31.2	38.2
15	1,365,784	317,024	1,682,808	4,237,313	32.2	39.7
22	1,365,861	313,751	1,679,612	4,049,813	33.7	41.5
31	1,366,081	356,198	1,722,279	4,383,838	31.2	39.3
9. 7	1,370,514	400,438	1,700,952	4,292,061	31.9	39.6
15	1,372,078	356,165	1,728,243	4,249,580	32.3	40.7
23	1,374,409	297,803	1,672,212	4,173,886	32.9	40.1
30	1,300,789	138,751	1,439,540	4,609,219	28.2	31.2

(出所)　*Verwaltungsbericht der Reichsbank für das Jahr 1931*, Berlin, 1932, Wochenübersichten des Jahres 1931, S. 33 より作成.

日までにこの信用も7,000万ドルが使われ，6月末にはライヒスバンクの発券準備率を40.1％にまで下落させた．そして7月3日には，発券準備率は40％を下回り，さらに7月4日には前述の信用も使い果たされた．この事態に対処するため，ライヒスバンクは7月5日に金割引銀行がニューヨークの銀行から供与されていた未使用の5,000万ドルの信用枠を借り受けて，その全額を直ちに引き出して発券準備率を43.6％にまで引き上げた（表8-7参照）[25]．

4 金融恐慌激化とドイツの外国為替管理令施行

しかし，7月に入るや否や，1日に，ノルトボレ社の損失額が2億RMにのぼることが明らかにされて，ダナート銀行は外資のみならず国内資本の逃避にともなう大量の預金引出しによって苦境に追い込まれた[26]．ダナート銀行は8日にドイチェバンクとの合同を提案したが，拒絶された．翌日，ダナート銀行は政府に救済を求めた．この救済にはライヒスバンクが外国の中央銀行からの信用を獲得できることが条件として付けられた[27]．同日，ライヒスバンクのルター総裁はイングランド銀行のノーマン総裁，翌10日にはフランス銀行のモレ総裁等と会談し，信用供与を要請したが，いずれも拒絶された．ルターは11日，何らの成果もあげられず，帰国の途についた[28]．7月13日にダナート銀行は支払いを停止して破綻に陥り，ここにドイツ金融恐慌が勃発するに至った[29]．7月中の預金流出額は，ダナート銀行が2億6,700万RM（表8-5），ドレスナー銀行が2億4,400万RM，D-D銀行が3億8,940万RM，コメルツ・ウント・プリヴァート銀行が1億4,230万RM，ベルリン4大銀行合計では10億4,300万RMに達した（表8-6）．ライヒスバンクは6月1日から7月15日までの期間中に，金準備10億2,420万RM，法定外貨準備6,180万RM，金・法定外貨準備10億8,600万RM（表8-7），法定外外貨準備2億490万RM[30]，総計12億9,090万RMをネットで喪失した．その結果，7月15日にはライヒスバンクの発券準備率は35.8％と法定最低限をかなり下回る事態に至った（表8-7）．ドイツ政府は7月14，15日の2日間の金融機関の休業を布告し，さらに7月15日，外国為替管理令を施行し，ライヒスバンクに外国為替取引を集中し，外国預金を凍結した．かくしてドイツにおいて金本位制は実質的に停止された．7月16日には，ライヒスバンクは公定歩合を10％に引き上げ，さらに8月1日には「銀行預金の引出しに関する規制の完全撤廃と合わせて15％に引き上げられた．」外国為替管理は8月には一層厳格化された[31]．

8月19日には，ドイツは主要債権国との間に，ドイツの対外短期債務63億RMに対する据置協定を結んだ．この「据置協定によって，イギリス，アメリカ，フランスおよびその他7ヵ国の債権者は，1931年9月1日から向こう6ヵ月間にわたってその引受信用，定期預金，前貸金などの残高をそのまま維持することが義務づけられた[32]．」しかし，据置協定によってカバーされた債権

63億RMは，ドイツの対外短期債務総額の半分以下であった[33]．同協定は1932年以降も毎年更新され，1939年まで続いた．

第3節　ポンド危機とイギリスの金本位制停止

1　ポンドの構造的不安定要因

前述したように，1929年までの段階でイギリスは国際収支と対外短期ポジションに重大な問題を抱えていた．貿易収支の赤字増大→経常収支の黒字幅縮小→一定程度の長期資本輸出継続→基礎収支の大幅赤字→諸外国からの短資取入→対応する債権を形成しない短期債務の累積という事態が生じていた．しかも1930年から31年にかけて国際収支はさらに悪化していく．前掲表4-3に明らかな如く，貿易収支赤字は29年の2億6,300万ポンドから30年に2億8,300万ポンド，さらに31年には3億2,200万ポンドへと25-29年平均の11.7％増となった．これに対して貿易外収支の黒字は29年の3億3,900万ポンドから30年に2億9,800万ポンドへ，さらに31年には2億800万ポンドへと25-29年平均の63.8％（36.2％の減）に急減した．

貿易外収支の黒字幅の急激な縮小をもたらした要因は何であろうか？　まず第一にあげられるのは，表8-8にみられるように，海外からの利子・配当，いわゆる海外投資収益の受取が29年の3億700万ポンドから30年の2億7,700万ポンド（前年比3,000万ポンド減），31年には2億1,100万ポンド（30年比6,600万ポンド減）へと大幅減少となっていることである．これはラテン・アメリカ，特に南アメリカに対するイギリスの投資債券の債務不履行の発生[34]，海外投資の大量削減，満期および減債基金への大量支払，オーストリア，ハンガリー，ドイツ等での為替管理の実施と資金凍結等によるものであった．第二には金融・その他のサービス収入の受取も31年には前年比2,500万ポンドの減，第三には旅行収入，海運収入も前年比でそれぞれ1,100万ポンド，1,000万ポンドの減となっている．これらはいずれも世界恐慌の影響によるものである．かかる貿易外収支黒字の急減によって経常収支は29年の7,600万ポンドの黒字から，30年には1,500万ポンドの黒字に激減，翌31年には1億1,400万ポンドの大幅赤字へと転落した．その結果，29年からの新規対外投資の急

表8-8 イギリスの国際収支の貿易外取引項目
1920-31年

(単位：100万ポンド)

	1920	1921	1922	1923	1924	1925	1926	1927	1928	1929	1930	1931
政府[1]												
借方	70	55	36	30	24	19	20	19	19	19	17	17
貸方	71	80	25	26	17	27	30	34	34	33	36	27
海運												
借方	116	88	86	89	92	86	88	81	76	88	87	85
貸方	290	146	111	128	123	97	102	117	104	114	103	93
旅行												
借方	22	22	22	24	26	30	31	29	33	33	33	31
貸方	50	53	44	47	49	48	51	55	56	55	50	39
金融・その他サービス												
借方	27	16	15	16	19	19	18	18	18	18	15	12
貸方	60	60	60	60	60	60	60	63	65	65	55	30
利子・利潤・配当[2]												
借方	46	44	60	64	65	63	63	63	64	64	62	48
貸方	292	222	237	240	261	295	300	302	304	307	277	211
民間移転												
借方	18	14	13	17	12	11	12	12	11	11	7	7
貸方	21	19	19	19	20	18	17	19	19	18	19	19
貿易外総計												
借方	299	230	232	240	238	228	232	222	221	233	221	200
貸方	784	580	496	520	530	545	560	590	582	592	540	419
収支(貸方)	485	341	264	280	292	317	328	368	361	359	319	219

(注) 1 民間移転と軍の海外個人支出を含む，利子受取と支払を除外（利子・利潤・配当に含む）
2 借方は非居住者によって支払われたイギリスの税金（ネット）である，貸方はイギリスの居住者によって支払われた外国の税金（ネット）である．
(出所) C. H. Feinstein, *National Income, Expenditure and Output of the United Kingdom 1855-1965*, Cambridge University Press, Cambridge, 1972, T84, Table 38.

減にもかかわらず，30年，31年と基礎収支赤字は拡大し，31年には1億1,900万ポンドの赤字へと激増した（前掲表4-3）．しかも30-31年には，後にスターリング圏を形成することになる諸国は国際収支難に直面し，ロンドンから短資を引き出さねばならない事態に追い込まれた[35]．また，フランスは政府およびフランス諸銀行がロンドンから金を引き揚げつつあった[36]．このため，外国短資流入による総合収支の均衡の途にも困難が生じた．この点については，イギリスの対外短期債務額が1930年6月の7億6,000万ポンドから30年12月の7億500万ポンド，31年の6億4,000万ポンドへと急減したことをみても

明らかである（前掲表 4-21）．

このようなポンドの脆弱化をもたらす構造的不安定要因を基底に置いて，ポンド危機を促進激化させる要因として，オーストリア，ドイツ等の金融恐慌の勃発およびイギリスの財政危機という事態が進展していくことになる．

2　ドイツ金融恐慌とマーチャント・バンクの財務内容悪化

まずオーストリア，ドイツ等の金融恐慌の勃発——特に後者——がポンドに与えた衝撃についてみておくことにしよう[37]．

ドイツの金融恐慌によってロンドンのマーチャント・バンクは最大の打撃を受けた．それは彼らの主要な業務である手形引受を通じてである．第一次大戦後，海外の輸出商によるドイツの銀行宛の為替手形の振出しは激減し，ドイツ大銀行は自行の引受信用を供与しなくなった．例えば，アルゼンチンの輸出商がドイツの輸入商に商品を輸出する場合，輸出商は商品の船積み後，直ちに輸入商を名宛人として船積書類の添付された為替手形（荷為替手形）を振り出すのではなくて，ロンドンのマーチャント・バンクを名宛人として為替手形を振り出し，マーチャント・バンクが輸入代金の支払いを引き受ける．すなわち，手形の満期日における手形代金の支払いを保証する．これが引受信用の供与である．輸入商は手形満期日直前（例えば3日前）に手形代金をマーチャント・バンクに支払う．マーチャント・バンクはこの手形引受にともなって，引受手数料を獲得する．これがマーチャント・バンクの収益源となる．引受信用を供与したマーチャント・バンクは万が一，輸入商が手形代金を支払うことができない場合には，手形の満期日に手形代金の支払いをしなければならない．すなわち，偶発債務を負うことになる[38]．オーストリア・ドイツ等において為替管理が導入されるに至ると，外国為替市場が閉鎖されるために，これら諸国の輸入商や銀行は自国通貨をポンドに換えることが不可能となり，資金をロンドンに送ることができなくなった．そしてこれら諸国の輸入商ないし債務者は外貨建ての他の債権を保有していなければ，手形の満期日にロンドンのマーチャント・バンクにポンド建の債務を支払うことができない．その結果，これら諸国の輸入商ないし債務者の引受債務はロンドンのマーチャント・バンクのバランスシートの資産側に凍結されるに至り，マーチャント・バンクの負う偶発債務

は現実の債務に転化されることになった[39]．1931年7月末で，イギリスの銀行（マーチャント・バンクを含む，以下同じ）のドイツ据置債権は6,470万ポンドにのぼり，そのうち，5,350万ポンドは引受手形であり，対ドイツ銀行向け債権は4,610万ポンド，対ドイツ商業および産業向け債権は1,860万ポンドであった[40]．金融恐慌によってイギリスの銀行のドイツに対する多額の短期債権が凍結・据え置かれたことはイギリスの銀行制度に重大な影響を及ぼすことになった．

マーチャント・バンクは手形引受業務においては，商業銀行を大幅に凌ぐ手形引受を行っていた．外国勘定でおいて引き受けられたポンド手形総額をみると，1927, 28, 29年の各年末において，マーチャント・バンクは1億800万ポンド，1億4,900万ポンド，1億3,600万ポンドであったのに対し，ロンドン手形交換所加盟銀行およびスコットランド系銀行は3,200万ポンド，5,100万ポンド，4,000万ポンドにとどまっており，マーチャント・バンクがこれら商業銀行の2.9から3.4倍の引受総額となっていた[41]．したがって，ドイツ金融恐慌の影響は自己資本と比較して大量のドイツの手形を引き受けていたマーチャント・バンクを非流動的な疑わしい価値の債権の保有者に転落せしめることになったのである．

オーストリア，ドイツ等の中欧の金融恐慌による対外短期債権の凍結，特に対ドイツ債権の凍結は，これら地域に深い掛りを持つ金融機関のマーチャント・バンクの流動性を傷つけ，その支払能力に不安を抱かせ，さらにポンドの兌換性維持に重大な疑念を生じさせることになった．ダナート銀行の倒産が発表された7月13日にポンドへの攻撃が開始され，対ドル為替相場は急落し，外国為替管理令が施行された7月15日にはニューヨーク向けの金輸出点をかなり下回る4.83$^{15}/_{16}$ドルとなり，イングランド銀行からの金流出が加速した[42]．

ドイツ金融恐慌がマーチャント・バンクに与えた影響はいかなるものであったのかをみていくことにしよう．

まず，マーチャント・バンク17社とロンドン手形交換所加盟銀行（以下，加盟銀行と略す）10行とを比較していくことにしよう．

マーチャント・バンク17社には最も重要な引受商会5社と最大の引受商会9社を含んでおり，1928年末でマーチャント・バンク全体の72％のシェアを

占めていた[43]．引受商会のなかでは，クラインウォート，シュレーダー，ロンドン・マーチャントバンク（以下，LMB と略す）が中欧の恐慌によって最も深刻な打撃を受けた．これら3社は，1931年に中欧において凍結された引受手形の比率がクラインウォートが45％，シュレーダーが54％，LMB が74％と高く，17社で中欧における凍結された引受手形金額の47％を占めていた[44]．手形引受額が資本金＋積立金の4倍超の危険水準に達したのは，1928年末で，17社のうち，6社（ベアリング4.53倍，ハンブロス4.69倍，クラインウォート4.21倍，サミュエル6.14倍，シュレーダー4.38倍，バンクD〔匿名〕4.53倍）であった[45]．流動性不足あるいは支払不能の可能性が生じたのは，17社のうちの8社（バンクA〔匿名〕，ジャフェット，サミュエル，ギネス・マホン，LMB，シュレーダー，ハンブロス，クラインウォート）であり，クラインフォート，シュレーダー，ハンブロスは3大引受商会を構成していた[46]．これに対して，加盟銀行はドイツ金融恐慌の影響をほとんど受けなかった．この8社の預金の推移をみると，1930-31年にかけて平均64％の減少となった．他方，加盟銀行10行，ベアリング，モルガン・グレンフェル，ラッファー等からの預金流出は限定的，あるいは預金回収の事態は生じなかった[47]．中欧との関わりの深いマーチャント・バンクが預金流出によって財務状況悪化に追い込まれることになった．中欧の引受手形額が資本金の半分以上に達した引受商会は，据置協定によって生じる「予期せぬ債務」を支払うために必要な資金を手当するために流動資産を平均52％減少させた．特に，ジャフェット，ラザード，LMB の3社は流動資産を70％以上削減せざるを得なくなった．かくして，中欧に関わりの深いマーチャント・バンクは新規手形引受の量を大幅に削減して一層の信用制限を行わざるを得なくなった[48]．

このように，引受手形残高の大部分を占めたマーチャント・バンクのなかで，中欧，特にドイツと多くの業務を行っていたマーチャント・バンクの財務状況の悪化はイギリスの金融システムの安定を損なう事態を招きかねないことになる．1931年に，ドイツにおいて凍結されたイギリスの引受手形残高5,345万ポンドは，ロンドンで引き受けられた手形金額1億3,970万ポンドの38.3％を占めていたことからもロンドン割引市場の構成メンバーに多大な影響を及ぼすことになる[49]．ロンドン割引市場の中心的担い手である割引商会は，1930年末

でポンド建引受手形残高全体の約 $2/3$ を保有(あるいは裏書)していた．同年には最大の割引商会 3 社(ユニオン・ディスカウント・カンパニイ,ナショナル・ディスカウント・カンパニイ,アレキサンダー・ディスカウント・カンパニイ)の保有引受手形総額は,資本金+積立金総額 747 万ポンドの 5 倍超の約 4,000 万ポンドに達していた．加盟銀行 10 行は 1930 年平均(6 月と 12 月を除く年平均)で,割引商会に対して,資本金 1 億 3,150 万ポンドの 75% に当たる 1 億 1,310 万ポンドをコールまたは短期通知で貸付,資金の約 88% に相当する 1 億 2,660 万ポンドを引受手形に投資・運用していた[50]．割引商会は加盟銀行,マーチャント・バンク等から手形,証券類を担保としてコール資金を取り入れ,手形を割り引く．金融逼迫時には手持ちのイングランド銀行再割引適格手形をイングランド銀行で公定歩合で再割引してもらう．このような相互関連にあることから,仮にマーチャント・バンク破綻の事態が生じると,割引商会破綻→加盟銀行破綻→全般的な銀行恐慌発生,という連鎖反応を呼び起こす懸念が生じてくる．これは国際金融市場としてのロンドンの地位を著しく弱める恐れが生じてくる．

3　ポンド危機の進展とイギリスの金本位制停止

　ドイツ金融恐慌と為替管理実施,ドイツの対外短期債務の凍結によって,アメリカ,イギリスに次いでドイツに対する多額の対外債権を有していたスイス,オランダは資金の安全性に関して不安を強めていった．表 8-9 に示されるように,両国は為替管理が課される前にドイツから資金を急速に引き出した．スイスはその保有額の $1/4$ 以上,オランダは約 4 割を引き揚げており,両国で $1/3$ の資金を引き揚げたことが明らかである[51]．1931 年のポンド危機に際しての金流出においては,オランダ,スイス,ベルギー,そしてフランスが大きな役割を果たした．特に,前者の 3 国はフランスを凌ぐ金の引き揚げを行った．
　1931 年のポンド危機は,次の三つの段階で進行していった[52]．
第 1 段階:7 月 13 日-8 月 1 日
　7 月 13 日にドイツのダナート銀行の破綻が発表され,世界を震撼させた．しかも同じ日に,マクミラン委員会報告が公表され,イギリスが巨額の対外短期債務を保有していることが明らかとなった．ポンドへの攻撃が開始され,イ

表 8-9 ドイツ 28 銀行*の対外短期債務残高
債権国別

(単位：100万 RM)

	1931年5月31日		1931年7月央		差　　額	
	金　額	割　合　%	金　額	割　合　%	金　額	割　合　%
アメリカ	2,093	37.1	1,629	37.1	-464	-37.2
イギリス	1,153	20.4	1,051	23.9	-102	-8.2
オランダ	546	9.7	336	7.6	-210	-16.8
フランス	369	6.5	297	6.8	-72	-5.8
スイス	785	13.9	581	13.2	-204	-16.4
スウェーデン	122	2.2	101	2.3	-21	-1.7
その他	571	10.2	398	9.1	-173	-13.9
合　計	5,639	100.0	4,393	100.0	-1,246	100.0

(注)　* 28 銀行の対外短期債務残高は，ドイツ全銀行の対外短期債務残高の 85% を占めている．
(出所)　'Report of the Committee Appointed on Recommendation of the London Conference, 1931' (Wiggin Report), *Supplement to the Economist*, August 22, 1931, p. 6.

ングランド銀行から 33 万ポンドの金流出が生じた．ドイツが外国為替管理令を実施して外国資産を凍結した 15 日にはニューヨーク向けの金輸出点をかなり下回る 1 ポンド＝4.83$^{15}/_{16}$ ドルに下落し（前掲図 5-3），イングランド銀行からの金流出は 189 万ポンドに急増した．翌 16 日には 493 万ポンドの流出へと激増した[53]．7 月 13 日から 8 月 1 日までの間に，イングランド銀行は金準備 3,357 万ポンドと外貨準備 2,100 万ポンドを喪失した（表 8-10）．同一期間中にイギリスからの金流出は 3,841 万ポンドにのぼり，そのうちフランスが 2,335 万ポンドで全体の 61%，オランダが 1,116 万ポンドで全体の 29% を占めた（表 8-11 より算出）．オーストリアおよびドイツの金融恐慌が他のヨーロッパ諸国に拡大する恐れが生じ，イギリスのマーチャント・バンク等の支払能力およびポンドの兌換性維持に重大な疑問が発生したことから，フランス，オランダ，スイス，ベルギー等の商業銀行を中心として，自行のロンドン・バランスを引き出して，流動性を補強しようとしたためである．

これに対してイングランド銀行は 7 月 23 日，7 月 30 日に 2 度にわたって公定歩合を 2$^1/_2$% から 4$^1/_2$% に引き上げた（前掲図 5-4）．さらに 23 日からイングランド銀行は小額のドル売りを開始した[54]．以後，金本位停止の 9 月 21 日まで公定歩合は同水準が不変のまま維持された．この間，政府は「イギリスの信用の名誉ある健全な状態が決して傷つけられないことを保証するためにあら

第8章 再建金本位制の崩壊　　　331

表 8-10 イングランド銀行の金・外貨準備増減
1931 年 7 月 13 日-9 月 19 日

(単位:100 万ポンド)

	金	外 貨 準 備	金・外貨準備計
7 月 13 日-8 月 1 日	−33.57	−21	−54.57
8 月 4 日-8 月 24 日	1.32	−56.2	−54.88
8 月 25 日-9 月 19 日	−1.15	−83.28	−84.43
合　　計	−33.40	−160.48	−193.88

(出所)　金準備は Bank of England Archives, C43/138, 'Gold taken from Bank and into Bank', 外貨準備は A. Cairncross, and B. Eichengreen, *Sterling in Decline*, Basil Blackwell, Oxford, 1983, p. 63, 68, Table 3.5 より作成．平田喜彦「再建国際金本位制崩壊のメカニズム」平田喜彦・侘美光彦編『世界大恐慌の分析』前掲，122 頁を参照している．

ゆる可能な措置をとる」であろうという 7 月 30 日の約束以上は何もしなかった．イングランド銀行ではノーマン総裁が 7 月 29 日に病気に倒れ，以後ほとんど活動停止状態となった[55]（9 月 28 日まで）．政府ではスノードン蔵相が 1931 年 3 月に任命したメイ委員会──正式名称は国費調査委員会（Committee on National Expenditure）──の報告を待っていた．メイ委員会報告書は 7 月 29 日に政府に提出され，同 31 日に刊行・公表された．同報告書は，サー・ジョージ・アーネスト・メイを委員長とし，メイと企業側代表の 5 名が署名した「多数報告」と 2 名の労働側代表が署名した「少数報告」から成っている．両報告は財政赤字額をひどく誇張し，1932-33 会計年度に 1 億 2,000 万ポンドの赤字が発生するとの見積りを提出した．この財政赤字削減をめぐって政権を担う労働党内での路線対立が激化して，ポンド危機を加速することになる．同日，イングランド銀行の保証準備発行限度額が 1,500 万ポンド増額された[56]．一方で，ほぼ同時期にイングランド銀行による国際借款獲得の努力が行われ，8 月 1 日，ニューヨーク連邦準備銀行とフランス銀行が 1 億 2,500 万ドル（2,500 万ポンド）ずつ，合計 2 億 5,000 万ドル（5,000 万ポンド）を中央銀行間スワップの形態でイングランド銀行に供与することが発表された（第一次国際借款）．同借款の期限は 8 月 1 日から 3 ヵ月間，さらに 3 ヵ月間更新可能であり，引き出された全額に対して年率 $3^{3}/_{8}$％ の利子が付けられることになった[57]．

第 2 段階：8 月 4 日-24 日

8 月 3 日の銀行休日の翌 4 日に市場が再開されると，「イングランド銀行の金・外貨準備に対する圧力は一段と強まった」が，イングランド銀行は前述の

表 8-11 イギリスの金輸出額 1931年7月13日-9月21日

(単位：1,000ポンド)

	オランダ	スイス	ベルギー	フランス	アメリカ	オーストリア	ドイツ	合　計
7月13日-8月 1日	11,162	454	2,886	23,346	310	161	89	38,408
8月 1日-8月24日	3,073	1,512	1,052	2,387	…	68	…	8,092
8月24日-9月21日	3,233	3,155	154	181	…	85	17	6,825
合　　計	17,468	5,121	4,092	25,914	310	314	106	53,325

(出所) W. Hurst, 'Holland, Switzerland, and Belgium and the English Gold Crisis of 1931', *The Journal of Political Economy*, Vol. 40, No. 5, October 1932, p. 639, Table I より作成. 原資料は *The Weekly Bullion Letter of Samuel Montague & co.*, London.

　国際借款を使用して外国為替市場に介入するポンド支持操作を断固として実践しはしなかったといわれる。失業手当の20％切下げ等失業保険関係の歳出大幅削減による財政赤字削減，財政均衡の達成というメイ委員会多数報告の提案に政府が同意するように促すため，金流出を放任したのである[58]。このような態度は「市場を完全に混乱させ，大陸諸国の為替市場を無秩序状態に陥れ，ポンドに対する信頼に回復不能な打撃を与えた」。この日1日で金・外貨流出は450万ポンドに達した[59]。

　しかし，「イングランド銀行としては，ポンドを金現送点以上に維持するために借りたドルおよびフランスを払い出す以外に途はなかった[60]。」その後，借款を利用しての為替介入が行われ，ドルに対するポンド支持操作は8月8日に900万ドル，8月10日に2,200万ドル，8月24日に4,500万ドルのピークに達した[61]。表8-10によれば8月4日から24日に至る期間中にイングランド銀行は金・外貨準備を5,488万ポンド喪失した（ただし，金準備は132万ポンド増加）。同一期間中のイギリスからの金流出は，オランダ向けが307万ポンド（全体の38％，以下同じ），フランス向けが239万ポンド（29％），スイス向けが151万ポンド（19％），ベルギー向けが105万ポンド（13％）等，合計809万ポンドとなり，オランダ，スイス，ベルギー向けが全体の約7割を占め，フランス向け流出額を大きく上回った（表8-11）。この間，失業手当の減額を主要な柱とする財政赤字削減案をめぐって与党労働党内での左右の対立が激化し，8月23日，労働党政権は瓦解した[62]。

　第3段階：8月25-9月19日

　イングランド銀行の外貨準備の喪失増大によって第一次国際借款も枯渇し，

第 8 章　再建金本位制の崩壊

　8 月 25 日にはその残高は 100 万ポンドと底をついた．同日，労働党のマクドナルド，スノードン等と保守党，自由党から成る挙国一致内閣（National Government）が成立し（首相マクドナルド，蔵相スノードン），第二次国際借款の交渉が 8 月 28 日にまとまった．これによって，J. P. モルガン商会によって率いられたニューヨークの諸銀行とパリの諸銀行からそれぞれ 4,000 万ポンド（2 億ドル）ずつ，合計 8,000 万ポンド（4 億ドル）にのぼる借款がイギリス政府に供与されることになった．この借款締結の発表は，25 日の挙国一致内閣成立の場合と同様に，ロンドンからの資金流出を一時的に抑制する効果を有した．さらに 2 週間後の 9 月 10 日のスノードン蔵相の緊急予算案（政府職員給与の全面的削減を含み，軍隊も例外ではない）の上程と議会，新聞の反応もポンドに対する圧力の一時的緩和に寄与した[63]．

　しかし，9 月 16 日にはインバーゴーデンの海軍兵士間の給与削減の懸念からの不安な動きが英国海軍の暴動として報道されたことや総選挙が早々に行われるかもしれないという危惧感が，「ポンドに対する最後の攻撃を引き起こした」．すでに 9 月 9 日に発表されたドイツの短期据置協定によって，英米と同様に多額の在独短期資産が凍結されたオランダ，スイス等の商業銀行は，ロンドンから資金を大量に引き揚げた．さらに 9 月 18 日にはアムステルダムで銀行破綻が起きた．イングランド銀行の金・外貨準備の流出に「最終的拍車」がかかり 16 日に 350 万ポンド，17 日には 1,000 万ポンド，18 日には 1,875 万ポンド，19 日にはさらに 1,100 万ポンドが流出した[64]．

　8 月 25 日から 9 月 19 日の期間中に，イングランド銀行は金準備を 115 万ポンド，外貨準備を 8,328 万ポンド，合計 8,443 万ポンドを喪失した（表 8-10）．8 月 25 日から 9 月 19 日の期間中のイギリスからの金輸出額は 683 万ポンドで，そのうち，オランダ向けが 323 万ポンド（全体の 47.4％），スイス向けが 316 万ポンド（全体の 46.2％）であった（表 8-11）．

　7 月 13 日から 9 月 19 日までの期間中にイングランド銀行とニューヨーク連邦準備銀行との間で行われたポンド支持操作は 4 億ドル（8,000 万ポンド）に達した．これは 7 月 13 日から 9 月 19 日の期間中のイングランド銀行の金・外貨準備喪失額 2 億ポンド（9 億 7,200 万ドル）の 5 分の 2 に相当した[65]．前述したように，9 月 16 日までに第二次国際借款の半分は直物市場で売却された

が，先物予約済みという状態になった．16日以降も，イングランド銀行から金・外貨準備の流出が続いたので，ついに9月21日にイギリスは金本位制を停止した．イングランド銀行の公定歩合は4 1/2%から6%に引き上げられ（前掲図5-4），ロンドン証券取引所は2日間閉鎖された．さらに外国為替取引を一時的に制限した（32年3月3日撤廃）[66]．当初，この金本位制停止は6ヵ月間のことと想定されていた[67]．イギリスの金本位離脱によってイギリス帝国内の多数の諸国のみならず，ノルウェー，スウェーデン等の北欧諸国やカナダ，ポルトガル，日本等の諸国も31年中に金本位停止に踏み切り，ここに再建金本位制は実質的に崩壊するに至った[68]．

第4節　アメリカの金本位制停止

1　ドル不安の発生と金の対外流出急増

イギリスの金本位制停止以後，ポンドはドル，フランス・フラン等の金本位国通貨に対して急速に下落していった．ポンドの対ドル相場は，9月25日には旧平価の4.86ドルから3.73 1/2ドルに下落，10月平均で3.39ドル，11月平均で3.72ドル，12月8日には3.25 5/8ドルのボトムに達し，旧平価を30%も下回った．12月平均では3.37ドルとなった[69]．このような大幅なポンド相場の切下げはロンドン・バランスの保有者に多大な為替差損を生じさせることになった．フランス，オランダ，ベルギー，スイス等のヨーロッパ諸国は多大な損失をこうむった．フランス銀行はイギリスが金本位制を離脱した9月21日時点で6,500万ポンドを保有しており，多大の為替差損を抱えることになった[70]．したがってこれ以降，アメリカのドル不安が誘発されて，ドル減価の懸念が急速に高まり，アメリカから大量の金流出が生じることになった．9月16日から10月30日までの間に，イアマーク分4億1,200万ドルを含めて，アメリカからの金流出額はベルギー向け1億4,100万ドル，フランス向け4億2,200万ドル，オランダ向け8,700万ドル，スイス向け9,200万ドルの合計7億4,200万ドルに達し，ヨーロッパ諸国向けが大部分であった[71]．ニューヨーク市中銀行の対外短期負債額が31年9月16日時点の19億4,500万ドルから10月28日には14億4,000万ドルへと5億ドル強も急減し，さらに32年1月末

第8章 再建金本位制の崩壊

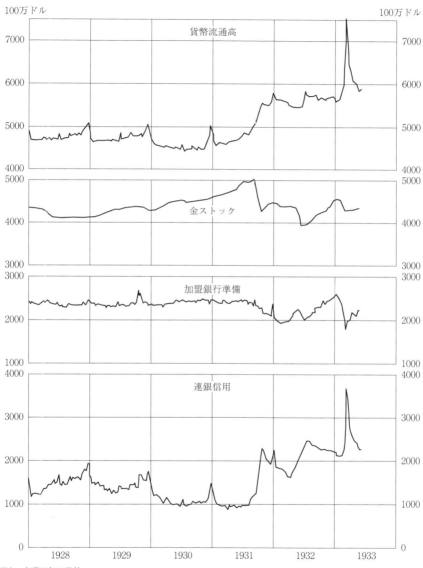

(注) 水曜日毎の数値.
(出所) *Federal Reserve Bulletin*, June 1933, p. 343.

図 8-1 連銀信用残高と主要変動要因 1928-1933 年 5 月 31 日

には12億8,000万ドルにまで減少したことはヨーロッパ諸国がこれらの短期資金を金に兌換して引き揚げたことの反映である[72]。しかも、31年半ばからの第二次アメリカ銀行恐慌の進展のため貨幣流通高は預金引出しにより増大し、31年6月17日の44億6,900万ドルから9月16日の48億100万ドルへと3億3,200万ドルの増、さらに10月28日の51億9,400万ドル（3億9,300万ドルの増）、32年1月13日の53億3,200万ドル（1億3,800万ドルの増）へと急増した[73]（図8-1）。かかる事態に対処するため、連邦準備信用（以下、連銀信用）が9億2,700万ドル増大され、連邦準備制度加盟銀行（以下、加盟銀行）の準備減少を相殺しようとした[74]（図8-1）。これと並んでニューヨーク連銀の公定歩合も10月9日に$1^{1}/_{2}$％から$2^{1}/_{2}$％に、16日には$3^{1}/_{2}$％へと引き上げられた（前掲図5-4）[75]。しかし、この時には連銀による政府証券の買いオペは行われなかったこともあり、これらの対応策によっても加盟銀行からの資金の流出を阻止できず、加盟銀行の準備は6月17日の24億100万ドルから10月28日の22億2,900万ドルへと17億ドル強減少した[76]（図8-1）。連銀の準備率も31年8月の81.4％から9月の77.5％、10月には62.6％へと急落した[77]。この間、銀行恐慌が拡大し、31年9月から12月の間に、1,360行が破産し、破産銀行の預金総額は10億5,000万ドルに達した[78]。

2　グラス・スティーガル法制定と連銀信用拡大

31年11月と12月には、金の対外流出は一時的に止まった。しかし、32年1月以降、金の対外流出が再び始まり、加盟銀行準備へ圧力が加わった。そこで2月には、銀行恐慌対策として、総額15億ドルの公的資金を銀行システムに注入する資本金5億ドル（全額政府出資）の復興金融公社（Reconstruction Finance Corporation, RFC）が設立された[79]。さらに連銀が新規の金の対外流出に対処し、同時に公開市場で政府証券の買いオペを行って金融緩和政策を再開するために、連邦準備法の準備規定の変更が行われることになった。連邦準備法では、連銀預金に対しては35％の金準備、連邦準備券に対しては40％の金準備と残りの60％を適格手形で保有することが規定されていた。ただし、適格手形が60％に満たない場合には、その不足分は金によって充足されねばならなかった。したがって、連邦準備制度保有の金準備－（連邦準備券＋連銀

第8章　再建金本位制の崩壊　　　　　　　　　　　　　　　337

預金に必要な金準備）＝自由金（free gold）という関係が成立する．この関係から，連邦準備券の発行は，適格手形の必要準備額の不足分を補う金準備額を控除した「自由金」の量によって制約されることになる．対外金流出に対処するため，連銀が政府証券の買いオペを行えば発券担保に必要な適格手形の不足分を金でもって充当せざるをえなくなるので，連銀は法定準備に該当しない政府証券保有が増加し，「自由金」が減少さらに枯渇する恐れが生じて法定金準備の維持が困難となる可能性が生じてきた[80]．そこで2月27日に，グラス・スティーガル法が制定され，同法によって，連邦準備券の発行担保として適格手形のみならず政府証券をも認めるという変更が行われた．これによって，連邦準備券の追加的発行に必要な担保から金準備を解放し，連銀信用を拡大することが可能となった[81]．

　かくして連銀の金融緩和政策への転換が行われることになった．1月12日に一流銀行引受手形買入利率（90日物，ニューヨーク）が$3^{1}/_{8}$%から3%に，さらに2月26日に$2^{3}/_{4}$%に，3月25日には$2^{1}/_{2}$%へ引き下げられた．ニューヨーク連銀の公定歩合も2月26日に$3^{1}/_{2}$%から3%に引き下げられた[82]．

　4月12日に，公開市場投資委員会で政府証券の購入が勧告され，連銀は初めて積極的な買いオペを開始することになった．買いオペ額は5月11日までの5週間に5億ドルに達し，1週平均1億ドルずつ増大していった[83]．これによって，加盟銀行は連銀借入（手形割引）を1億6,400万ドル返済し，準備を約2億ドル増大させた[84]．6月24日にはニューヨーク連銀の一流銀行引受手形買入利率が1%に引き下げられ，公定歩合も$2^{1}/_{2}$%に引き下げられた[85]．政府証券の買いオペ額は6月までに9億ドル強に達した[86]．

　このような「連銀による政府証券の絶え間ない大規模な購入は，外国人の目にはアメリカにおいてはインフレーションに近づきつつある証拠であると思われた[87]．」その結果，フランス，ベルギー，オランダ，スイス等のヨーロッパ諸国のドル減価の不安が高まり，5月，6月には金の対外流出は金のイアマーク増5,000万ドル，金の純輸出4億ドル強，合計4億5,000万ドルにのぼった（表8-12）．フランス，オランダ，スイス等のヨーロッパ諸国の中央銀行はドル・バランスのほとんどを金に兌換して引き出したといわれている．しかし，5-6月の対外金流出の激増に対して，連銀による大規模な政府証券の買入が実

表 8-12　アメリカの国別月別の金輸出入額（ネット）および

	イギリス	フランス	ドイツ	ベルギー	オランダ	スイス	カナダ	メキシコ
1930年1月	1	−8,477	...	...	...	...	3,122	753
2月	1	...	...	1	...	...	2,619	1,312
3月	−191	7	...	...	...	...	3,075	4,248
4月	−90	2	...	1	...	...	2,256	756
5月	...	2	...	...	9	...	2,281	2,526
6月	−4	20		1	...	...	2,415	1,699
7月	...	−29,943	}1)	...	8	...	−10,142	3,329
8月	6	−35,306		2	...	...	−3,174	2,386
9月	...	...		1	...	...	−6,076	1,147
10月	...	...	...	...	...	...	−8,181	1,281
11月	1	11	...	...	−1	...	−4,208	557
12月	...	10	...	...	...	...	22,885	395
合計	−275	−73,675	(174)	6	16	...	6,872	20,390
1931年1月	...	3	...	1	...	...	22,556	536
2月	9	1	...	...	...	...	1,272	303
3月	...	50	1	−2	...	...	924	4,032
4月	...	19,161	61	16	...	...	1,105	1,563
5月	...	5	−20	...	...	...	1,052	774
6月	...	21	25,990	...	...	−17	20,725	438
7月	−4	8	...	...	...	...	4,871	466
8月	1,501	−16	11,000	−5	...	...	2,208	8,802
9月	23	−24,087	2	2	−4,172	−349	8,837	4,260
10月	685	−324,500	−831	−9,678	−35,904	−17,617	5,666	−1,239
11月	333	−10	−115	−57	−394	−515	7,408	989
12月	4,249	−15,150	−62	−5,861	−9,857	−1,270	4,513	1,344
合計	6,797	−344,514	36,026	−15,583	−50,327	−19,768	81,136	22,267
1932年1月	−3,199	−83,783	−71	−12,553	−6,257	−1,759	4,154	1,103
2月	−235	−98,203	−495	−17,859	−8,672	−254	8,406	950
3月	−23	−37,532	2	−6,341	...	−6	7,216	2,997
4月	−1,922	−24,527	−3,286	−669	−18,707	−115	7,267	3,329
5月	−7,047	−63,216	−9,710	−19,930	−58,473	−53,554	4,699	1,510
6月	−1,910	−111,411	−116	−26,250	−23,168	−62,603	5,424	816
7月	1,405	−21,513	...	...	...	−225	4,573	1,284
8月	6,093	−17,950	...	1,021	...	−8	5,257	2,273
9月	5,868	50	320	...	5,543	219	3,904	2,843
10月	1,251	72	...	...	2,381	25	506	1,345
11月	1,376	7	...	...	2,685	7	5,622	893
12月	51,928	16,357	...	10	8,082	...	7,546	744
合計	53,585	−441,649	−13,356	−82,571	−96,586	−118,273	64,574	20,087
1933年1月	50,248	29,490	1,067	...	15,123	...	5,274	634
2月	3,310	−3,709	−1,546	−600	802	−1,614	4,206	552
3月	−8,935	−3,630	−250	−199	−5,005	−681	8,424	483
4月	−2,191	−8,993	...	...	−724	...	327	488
5月	−15,715	−122	...	...	−115	...	110	344
6月	−2,845	−72	−1,445	...	...	...	154	141
7月	−713	−79,617	...	...	...	...	203	369
8月	−1,535	−73,173	−216	−27	...	...	143	125
9月	−5,099	−48,717	...	−13	−2,171	...	224	518
10月	−6,240	−26,923	−109	−18	−9	−453	268	48
11月	−2,260	−366	−5	−28	...	...	216	240
12月	−1,650	−203	−28	−10	...	−8,883	347	338
合計	6,375	−216,035	−2,532	−895	7,901	−11,631	19,896	4,280

(注) 1　1930年1-12月はその他に含まれている．
　　 2　1932年1-12月はその他に含まれている．
　　 3　イタリアへの1,705万4,000ドルの輸出を含む．
　　 4　1933年1-12月はその他に含まれている．

(出所) *Federal Reserve Bulletin*, Vol. 18, No. 3, March 1932, p. 168. *ibid*., Vol. 18, No. 8, August 1932, p. 506. *ibid*., p. 597. *1932 Annual Supplement-Survey of Current Business*, United States Government Printing Office, Washington, 1936, p. 53 より作成．

第8章 再建金本位制の崩壊

イアマーク増減（ネット）1930-33年

(単位：1,000ドル)

アルゼンチン	ブラジル	コロンビア	インド	中国・香港	日本	その他	合計	イアマーク増(−)
…	5,430	1,214	…	709	…	1,208	3,960	501
297	11,823	71	…	110	40,906	2,851	59,991	…
28	5,425	1,155	…	2,410	38,316	1,005	55,478	14,999
66	36,733	73	…	7,351	14,286	4,291	65,725	500
−50	…	118	…	1,866	13,509	3,209	23,470	2,000
…	…	1,102	…	436	7,015	1,228	13,912	2,000
…	6,289	108	…	3,399	…	7,312	−19,640	−3,000
…	146	1,144	…	3,194	8,001	3,984	−19,617	…
…	1,525	140	…	1,055	4,577	178	2,547	3,992
575	15,405	1,124	…	732	13,750	1,683	26,369	−6,107
14,384	5,000	1,742	…	699	16,250	716	35,151	−2,126
4,922	…	1,107	…	249	…	3,174	32,742	−15,159
20,222	87,776	9,097	…	22,211	156,609	30,838	280,087	−2,400
5,441	…	3,022	…	801	748	1,264	34,372	11,900
9,289	…	116	…	2,739	1	2,412	16,142	2,500
11,601	16	2,996	…	1,597	1,586	2,844	25,645	3,000
14,782	…	86	…	7,796	2,741	2,205	49,516	−7,500
40,029	…	3,359	…	960	847	2,624	49,630	4,000
4,923	…	155	…	6,361	399	4,852	63,847	92,264
8,305	…	87	…	1,544	1,246	2,980	19,503	−29,700
5,383	…	142	4	1,046	25,000	2,435	57,500	−16,000
25,770	…	3,095	…	3,596	…	3,584	20,561	−279,090
15,474	…	16	…	5,533	22,501	2,209	−337,685	−107,610
267	…	…	4,895	1,644	75,932	941	89,436	28,310
…	…	2,042	3,165	623	68,285	4,837	56,858	−22,923
141,263	16	15,116	8,064	34,240	199,286	31,306	145,325	−320,849
9,110		2,948	4,677	167	9,969	2,542	−72,950	25,384
1,157		7	2,575	819	19,491	1,795	−90,567	26,369
2,683		3	70	2,948	…	3,313	−24,671	58,312
…		7	…	2,402	2,013	3,967	−30,239	3,969
…		…	175	3,791	2,441	3,800	−195,514	−22,149
…		…	…	4,866	5,172	3,133	−206.047	−28,797
…	2)	13	240	3,524	4,197	3,064	−3,437	56,236
…		45	467	4,783	…	4,122	6,103	100,501
…		52	2,855	4,205	…	2,039	27,897	72,288
42		28	6,068	3,600	3,362	1,933	20,613	45,775
−1		94	4,773	2,964	…	3,322	21,740	48,566
…		43	4,697	4,974	3,124	3,353	100,859	71,023
12,991	(1,312)	3,240	26,597	39,043	49,719	36,383	−446,213	457,477
…		52	15,193	5,612	3,729	2,042	128,465	−91,494
−15		35	9,446	3,700	…	3,208	17,776	−178,285
…		5	990	2,135	…	−15,413 3)	−22,075	−100,092
4		…	…	1,281	2,973	−3,137	−9,973	33,701
2		1	…	83	…	−5,729	−21,139	22,114
…		1	…	10	…	812	−3,244	3,545
…	4)	…	…	…	…	−4,121	−83,879	84,471
…		1	…	…	…	−5,708	−80,388	79,467
8		…	…	…	…	−1,486	−56,736	49,305
…		1	…	…	…	1,085	−32,351	26,867
…		2	…	…	…	1,419	−783	600
…		…	…	…	…	960	−9,128	11,780
−1	(−2)	98	25,629	12,821	6,702	−26,355	−173,455	−58,021

Vol. 19, No. 3, March 1933, p. 154. *ibid*., Vol. 20, No. 2, February 1934, p. 108. *ibid*., Vol. 20, No. 9, September 1934, Washington, 1932, p. 89. *1936 Supplement-Survey of Current Business*, United States Government Printing Office,

施されたことにより，銀行恐慌の拡大や金本位制停止の危機は一応回避された．32年4月27日から6月29日の2ヵ月間で，貨幣流通高は51億1,100万ドルから53億3,600万ドルへと2億5,100万ドルの増，金ストックは40億8,100万ドルから36億3,300万ドルへと4億4,800万ドルの減少となっており，国内金兌換はまだ大規模には行われていなかった[88]（図8-1）．7月以降，銀行破産減少，貨幣流通高の増加もストップし，金ストックも着実に増加し続けた．対外金流出が止まり，8月から純輸入へと転換した（表8-12）．

3 銀行恐慌激化とアメリカの金本位制停止

　大統領選が本格化する10月からローズヴェルトの大統領就任式までの政治的空白期間中に，新たな銀行破綻が勃発し，全国的に拡大していくことになる．1932年10月31日にネヴァダ州で12日間の銀行休業日が宣言され[89]，同年12月から銀行破綻が再び増加し始めた[90]．33年2月には自動車産業の拠点であるデトロイトの二大銀行グループの一つであるガーディアン・デトロイト・ユニオン・グループに属するユニオン・ガーディアン・トラストの経営危機に端した銀行取付けによって，2月14日，ミシガン州で銀行休業令が宣言されたのを契機として全国に銀行恐慌が拡大していった[91]．この第三次銀行恐慌は，3月4日のニューヨーク州の銀行休業令布告，続いてイリノイ，マサチューセッツ，ペンシルベニア，ニュージャージーなどの諸州が同様の措置をとり，アメリカ全土に12ある連邦準備銀行（連銀）も銀行休業を決定し，さらに3月6日のローズヴェルト大統領による全国銀行休業令発布によりピークに達した[92]．1933年の2-3月の破産銀行数は3,610行，破産銀行預金額は33億3,855万ドルにのぼった[93]．

　このように全国各地に銀行休業が拡大していく中で，国際金融の中心地であり，かつアメリカ国内の金融中心地でもあるニューヨークは深刻な重圧に晒されることになった．第一には，ニューヨーク市中銀行は一般預金者からの預金の引出しに応じなければならなかった．2月1日から3月8日に，この預金減少は5億5,100万ドルにのぼった[94]．第二に，ニューヨーク市中銀行は中央準備市銀行として全国各地の銀行から預金＝銀行間預金を受け入れており，これらの銀行間預金の引出しに応じなければならなかった．この銀行間預金は2月

1日の16億5,500万ドルから3月8日の6億9,000万ドルへと9億6,500万ドルの急減を記録した[95]．

かかる二重の預金引出しに直面させられたニューヨーク市中銀行はどのように対応していったのであろうか．まず第一に，ニューヨーク市中銀行は2月1日から3月8日の間に，貸付を35億2,100万ドルから31億2,100万ドルへと4億ドル清算し，投資を37億100万ドルから32億9,100万ドルへと4億1,000万ドル流動化し，合せて8億1,000万ドルを捻出した[96]．次に1月13日には，ニューヨーク市中銀行は預金に対する準備が法定準備を超える過剰準備を3億5,000万ドル程保有していたが，それも2月24には，3,660万ドルへと涸渇したため[97]，ニューヨーク市中銀行は連銀借入に依存せざるを得なくなり，3月8日には6億3,200万ドルの信用供与を受けた[98]．その結果としてニューヨーク市中銀行の連銀預け金は，2月1日の9億6,700万ドルから3月8日の6億1,800万ドルへと3億4,900万ドルへと減少した[99]．

このような状況に対して中央銀行である連銀はどのような対応を取ったのであろうか．連銀信用への依存が急増する中，連銀信用全体としては2月1日の20億6,400万ドルから3月4日の37億500万ドルへと16億4,100万ドルの増大を示しているが，その信用供与の形態をみると，政府証券の買いオペは上記期間中に9,200万ドルしか増えておらず，手形割引の形態が11億6,300万ドルの増で連銀信用増の7割強を占めており，残りは手形買入の形態が3億8,600万ドルの増となっている（表8-13）．

他方，銀行恐慌激化の過程において，前述の如く，預金取付が急増することにより，通貨退蔵，貨幣流通高が激増していった．貨幣流通高は2月1日の56億5,200万ドルから3月4日の74億8,500万ドルへと18億3,300万ドル増加しており，特に2月27日から3月4日にかけて11億3,500万ドルの急増を示している（表8-13）．その内訳をみると，2月1日から3月4日の期間中に連邦準備券の増加は14億3,500万ドル（表8-14）と全体の8割近くを占めており，しかも50ドル以上の高額面券が最も増大している[100]．金貨・金証券は3億1,800万ドル（金貨1億4,600万ドル，金証券1億7,200万ドル）の増（表8-15）で全体の17%を占めており，同時に金のイアマークは3億ドルに達した[101]．しかも全国12連邦準備区のうち，ニューヨーク連邦準備区とシカゴ連

表 8-13 貨幣流通高と連銀信用および加盟銀行準備残高
1933 年 2 月 1 日-4 月 5 日

(単位：100 万ドル)

	貨幣流通高	連　銀　信　用			加盟銀行準備残高
		手形割引	手形買入	政府証券	
2 月　1 日	5,652	269	31	1,764	2,438
2 月　8 日	5,705	253	31	1,784	2,419
2 月 15 日	5,854	286	31	1,809	2,236
2 月 21 日	5,988	327	180	1,834	2,271
2 月 27 日	6,350	450	317	1,839	2,166
2 月 28 日	6,545	582	336	1,866	2,141
3 月　1 日	6,719	712	384	1,836	2,038
3 月　2 日	6,960	980	393	1,849	2,036
3 月　3 日	7,414	1,408	417	1,856	1,953
3 月　4 日	7,485	1,432	417	1,856	1,904
3 月　8 日	7,538	1,414	417	1,881	1,776
3 月 15 日	7,269	1,232	403	1,809	1,964
3 月 22 日	6,608	671	352	1,864	1,918
3 月 29 日	6,353	545	310	1,838	1,987
4 月　5 日	6,261	436	286	1,837	1,976

(出所)　*Federal Reserve Bulletin*, April 1933, p. 215.

邦準備区の貨幣流通高増大が顕著であった[102]。

このような貨幣流通高の激増によって連銀の連邦準備券発行と加盟銀行の連銀預け金に対して必要な金準備の減少が急速に進行していくことになる．連邦準備券の増大はその発行に 40% の金準備が必要とされることから所要の金準備の増大を引き起こし，最終的には連銀の金準備率の低下をもたらすことになる．また，金貨・金証券の形態での預金引出しの急増——国内金流出の急増は連銀の金準備を急速に減少させた．

さらに金の対外流出と金のイアマークの増大によって金準備（財務省＋連銀合計分）は 2 月 1 日の 34 億 7,700 万ドルから 3 月 4 日の 28 億 5,300 万ドルへと 6 億 2,400 万ドルの減少となった（表 8-15）．前述したように，金のイアマークはこの期間中に 3 億ドルを記録した．

3 月に入って以降，国内外（イアマークを含む）への金流出によって，貨幣用金ストックは 2 月 28 日の 43 億 8,000 万ドルから 3 月 3 日の 42 億 4,200 万ドルへと 1 億 3,800 万ドルの減少となった（表 8-15）．3 月 1 日から 3 日にかけ

第 8 章　再建金本位制の崩壊　　　　　　　　　　　　343

表 8-14　連銀の準備ポジション
1933 年 2 月 1 日 -4 月 5 日

(単位：100 万ドル)

	現金準備総計	連邦準備券	預　　金	過剰準備	準備率 (%)
2 月 1 日	3,457	2,730	2,540	1,476	65.6
2 月 8 日	3,442	2,773	2,500	1,458	65.3
2 月 15 日	3,387	2,891	2,376	1,399	64.3
2 月 21 日	3,305	3,000	2,399	1,265	61.2
2 月 27 日	3,178	3,268	2,265	1,078	57.4
2 月 28 日	3,126	3,417	2,236	977	55.3
3 月 1 日	3,067	3,580	2,157	880	53.5
3 月 2 日	2,997	3,769	2,178	727	50.4
3 月 3 日	2,810	4,103	2,094	435	45.3
3 月 4 日	2,802	4,165	2,053	416	45.1
3 月 8 日	2,809	4,215	1,951	440	45.6
3 月 15 日	3,148	4,293	2,124	688	49.1
3 月 22 日	3,371	3,916	2,155	1,050	55.5
3 月 29 日	3,442	3,748	2,203	1,172	57.8
4 月 5 日	3,488	3,644	2,195	1,262	59.7

(出所)　*Federal Reserve Bulletin*, April 1933, p. 215.

　ての 3 日間で外国勘定による金のイアマークは 1 億 1,900 万ドルにのぼり，さらに金輸出はイギリス向け 890 万ドル，オランダ向け 590 万ドル，フランス向け 420 万ドル，スイス向け 70 万ドルで合計 1,980 万ドルとなり，同一期間中の唯一の金輸入はインドからの 230 万ドルであった[103]。これらヨーロッパ諸国通貨に対してドルは大幅な減価となり（3 月 3 日，1 ポンド＝3.45$\frac{1}{8}$ドル），オランダ，フランス，スイスの諸通貨に対しては為替平価を大幅に下回った[104]。このような状況下でドルの平価切下げが現実化するのではないかとの不安が高まり，イギリスの場合，為替平衡勘定がポンドの上昇を抑えるためポンド売りのドル買いの為替介入を行い，獲得したドルをアメリカで金に兌換してイアマークした例が挙げられる[105]。

　かくして連銀の金準備率は急速に低下していった。2 月 1 日に連銀 12 行合計の過剰準備は 14 億 7,600 万ドルで，金準備率は 65.6％であったのが，国内外の金流出増と連銀信用拡大による連邦準備券発行増にともなう所要金準備増の必要によって過剰準備は減少して，3 月 4 日には 4 億 1,600 万ドル，金準備率は 45.1％に急落した（表 8-14）。特にニューヨーク連銀の金準備率急落の事

表 8-15 アメリカの貨幣用金ストック
1933 年 2 月 1 日-4 月 5 日

(単位：100 万ドル)

	総　計	財務省と連銀保有の金	金　流　通		
			総　計	金　貨	金証券
2 月 1 日	4,548	3,477	1,071	480	591
2 月 8 日	4,535	3,459	1,076	487	589
2 月 15 日	4,511	3,418	1,093	497	596
2 月 21 日	4,460	3,345	1,115	516	599
2 月 27 日	4,397	3,212	1,185	557	628
2 月 28 日	4,380	3,159	1,221	572	649
3 月 1 日	4,344	3,105	1,239	586	653
3 月 2 日	4,320	3,041	1,279	600	679
3 月 3 日	4,242	2,861	1,381	623	758
3 月 4 日	4,242	2,853	1,389	626	763
3 月 8 日	4,243	2,897	1,346	620	726
3 月 15 日	4,251	3,232	1,019	462	557
3 月 22 日	4,264	3,430	834	383	451
3 月 29 日	4,272	3,501	771	368	403
4 月 5 日	4,283	3,538	745	365	380

(出所) *Federal Reserve Bulletin*, April 1933, p. 215.

態はより危機的な状況を示していた．

　そこでニューヨーク連銀の金準備がドルへの取付によって枯渇させられるに至った経緯を週毎のニューヨーク連銀の金保有高の推移よりもむしろ毎日の同連銀の金保有高の推移から追跡していくことにしよう．

　表 8-16 をみると，連銀全体の金準備高は 2 月 1 日の 32 億 5,500 万ドルから 3 月 8 日には 26 億 8,400 万ドルへと 5 億 7,100 万ドルの減，約 18％ を失っている．しかし，ニューヨーク連銀の金準備高は表 8-17 に示される如く，2 月 1 日の 9 億 6,500 万ドルから 3 月 4 日には 3 億 8,100 万ドルへと 5 億 8,400 万ドル，約 61％ を失った．ニューヨーク連銀の金準備高は 3 月 1 日の 7 億 1,100 万ドルから 3 月 3 日の業務終了時には 3 億 8,100 万ドルに減少し，金準備率は 43％ から 24％ にまで下落し，法定準備率の 40％ を大きく下回った[106]．しかし，週毎の数値の表 8-16 でみると，ニューヨーク連銀の金準備高は 2 月 21 日の 7 億 4,400 万ドルから 3 月 1 日の 7 億 1,100 万ドル，3 月 8 日には 6 億 9,800 万ドルと推移しており，前半の 1 週間で 3,300 万ドル，2 週間合計で 4,600 万

表 8-16　連邦準備銀行の金準備
1933 年 2 月 1 日-5 月 3 日

(単位：100 万ドル)

	合計	ボストン	ニューヨーク	フィラデルフィア	クリーブランド	リッチモンド	アトランタ	シカゴ	セントルイス	ミネアポリス	カンサスシティ	ダラス	サンフランシスコ
2月 1日	3,255	248	965	210	244	96	81	854	124	60	104	34	236
2月 8日	3,247	252	917	205	242	108	93	847	126	61	108	33	254
2月15日	3,200	250	791	202	248	106	95	896	129	65	110	37	271
2月21日	3,118	243	744	189	241	95	84	933	125	69	109	38	248
3月 1日	2,892	201	711	143	270	119	75	793	142	64	113	58	203
3月 8日	2,684	160	698	148	226	128	95	602	130	68	125	82	223
3月15日	3,011	195	762	150	257	173	111	658	156	78	141	79	251
3月22日	3,192	195	818	163	316	170	115	811	151	72	128	55	200
3月29日	3,237	203	865	173	291	166	108	878	140	72	116	45	182
4月 5日	3,279	207	914	197	283	167	111	836	138	74	112	40	199
4月12日	3,315	214	934	197	275	168	107	853	140	73	113	39	203
4月19日	3,366	221	1,004	197	266	168	105	845	144	69	112	35	198
4月26日	3,396	223	1,016	201	257	170	104	862	144	68	116	33	203
5月 3日	3,436	242	922	216	257	176	108	917	151	73	122	43	209

(出所)　原資料は Federal Reserve Board, 'Condition of Federal Reserve Banks', Federal Reserve Bank of New York archives. B. A. Wigmore, 'Was the Bank Holiday of 1933 caused by a run on the dollar?', *Journal of Economic History*, Vol. 47, No. 3, 1987, p. 746 より再引用．

ドルの減少という小額の数値となって，3 月 4 日の危機的事態と大きく乖離した数値を表示する結果となっている．

　このような金準備急減の過程のなかで，3 月 3 日，ニューヨーク連銀は公定歩合を $2^{1}/_{2}$％ から $3^{1}/_{2}$％ に引き上げるが[107]，金の内外流出に歯止めをかけることはできず，ドルへの取付は激化して，3 月 3 日にはドル為替市場は完全に崩壊した．同日，ポンドの直物と先物（3 ヵ月物）の両相場は対ドルに対してそれぞれ $3.45^{3}/_{4}$ ドルと $3.50^{1}/_{4}$ ドルという高値を記録した．そしてオランダ・ギルダー，フランス・フラン，スイス・フラン，ベルギー・ベルガに対しては激しいドル売りが行われた．パリにおいてはイギリスの為替平衡勘定による活発なドル売りに対して，ギャランティ・トラストはフランの騰貴を防ぐためにドルを買い支えようとしたが，その操作があまりに多額にのぼり，ついに買い支えを断念せざるを得なくなった[108]．

　このような苦境に追い込まれたニューヨーク連銀に対して，シカゴ連銀は 3 月 3 日，ニューヨーク連銀からの 1 億ドルの政府証券の購入あるいは手形割引の要請を拒絶し，連邦準備局も他の連銀に対してニューヨーク連銀援助の要請はしなかった[109]．ニューヨーク連銀の金準備が 3 億 8,100 万ドルにまで減少し

表 8-17　ニューヨーク連邦準備銀行の金データ
1933年2月1日-3月31日

(単位:100万ドル)

	金準備合計	財務省の共同保管勘定	金総計	イアマークされた金
2月 1日	965	531	1,496	97
3月 1日	711	496	1,207	298
3月 2日	n.a.	n.a.	n.a.	n.a.
3月 3日	n.a.	n.a.	n.a.	n.a.
3月 4日	381	380	761	391
3月 6日	413	380	793	391
3月 7日	417	380	797	391
3月 8日	698	n.a.	n.a.	n.a.
3月 9日	n.a.	n.a.	n.a.	n.a.
3月10日	n.a.	n.a.	n.a.	n.a.
3月11日	725	380	1,105	391
3月13日	726	380	1,106	391
3月14日	706	380	1,086	391
3月15日	762	380	1,142	391
3月16日	737	380	1,117	391
3月17日	694	380	1,074	391
3月18日	761	380	1,141	382
3月20日	810	380	1,190	382
3月21日	815	380	1,195	382
3月22日	818	380	1,198	382
3月23日	816	380	1,196	382
3月24日	823	380	1,203	381
3月25日	826	380	1,206	372
3月27日	854	380	1,234	372
3月28日	871	380	1,251	372
3月29日	865	380	1,245	371
3月30日	858	380	1,238	371
3月31日	891	380	1,271	371

(注)　n.a.=不明.
(出所)　原資料は Federal Reserve Bank of New York, 'Statement of Condition', Federal Reserve Bank of New York archives, B. A. Wigmore, op. cit., p. 745 より再引用.

た時点で，ニューヨーク市中銀行には6億ドル以上の外国預金が置かれていた[110]．

その結果，3月4日（土曜日），ニューヨーク連銀のハリソン総裁はニューヨーク州のレーマン知事に銀行休業日の要請をし，同知事によって同日の早朝4時20分，銀行休業日の布告が発せられた[111]．同時に連銀12行も閉鎖され

た[112]．続いて3月6日（月曜日）には，3月4日に大統領に就任したローズヴェルトが「対敵通商法」（Trading with Enemy Act）にもとづいて全国規模の銀行休業の布告を発し，金・銀貨・地金または通貨の輸出，退蔵，イアマークを防止するため，1933年3月6日から9日に至るまでアメリカ全国の金融機関の金融取引をすべて禁止した[113]．かくして，アメリカにおいて金本位制は一時的に停止された．以後，金本位制停止の公式の法的形式の整備が急速に進められていく．

まず国内の退蔵金の回収あるいは引渡しについては，先の大統領の全国銀行休業令布告において，金・銀貨・地金または通貨の引出しまたは移転を禁止し，金の退蔵を防止しようとした．これをさらに積極的に金の退蔵を禁止し，退蔵金の引渡しを法的に強制する方向に進んでいく．3月7日の財務長官の発した規定で，連銀が加盟銀行に信用供与する場合には加盟銀行の保有するすべての金および金証券を連銀に引き渡すことを条件とする旨定めた[114]．3月8日には，連邦準備局は連銀に最近，金または金証券を引き出し，3月13日までに再預金しなかった者のリストを準備するように要求した[115]．翌3月9日制定の緊急銀行法第3条において，金貨，地金，金証券を財務省に引き渡すように要求する規定を設けて積極的に国内から退蔵金を回収する政策を打ち出した[116]．

その結果，金貨流通高は3月4日の6億2,600万ドルから3月29日には3億6,800万ドルへと2億5,800万ドル減少し，金証券流通高は同一期間中に，7億6,300万ドルから4億300万ドルへと3億6,000万ドル減少し，合計で6億1,800万ドルの金貨・金証券が回収された．金貨・金証券流通高は7億7,100万ドルへと急減した（表8-15）．さらに4月5日，大統領行政命令で金貨，地金，金証券の退蔵が禁止され，5月1日までに100ドル以上の退蔵金を保有する者は，連銀，あるいは加盟銀行に引き渡すように要求された[117]．続いて12月28日には緊急銀行法第3条に基づく財務省行政命令で，すべての（当然100ドル未満を含む）金貨，金地金，金証券を財務省に引渡すように要求された[118]．ここにおいて国内貨幣流通から金が排除され，国内の退蔵金は事実上消滅することになった．

次に金輸出禁止の取扱いの推移についてみていく．まず，3月10日の大統領行政命令によって，財務長官の許可のある場合を除いて，金貨，金地金，金

証券の輸出を禁止した[119]．外国為替市場の取引は3月4日から12日まで停止させられていたが，13日から再開された．それ以前の3月11日からは連銀，市中銀行は業務を再開していた．再開された為替市場においてポンド-ドル相場は3.46ドルから3.41ドルの幅の内にしばらくの間は維持された．しかし，4月に入ってドル相場の下落が続くと，4月13日にオランダ向けの約60万ドルの金輸出，4月15-17日にかけてフランス向けの900万ドルの金輸出が財務省によって認可された．この時にドルはこれら金本位国通貨に対して金輸出点に位置していたことから，ドルの金輸点出以下への下落を阻止するために金輸出を認めたものであり，これによって外為市場を安定させることができた[120]．この金輸出は「アメリカにおける金本位防衛の最後の行動となった[121]．」しかし，4月20日に大統領行政命令によって，金貨，金地金，金証券のイアマークと輸出が禁止された[122]．これによって，アメリカの金本位制停止が確定し，ここに再建金本位制は最終的に崩壊した．

注

1) A. Schubert, *The Credit-Anstalt Crisis of 1931*, Cambridge University Press, Cambridge, 1991, p. 7. オーストリア金融恐慌に関する邦語文献として，片桐幸雄「1931年クレジット・アンシュタルト（オーストリア）の危機と東欧農業恐慌との関連性について」東北大学『経済学』第52巻第2号，1991年，侘美光彦『世界大恐慌—1929年恐慌の過程と原因—』御茶の水書房，1994年，620-30頁を参照されたい．中東ヨーロッパ金融恐慌の経済的背景についての研究として，工藤　章『20世紀ドイツ資本主義』東京大学出版会，1999年，第Ⅱ部第2章「東方指向の開始—中東ヨーロッパ金融恐慌—」がある．参照されたい．
2) A. Schubert, *op. cit*., p. 9.
3) A. Schubert, *op. cit*., pp. 9-10.
4) A. Schubert, *op. cit*., p. 32. D. Stiefel. の推計では損失総額を10億6,800万シリングとしている（D. Stiefel, *Finanzdiplomatie und Weltwirtschaftskrise*, Fritz Knapp, Frankfurt am Main, 1989, S. 231).
5) W. Federn, 'Der Zusammenbruch der Osterreichischen Kreditanstalt', *Archiv für Sozialwissenschaft und Sozialpolitik*, 67 Band, 1932, S. 409, Tabelle I. より算出．
6) D. Stiefel, *a. a. O*., S. 37.
7) R. Nötel, 'Money, Banking and Industry in Interwar Austria and Hungary', *The Journal of European Economic History*, Vol. 13, No. 2, 1984, Special Issue, p. 164.
8) A. Schubert, *op. cit*., p. 13.
9) *Mitteilungen des Direktoriums der Oesterreichen Nationalbank*, 1931, Nr. 1, S. 14.

第 8 章　再建金本位制の崩壊　　　　　　　　　　　　　　349

10)　*Ebenda.*, 1931, Nr. 1, S. 15.
11)　*Ebenda.*, 1931, Nr. 6, S. 248, 1931, Nr. 7, S. 300, 1931, Nr. 8, S. 348.
12)　C. P. Kindleberger, *The World in Depression 1929-1939*, revised and enlarged edition, *op. cit.*, pp. 146-7. 前掲邦訳, 156-7 頁. S. V. O. Clarke, *Central Bank Cooperation 1924-31*, *op. cit.*, pp. 186-7. A. Schubert, *op. cit.*, p. 13.
13)　S. V. O. Clarke, *op. cit.*, p. 188. E. W. Bennett, *Germany and the Diplomacy of the Financial Crisis, 1931*, Harverd University Press, Cambridge, 1961（Second Printing, 1971), pp. 149-50. C. P. Kindleberger, *op. cit.*, p. 147. 前掲邦訳, 157 頁.
14)　S. V. O. Clarke, *op. cit.*, pp. 188-9. C. P. Kindleberger, *op. cit.*, p. 147. 前掲邦訳, 157 頁. A. Schubert, *op. cit.*, pp. 14-5.
15)　A. Schubert, *op. cit.*, p. 16. B. Eichengreen, *Golden Fetters The Gold Standard and the Great Depression 1919-1939*, Oxford University Press, Oxford, 1992, p. 269. オーストリア国立銀行は国内預金を引出して金兌換あるいは外貨に交換するのを思い止まらせようとした. また, ウィーンの大銀行の協力によって, 同行は外貨を割り当てた（B. Eichengreen, *ibid.*).
16)　ドイツ金融恐慌についての邦語文献としては, 楢岡重行「ドイツ銀行恐慌への一過程」福岡大学『商学論叢』第 20 巻第 1 号, 1975 年, 同「ドイツ銀行恐慌—ダナートバンクの破綻をめぐって—」福岡大学『商学論叢』第 21 巻第 2 号, 1976 年, 戸原四郎『ドイツ資本主義』桜井書店, 2006 年, 第 3 章「世界恐慌とドイツ資本主義—1931 年のドイツ銀行恐慌—」, 有澤廣巳『ワイマール共和国物語』下巻, 東京大学出版会, 1994 年, 590-663 頁, 加藤國彦『1931 年ドイツ金融恐慌』御茶の水書房, 1996 年を参照されたい.
17)　Die Bank 所収の各月の Monatsbilanzen deuschen Kreditinstitute（*Die Bank*, 1931, S. 745, S. 914) より算出.
18)　W. A. Brown, Jr., *The International Gold Standard Reinterpreted 1914-1934*, *op. cit.*, Vol. 2, p. 946.
19)　H. A. Winkler, *Der lange Weg nach Westen*, Bd. 1, *Deutsche Geschichte vom Ende des Alten Reichs bis zum Untergang der Weimarer Republik*, C. H. Beck, München, 2000, S. 497-8. 後藤俊明・奥田隆男・中谷毅・野田昌吾訳『自由と統一への長い道 I ドイツ近現代史 1789-1933 年』昭和堂, 2008 年, 492 頁.
20)　H. Mommsen, *Aufstieg und Untergang der Republik von Weimar 1918-1933*, Ullstein, Berlin, 3, Auflage, 2009, S. 468. 関石宏道訳『ヴァイマール共和国史』水声社, 2001 年, 352 頁（翻訳の底本は 1998 年版の第 3 版).
21)　K. E. Born, *Die deutsche Bankenkrise 1931*, R. Piper, München, 1967, S. 75-6.
22)　Die Bank 所収の各月の Monatsbilanzen deuschen Kreditinstitute（Die Bank, 1931, S. 914, S. 1057) より算出.
23)　B. Eichengreen, *op. cit.*, p. 273.
24)　S. V. O. Clarke, *op. cit.*, p. 191.
25)　S. V. O. Clarke, *op. cit.*, pp. 192-3. B. Eichengreen, *op. cit.*, pp. 274-5. *Verwaltungsbericht der Reichsbank für das Jahr 1931*, S. 33.

26) K. E. Born, *a. a. O.*, S. 87.
27) *Ebenda*, S. 90-1.
28) この間の詳細については，H. Luther, *Vor dem Abgrund 1930-1933 Reichsbankpräsident in Krisenzeiten*, Propyläen, Berlin, 1964, S. 185-7. 楢岡重行「ドイツ銀行恐慌」前掲，10-2 頁．有澤廣巳『ワイマール共和国物語』下巻，前掲，629-32 頁．L. Ahamed, *Loards of Finance*, Windmill Books, London, 2010, pp. 415-6. 吉田利子訳『世界恐慌』(下)，筑摩書房，2013 年，188-90 頁を参照されたい．
29) K. E. Born, *a. a. O.*, S. 106.
30) 法定外外貨準備喪失額は，加藤國彦『1931 年ドイツ金融恐慌』前掲，327 頁．他は表 8-7 より算出．
31) Deutsche Bundesbank (Hrsg.), *Währung und Wirtschaft in Deutschland 1876-1975*, *a. a. O.*, S. 291-2. 呉文二・由良玄太郎監訳『ドイツの通貨と経済 1876-1975 年』上，前掲，355 頁．H. S. Ellis, *Exchange Control in Central Europe*, Greenwood, Westport, 1941 (reprint 1971), p. 166.
32) R. S. Sayers, *The Bank of England 1891-1944*, *op. cit.*, Vol. 2, p. 506. 西川元彦監訳『イングランド銀行―1891-1944 年―』下，前掲，696 頁．
33) C. R. S. Harris, *Germany's Foreign Indebtedness*, *op. cit.*, p. 19.
34) イギリスの対ラテンアメリカ投資のデフォルト率は 1929 年の 24％ 弱から 1931 年には 34％ 弱に上昇した．最も重大な影響を受けたのは鉄道投資であった (Royal Institute of International Affairs, *The Problem of International Investment*, *op. cit.*, pp. 302-03. 楊井克巳・中西直行訳『国際投資論』前掲，318-9 頁)．
35) D. E. Moggridge, 'The 1931 Financial Crisis-A New View', *The Banker*, Vol. 120, No. 534, p. 835. 平田喜彦氏によれば，海外英連邦地域 (イギリスを除く英連邦地域) の非英連邦地域に対する基礎収支は，1928 年には 1 億 5,900 万ポンドの黒字であったが，貿易収支悪化を重要な要因として 30 年には 2,100 万ポンド，31 年には 8,800 万ポンドのそれぞれ赤字へと転化した．その結果，海外英連邦地域からイギリスへの短資流入はみられなくなり，逆に，海外英連邦地域はポンド残高を取り崩さざるをえない状況に直面させられた (平田喜彦「再建金本位制崩壊のメカニズム」平田喜彦・侘美光彦編『世界大恐慌の分析』有斐閣，1988 年，第 2 章所収，117-9 頁)．
36) D. E. Moggridge, *ibid*. フランスはイギリスから 1930 年に 5,524 万ポンド，31 年 1 月から 9 月までの間に，4,597 万ポンドの金を引き揚げた (*Accounts relating to Trade and Navigation of the United Kingdom*, various issues. 拙稿「フランスの金蓄積とポンドへの重圧」『熊本学園大学経済論集』第 7 巻第 1・2・3・4 合併号，250-1 頁，表 6)．
37) ドイツの金融恐慌がロンドンのマーチャント・バンクの貸借対照表に直接影響を及ぼし，ポンド危機の重要な要因となったことを主張する文献として，O. Accominotti, 'London Merchant Banks, and Central European Panic, and the Sterling Crisis of 1931', *The Journal of Economic History*, Vol. 72, No. 1, March, 2012 があり，ここでも参照している．また，H. ジェームズもシュレーダー，ラザ

第 8 章　再建金本位制の崩壊　　　　　　　　　　　　　　　　　　　　351

　　ード，クラインフォート等のマーチャント・バンクの経営が苦境に陥ったことを先
　　駆的に指摘していた（H. James, *The End of Globalization*, Harvard University
　　Press, Cambridge, 2001, p. 71. 高遠裕子訳『グローバリゼーションの終焉』日本経
　　済新聞社，2002 年，101-2 頁）。ウィリアムズも，ヨーロッパ大陸の恐慌がイギリス
　　の金融機関の流動性危機をもたらしたと述べている（D. Williams, 'London and the
　　1931 Financial Crisis', *op. cit.*, p. 524）。
38) O. Accominotti, *ibid.*, pp. 6-8.
39) O. Accominotti, *ibid.*, pp. 10-1.
40) O. Accominotti, *ibid.*, p. 6, n. 7. N. Forbes, 'London banks, the German standstill
　　agreements, and "economic appeasement" in the 1930s', *The Economic History
　　Review*, 2nd ser. Vol. 40, No. 4, November 1987, p. 574, Table 1.
41) Committee on Finance and Industry, *Report, op. cit.*, p. 43. 加藤三郎・西村閑也
　　訳『マクミラン委員会報告書』前掲，36 頁。
42) *The Bankers' Magazine*, London, Vol. 132, August 1931, p. 237.
43) O. Accominotti, *op. cit.*, p. 12. マーチャント・バンク 17 社はベアリング，ギネ
　　ス・マホン，ハンブロス，ジャフェット，クラインフォート，ラザード，ロンド
　　ン・マーチャント・バンク，モルガン・グレンフェル，ラッファー，サミュエル，
　　シュレーダー，匿名のバンク A，バンク B，バンク C，バンク D，バンク E，バン
　　ク F である（O. Accominatti, *op. cit.*, p. 16, Table 1, p. 17, Figure 4）。最も重要な
　　引受商会 5 社はクラインウォート，シュレーダー，ハンブロス，ラザード，バンク
　　D（匿名）である（O. Accominotti, *op. cit.*, p. 13, Figure 3）。なお，トリティルは
　　最も重要な引受商会 5 社のリストにバンク D ではなくて，ベアリングを入れている．
　　また，彼によれば，最大引受商会 10 社のリストには，シュレーダー，クラインウォ
　　ート，ハンブロス，ラザード，ベアリング，ロスチャイルド，サミュエル，ジャフ
　　ェット，Wm. ブラント，モルガン・グレンフェルを含んでいる（R. J. Truptil,
　　British Banks and the London Money Market, Jonathan Cape, London, 1931, p.
　　156. O. Accominotti, *op. cit.*, p. 12, n. 42）。
44) O. Accominotti, *op. cit.*, pp. 17-19, p. 19, n. 60. ロンドン会議の開催された 1931 年
　　7 月 17 日時点で，クラインウォートは 1,570 万ポンドの引受手形残高を有しており，
　　そのうちドイツ向けは 580 万ポンドであった．さらに同商会は 350 万ポンドの対ド
　　イツ貸出と預金残高を持っていた．そしてイギリスの持つ対ドイツ据置債権に占め
　　る同商会の比率は約 1 割に達した（S. Diaper, 'Merchant Banking in the Inter-
　　War Period: The Case of Kleinwort, Sons & Co'., *Business History*, Vol. XXVIII,
　　No. 4, October, 1986, pp. 68-9）。また，同商会の手数料収入に占める地域別割合で
　　はドイツが最大で全体の 23.6% を占めていた（S. Diaper, *ibid.*, p. 66, Table 1）。ま
　　た，破産したノルトヴォレや経営困難に陥ったハンブルクの輸出商のシュルバッ
　　ハ・ティメール（Schluback, Thiemer & Co.）はシュレーダーの主要な顧客であり，
　　シュレーダーは前者に 30 万ポンド，後者に 10 万ポンドの貸出債権を，さらにダナ
　　ート銀行に 30 万ポンドの貸出債権を有していた．シュレーダーの収益は 1928-30 年
　　平均で 69 万 7,000 ポンドであったのが 1931 年には 33 万ポンド，1934 年には 10 万

6,000 ポンドに急減した（R. Roberts, *Schroders Merchants & Bankers*, Macmillan, London, 1992, p. 251）。また，シュレーダーの預金・顧客残高（Deposits & Client Balances）は，1930 年の 875 万 9,000 ポンドから 1931 年には 439 万 6,000 ポンドへと激減した（R. Roberts, *ibid*., p. 530）。

45) O. Accominotti, *op. cit*., p. 16, Table 1. R. キンダースレーによれば，引受商会の手形引受は資本金と積立金金額の 3 倍あるいは 4 倍を決して超えてはならないというのが暗黙の了解事項であった（Committee on Finance and Industry, *Minutes of Evidence*, Sir Robert M. Kindersley, 1931, Vol. 1, p. 73, par. 1204. 西村閑也訳『マクミラン委員会証言録抜粋』日本経済評論社，1985 年，69 頁）。

46) O. Accominotti, *op. cit*., p. 17, Figure 4.

47) O. Accominotti, *op. cit*., pp. 21-2.

48) O. Accominotti, *op. cit*., p. 23.

49) 1931 年にロンドンで引き受けられた手形金額は R. T. Truptil, *op. cit*., p. 261 に拠る。ドイツにおいて凍結されたイギリスの引受手形残高は，前掲，注 40) に拠る。

50) O. Accominotti, *op. cit*., p. 26. R. T. Truptil *op. cit*., p. 222. Committee on Finance and Industry, *Report*, *op. cit*., p. 289, Table 1. 前掲邦訳，241 頁。

51) H. Hurst, 'Halland, Switzerland, and Belgium and the English Gold Crisis of 1931', *The Journal of Political Economy*, Vol. 40, No. 5, October, 1932, p. 652.

52) 1931 年のポンド危機についての最近の邦語文献としては，米倉茂「1931 年のポンド信認恐慌」『経済学研究』（東京大学大学院）第 24 号，1981 年，平田喜彦「再建国際金本位制崩壊のメカニズム」平田喜彦・侘美光彦編『世界大恐慌の分析』有斐閣，1988 年，森恒夫「大恐慌前後のイギリス資本主義」平田喜彦・侘美光彦編，同上書，侘美光彦『世界大恐慌』御茶の水書房，1994 年，金井雄一『ポンドの苦闘』名古屋大学出版会，2004 年，「第 4 章　金本位停止と金本位制の本質」を参照されたい。

53) イングランド銀行の金流出は，'Bullion Gold Movements', *The Economist*, July 18, 1931, p. 148, ポンド・ドル相場は，'Monetary Review The Daily Quatations of the Principal Exchange Rates', *The Bankers' Magazine*, London, Vol. 132, August 1931, p. 237 に拠っている。

54) R. S. Sayers, *The Bank of England, 1891-1944*, Vol. 2, Cambridge University Press, London, 1976, p. 391. 西川元彦監訳『イングランド銀行 1891-1944 年』（下），東洋経済新報社，1979 年，543 頁。S. V. O. Clarke, *op. cit*., pp. 203, 208, chart 9.

55) S. V. O. Clarke, *op. cit*., pp. 203-4.「8 月と 9 月の決定的な数週間にはハーヴェイが副総裁として采配を振」るった（R. S. Sayers, *op. cit*., Vol. 2, p. 388. 前掲邦訳，（下），539 頁）。

56) R. Skidelsky, *Politicians, and the Slump, the Labour Government of 1929-1931*, Macmillan, London, 1967, p. 344. S. V. O. Clarke, *op. cit*., p. 207. *Committee on National Expenditure Report*, His Majesty's Stationery Office, 1931, p. 215.

57) S. V. O. Clarke, *op. cit*., pp. 206-7.

58) S. V. O. Clarke, *ibid*., p. 207.

第 8 章　再建金本位制の崩壊

59) R. S. Sayers, *op. cit.*, Vol. 2, p. 395. 前掲邦訳，（下），547 頁.
60) R. S. Sayers, *ibid.*, Vol. 2, p. 396. 前掲邦訳，（下），549 頁.
61) S. V. O. Clarke, *op. cit.*, p. 209.
62) 労働党内の対立と労働党政権の瓦解に関しては，犬童一男『危機における政治過程』東京大学出版会，1976 年，第四章「1931 年危機における政治過程」を参照されたい．なお，最近の研究としては，P. Williamson, *National Crisis and National Government*, Cambridge University Press, Cambridge, 1992 がある．
63) S. V. O. Clarke, *op. cit.*, pp. 211-3. R. S. Sayers, *op. cit.*, Vol. 2, pp. 399-400. 前掲邦訳，（下），553-4 頁.
64) R. S. Sayers, *ibid.*, Vol. 2, pp. 404-5. 前掲邦訳，（下），560-1 頁.
65) S. V. O. Clarke, *op. cit.*, p. 216.
66) R. S. Sayers, *op. cit.*, Vol. 2, pp. 412, 409, n. 1. 前掲邦訳，（下），571，567，注 43). League of Nations, *World Economic Survey 1931-32*, Geneva, 1932, p. 78. 国際連盟調査委員会訳『世界経済概観　1931-32 年』森山書店，1933 年，107 頁.
67) R. S. Sayers, *ibid.*, Vol. 2, p. 413. 前掲邦訳，（下），572 頁.
68) League of Nations, *World Economic Survey 1932-33*, Geneva, 1933, p. 222.
69) 毎日の為替相場は，*The Bankers' Magazine*, London, 1931, Vol. 132, p. 699, 1932, Vol. 133, p. 51. 月平均の為替相場は The Board of Governors of the Federal Reserve System, *Banking and Monetary Statistics 1914-1941*.（以下，*Banking and Monetary Statistics* と略記），*op. cit.*, p. 681 に拠る．なお，ポンドの金本位離脱後からアメリカの金本位制停止に至る経過についての最近の邦語文献として，柴田徳太郎「アメリカ金融恐慌下の金本位制停止（1931-1933 年）」『西南学院大学経済学論集』第 18 巻第 4 号，1984 年，同「アメリカにおける管理金地金本位制の成立過程（1933-1934 年）」『西南学院大学経済学論集』第 19 巻第 2 号，1984 年，同『大恐慌と現代資本主義』東洋経済新報社，1996 年，侘美光彦『世界大恐慌』前掲第 8 章「ポンド・ドル体制の崩壊とアメリカ恐慌の深化」を参照されたい．
70) S. V. O. Clarke, *op. cit.*, p. 215. ベルギー国立銀行は 1930 年末にロンドンに 2,500 万ドルの預金を保有していたが，1931 年 9 月までにその保有残高をほぼ半減させた．スイス国立銀行は 1931 年 9 月 20 日以前に 30 万ポンド以外のすべてのポンド資金を金に転換した（C. P. Kindleberger, *op. cit.*, pp. 157-8. 前掲邦訳，169 頁. S. V. O. Clarke, *op. cit.*, p. 214).
71) *Annual Report of Federal Reserve Bank of New York for 1931*（以下，*Annual Report of F. R. B. N.Y. 1931* と略記），p. 21. イアマーク金は 1931 年 9 月 16 日の 7,870 万ドルから 10 月 30 日には 4 億 9,070 万ドルに増大している（*Ibid.*).
72) *Federal Reserve Bulletin*, May 1937, pp. 420-1.
73) *Banking and Monetary Statistics* pp. 385-6.
74) *Ibid.*
75) *Annual Report of the Federal Reserve Board for 1931*（以下，*Annual Report of the FRB. 1931* と略記），p. 75.
76) *Banking and Monetary Statistics*, pp. 385-6.

77) *Ibid*., p. 348.
78) *Federal Reserve Bulletin*, September 1937, pp. 907, 909.
79) L. V. Chandler, *American Monetary Policy 1928-1941*, Harper & Row, New York, 1970, p. 180. 復興金融公社については，小林真之『アメリカ銀行恐慌と預金者保護政策』北海道大学出版会，2009年，第4章「銀行救済政策の展開」を参照されたい．
80) W. A. Brown, Jr., *op. cit*., Vol. 2, pp. 1225-8. *Annual Report of the FRB. 1932*, pp. 16-8.
81) 高山洋一『ドルと連邦準備制度』新評論，1982年，224-5頁，小林，前掲書，99-102頁．*Annual Report of the FRB. 1932*, pp. 18-9.
82) *Annual Report of the FRB. 1932*, pp. 106, 104.
83) *Banking and Monetary Statistics*, p. 386.
84) *Ibid*.
85) *Annual Report of the FRB. 1932*, pp. 106, 104.
86) *Banking and Monetary Statistics*, p. 386.
87) W. A. Brown, Jr., *op. cit*., Vol. 2, p. 1233.
88) *Banking and Monetary Statistics*, p. 386.
89) M. Nadler and J. I. Bogen, *The Banking Crisis*, Routledge, London, 1933 (reprint 2012), pp. 134-35. S. E. Kennedy, *The Banking Crisis of 1933*, University of Kentucky, Lexington, Kentucky, 1973, p. 64. 平田喜彦『アメリカの銀行恐慌1929-33年—その過程と原因分析—』御茶の水書房，1969年，41頁．
90) *Federal Reserve Bulletin*, September 1937, p. 907. 破産銀行数は1932年10月が102行，11月が93行，12月が161行となっている（*Ibid*.）．
91) M. Nadler and J. I. Bogen, *op. cit*., pp. 142-4. S. E. Kennedy, *op. cit*., pp. 80-2, 95. 平田，前掲書，47-50頁．小林，前掲書，77-8頁．
92) M. Nadler and J. I. Bogen, *op. cit*., pp. 158-61. S. E. Kennedy, *op. cit*., pp. 155-9. 平田，前掲書，58頁，小林，前掲書，85頁．
93) *Federal Reserve Bulletin*, September 1937, pp. 907, 909.
94) 平田，前掲書，54頁および58頁注(1)．
95) *Annual Report of the FRB. 1933*, p. 199.
96) *Annual Report of the FRB. 1933*, p. 192.
97) *Annual Report of the FRB. 1933*, p. 177.
98) *Annual Report of the FRB. 1933*, p. 193.
99) *Annual Report of the FRB. 1933*, p. 193.
100) *Annual Report of the FRB. 1933*, p. 5.
101) *Annual Report of FRB. 1933*, p. 8. 表8-12によれば，2, 3月合計では，2億7,800万ドルのイアマーク増となっている．
102) *Federal Reserve Bulletin*, April 1933, p. 210.
103) *Monthly Review of Federal Reserve Bank of New York*（以下，*Monthly Review of F. R. B. N. Y.*と略記），April 1, 1933, p. 29.

104) ポンド・ドル相場は，*The Bankers' Magazine*, London. April 1933, p. 615 に拠る．その他の為替相場は *Monthly Review of F. R. B. N. Y.* April 1, 1933, p. 29 に拠る．
105) M. Nadler and J. I. Bogen, *op. cit.*, pp. 156-7. S. Howson, *Sterling's Managed Float: The Operations of the Exchange Equalization Account 1932-39*, Princeton Studies in International Finance, No. 46, November 1980, p. 18.
106) L. V. Chandler, *op. cit.*, p. 220. A. H. Meltrer, *A History of the Federal Reserve*, Vol. 1, 1913-1951, The University of Chicago Press, Chicago and London, 2003, p. 386. W. A. Brown, Jr., *op. cit.*, Vol. 2, pp. 1242-3, Table 85. ブラウンの同表には，3月4日の数値は掲載されていない．ニューヨーク連銀は3月3日に2億ドルの金と1億5,000万ドルの通貨を喪失し，法定準備率を維持するためには2億5,000万ドルの金が不足するに至ったという（F. G. Awalt, 'Recollections of the Banking Crisis in 1933', *Business History Review*, Vol. 4, No. 3, 1969, p. 358）．
107) *Annual Report of FRB. 1933*, p. 9.
108) B. A. Wigmore, 'Was the Bank Holiday of 1933 caused by a run on the dollar?', *op. cit.*, pp. 741-2. 但し，ポンドの対ドル相場については，直物相場は *The Bankers Magazine*, London, 1933, Vol. 135, p. 615. 先物相場は P. Einzig, *The Theory of Forward Exchange*, Macmillan, London, 1937, Appendix I, p. 474 に拠っている．
109) B. A. *Wigmore, ibid.*, p. 747.
110) *Federal Reserve Bulletin*, May 1937, p. 422. 1933年3月1日時点で6億5,600万ドル，3月8日時点で6億2,600万ドルの外国預金がニューヨーク市中銀行に置かれていた（*Ibid.*）．
111) B. A. Wigmore, *op. cit.*, p. 749. A. H. Meltzer, *op. cit.*, pp. 386-88. A. M. Schlesinger Jr., *The Age of Roosevelt*, Vol. I, *The Crisis of the Old Order 1919-1933*, Houghton Mifflin, Boston, 1957, p. 481. 救仁郷繁訳『ローズヴェルトの時代 I 旧体制の危機』ぺりかん社，1962年，481頁．
112) W. A. Brown, Jr., *op. cit.*, Vol. 2, p. 1249.
113) W. A. Brown Jr., *ibid.*, Vol. 2, p. 1249. A. M. Meltzer, *ibid.*, pp. 388-89. 大統領の全国銀行休業布告は，*The Public Papers and Addresses of Franklin D. Roosevelt*, Vol. 2, The Years of Crisis 1933, Random House, New York（以下 *The Public Papers and Addresses of FDR*, Vol. 2 と略記）．1938, pp. 24-6 に収録されている．
114) *Annual Report of FRB. 1933*, p. 26.
115) *Ibid.*, pp. 26-7.
116) *Ibid.*, p. 27. 1933年緊急銀行法は，H. E. Kross, *Documentary History of Banking and Curency in the United States*, Chelsea House Publishers, New York, Vol. IV, 1983, pp. 174-82 に収録されている．
117) *Annual Report of FRB. 1933*, p. 27. 金貨，地金，金証券の政府引渡しの大統領行政命令は，*The Public Papers and Addresses of FDR*, Vol. 2, pp. 111-14 に収録されている．

118) *Annual Report of FRB. 1933*, p. 27.
119) *Ibid.* 金輸出禁止の大統領行政命令は、*The Public Papers and Addresses of FDR*, Vol. 2, pp. 54-6 に収録されている。
120) *Annual Report of FRB. 1933*, p. 28. および *Monthly Review of F. R. B. N. Y.* May 1, 1933, pp. 34-5.
121) W. A. Brown Jr., *op. cit.*, Vol. 2, p. 1254.
122) *Annual Report of FRB, 1933*, p. 28. W. A. Brown Jr., *op. cit.*, Vol. 2, pp. 1254-5. 4月20日の大統領の金輸出禁止の行政命令は、*The Public Papers and Adresses of FDR*, Vol. 2, pp. 141-3 に収録されている。
123) アメリカの金本位制停止の原因について、従来の通説では、アメリカの国内的要因、特に銀行恐慌に求めている。吉冨勝氏は、アメリカの豊富な金準備保有、基礎収支に大幅な不均衡が生じなかったこと等に示されるアメリカの国際金融上の地位が強固であったことから、「アメリカの金本位制をあやうくしたのも基本的にはアメリカ国内の大恐慌だった」のであり、海外からの影響より国内経済自体の悪化による預金者の取付けだったと主張されている（吉冨勝『アメリカの大恐慌』前掲、311-3頁）。また、平田喜彦氏は、金本位制停止をもたらした直接的な契機は「海外からのインパクトというよりむしろ国内的条件にあった」と述べられている（平田喜彦『アメリカの銀行恐慌』前掲、60頁）。そして1933年初めから3月4日にかけての国内外への金流出は主として国内資金によるものであり「銀行恐慌最後の局面は単に銀行預金への不安ばかりでなく、アメリカの金本位制への不安をも反映していた」と海外への金流出より『国内流出がその最大の要因をなしていた』と論述されている（同上書、56-7、149頁）。

これに対してポンドの金本位制離脱による再建金本位制崩壊との関連を重視してアメリカの金本位制停止を分析した研究が柴田徳太郎、侘美光彦氏によって行われてきた（注69）の両氏の文献参照）。筆者も国際的側面を視野に収めてアメリカ金本位制の崩壊過程を分析することの重要性を両氏の研究から学ぶことができた。その際、ニューヨーク連邦準備銀行の金準備率の急落に着目した（2月1日、56％→2月15日、51％→2月21日、47％→3月1日、43％→3月3日業務終了時24％）。同連銀こそ、アメリカ国内の中心的金融市場であると同時に国際金融市場となっているニューヨーク金融市場に所在する中央銀行制度の中核的地位を占めている存在だからである。

侘美光彦氏は1933年1月1日から3月8日までの期間中に、大雑把に見て、48％ほどが国内金兌換であったと推計されている（侘美光彦『世界大恐慌』前掲、732-33頁）。同様な方法で算出すると、1933年2月1日から3月4日までの期間中に貨幣流通増加額は18億3,300万ドル、金ストック減少額は3億600万ドル、貨幣流通増加額のうち金貨・金証券増加額は3億1,800万ドルで全体の17.3％を占めていた。対外短期債務額は2月1日から3月8日までの期間中に（3月4日のデータ未記載のため）1億3,800万ドルの減少となっているから、3億600万ドル－1億3,800万ドル＝1億6,800万ドルが国内資金による金兌換で全体の55％を占め、海外資金による金流出は1億3,800万ドルで、全体の45％を占めると大雑把に推計で

きる(対外短期債務額は *Federal Reserve Bulletin* May 1937, p. 422, 他は表 8-13, 8-15 より算出). これは全体の平均値であり, ニューヨーク連銀の場合は, 金の流出額は一層大きくなると予想される.

索引

[あ]

アメリカ
　——の外国証券投資（新規外国証券発行）　107-11, 113-4, 225-31, 233, 243
　——の基礎収支　236-7, 245
　——の銀行恐慌　336, 340-1
　——の既発行証券取引　235-7
　——の金本位制停止　348
　——の金融緩和　165-7, 182
　——の経常収支　88-9, 209-10, 213, 224
　——の国際投資ポジション　90, 212, 216
　——のサービス収支　89, 209-10, 213, 219, 222-4
　——の資本輸出　107
　——の対外短期債権債務（対外短期ポジション）　93, 239-44, 334
　——の対外短期債務の国別内訳　239, 244
　——の短期資本収支　226-7, 243-5
　——の長期資本収支　90-1, 209-11, 213, 225-7
　——の低金利政策　164
　——の貿易収支　89-90, 209, 213-8, 220
アメリカ財務省による借款供与　63-5, 67, 85, 99
アメリカ・ドル証券委員会　49, 52-3, 83
アングロ・インターナショナル・バンク　190-1
安定信用　161-4
イギリス
　——の基礎収支　19, 132-3, 144, 148, 151, 170-1, 325
　——の金本位制停止　1, 334
　——の経常収支　18, 40-1, 132-3, 144, 324
　——の資本ポジションの悪化　143
　——の新規長期海外投資（新規外国証券発行）　19, 41, 144-7, 168-9, 324-5
　——の政府資本収支　41
　——の対外短期ポジション　19-24, 148-52, 324-5
　——の短期資本収支　19, 132
　——の貿易外収支　18-9, 41, 132, 142-4, 324-5
　——の貿易収支　18-9, 39-42, 132-42, 144, 324
イングランド銀行　1, 24, 36, 38, 50, 59-64, 113, 129, 151, 161-7, 175, 178-80, 182-3, 188-92, 196-8, 316, 320-1, 327, 329-34
イングランド銀行の為替操作　191
イングランド銀行の為替操作介入の目的　192
ヴァイマル大連合　297
ウィルソン（W. Wilson）　46
ヴェルサイユ条約　94-5, 101
英仏共同公債　53, 61, 84
N.M. ロスチャイルド商会　187-8
オーストリア金融恐慌　313, 317, 330
オーストリア国立銀行　311-2, 314-6
送り状　3

[か]

外国為替管理　317, 323-4, 326-7, 329-30
外国現金信用　270, 272-3, 289, 300
外国政府証券　109, 111, 228
外債発行　83, 85, 105, 112
外債発行規制　198
介入通貨　115
カバー付金利裁定取引　171, 185
加盟銀行（連邦準備制度加盟銀行）　86-7
荷物貸渡し証　4, 6

為替差損　334
カンリフ（Lord Cunliffe）　62, 127
カンリフ委員会　127
巨額の外資依存体制　265
挙国一致内閣　333
金為替本位制　111, 131, 283
金銀（輸出統制等）法　128
銀行引受手形　11, 114, 129, 166, 242
金地金本位制　129, 283
金市場操作　24, 186-8
キンダースレー（R. Kindersley）　101, 200
金のイアマーク　177, 180, 334, 341-3, 347
金の対外流出　336-7, 342
緊急銀行法　347
金融手形　13, 15-8, 23-4, 192, 314
金輸出禁止　347
クラインウォート　328
グラス・スティーガル法　337
クレディット・アンシュタルト　1, 311-4, 316-7
契約通貨　10, 129
ケインズ（J.M. Keynes）　20-1, 43-4, 46-8, 152
激発性の短期資本移動　284, 288-92, 300-3
決済通貨　114-5, 129
公開市場でのドルの買入　190
公信用　105
公信用の国際的伸張　85
国際金本位制　1-2
国際決済銀行　294-5, 302, 316, 320-1
国際的短期信用　22-3
国際的利子率格差　166-7, 175, 181
国内金流出　342
コルレス先銀行　3, 6-7, 13

[さ]

在外保有金　176-7
債権者勘定　289, 302, 317
財政赤字削減　331-2
財務代理人　82
J.P. モルガン商会　45, 54, 56-7, 59-60, 63-4, 66, 81-5, 99, 106, 112, 162, 189, 228, 333
地金ブローカー　188

失業保険掛金　299
失業保険の改革　299
支払猶予協定　316
資本輸出規制　194, 197
資本輸出規制再導入　197
シャハト（H. Schacht）　172, 174, 181
自由金　337
自由公債　57, 85-8, 99, 106
シュレーダー　328
準備通貨　113, 115-6, 130
商業信用状　3, 5, 14
商業代理店協定　81
新規外国証券発行の急減　230
信用割当政策　292, 294, 319-20
据置協定　323, 328, 333
スノードン（P. Snowden）　331, 333
ストロング（B. Strong）　160-4, 166, 181-2
世界最大の債務国　264-5, 273
世界の工場　3, 8-10
世界の生産物＝商品市場の中心　3, 8-10
1914年の金融恐慌　34-8
1925年金本位法　129, 163
全国銀行休業令　340, 347
戦債　68, 88, 94, 179
戦勝公債　58, 85, 106
その他債権者勘定　289, 302

[た]

第一次国際借款　331-2
第一次中央銀行間信用　321
第三国間の貿易金融　129
第三国間の貿易取引の決済　5-6
退蔵金　347
大統領行政命令　347-8
第二次国際借換　333
代理店手形　15
ダナート銀行　317-8, 323, 327, 329
チャーチル（W. Churchill）　129, 197
中央銀行間協力　160, 172, 184
中央銀行間信用　161, 164
中央銀行間スワップ　164, 331
中央銀行間取引によるドル入手　190

中央銀行総裁会議　172, 181, 183-4
手形保証信用　271-2
デフレ政策　299
ドイツ金融恐慌　326-30
ドイツ据置債権　327
ドイツ対外短期債務残高の貸手別構成　267
ドイツ対外短期債務残高の債権国別構成　267
ドイツ対外短期債務残高の債務者別構成　267
ドイツ対外短期債務残高の信用形態別構成　270
ドイツ長期外債の債権国別構成　266
ドイツ長期外債の債務者別構成　266
道義的説得　188, 196, 199
ドーズ（C.G. Dawes）　99
ドーズ案　94, 99, 103-5, 107, 111, 113, 128, 228, 241, 246, 261, 273, 284, 294
ドーズ委員会　99, 103-5, 128, 261
ドーズ公債　105-7, 111-2, 128, 172, 199, 243, 246
ドル減価の不安（懸念）　334, 337
ドルの減価　343

[な]

荷為替手形　4-6, 11, 270, 326
ニューヨーク外積市場　83
ニューヨーク市中銀行　346
ニューヨーク市中銀行の対外短期負債額　334
ニューヨーク連邦準備銀行　113, 161-5, 167, 179-82, 191, 281, 320-1, 331, 333, 336-7, 343-6
ノーマン（M. Norman）　160-3, 165-7, 174-5, 178, 181, 196, 331
ノルトボレ社　318, 323

[は]

ハーベイ（E.M. Harvey）　199
賠償支払総代理人　103, 295
賠償問題　94, 228, 287
賠償問題へのアメリカの介入　99
発行商会（マーチャント・バンカー）　23, 193-4, 196-7, 199
発行保証引受（アンダーライティング）　22, 193

発行保証引受機関（アンダーライター）　194
ハリソン（G.L. Harrison）　346
バルフォア・ノート　102, 122
ピール条例　36
引受商会（マーチャント・バンカー）　3-6, 10-2, 14, 16, 22, 34-5, 196, 327-8
引受信用　2, 10-2, 22, 35-6, 129, 149, 239, 241, 270-1, 273, 289, 323, 326
引渡委員会　103-4, 294-5
ヒューズ（C.E. Hughes）　102
ビル・ブローカー　4-7, 12-3, 35-6
フーヴァー（H. Hoover）　320
フーヴァー・モラトリアム　320-1
物資購入代理人　81-2
船積書類　3-6, 11
船荷証券　3
フランス銀行　175-7, 179-81, 183-5, 243, 247, 249, 321, 331, 334
フランの事実上の安定　176, 247
フランの法律上の安定　183, 185, 243, 249
ブリューニング（H. Brüning）　299
ブローカーズ・ローン　166, 242, 244-5
ポアンカレ（R. Poincaré）　175, 178
保険証券　3
ポンド危機　43, 160, 172, 326, 329, 331
ポンドの釘付け操作　48-9, 127

[ま]

マーチャント・バンク　326-30
マカドウー（W.G. McAdoo）　46-8
マクドナルド（J.R. MacDonald）　333
マクミラン委員会　142, 152
マクミラン委員会報告　20-1, 149, 329
マッケンナ（R. McKenna）　44, 99
ミュラー（H. Müller）　297, 299
ミルズ（O. Mills）　181
メイ（Sir George May）　331
メイ委員会　331
メイ委員会少数報告　331
メイ委員会多数報告　331-2
メイ委員会報告書　331
元引受業者　194, 196

モラトリアム（1914年）　36-7
モレ（C. Moret）　323
モロー（E. Moreau）　175-81

[や]

ヤング（O.D. Young）　103
ヤング案　292, 294, 297, 300
ヤング委員会　287-8
ヤング公債　111, 295

[ら]

ライヒスバンク　97, 103-5, 111, 113, 172-5, 181, 183, 246, 262, 273, 276-7, 279-82, 288-9, 292, 294, 296, 300, 317-23
リスト（C.A. Rist）　181
ルター（H. Luther）　320, 323
連邦準備局　56, 345, 347
連邦準備信用（連銀信用）　58, 86, 336-7, 341
連邦準備制度加盟銀行　336-7
連邦準備法　46, 58, 82, 336
連邦準備法の改正　86-7
ロイド・ジョージ（D. Lloyd George）　43
ローズヴェルト（F.D. Roosevelt）　340, 347
ロンドン宛為替手形　8, 10-1, 15, 47
ロンドン為替委員会　61-3, 189
ロンドン為替委員会勘定　64
ロンドン金市場　24, 128, 187
ロンドン手形交換所加盟銀行　327-9
ロンドン・バランス　1, 3-8, 10, 17, 23, 177, 179, 330, 334
ロンドン・マーチャントバンク（LMB）　328
ロンドン割引市場　4, 10-3, 16-8, 20, 22, 35, 328

[わ]

割引商会　12, 328-9
割引信用　2, 149

著者紹介

平岡　賢司（ひらおか　けんじ）

1945年　広島県に生まれる
1969年　山口大学経済学部卒業
1977年　九州大学大学院経済学研究科博士課程単位取得退学
現在　　熊本学園大学商学部教授
主要著作　深町郁彌編『ドル本位制の研究』〈分担執筆〉日本経済評論社，1993年
　　　　　信用理論研究学会編『金融グローバリゼーションの理論』〈分担執筆〉大月書店，2006年
　　　　　上川孝夫・矢後和彦編『国際金融史』〈分担執筆〉有斐閣，2007年
　　　　　国際銀行史研究会編『金融の世界史』〈分担執筆〉悠書館，2012年

再建金本位制と国際金融体制

2016年2月25日　第1刷発行

定価（本体7000円＋税）

著　者　　平　岡　賢　司
発行者　　栗　原　哲　也
発行所　　㈱日本経済評論社
〒101-0051　東京都千代田区神田神保町3-2
電話 03-3230-1661／FAX 03-3265-2993
E-mail: info8188@nikkeihyo.co.jp
振替 00130-3-157198

装丁＊渡辺美知子　　　　太平印刷社／高地製本所

落丁本・乱丁本はお取替いたします　　Printed in Japan
© HIRAOKA Kenji 2016
ISBN978-4-8188-2417-1

・本書の複製権・翻訳権・上映権・譲渡権・公衆送信権（送信可能化権を含む）は，㈱日本経済評論社が保有します。
・JCOPY 〈㈳出版者著作権管理機構　委託出版物〉
本書の無断複写は著作権法上での例外を除き禁じられています。複写される場合は，そのつど事前に，㈳出版者著作権管理機構（電話 03-3513-6969, FAX 03-3513-6979, e-mail: info@jcopy.or.jp）の許諾を得てください。

イングランド銀行
—1950年代から1979年まで—

F. キャピー著／イギリス金融史研究会訳　本体 18000 円

EU経済・通貨統合とユーロ危機

星野郁　本体 5600 円

IMF 8条国移行
—貿易・為替自由化の政治経済史—

浅井良夫　本体 7600 円

IMFと世界銀行の誕生
—英米の通貨協力とブレトンウッズ会議—

牧野裕　本体 6400 円

現代国際通貨体制

奥田宏司　本体 5400 円

通貨統合の歴史的起源
—資本主義世界の大転換とヨーロッパの選択—

権上康男　本体 10000 円

国際金融史
—国際金本位制から世界金融危機まで—

上川孝夫　本体 5200 円

国際通貨体制と世界金融危機
—地域アプローチによる検証—

上川孝夫編　本体 5700 円

グローバリゼーションと国際通貨

紺井博則・上川孝夫編　本体 4700 円

通貨危機の政治経済学
—21世紀システムの展望—

上川孝夫・新岡智・増田正人編　本体 4700 円

日本経済評論社